普通高等教育"十二五"规划教材
汽车类高端技能人才实用教材

汽车电工电子技术基础

魏 虹 金宜南 主 编

张莉莉 王 静 米未娜 雒晓凤 副主编

电子工业出版社·

Publishing House of Electronics Industry

北京 · BEIJING

内 容 简 介

本书紧跟汽车技术的发展，依据汽车行业相关岗位对汽车人才的需求而编写，适应现代汽车电器及控制技术的发展需要。

本书共分为电工技术、模拟电子技术、数字电子技术三个部分，共 18 章，内容包括直流电流电路、正弦交流电路、三相交流电路、磁路与电磁器件、发电机与电动机、放大电路、振荡电路、直流稳压电路、逻辑电路、触发器等。在介绍电工电子基础知识的同时，大量引入汽车中应用实例。

本书可作为汽车工程类高职高专的教材，适用于汽车相关专业学生学习，也可作为汽车类工程技术人员、中等职业学校电子专业和汽车专业教师的参考书。

图书在版编目（CIP）数据

汽车电工电子技术基础 / 魏虹，金宜南主编. —北京：电子工业出版社，2015.8
汽车类高端技能人才实用教材
ISBN 978-7-121-26664-5

Ⅰ. ①汽⋯　Ⅱ. ①魏⋯ ②金⋯　Ⅲ. ①汽车—电工—高等学校—教材 ②汽车—电子技术—高等学校—教材
Ⅳ. ①U463.6

中国版本图书馆 CIP 数据核字（2015）第 161257 号

策划编辑：竺南直
责任编辑：竺南直　　特约编辑：范　晓
印　　刷：涿州市京南印刷厂
装　　订：涿州市京南印刷厂
出版发行：电子工业出版社
　　　　　北京市海淀区万寿路 173 信箱　邮编 100036
开　　本：787×1 092　1/16　印张：23.5　字数：600 千字
版　　次：2015 年 8 月第 1 版
印　　次：2024 年 1 月第 13 次印刷
定　　价：49.00 元

出 版 说 明

· ·

    自 2002 年起，中国汽车行业开始进入爆发式增长阶段。2009 年，中国取代美国成为世界上最大的汽车销售市场，当年中国的汽车产量超过了日本和美国的总和，成为名副其实的汽车产销量双重世界第一。2011 年，平均每月产销量突破 150 万辆，全年汽车销售超过 1850 万辆，再次刷新全球历史纪录。未来十年自主品牌将完成从"中国制造"到"中国创造"的发展过程。预计未来十年，我国汽车市场年均增长率将达到 7.1%，到 2020 年中国汽车市场的销量有望占据全球汽车总销量的一半以上，中国汽车市场前景非常广阔。汽车行业突飞猛进的发展对汽车专业人才特别是高端技能型人才的培养提出了前所未有的高要求。一个是行业的发展和扩张在人才数量上的要求，全国每年汽车专业高端技能型人才的缺口在数十万人；另一个是技术的进步和发展对于人才培养质量的要求，大量新技术、新工艺的应用对于从业技术人员在学科基础理论和职业技能方面提出了更高的要求。

    作为全国最大的汽车类高等职业学校，西安汽车科技职业学院近年来根据汽车行业发展的需要，紧贴职业岗位，引进吸收德国奥迪、瑞典沃尔沃、英国捷豹和路虎等世界顶尖企业汽车职业教育的先进理念和思想，深入开展教学改革，形成了一套独特的课程体系和教学模式。汽车类高端技能人才实用教材就是我们近年来教学改革成果的总结，是课程改革和新的教学模式的具体体现。

    这套系列教材具有以下几个特点：

    一是实用性。在编写过程中，从企业岗位需求和学生发展空间两个方面考虑编排内容，既注重专业基础和专业理论的系统性，又重点考虑了职业技能训练的需求，对于学习汽车类专业的学生而言，是一套学习效率很高的教材。

    二是通俗性。在编写过程中，充分考虑到高职学生文化基础的现实状况，降低对学生文化基础知识的要求，让大多数学生能够学得懂。

    三是系统性。从机械和电子技术基础课程，到汽车的基本理论，汽车的各种技术，再到汽车的最新技术的介绍；从基本的电工、机械实验，到专业实习，再到职业技能实训，形成

了一整套较为完备的汽车理论教学和实训教学的体系。

四是适度超前性。除了涉及目前已经应用的各种汽车技术和技能知识之外，还在新能源汽车、先进车载网络技术等方面进行了介绍，为学生开拓了视野，为其将来向行业的深度和广度发展具有一定的引导作用。

五是实践性。力图采用项目教学和任务驱动教学等方法进行编排，强调理论验证实验、基本专业技能实习和职业技能实训的重要性，将实践教学环节贯穿于课程教学的始终。

本套教材紧紧把握高职教育的方向和培养目标，严格按照新的国家职业标准对人才的要求编排内容，贯彻以技能训练为主，着重提高学生操作技能的原则。在技能训练的内容安排上富有弹性，在保证教学的前提下积极培养学生的创新能力。

本套教材内容丰富、图文并茂、体例饱满，选材来源于最新的技术手册；难易适中、应用性强，有利于知识的吸收和技能的迅速提高。可作为高等职业技术院校或应用型本科汽车类各专业的必修课教材，也可作为成人高校汽车类各专业的教材，同时可作为相关从业人员的参考用书。

教材编写过程中，由于各种原因，疏漏和不尽如人意之处在所难免，敬请广大师生提出宝贵意见，以便再版时修订完善。

《汽车类高端技能人才实用教材》编委会

前　言

近年来汽车工业迅速发展，汽车已不再是简单的机械加电子的组合，自动控制技术、通信技术以及人工智能等技术的应用，使汽车发展成为更加舒适、更加安全、更加人性化的交通工具，这些发展与电工电子技术的发展紧密相关。

汽车专业学生在学习中，对电工电子知识的应用兴趣很浓，传统教材仅仅介绍电工电子技术的基础知识，对应用案例涉及较少，因此影响学生的学习兴趣。电工电子技术目前在汽车上的应用非常广泛，汽车专业课内容涉及的电工电子知识范围很广，因此汽车类专业的学生学好电工电子技术课程非常必要，对后续专业课的学习做好知识储备。我们经过多年教学的积累，在总结汽车与电工电子的密切关系后，编写了《汽车电工电子技术基础》这本教材。

本教材的特色是：在讲解电工电子技术基础知识点的同时，将汽车上运用的电工电子技术知识加入教材的相关章节中，提高学生的学习兴趣，建立对汽车电器和控制技术的初步认识，为专业课的学习打好基础。本书可作为汽车工程类高职高专教材，适用于汽车电子技术专业、汽车检测与维修专业、汽车运用专业、汽车新能源技术专业等专业学生学习，也可作为汽车类工程技术人员、中等职业学校汽车专业和电子专业教师的参考书。

本书由西安汽车科技职业学院讲师李勇担任主审，讲师魏虹、金宜南担任主编，电子工程系讲师张莉莉、王静，教师米未娜、雒晓凤副主编。本书第1、12、13章由米未娜老师编写，第2、3章由金宜南老师编写，第4、5、6、7章由魏虹老师编写，第8、9章由张莉莉老师编写，第10、11章由王静老师编写，第14、15、16、17、18章由雒晓凤老师编写，全书的统稿工作由魏虹老师完成。

本书在编写过程中参阅了大量的电工电子类教材和汽车专业教材，并引用了不少参考文献中的内容，由于时间仓促，无法联系，未能一一与著作者协商，在此表示衷心的感谢，并致以歉意。

欢迎广大读者对书中存在的误漏和不足之处提出批评指正，交流讨论，以便我们改正提高。

编　者
2015 年 5 月于西安

目　录

电工技术部分

模拟电子技术部分

数字电子技术部分

第<i>1</i>章

● ●

绪　论

知识目标

1. 了解该课程学习任务和学习方法。
2. 掌握这门课程的发展概况。
3. 了解这门学科与专业间的联系和学科的作用。

1.1　电工电子技术对汽车行业发展的影响

当今的汽车技术性能正在朝着更加安全、环保和节能的方向发展，电工电子技术在汽车上的应用越来越广泛，电工电子装备在车辆中所占的比重也越来越大，这就要求现代汽车的使用、维护与检测人员应当向着机电复合型人才的方向发展。因此，汽车电工电子技术是高职高专院校汽车类专业的一门特别重要的必修技术基础课程。通过本课程的学习，可使学生掌握基本的汽车电工电子技术理论知识和技能。

随着计算机技术、数字电路技术、集成电路技术、通信技术和传感器技术等迅速发展，电子技术在汽车上的应用越来越多，制造成本比例不断提高，从最初的转向闪光器、电子发电机调节器到电子仪表以及 ECU 电子燃油喷射系统到安全方面 ABS 刹车系统和安全气囊也离不开电子技术，辅助驾驶方面，倒车雷达、海拔测量、电子指南针、GPS 卫星定位等。汽车性能的提高更多地依赖于电子技术。有研究表明，从 1989 年至 2005 年，电子设备在整车制造成本所占比例，由 16%增至 30%以上。而且目前每部新车的 IC 的成本还在不断的增长。

汽车技术重心向电子技术倾斜，都将势必影响到汽车电子发展的方向。未来的汽车朝低能耗、热机电动混合动力、新能源发展，这些方案的关键技术也离不开电子技术。今后 10 年，随着绿色、安全、舒适化、和通信的连通性等要求对汽车的提出，电子技术将会在汽车行业起到更大的作用，将承担着汽车电子化的重任。

自 20 世纪 70 年代以来，电子技术开始在汽车上快速发展和广泛应用，尤其是近几年各

种排放性能、燃油经济性和安全性能等法规的强制性要求，极大推动了电子技术在汽车领域的推广使用，使汽车电子化程度不断提高，性能不断加强。作为汽车工业与电子工业的结合，汽车电子产业得到了飞速发展。

1.1.1 汽车电工电子技术在汽车上的应用现状

汽车电工电子技术不仅推动了汽车工业的发展，同时也极大地促进了电子产品市场的发展。现代汽车电子技术在改善汽车动力性、经济性、安全性、行驶稳定性和乘坐舒适性等方面发挥着不可替代的作用。具体来说，汽车电子技术的应用主要可分为以下四个方面。

1. 动力传动电子控制系统

主要包括发动机电子控制（包括汽油机和柴油机）、自动变速器控制（ECT、CVT/ECVT等）以及动力传动总成的综合电子控制等。控制系统主要由各种传感器、执行机构和电控单元（ECU）组成。其主要作用是保证汽车在不同的工况下均能处在最佳状态下运行，并简化驾驶员的有关操作，从而降低油耗和排放，减少动力传动系统的冲击，减轻驾驶人员的劳动强度，提高汽车的动力性、经济性和舒适性。

2. 底盘电子控制系统

包括制动防滑与动态车身控制系统（ABS/ASR、ESP/VDC），牵引力控制系统、悬架及车高控制系统、轮胎监测系统（TPMS）、巡航控制系统（CCS）、转向控制系统（如4WS）、驱动控制系统（如4WD）等。其主要用于提高汽车的安全性、舒适性和动力性等。近些年来，这类控制系统开始在普通轿车上广泛采用。

3. 车身电子控制系统

主要包括安全气囊（SRS）、自动座椅、自动空调控制、车内噪音控制、中央防盗门锁、视野照明控制、自动刮水器、自动门窗、自动防撞系统以及满足不同用电设备的电源管理系统。主要是用来增强汽车的安全性、舒适性和方便性。

4. 多媒体娱乐、通信系统

主要包括车载多媒体系统、驾驶员信息系统、语音系统、智能交通系统（ITS）、车辆导航系统（GPS/DGPS等）、计算机网络系统、状态监侧与故障诊断系统等。用于联结"人—车—外界环境信息"，以及协调整车各部分的电子控制功能。

1.1.2 汽车电工电子技术发展趋势

随着更加先进的灵巧型传感器、快速响应的执行器、高性能ECU、先进的控制策略、计算机网络技术、雷达技术、第三代移动通信技术在汽车上的广泛应用，现代汽车正朝着更加智能化、自动化和信息化的机电一体化产品方向发展，以达到"人—汽车—环境"的完美协调。

1．传感器

随着汽车电子化发展，自动化越高，对传感器的依赖程度也就越大。汽车用传感器的种类多样化和使用数量的增加，使得传感器朝着多功能化、集成化、智能化和微型化方向发展。这些将使未来的智能化集成传感器不仅能提供用于模拟和处理的信号，而且还能对信号作放大等处理；同时它还能自动进行时漂、温漂和非线性的自校正，具有较强的抵抗外部电磁干扰的能力，保证传感器信号的质量不受影响，即使在特别严酷的使用条件下仍能保持较高的精度；另外，它还具有结构紧凑、安装方便的优点，从而免受机械特性的影响。

2．微处理器（ECU）

自从 1976 美国通用汽车公司成功地将 ECU 应用到汽车发动机的控制系统中后，汽车电子控制系统进入到了新的高速发展阶段，随后 ECU 被应用到动力传动、车身、安全等控制系统中。由于汽车用 ECU 对可靠性、信息处理能力、实时控制能力及成本上的特殊要求，基于通用芯片开发出的 ECU 已经很难满足汽车电子控制系统的要求，因此，开发出具有多路同步实时控制、自带 A/D 与 D/A、自我诊断、高输入/输出等功能的汽车专用 ECU 系统具有很强的现实意义。随着汽车电子控制日趋集中化，需要处理的信息量不断增加，因此，16 位和 32 位 ECU 将成为未来汽车用 ECU 的首选。预计在今后几年需求量将增加 50%以上、逐步成为车用 ECU 的主流。

3．执行器

目前，汽车上所使用的执行器主要有电磁式、电动式和气动／液动式。电磁和电动式的执行器是以电为动力的操作机构，具有体积小、重量轻、响应速度快、耗能小的特点，但是，与气动／液动式执行器相比，输出驱动能力则不足；无法满足未来汽车控制领域大驱动输出的需要。但是，随着新材料、新工艺、新机构设计的采用，电磁和电动式执行器将逐渐取代气动／液动执行器，尤其是在未来汽车普遍更换 42V 新型电源系统之后，输出驱动能力将大幅度提升，完全可以取代传统的气动／液动系统。

4．控制方式

目前在汽车电子控制系统中广泛采用的是 PID 控制理论，是一种使用于单输入/输出、线性定常系统的经典控制理论。但由于汽车中需要控制的对象往往具有很强的时变和非线性，控制系统的输入和输出参数也越来越多，采用以状态空间为基础、适用于多输入/输出、非线性时变系统的现代控制理论已成必然，如最优控制、自适应控制、模糊控制等。

5．总线技术

利用总线技术将汽车中各种电控单元、智能传感器、智能仪表等联接起来，从而构成汽车内部局域网，实现各系统间的信息资源共享。其优点主要有：①大大减少线束数量、连接点及体积，提高系统的可靠性和可维护性；②采用通用传感器，达到数据信息共享的目的；③改善系统的灵活性，即通过系统的软件可实现系统功能的变化。根据侧重功能的不同，SAE

将总线划分为 A、B、C 三大类：A 类是面向传感器和执行器的一种低速网络，主要用于后视镜调整、灯光照明控制、电动车窗等控制等。B 类用于独立模块间的数据共享中速网络，主要用于汽车舒适性、故障诊断、仪表显示及四门中央控制等，其目前主流是低速 CAN（又称为 CAN）；C 类是传输网络，主要用于发动机、ABS 和自动变速器、安全气囊等的控制，目前 C 类主流是高速 CAN（又称为动力 CAN）。但是，随着具有容错能力的时间触发方式的"X-by-Wire"线控技术的发展，将逐渐代替高速 CAN 在 C 类网中的位置，力求在未来 5～10 年之内使传统的汽车机械系统变成通过高速容错通信总线与高性能 CPU 相连的百分之百的电控系统，完全不需要后备机械系统的支持，其主要代表有 TTP/C 和 FlexRayo；而在多媒体与通信系统中，MOST、IDB-1394 和"蓝牙"技术成为了今后的发展主流。另外，光纤凭借其高传输速率和抗干扰能力，越来越广泛地用作高速信号传输介质。

6．新型 42V 供电电源

随着汽车电控技术的不断发展，使汽车电子装置在整车中所占比例和相应的耗电量不断提高，使现有的 12V 电源系统供电能力趋于饱和或不足，无法满足下一代汽车设计中新增电子设备的需求，如无凸轮轴电磁式电控配气相位机构、飞轮复合式起动一发电机系统、电加热三效催化转化器以及新型电力制动和电力转向系统等，它们在传统的 12V 电源系统中难于实现，而这些新技术又是公认的未来汽车技术发展的重要方向。因此，采用更高供电电压的电源系统成为必然趋势。

7．安全技术

从近年召开的一些大型国际汽车技术研讨会和展会（如"2004 国际 ITS 会议"、"Convergence 2004 国际汽车电子展等"）可以看出，未来汽车电子控制的重要发展方向是汽车安全领域。主要有以下几个方向：①利用雷达技术和车载摄像技术开发各种自动避撞系统；②利用近红外技米开发各种能监测司机行为的安全系统；③高性能的轮胎综合监测系统；④自适应自动驾驶系统；⑤驾驶员身份识别系统；⑥安全气囊和 ABS/ASR，以及车身动态控制系统将更加完善。

8．多媒体娱乐与智能通信系统

随着第四代移动通信技术和计算机网络技术的不断发展，未来汽车正朝着移动办公室、家庭影院方向发展，为司机和乘客提供行进中的实时通信和娱乐信息，并把汽车和道路及其他远程服务系统结合起来，构建未来的智能交通系统（ITS）。具体功能有：①提供丰富的多媒体设施环境，利用 GPS、GSM 网络实现导航、行车指南、无线因特网以及汽车与家庭等外部环境的互动；②具备远程汽车诊断功能，紧急时能够引导救援服务机构赶到故障或事故地点。

1.2 电工电子技术的发展简史

1. 电工技术的发展

在古籍中曾有"磁石召铁"和"琥珀搭芥"的记载，磁石首先应用于指示方向和校正时间。11 世纪指南针的发明，应用于航海。

18 世纪末库仑定律建立。

1800 年化学电池的发明。

1820 年，奥斯特电流对小磁针力的作用站开电学理论新的一页。

1826 年欧姆定律的建立，1831 年法拉第电磁感应定律和 1833 年楞次定律的建立，为电工技术开辟了新的道路，也让科学家们在电机理论研究上有了新的突破。

1834 年，雅克比制造出世界上第一台电动机和 19 世纪末发明的三相同步/异步电机，三相变压器和三相输电方式又为电工技术能良好的应用与其他领域奠定了基础。

2. 电子技术的发展

电子技术是在 19 世纪末无线电发明之后才发展起来的一门重要学科。

20 世纪初，真空管发明应用于通信技术，测量技术，计算机技术，自动控制技术，这也是人类接触的第一代电子器件，到 20 世纪四十年代二代电子器件——晶体管出现，是电子行业的一个里程碑。20 世纪六十年代三代电子器件——中小规模集成电路出现，再到 1959 年美国德州仪器和西沃电气制成了四代的大规模集成电路，今天已经发展到五代的超大规模集成电路，这些技术的飞速发展使得电工电子技术的应用更方便，功能更强大，涉及领域更广泛。

1.3 汽车电工电子技术的研究对象和主要内容

1. 汽车电工电子技术的研究对象

该课程主要研究电能量在汽车应用中的产生，转移和转换过程，以及相关电子器件在汽车电子电路中的主要功能。

2. 汽车电工电子技术的主要内容

该课程从先进的职业教育理念出发，坚持"以就业为导向，以全面素质为基础，以能力为本位"的宗旨，一方面对传统的学科型教材进行整合，另一方面，借助于作者长期从事《汽车电工电子技术》和《汽车电器设备与维修》等课程的教学经验，从专业课的角度出发，对本教材框架重新进行构建。主要涉及内容有汽车电工部分，汽车模拟电路部分和汽车数字电路部分。汽车电工部分主要有常用电子器件、汽车电路的组成和分析方法、正弦交流电、磁

的相关知识、发电机和电动机的工作原理、常用电子仪表和工具的使用方法以及安全知识；汽车模拟电路部分主要有半导体器件、放大电路、振荡电路和直流稳压电源；汽车数字电路部分主要有数字电路的基础知识、逻辑代数、基本门电路和集成门电路、组合逻辑电路、触发器和时序逻辑电路。

1.4 汽车电工电子技术的发展前景

一门新技术的发展都离不开人类孜孜不倦的探索，尤其是像电工电子技术，已经在人类史上经历了一百多年。在这一百多年期间，电工电子技术为人类的进步做出突出贡献，人类生产力的进步在极大程度上依赖于电工技术的进步，今天人类的生活、生产活动须臾离不开它。因此对于电类的工科生来说，掌握好电工电子技术是有必要的，也是社会所需要的。

众所周知，现代科学技术的发展异常迅速，并在不断改变着人类的生活和生存方式。以下一些面向未来的电子新技术将影响人们的生活。

（1）万亿字节存储技术。现在的硬盘磁头读写数据的方式是水平的，下一代硬盘磁头读写数据方式是垂直的（PMR）。

（2）无线漫游的技术。

（3）受控核聚变。受控核聚变的实现将为人类提供实际上用之不竭的洁净能源，从根本上解决人类所需能源，环境与生态的持续协调发展。

（4）磁流体发电。磁流体发电是将高温导电燃气与磁场相互作用而将热能直接转化成电能的新型发电方式。由于其初温可高达 3000K，与已有的燃气及蒸汽发电组成联合循环，可望将燃煤电站的热电转换效率提高到 50%以上，具有高效率、低污染、少用水的重大优越性。

（5）太阳能与风力发电。太阳能与风能是最重要的可再生能源，它们是广泛存在、机会均等、自由索取、最终可依赖的初级能源。

（6）磁浮列车。一部人类社会交通运输发展史，在某种意义上可以说是一部以提高运输速度为主要目标的技术开发史。

（7）磁流体船舶推进。磁流体船舶推进是一种正在发展的新技术。它利用强磁场与海水中的电流相互作用产生的罗伦兹力，使海水向后喷射，依靠其反作用力推进舰船向前行驶。

（8）超导电工。实用超导线与超导磁体技术与应用的发展。

1.5 汽车电工电子技术的学习任务和学习方法

1. 汽车电工电子技术的学习任务

（1）掌握基本知识、基本理论、基本技能。
（2）了解电工电子技术的应用和发展。

（3）学习常用电子器件及应用。

（4）为后续课程和工程研究以及生活学习打下良好的基础。

2．汽车电工电子技术的学习方法

（1）认真学习应掌握的理论知识。

（2）生活中多动手，实验实训要认真对待。

（3）端正学习态度，注重学科间的联系。

（4）要多思考，多观察，有条件多实践，培养自己学习的自学性和兴趣性。

电工技术部分

第 2 章

· ·

直流电路

知识目标

1. 了解电路的基本组成、电路的三种工作状态。
2. 理解电流、电压、电动势、电位、电功率、电能等基本概念。
3. 掌握电阻定律、欧姆定律，了解电阻与温度的关系，了解电阻在汽车上的应用。
4. 掌握电容器、电感器的特性。
5. 会分析计算电路中各点电位。
6. 掌握电压源与电流源及其等效变换。
7. 掌握基尔霍夫定律、叠加定理、戴维南定理的内容及使用方法。
8. 掌握惠斯登电桥的结构、特点及其在汽车上的应用。

2.1　电路和电路模型

电路在我们的日常生活中无处不在，手电筒就是一种最简单的电路，还有空调、洗衣机、电视机、电冰箱等家用电器。电子电路知识的发展给我们的生活带来了很大的变化，让我们的家庭生活更加舒适、更加健康。随着电子技术的迅猛发展，电子技术广泛应用在航空、航天、航海、汽车、工业生产、家用电器等各行各业，使各个领域的技术不断更新。近些年，电子电路在汽车上的应用，使汽车的性能（经济性、排放性、安全性、舒适性、通过性等）得到较大的发展和提高，给发展智能化、网络化汽车及智能交通系统奠定了良好基础。

2.1.1　电路的基本组成与功能

在日常生活或在生产实践中人们广泛地接触着各种各样的电路，例如，手电筒就是一种非常简单的电路，汽车上的起动系就是汽车上最基本的电路。

电路是由各种元器件（或电工设备）按一定方式连接起来的总体，为电流的流通提供了闭合路径。

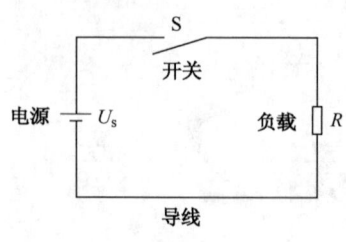

图 2-1-1　电路的组成图

一般来说，电路由电源、负载、连接导线、控制和保护装置四部分组成，如图 2-1-1 所示。

（1）电源（供能元件）：为电路提供能量的设备和器件。它能把其他形式的能转换成电能。常见的电源有干电池、蓄电池、发电机等。汽车上的电源有两个，一个是发电机，另一个是蓄电池。发动机不启动时由蓄电池供电，发动机启动后轻负荷下由发电机供电，大负荷下由蓄电池和发电机联合供电。

（2）负载（耗能元件）：使用（消耗）电能的设备和器件的总称。其作用是把电能转换成其他形式的能，如灯泡、电动机等用电器。汽车上的所有灯光，控制车窗升降、雨刮或中控锁的电机，喷油器，油泵，喇叭，所有的电控单元（Electronic Control Unit，ECU）等都是负载。

（3）连接导线：将电源和负载按一定方式连接构成闭合回路，输送和分配电能。如各种铜线、铝线等。

（4）控制和保护装置：用来控制电路的通断，保护电路的安全，使电路能够正常工作，如开关、熔断器、继电器等。汽车上不同参数的保险丝、熔断器，灯光开关，雨刮开关，车窗开关，中控锁开关，点火开关，巡航开关，防盗继电器，启动继电器，油泵继电器，雨刮继电器等，这些都属于控制和保护装置。

汽车上的电路原理图分为整车电路原理图和局部电路原理图，如图 2-1-2 所示为二极管分配高压电的双缸同时点火电路原理图。

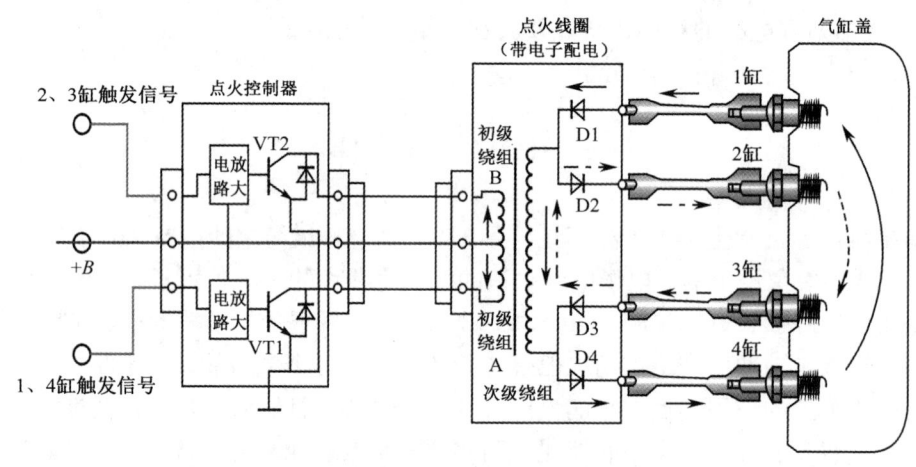

图 2-1-2　二极管分配高压电的双缸同时点火电路原理图

实际电路种类繁多，但就其功能来说可概括为以下四个方面。

（1）进行能量的传输、分配与转换。典型的例子是电力系统中的输电电路，如图 2-1-3 所示。发电厂的发电机组将其他形式的能量（热能、水能、风能、原子能等）转换成电能，通过变压器、输电线等输送给用户，这样把电能转换成机械能（如负载是电动机）、光能（如

负载是灯泡）、热能（如负载是电炉等），为人们生产、生活所利用。

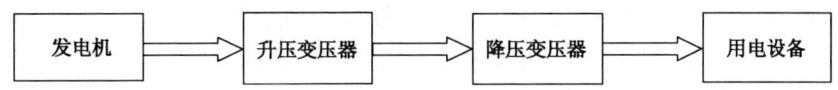

图 2-1-3　电力系统输电电路原理框图

（2）实现信息的传递与处理。典型的例子有电话、收音机、电视机等，如图 2-1-4 所示。接收天线把载有语言、音乐、图像信息的电磁波接收后，通过电路把输入信号（又称激励）变换或处理为人们所需要的输出信号（又称响应），送到扬声器或显像管，再还原为语言、音乐或图像。

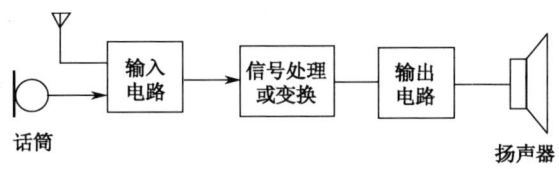

图 2-1-4　信号处理电路

（3）实现电量的测量。如万用表（数字式、机械式）在测量电阻时，万用表和电阻即连接成完整的测量电路。

（4）存储电路。所有的存储芯片内部都是由电路构成的。

实际电路多种多样，具体的功能也各不相同，但它们有其共性，正是在这种共性的基础上，形成电路理论这一学科。

电路的状态简单可分为三种：

（1）通路（闭路）：电源与负载接通，电路中有电流通过，电气设备或元器件获得一定的电压和电功率，进行能量转换。

（2）开路（断路）：电路中没有电流通过，又称为空载状态。

（3）短路（捷路）：电源两端的导线直接相连接，输出电流过大对电源来说属于严重过载，如没有保护措施，电源或电器会被烧毁或发生火灾，所以通常要在电路或电气设备中安装熔断器、保险丝等保险装置，以避免发生短路时出现不良后果。

2.1.2　电路模型（电路图）

由理想元件构成的电路叫做实际电路的电路模型，也叫做实际电路的电路原理图，简称为电路图。例如，图 2-1-5 所示的手电筒电路图。

理想元件：电路是由电特性相当复杂的元器件组成的，为了便于用数学方法对电路进行分析，可将电路实体中的各种电器设备和元器件用一些能够表征它们主要电磁特性的理想元件（模型）来代替，而对实际上的结构、材料、形状等非电磁特性不予考虑。

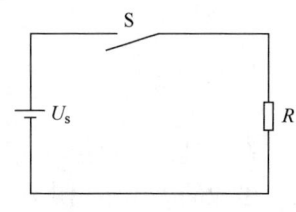

图 2-1-5　手电筒电路图

在实际电路中使用着各种电气元器件（统称为电路部件），如电阻器、电容器、电感器、灯泡、电池、晶体管、变压器等。实际的电路部件虽然种类繁多，但在电磁现象方面却有许多共同的地方。譬如电阻器、灯泡、电炉等，它们主要是消耗电能的，这样我们可用一个理想电阻来反映消耗电能的特征，即电阻特性。当电流通过它时，在它内部进行着把电能转换为其他形式能量的过程。理想电阻的模型符号如图 2-1-6（a）所示。类似地，各种实际电容器主要是贮存电能的，用一个理想的二端电容来反映贮存电能的特征，即电容特性，理想电容的模型符号如图 2-1-6（b）所示。用一个理想二端电感来反映贮存磁能的特征，即电感特性，其模型符号如图 2-1-6（c）所示。

常用的理想元件名称和符号如表 2-1-1 所示。

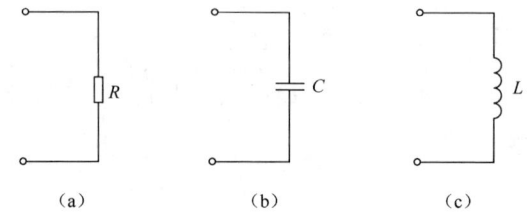

（a）　　　　　　　（b）　　　　　　　（c）

图 2-1-6　理想电阻、电容、电感元件模型

表 2-1-1　常用的理想元件及符号

名　　称	符　　号	名　　称	符　　号
电阻	▭	电压表	Ⓥ
电池	⊣⊢	接地	⏚ 或 ⊥
电灯	⊗	熔断器	▭
开关	/	电容	⊣⊢
电流表	Ⓐ	电感	⌒⌒⌒

2.2　电路中的基本物理量

在电路分析中，我们常用到的物理量有电流、电压、电位和电功率等。在分析电路之前，作为常识，首先要深刻理解这些基本物理量的概念、符号和单位等。

2.2.1　电流

在物理课中已经学过，电荷的定向移动形成电流。电流的方向习惯上指正电荷运动的方向，电流的大小常用电流强度来表示。电流强度是指单位时间内通过导体横截面的电荷量。而我们常说的电流大小就是电流强度的大小。

我们知道，金属导体内含有大量的带负电荷的自由电子，通常情况下，这些自由电子在其内部做规则的热运动。在这种情况下，金属导体内虽有电荷运动，但由于电荷运动是杂乱无规则的，因而不会形成电流。如果在金属导体的两端连接上电源，那么带负电荷的自由电子就要逆电场方向运动，这样，金属导体内就有电荷做规则的定向运动，于是就形成电流。在其他场合，如电解溶液中的带电离子做规则定向运动也会形成电流。

电流虽然看不见摸不着，但可通过电流的各种效应（如磁效应、热效应）来感觉它的客观存在，这是人们所熟悉的常识。所以，毫无疑问，电流是客观存在的物理现象。为了从量的方面量度电流的大小，引入电流强度的概念。

电流强度是指单位时间内通过导体横截面的电荷量。用 $i(t)$ 表示，即

$$i(t) = \frac{\mathrm{d}q(t)}{\mathrm{d}t} \tag{2-2-1}$$

式中，$q(t)$ 为通过导体横截面的电荷量。

若 $\dfrac{\mathrm{d}q(t)}{\mathrm{d}t}$ 为一常数，说明是直流电流，常用大写字母 I 表示。电流强度的单位是安培（A），简称"安"。常用的单位还有千安（kA）、毫安（mA）、微安（μA）等，其换算关系如下：

$$1\text{kA} = 10^3 \text{ A}$$

$$1\text{A} = 10^3 \text{ mA} = 10^6 \mu\text{A}$$

常见的几种电流如图 2-2-1 所示。

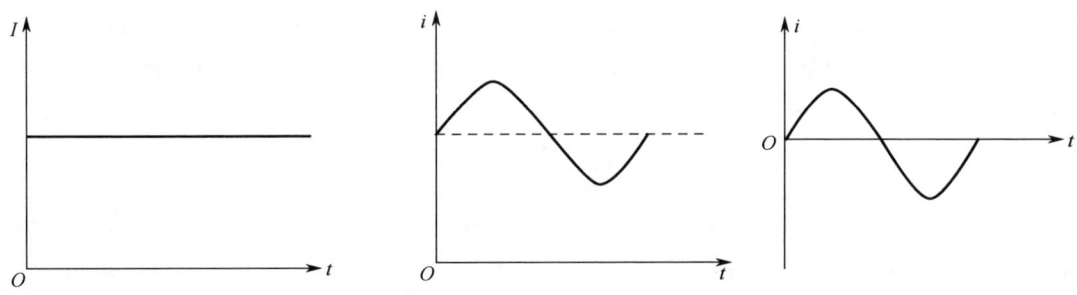

图 2-2-1　直流电流、脉动电流和交流电流

电流的方向：规定正电荷定向运动的方向为电流方向。在金属导体中，电流的方向与自由电子的运动方向相反。为了计算方便，通常事先假定一个电流方向（假想的电流方向），叫做参考方向。用箭头在电路图中标明电流的参考方向，如果计算的结果电流为正值，那么电流的真实方向与参考方向一致；如果计算的结果电流为负值，那么电流的真实方向与参考方向相反，如图 2-2-2 所示。若不规定电流的参考方向，电流的正负号是无意义的。电流是一个标量，电流方向只表明电荷的定向运动方向。就像我们以前学的温度这个物理量，数值的正负只表示温度处于 0℃ 以上或以下。电流的正负只表示实际电流方向与参考方向相同或相反。

图 2-2-2　电流的参考方向与实际方向

汽车电工电子技术基础

2.2.2　电位和电压

在物理学中已经学过，将单位正电荷自某一点 A 移动到参考点（物理学中习惯选无穷远处作参考点）电场力做功的大小称为 A 点的电位。在电路中，电位的物理意义同物理静电场中所讲的电位是一样的，只不过电路中某点的电位，是将单位正电荷沿电路移至参考点（习惯选电路中某点，通常选接地点）电场力所做功的大小。

因此，在讨论电位问题时，首先要选参考点（假定该点电位为零），电路中各点的电位是相对的，与参考点的选择有关。某点电位等于该点与参考点间的电压。比参考点电位高的电位为正，比参考点电位低的电位为负。在图 2-2-3 中，若选定 A 点为零电位，$V_A=0$，则 $V_B<0$；若选定 B 点为零电位，$V_B=0$，则 $V_A>0$。不管如何选定参考点，A 点电位永远高于 B 点电位，即 $V_A>V_B$。由此可见，电场力对正电荷做功的方向就是电位降低的方向。因此，规定电压的方向由高电位点指向低电位点，即电位降低的方向。电压的方向可以用高电位点标"＋"、低电位点标"－"来表示。

在电路计算时，事先无法确定电压的真实方向，通常事先选定参考方向，用"＋"、"－"标在电路图中，如果计算的结果电压为正值，那么电压的真实方向和参考方向一致；如果计算的结果电压为负值，那么电压的真实方向和参考方向相反。

两点之间的电位之差即是两点间的电压，即

$$U_{AB}=V_A-V_B \tag{2-2-2}$$

从电场力做功的概念来定义，电压就是将单位正电荷从电路中一点移至电路中另一点时电场力做功的大小，如图 2-2-3 所示。用数学式表示，即为

$$u(t)=\frac{\mathrm{d}w(t)}{\mathrm{d}q(t)} \tag{2-2-3}$$

式中，$\mathrm{d}q(t)$ 为由 A 点移至 B 点的电荷量，单位为库仑（C）；$\mathrm{d}w(t)$ 是移动电荷 $\mathrm{d}q$ 电场力所做的功，单位为焦耳（J）。电位、电压的单位都是伏特（V），1V 电压相当于移动 1C 正电荷电场力所做的功为 1J。

电压大小、方向均恒定不变时为直流电压，常用大写 U 表示。对直流电压的测量，是根据电压的实际方向，将直流电压表并联接入电路，使直流电压表的正极接所测电压的实际高电位端，负极接所测电压的实际低电位端。下面以直流电路为例来判断电压的正负，如图 2-2-4 所示。

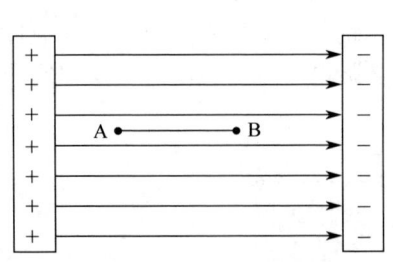

图 2-2-3　电位与电压的示意图

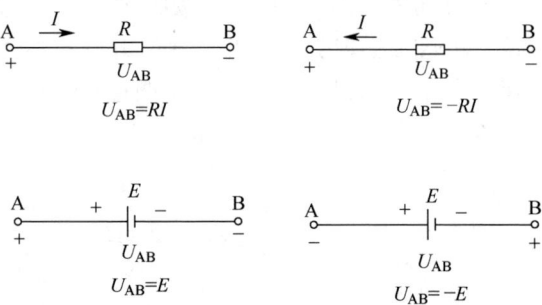

图 2-2-4　电压正负的确定

注意：电路中各点电位数值随所选参考点的不同而改变，但参考点一经选定，那么各点电位数值就是唯一的，这就是电位的相对性和单值存在性。而电路中任意两点之间的电压数值不随参考点的不同而改变。

例 2-2-1： 在电场中有 A、B、C 三点，某电荷的电荷量 $q = 5×10^{-2}C$，电荷由 A 点移动到 B 点电场力所做的功为 2J；电荷由 B 点移动到 C 点电场力所做的功为 3J；以 B 为参考点，试求 A 点和 C 点的电位。

解： 以 B 点为参考点，则 $V_B=0V$，根据电压定义式

$$U_{AB} = \frac{W_{AB}}{q} = \frac{2}{5×10^{-2}}V = 40V$$

又因为 $U_{AB}=V_A-V_B$，则 $V_A=40V$；
同样

$$U_{BC} = \frac{W_{BC}}{q} = \frac{3}{5×10^{-2}}V = 60V$$

$$U_{BC} = V_B-V_C$$

$$V_C = -60V$$

例 2-2-2： 如图 2-2-5 所示电路中，$R_1=4\Omega$，$R_2=2\Omega$，$R_3=1\Omega$，$E_1=6V$，$E_2=3V$，试求电路中 A、B、C 点的电位。

解： 图中标明 D 点接地，则 $V_D=0$。闭合回路中只有电动势 E_2，应用欧姆定律可求出回路电流 I（方向如图所示）：

$$I = \frac{E_2}{R_2 + R_3} = \frac{3}{2+1}A = 1A$$

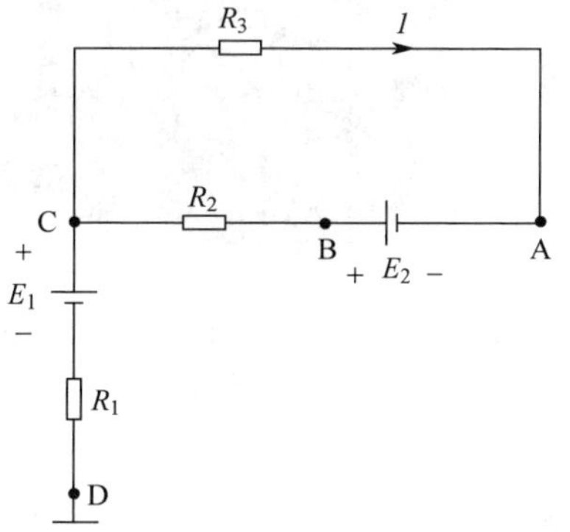

选 C→D 路径计算 C 点电位，R_1 中没有电流，C 点电位为

$$V_C=U_{CD}=E_1=6V$$

图 2-2-5　例 2-2-2 题图

选 B→C 路径计算 B 点电位，R_2 中电流方向与电压 U_{BC} 参考方向一致，则 B 点电位为

$$V_B = U_{BC} + V_C = R_2I + V_C = (2×1+6)V = 8V$$

选 A→B 路径计算 A 点电位，电压参考方向是由电源负极到正极，则 A 点电位为

$$V_A = U_{AB} + V_B = -E_2 + V_B = (-3+8)V = 5V$$

以上计算是否正确，可以利用由 A 经 R_3 到 C 这条路径检查验算，即

$$V_A = U_{AC} + V_C = -R_3I + V_C = (-1×1+6)V = 5V$$

沿两条路径计算的 A 点电位都是 5V，证明计算是正确的。

2.2.3　电动势

电源是把其他形式的能转换成电能的装置。电源种类很多，如干电池或蓄电池把化学能

转换成电能；光电池把太阳的光能转化成电能；发电机把机械能转化成电能等。如图 2-2-6 所示为汽车用 12V 铅酸免维护蓄电池。电源正极电位高，负极电位低，接通负载后，在电源外部的电路中电流从高电位点流向低电位点；在电源内部电流则从负极流向正极。

1. 电源力

在电场力的作用下，正电荷总是由高电位点经过负载移动到低电位点，如图 2-2-7 所示。当正电荷由极板 A 经外电路移到极板 B 时，与极板 B 上的负电荷中和，使 A、B 极板上聚集的正、负电荷数减少，两极板间电位差随之减少，电流随之减小，直至正、负电荷完全中和，电流中断。要保证电路中有持续不断的电流，A、B 极板间必须有一个与电场力 F_2 方向相反的非静电力 F_1 存在，它能把正电荷从 B 极板源源不断地移到 A 极板，保证 A、B 两极板间电压不变，电路中才能有持续不变的电流。这种存在于电源内部的非静电性质的力 F_1 叫做电源力。

图 2-2-6 汽车用 12V 铅酸免维护蓄电池

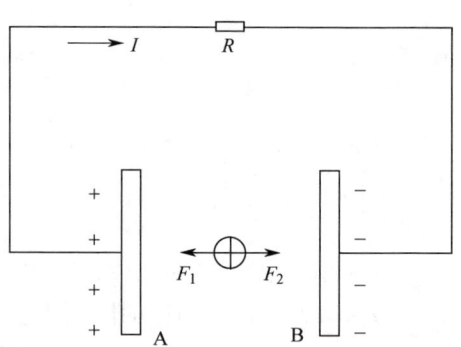

图 2-2-7 电场力与电源力

2. 电动势

在电源内部，电源力不断地把正电荷从低电位点移到高电位点。在这个过程中，电源力要反抗电场力做功，这个做功过程就是电源将其他形式的能转换成电能的过程。对于不同的电源，电源力做功的性质和大小不同，为此引入电动势这个物理量。

在电源内部，电源力把正电荷从低电位点（负极板）移到高电位点（正极板）反抗电场力所做的功与被移动电荷的电荷量之比，叫做电源的电动势。用公式表示为

$$E = \frac{W}{q} \tag{2-2-4}$$

式中，W 是电源力移动正电荷所做的功，单位是焦[耳]，符号为 J；

q 是电源力移动的电荷量，单位是库[仑]，符号为 C；

E 是电源电动势，单位是伏[特]，符号为 V。

电源内部电源力的方向由负极指向正极，因此，电源电动势的方向规定为由电源的负极（低电位点）指向正极（高电位点）。在电源内部的电路中，电源力移动正电荷形成电流，电流的方向是从负极指向正极；在电源外部的电路中，电场力移动正电荷形成电流，电流方向是从正极指向负极。

特别应当指出的是电动势与电压是两个物理意义不同的物理量。电动势存在于电源内部，是衡量电源力做功本领的物理量；电压存在于电源的外部，是衡量电场力做功本领的物理量。电动势的方向从负极指向正极，即电位升高的方向；电压的方向是从正极指向负极，即电位降低的方向。

2.2.4 电能和电功率

1. 电能

电流能使照明器具发光，电动机转动，电炉发热等，这些都是电流做功的表现。导体内的电荷在电场力作用下发生定向运动形成的电流所做的功叫做电能。电流做功的过程就是将电能转化成其他形式能的过程。

如果导体两端的电压为 U，在时间 t 内通过导体横截面的电荷量为 q，导体中的电流 $I=q/t$，根据电压的定义式 $U=W/q$，可知电流所做的功，即电能为

$$W=Uq=UIt \tag{2-2-5}$$

式中，U 是加在导体两端的电压，单位是伏[特]，符号为 V；

I 是导体中的电流，单位是安[培]，符号为 A；

t 是通电时间，单位是秒，符号为 s；

W 是电能，单位是焦[耳]，符号为 J。

式（2-2-5）表明，电流在一段电路上所做的功，与这段电路两端的电压、电路中的电流和通电时间成正比。

对于纯电阻电路，欧姆定律成立，即 $U=IR$，$I=U/R$。代入式（2-2-5）得：

$$W = I^2 Rt = \frac{U^2}{R}t \tag{2-2-6}$$

2. 电功率

单位时间做功的大小称为功率，或者说做功的速率称为功率。在电路问题中涉及的电功率即是电场力做功的速率，以符号 $p(t)$ 表示。功率的数学定义式可写为

$$p(t) = \frac{dw(t)}{dt} \tag{2-2-7}$$

在电路中，人们更关注的是功率与电流、电压之间的关系。下面以图 2-2-8 所示电路为例进行分析。图中矩形框代表任意一段电路，其内可以是电阻，可以是电源，也可以是若干电路元件的组合。电流的参考方向设成从 a 流向 b，电压的参考方向设成 a 为高电位端，b 为低电位端，这样所设的电流、电压参考方向称为关联参考方向。设在 dt 时间内在电场力作用下由 a 点移动到 b 点的正电荷量为 dq，a 点至 b 点电压 u 意味着单位正电荷从 a 点移动到 b 点电场力所做的功，那么移动 dq 正电荷电场力做的功为 $dw=udq$。电场力做功说明电能损耗，损耗的这部分电能被 ab 这段电路所吸收。下面具体推导出 ab 这段电路吸收的电功率与其电压、电流之间的关系。

由 $$u = \frac{\mathrm{d}w}{\mathrm{d}q}$$ （2-2-8）

得 $$\mathrm{d}w = u\mathrm{d}q$$ （2-2-9）

再由 $$i = \frac{\mathrm{d}q}{\mathrm{d}t}$$ （2-2-10）

得 $$\mathrm{d}t = \frac{\mathrm{d}q}{i}$$ （2-2-11）

根据功率定义可得, $$p = ui$$ （2-2-12）

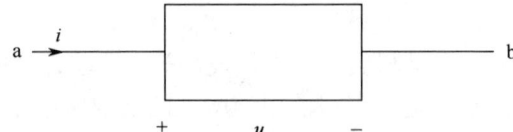

图 2-2-8　电压电流参考方向关联情况

需要强调的是，在电压、电流参考方向关联的条件下，一段电路所吸收的电功率为该段电路两端电压、电流之乘积。代入 u、i 数值，经计算，若 p 为正值，该段电路吸收功率；p 为负值，该段电路吸收负功率，即该段电路向外提供功率，或者说产生功率。如果遇到电路中电压电流参考方向非关联情况，在计算吸收功率的公式中需冠以负号，即

$$p = -ui$$ （2-2-13）

应特别注意根据电压、电流参考方向是否关联，来选用相应计算吸收功率的公式。u、i 参考方向关联，产生功率用 ui 计算；u、i 参考方向非关联，产生功率用 $-ui$ 计算。这是因为"吸收"与"供出"二者就是相反的含义，所以计算吸收功率与供出功率的公式符号相反是理所当然的事。

例 2-2-3： 试求图 2-2-9 中各元件的功率。

图 2-2-9　例 2-2-3 题图

解：（a）电流和电压为关联参考方向，元件吸收的功率为

$$P = UI = 12 \times 2 = 24\mathrm{W}$$

（b）电流和电压为非关联参考方向，元件吸收的功率为

$$P = -UI = -12 \times 2 = -24\mathrm{W}$$

3. 电气设备的额定值

为了保证电气设备和电路元件能够长期安全地正常工作，规定了额定电压、额定电流、额定功率等铭牌数据。

额定电压——电气设备或元器件在正常工作条件下允许施加的最大电压。

额定电流——电气设备或元器件在正常工作条件下允许通过的最大电流。

额定功率——在额定电压和额定电流下消耗的功率，即允许消耗的最大功率。

额定工作状态——电气设备或元器件在额定功率下的工作状态，也称满载状态。

轻载状态——电气设备或元器件在低于额定功率的工作状态，轻载时电气设备不能得到充分利用或根本无法正常工作。

过载（超载）状态——电气设备或元器件在高于额定功率的工作状态，过载时电气设备很容易被烧坏或造成严重事故。

轻载和过载都是不正常的工作状态，一般是不允许出现的。

2.3　电阻、电容、电感元件及其 VCR 特性

电阻、电容、电感元件是构成电路的最基本的三种元器件，掌握这三种元件的基础知识和 VCR 特性尤为重要。

2.3.1　电阻元件

1．电阻的定义

电阻元件是对电流呈现阻碍作用的耗能元件，例如灯泡、电热炉等电器，都可用电阻元件来表示。

电阻定律：

$$R = \rho \frac{l}{S} \tag{2-3-1}$$

式中：ρ 是制成电阻的材料电阻率，单位为欧姆·米（$\Omega \cdot m$）；l 是绕制成电阻的导线长度，单位为米（m）；S 是绕制成电阻的导线横截面积，单位为平方米（m^2）；R 是电阻值，单位为欧姆（Ω）。

经常用的电阻单位还有千欧（$k\Omega$）、兆欧（$M\Omega$），它们与 Ω 的换算关系为：

$$1\ k\Omega = 10^3\ \Omega;$$
$$1\ M\Omega = 10^3\ k\Omega = 10^6\ \Omega$$

2．线性电阻与非线性电阻

电阻值 R 与通过它的电流 I、其两端的电压 U 无关（即 $R =$ 常数）的电阻元件叫做线性电阻，其伏安特性曲线在 I-U 平面坐标系中为一条通过原点的直线。如图 2-3-1 所示为线性电阻的伏安特性曲线。伏安特性曲线表示某一元件上的电压与流过的电流之间的关系。

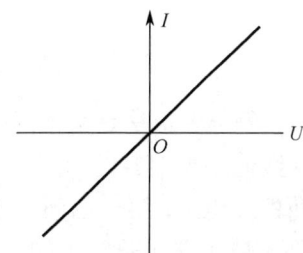

图 2-3-1　线性电阻的伏安特性曲线

电阻值 R 与通过它的电流 I、其两端的电压 U 有关（即 $R \neq$ 常数）的电阻元件叫做非线性电阻，其伏安特性曲线在 I-U 平面坐标系中为一条通过原点的曲线。

通常所说的"电阻"，如不作特殊说明，均指线性电阻。

3．电阻元件上消耗的功率与能量

将 $I = \dfrac{U}{R}$ 代入到 $P=UI$，可得电阻 R 上吸收电功率为

$$P = UI = RI \times I = RI^2 \qquad\qquad (2\text{-}3\text{-}2)$$

$$或\ P = UI = U \times \frac{U}{R} = \frac{U^2}{R} \qquad\qquad (2\text{-}3\text{-}3)$$

从物理概念看，电阻吸收的电能转换为其他形式的能（热能、光能、风能等），基于这一点，通常把电阻吸收的电能说成电阻消耗的电能。与此相应，把电阻吸收的功率也说成电阻消耗的功率。

实际用电器的额定值就是为保证安全、正常使用用电器，制造厂家所给出的电压、电流或功率的限制数值。例如，一只灯泡上标明 220V、40W，即说明这样的含义：这只灯泡接额定电压 220V，消耗的额定功率为 40W。如果所接电压超过 220V，灯泡消耗功率会大于 40W，会减少灯泡的使用寿命甚至将灯泡烧坏（不安全）；如果所接电压低于 220V，灯泡消耗功率小于 40W（较暗），工作不正常，这样使用也是不合理的。市售的碳膜、金属膜、线绕电阻，除标明电阻值以外，通常还标有额定功率，线绕电阻额定功率较大。在实际设计装配电路时，不但应按所需电阻值大小来选电阻，还应根据电阻在电路中所消耗的功率适当选择电阻型号。

4．常见的标注方法

电阻的常见标注方法有两种：直标法和色环表示法。

（1）直标法是用阿拉伯数字和单位符号在电阻器表面直接标出标称阻值，如图 2-3-2 所示。

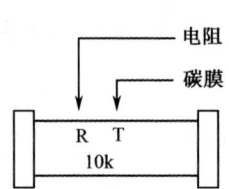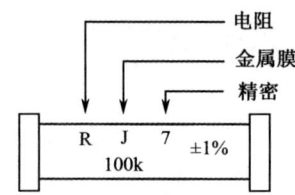

图 2-3-2　电阻器规格直标法实例

（2）色环表示法是用不同颜色的环在电阻器的表面标出标称阻值和允许误差。各种颜色对应的数值如表 2-3-1 所示。

四色环电阻：第一色环是十位有效数字，第二色环是个位有效数字，第三色环是倍乘数，第四色环是允许误差。例如，某电阻的四色环分别是绿、蓝、金、金，则其表示的阻值为 $56 \times 10^{-1} = 5.6\ \Omega$，允许偏差为 $\pm 5\%$。

　　五色环电阻：第一色环是百位有效数字，第二色环是十位有效数字，第三色环是个位有效数字，第四色环是倍乘数，第五色环是允许误差。例如，某电阻的五色环分别为棕、黑、绿、棕、棕五环，其表示阻值为 $105 \times 10^1 = 1050\,\Omega = 1.05\mathrm{k}\Omega$，允许偏差为 $\pm 1\%$。

表 2-3-1　电阻色环各位的含义

颜色	第一位有效数字	第二位有效数字	倍乘数	允许误差/%
黑	0	0	$\times 10^0$	—
棕	1	1	$\times 10^1$	± 1
红	2	2	$\times 10^2$	± 2
橙	3	3	$\times 10^3$	—
黄	4	4	$\times 10^4$	—
绿	5	5	$\times 10^5$	± 0.5
蓝	6	6	$\times 10^6$	± 0.2
紫	7	7	$\times 10^7$	± 0.1
灰	8	8	$\times 10^8$	—
白	9	9	$\times 10^9$	—
金	—	—	$\times 10^{-1}$	± 5

5．电阻元件的检测

　　电阻器的主要故障有：过流烧毁，变值，断裂，引脚脱焊等。电位器经常发生滑动触头与电阻片接触不良等情况。

　　（1）外观检查：对于电阻器，通过目测可以看出引线是否松动、折断或电阻体烧坏等外观故障。对于电位器，应检查引出端子是否松动，接触是否良好，转动转轴时应感觉平滑，不应有过松过紧等情况。

　　（2）阻值测量：通常可用万用表欧姆档对电阻器进行测量，需要精确测量阻值可以通过电桥进行。值得注意的是，测量时不能用双手同时捏住电阻或测试笔，否则，人体电阻与被测电阻器并联，影响测量精度。电位器也可先用万用表欧姆档测量总阻值，然后将表笔接于活动端子和引出端子，反复慢慢旋转电位器转轴，看万用表指针是否连续均匀变化，如指针平稳移动而无跳跃、抖动现象，则说明电位器正常。

6．电阻在汽车上的应用

（1）热敏电阻

　　热敏电阻是用半导体材料与其他金属氧化物按一定比例混合后经高温烧结而制成的温度系数很大的电阻。正温度系数热敏电阻的阻值随温度升高而增大；负温度系数热敏电阻的阻值随温度的升高而减小。

　　由于热敏电阻式温度传感器的灵敏度高，结构简单，价格低廉，在汽车的电子控制系统中有着越来越广泛的应用。汽车上的温度传感器检测元件大部分采用的是负温度系数的热敏电阻。如图 2-3-3 所示为温度传感器工作原理图，图中 B 为热敏电阻，当温度发生变化时，

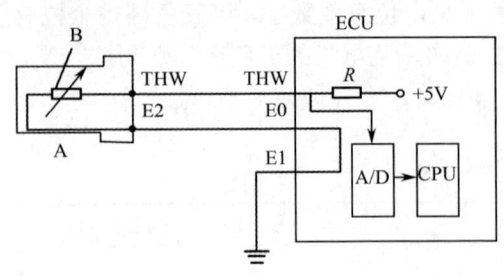

图 2-3-3　汽车发动机水温传感器

热敏电阻的阻值会跟着变化，由于 E2、E0 通过 ECU 内部搭铁（接地），THW 端的电位就会随着热敏电阻的阻值变化，这样就把温度信号转变成电信号传递给 ECU 来修正汽车喷油量。

（2）压敏电阻

压敏电阻是一种压电转换元件，是利用半导体的压阻效应制成的硅膜片，其变形与压力成正比，可以利用电桥将硅膜片的变形转换成电信号。在当今汽车发动机电子控制系统中，半导体压敏电阻式进气压力传感器具有体积小、精度高、成本低、响应快及再现性、抗振性较好等优点，故得到了广泛的应用。

（3）光敏电阻

光敏电阻是利用半导体材料的光电效应制成的。在受到一定频率的光照时，半导体中的自由电子就会从一个电极到达另一个电极，有效地参与导电，从而使光电导体的电阻率发生变化。在光敏电阻中，以硫化镉光敏电阻的应用最为广泛。它的特点是，光照越强，电阻值越小；光照越弱，电阻值越大。光敏式光量传感器内部装有硫化镉光敏电阻，当有光照射到传感器上时，半导体元件的电阻值就将发生变化。这种传感器可以把周围亮度的变化转换成元件电阻值的变化，这种特性可以用于汽车上对各种灯具亮、灭的自动控制。比如自动大灯，就是把光敏式光量传感器安装在仪表板上方，光线暗时，大灯亮；光线亮时，大灯灭。

2.3.2　电容元件

1．电容的定义

在工程技术中，电容器的应用极为广泛。电容器虽然品种、规格各异，但就其构成原理来说，电容器都是由间隔以不同电介质（如云母、绝缘纸、电解质等）的两块金属极板组成的。当在极板上加电压后，极板上分别聚集起等量的正、负电荷，并在介质中建立电场而具有电场能量。将电源移去后，电荷可继续聚集在极板上，电场继续存在。所以电容器是一种能储存电荷或者说储存电场能量的部件，电容元件就是反映这种物理现象的电路模型。

电容元件是储存电能的元件，它是实际电容器的理想化模型。

简而言之，一个二端元件，如果在任意时刻，其端电压 u 与其储存的电荷 q 之间的关系能用 u-q 平面上一条曲线所确定，就称其为电容元件，简称电容，表示符号如图 2-3-4（a）所示。

电容元件按其特性可分为时变的和时不变的，线性的和非线性的。本书主要涉及线性时不变电容元件。

线性时不变电容元件外特性是 u-q 平面上一条通过原点的直线，如图 2-3-3（b）所示。在电容元件上电压与电荷的参考极性一致的条件下，在任意时刻 t，电荷量与其端电压的关系为

$$q(t) = Cu(t) \tag{2-3-4}$$

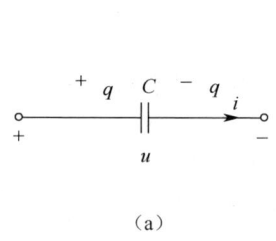

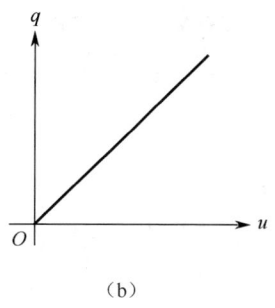

（a）   （b）

图 2-3-4　线性时不变电容元件及其库伏特性

2．电容的单位

如果加在两个极板间的电压是 1V，每个极板储存的电荷量是 1C 时，则电容器的电容是 1F。F（法拉）是个比较大的单位，在实际应用中，常用较小的单位微法（μF）和皮法（pF）。

$$10^{-6}F=10^{-3}mF=1\mu F=10^{3}nF=10^{6}pF$$

一般情况下，说"电容"一词及其符号 C 时既表示电容元件也表示电容量的大小。

3．电容的伏安特性

电路理论关心的是元件端电压与电流的关系。如图 2-3-4（a）所示，电压 u 的参考方向由正极板指向负极板，这时 $q=Cu$。当电流 i 与电压 u 的参考方向一致时，则由 $i=\mathrm{d}q/\mathrm{d}t$ 得

$$i = \frac{\mathrm{d}q}{\mathrm{d}t} = C\frac{\mathrm{d}u}{\mathrm{d}t} \tag{2-3-5}$$

式（2-3-5）称为电容元件电压与电流的约束关系（VCR）。由式（2-3-5）可知：

（1）当 $\mathrm{d}u/\mathrm{d}t>0$ 时，即 $\mathrm{d}q/\mathrm{d}t>0$，$i>0$，说明电容极板上电荷量增加，电容器充电。

（2）当 $\mathrm{d}u/\mathrm{d}t=0$ 时，即 $\mathrm{d}q/\mathrm{d}t=0$，$i=0$，说明电容两端电压不变，电流为零，即电容在直流稳态电路中相当于开路，故电容器有隔直流的作用。

（3）当 $\mathrm{d}u/\mathrm{d}t<0$ 时，即 $\mathrm{d}q/\mathrm{d}t<0$，$i<0$，说明电容极板上电荷量减少，电容器放电。

当电压和电流取关联参考方向时，线性电容元件吸收的功率为

$$p = ui = Cu\frac{\mathrm{d}u}{\mathrm{d}t} \tag{2-3-6}$$

电容元件吸收的能量以电场能量的形式储存在元件中。电容元件在任何时刻 t 储存的电场能量等于它吸收的能量，可写为

$$W_{\mathrm{C}}(t) = \frac{1}{2}Cu^{2}(t) \tag{2-3-7}$$

电容元件是一种储能元件。电容元件放电时，不会释放出多于它所吸收或储存的能量，因此它是一种无源元件，即自身不能向外提供能量。

4．电容的参数

对于一个实际电容元件，其元件参数主要有三个：一个是电容值，一个是耐压值，另一个是工作温度。电容的耐压是指安全使用时所能承受的最大电压。在使用时，如果超过其耐

压，则电容内的电介质将被击穿，电容被烧毁。

电容器的额定工作电压是指使电容器能长时间地稳定工作，并且保证电介质性能良好的直流电压的数值。额定工作电压一般叫做耐压。电容器上所标的电压就是额定工作电压。如果把电容器接到交流电路中，必须保证电容器的额定工作电压不低于交流电压的最大值，否则电容器易被击穿。

电容器上所标明的电容量的值叫做标称容量。电容器在批量生产过程中，受到诸多因素的影响，实际电容值与标称容量之间总有一定的误差。国家对不同的电容器，规定了不同的误差范围，在此范围之内的误差叫做允许误差。

常见电容在电路图中的符号如图 2-3-5 所示。

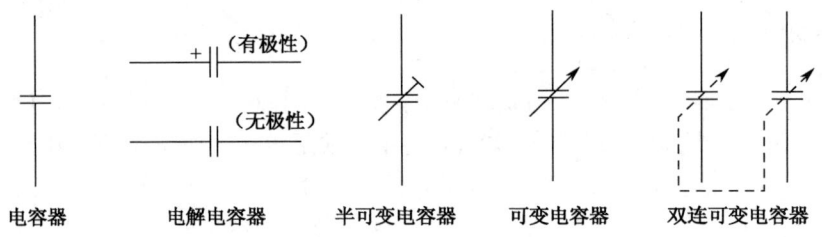

图 2-3-5　常见电容在电路图中的符号

5．电容的检测

在一般情况下电容用做滤波或隔直流，电路中对电容量的精确度要求不高，故无须测量实际电容量。用万用表的"Ω"挡可判断电容器短路、断路、漏电等故障。0.1μF 以下的电容器用万用表×1k 或×10k 挡位，1μF 以上的电容器用×100 或×10 挡测量电容两引线之间的电阻值。

如表笔接触瞬间，指针摆动一下后立即回到"∞"位置，将表笔对调再测量其阻值，表针出现同一现象，则说明电容器是好的。容量越大，表针摆动的角度也越大，1000pF 以下的电容器几乎看不到表针的摆动。

如若表针根本不动（小容量电容器除外），则说明电容器已经断路。若表针一直停在"0"的位置，说明电容器短路；若表针摆动后，虽然向"∞"位置回摆，但始终不能达到"∞"（大容量电解电容器不能完全回到"∞"位置），说明电容器漏电，阻值越小，漏电越严重。断路、短路及漏电的电容器均不能使用。

6．电容在汽车上的应用

电容器是一种储存电荷的容器，是广泛应用于汽车电气系统的电路元件之一，用于隔直流、耦合交流、旁路交流、滤波、定时和组成振荡电路等。

如图 2-3-6 所示，为电容式门锁控制器电路。该系统的电容器平时经常充足电，在工作时将继电器（5 或 6）线圈串进电容器的放电回路中，使其触点短时间闭合。当（正向或反向）转动车门钥匙时，相应的电路开关（闭锁或开锁）接通，电容器放电电流通过继电器线圈（5 或 6）接地，线圈产生电磁吸力，触点闭合，接通执行机构电磁线圈（9 或 10）的电路，完成闭锁或开锁的动作。当电容器放电完毕后，继电器触点打开，门锁系统停止工作。此时，另一只电容器则被充电，为下一次的操作做好准备。

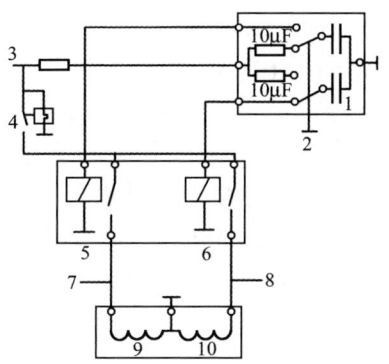

1—电容器；2—门锁开关；3—接电源；
4—热敏断路器；5—闭锁继电器；6—开锁继
电器；7、8—接其他门锁；9、10—电磁式门
锁执行机构

图 2-3-6　电容式中控门锁系统

2.3.3　电感元件

1. 电感的定义

电感元件是实际电路中储存磁场能量这一物理性质的科学抽象，凡是电流及其磁场存在的场合总可以用电感元件来加以描述。

一个二端元件，如果在任意时刻，通过它的电流 i 与其磁链 Ψ 之间的关系可用 Ψ-i 平面上的曲线所确定，就称其为电感元件，简称电感。其电路模型如图 2-3-7（a）所示。

电感元件也分为时变的和时不变的，线性的和非线性的。本书只讨论线性时不变的电感元件。

线性时不变的电感元件的外特性（韦安特性）是 Ψ-i 平面上一条通过原点的直线，如图 2-3-7（b）所示。当规定磁通量和磁链 Ψ 的参考方向与电流 i 的参考方向之间符合右手螺旋定则时，在任意时刻 t，磁链与电流的关系为

$$\Psi(t)=Li(t) \tag{2-3-8}$$

式中，L 称为元件的电感。

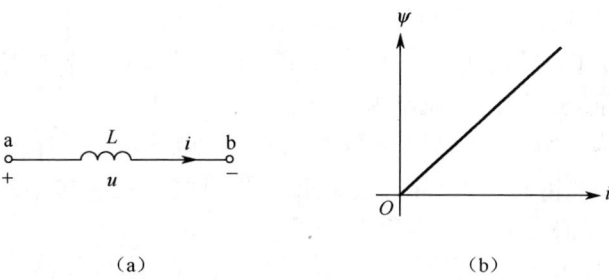

（a）　　　　　　　　　　　　　　（b）

图 2-3-7　线性时不变电感元件

2．电感的单位

在国际单位制中，电感的单位为亨利，简称亨，其符号为 H。当线圈中电流变化率为 1A/S，产生 1V 的感应电动势时，则该电感线圈的电感为 1H。

$$1H =10^3 mH= 10^6 \mu H$$

3．电感的伏安特性

一般情况下，说"电感"一词及其符号 L 既表示电感元件也表示元件的参数。

当磁链 Ψ 随时间变化时，在线圈的两端将产生感应电压。如果感应电压的参考方向与磁链满足右手螺旋定则（如图 2-3-7 所示），则根据电磁感应定律，有

$$u = \frac{d\psi}{dt} \tag{2-3-9}$$

如果电感上电流的参考方向与磁链满足右手螺旋定则，则 $\Psi = Li$，代入式（2-3-9）得

$$u = L\frac{di}{dt} \tag{2-3-10}$$

式（2-3-10）称为电感元件的电压与电流的约束关系（VCR）。由于电压和电流的参考方向与磁链都满足右手螺旋定则，因此电压和电流为关联参考方向。

由式（2-3-10）可知，当电流 i 为直流稳态电流时，$di/dt=0$，故 $u=0$，说明电感在直流稳态电路中相当于短路，有"通直流"的作用。

在电压和电流的关联参考方向下，线性电感元件吸收的功率为

$$p = ui = Li\frac{di}{dt} \tag{2-3-11}$$

线性电感元件在任何时刻的磁场能量表达式为

$$W_L(t) = \frac{1}{2}Li^2(t) \tag{2-3-12}$$

电感元件不是把吸收的能量消耗掉，而是以磁场能量的形式储存。所以，电感元件是一种储能元件。同时，它不会释放出多于它所吸收或储存的能量，因此它也是一种无源元件。

4．电感的检测

（1）电感器外观结构检查

在测量和使用电感器之前，应先对电感器的外观、结构进行仔细检查，主要是观察外形是否完好无损；磁性材料有无缺损、裂缝；金属屏蔽罩是否有腐蚀氧化现象；线圈绕组是否清洁干燥；导线绝缘漆有无刻痕划伤；接线有无断裂；铁心有无氧化等。

（2）用万用表测量电感器的直流电阻值及电感量

若测量出的阻值为无穷大，说明内部线圈已开路，电感器已损坏；若测量出一定的阻值且在正常范围内，说明此电感器正常；若测量出的阻值偏小或阻值为零，说明导线的匝与匝之间有局部短路或完全短路。

5．电感在汽车上的应用

电感线圈在汽车上的一个典型应用是舌簧开关式电流传感器。舌簧开关式电流传感器广

泛用于汽车灯光系统，用来检测制动灯、尾灯、牌照灯及停车灯的灯丝是否断开，当有 1 个灯泡灯丝断开时，电流线圈中的电流减小，磁力减弱，使舌簧开关断开，从而进行报警。图 2-3-8 所示为舌簧开关式电流传感器电路原理图。

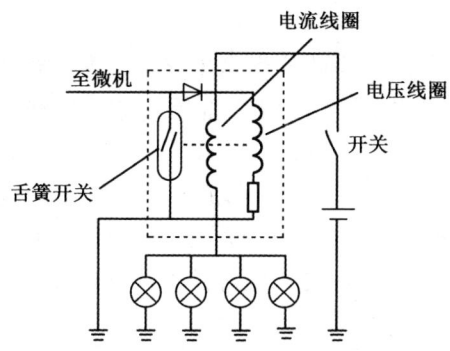

图 2-3-8　舌簧开关式电流传感器

2.4　欧姆定律

2.4.1　部分电路欧姆定律

如图 2-4-1 所示电路中，电路中的电流 I 与电阻两端的电压 U 成正比，与电阻 R 成反比。用公式表示为

$$I = \frac{U}{R} \qquad\qquad (2\text{-}4\text{-}1)$$

图 2-4-1 中电阻 R 上的电压参考方向与电流参考方向是一致的，故为关联参考方向。若电压参考方向与电流参考方向不一致时，为非关联参考方向。

注意：线性电阻中电流的实际方向总是从电压的正极性端流向负极性端，即从高电位点流向低电位点，所以式（2-4-1）只在关联参考方向时才能成立。

例 2-4-1：某段电路的电压是一定的，当接上 10Ω 的电阻时，电路中产生的电流是 1.5A；若用 25Ω 的电阻代替 10Ω 的电阻，电路中的电流为多少？

解：电路中电阻为 10Ω 时，由欧姆定律得

$$U = IR = 10 \times 1.5\text{V} = 15\text{V}$$

用 25Ω 的电阻代替 10Ω 的电阻，电路中电流 I' 为

$$I' = \frac{U}{R'} = \frac{15}{25}\text{A} = 0.6\text{A}$$

2.4.2 全电路欧姆定律

1. 全电路欧姆定律

一个由电源和负载组成的闭合电路叫做全电路。

在前面学了电源电动势，也知道电源内部也有电阻，但在部分电路欧姆定律中，不考虑电源的内阻，而在全电路中就要考虑到这个问题了。

如图 2-4-2 所示，R 为负载电阻、E 为电源电动势、R_0 为电源的内阻。电路闭合时，电路中有电流 I。电源力做功把其他形式的能转化为电能 W，其中一部分能量 W_1 消耗在电源内部（内电路），另一部分能量 W_2 消耗在电源外部（外电路）。

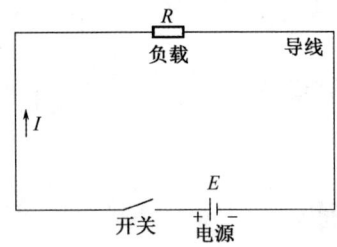

图 2-4-1　简单电路模型

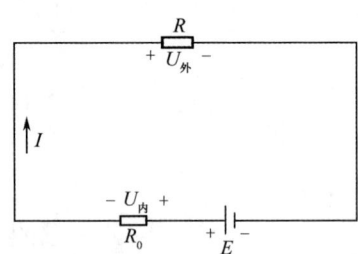

图 2-4-2　全电路模型

电源做的功：

$$W=qE=EIt \tag{2-4-2}$$

在纯电阻电路中，电能全部转化为内、外电路上的热力学能：

$$EIt=I^2Rt+I^2R_0t \tag{2-4-3}$$

所以根据能量转换与守恒定律及部分电路欧姆定律，得

$$I = \frac{E}{R_0 + R} \tag{2-4-4}$$

式中，E 为电源电动势，单位是伏特，符号为 V；R 为负载电阻，单位是欧姆，符号为Ω；R_0 为电源内阻，单位是欧姆，符号为Ω；I 为闭合电路的电流，单位是安培，符号为 A。

式（2-4-4）说明，闭合电路中的电流与电源电动势成正比，与电路的总电阻（内电路电阻与外电路电阻之和）成反比，这一规律叫做全电路欧姆定律。

2. 端电压

外电路两端的电压 $U_外$ 称为端电压。

$$U_外=E-R_0I \tag{2-4-5}$$

（1）当外电阻 R 增大时，I 减少，R_0I 减小，则 $U_外$ 增大；当 $R\to\infty$（断路）时，$I\to0$，则 $U_外=E$，断路时端电压等于电源电动势。

（2）当 R 减小时，I 增大，则 $U_外$ 减小；当 $R=0$ 时，则 $U_外=0$，这种情况叫短路。此时 $I=E/R_0$，由于 R_0 很小，所以短路电流 I 很大，可能烧毁电源，甚至引起火灾，为此电路中必须有短路

保护装置。

例 2-4-2：有一闭合电路，电源电动势 $E=12V$，其内阻 $R_0=2\Omega$，负载电阻 $R=10\Omega$，试求电路中的电流、负载两端的电压、电源内阻上的电压降。

解：根据全电路欧姆定律：

$$I = \frac{E}{R + R_0} = \frac{12}{10 + 2}\text{A} = 1\text{A}$$

由部分电路欧姆定律，可求负载两端电压：

$$U_外 = RI = 10 \times 1\text{V} = 10\text{V}$$

电源内阻上的电压降为 $U_内 = R_0 I = 2 \times 1\text{V} = 2\text{V}$。

2.5　电压源与电流源及其等效变换

只要电路中有耗能元件消耗电能，电路中就必须有提供能量的元件。我们把提供电能的元件叫电源。常用的电源有干电池、蓄电池、直流稳态电源、发电机、信号源等。电压源和电流源是从实际电源中抽象出来的电路模型。

2.5.1　电压源

端电压可以按照某给定规律变化而与其电流无关的二端元件，称为理想电压源，简称电压源。我们把端电压为常数的电压源称为直流电压源。电压源及其伏安特性如图 2-5-1 所示。其中图（a）为理想电压源模型；图（b）为理想电压源的外特性曲线；图（c）为实际电压源模型；图（d）为实际电压源的伏安特性曲线。

电压源具有以下特点：

（1）电压源的端电压"U"是一个固定的函数，与所连接的外电路无关；

（2）通过电压源的电流随外接电路的不同而改变。

电压源连接外电路时有以下几种工作情况：

（1）当外电路的电阻 $R=\infty$ 时，电压源处于开路状态，$I=0$，其对外提供的功率为 $P=U_S I=0$。

（2）当外电路的电阻 $R=0$ 时，电压源处于短路状态，$I=\infty$，其对外提供的功率为 $P=U_S I=\infty$。这样短路电流可能使电源遭受机械的过热损伤或毁坏，因此电压源短路通常是一种严重事故，应该尽力预防。

（3）当外电路的电阻为一定值时，电压源对外输出的电流为 $I=U_S/R$，对外提供的功率等于外电路电阻消耗的功率，即 $P = \dfrac{U_S^2}{R}$，R 越小，则 P 越大。对于一个实际电源来说，它对外提供的功率是有一定限度的，因此在连接外电路时，要考虑电源的实际情况，详细阅读说明书。

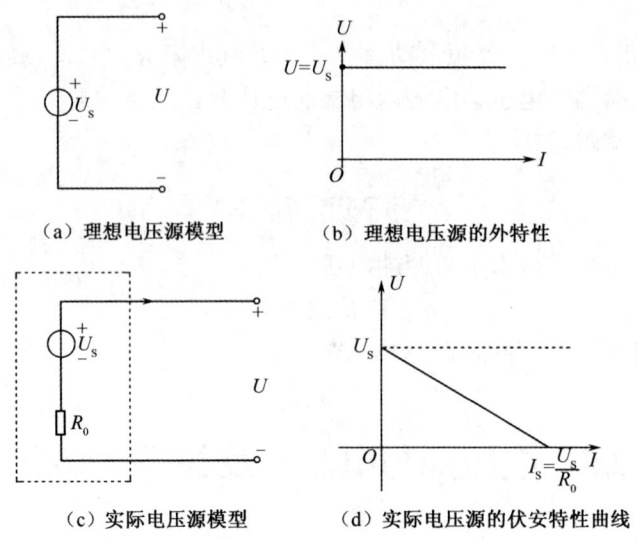

（a）理想电压源模型　　　　（b）理想电压源的外特性

（c）实际电压源模型　　　（d）实际电压源的伏安特性曲线

图 2-5-1　电压源及其伏安特性

2.5.2　电流源

元件电流可以按照某给定规律变化而与其端电压无关的二端元件，称为理想电流源。我们常把电流为常数的电流源称为直流电流源。一般电源可用一个理想电流源与内阻并联表示为实际电流源，如图 2-5-2 所示。其中图（a）为理想电流源模型；图（b）为理想电流源的特性曲线。图（c）为实际电流源。

电流源具有以下特点：

（1）电流源的电流 I_s 是一个固定的函数，与所连接的外电路无关。

（2）电流源的端电压随外接电路的不同而改变。

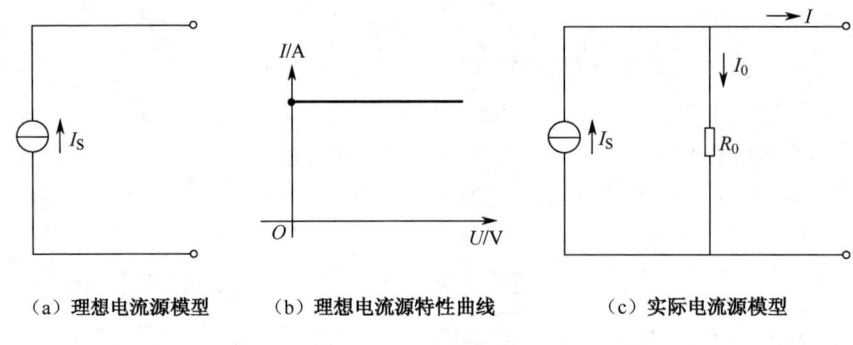

（a）理想电流源模型　　　（b）理想电流源特性曲线　　　　（c）实际电流源模型

图 2-5-2　电流源

2.5.3　电流源与电压源的等效变换

在学习了电压源和电流源之后，我们知道，电压源模型是电压源和电阻串联，而电流源模型是电流源和电阻并联，如图 2-5-3 所示。

实际电压源可以用电压为 U_S 的电源和内阻 R_0 串联起来表示，它以输出电压的形式向负载供电，输出电压（端电压）的大小为

$$U=U_S-R_0I \qquad\qquad (2\text{-}5\text{-}1)$$

（1）如果电源内阻 R_0 越大，则在输出相同电流的条件下，端电压越小。

（2）若电源内阻 $R_0=0$（相当于短路），则端电压 $U=U_S$ 与输出电流的大小无关。（理想电压源）

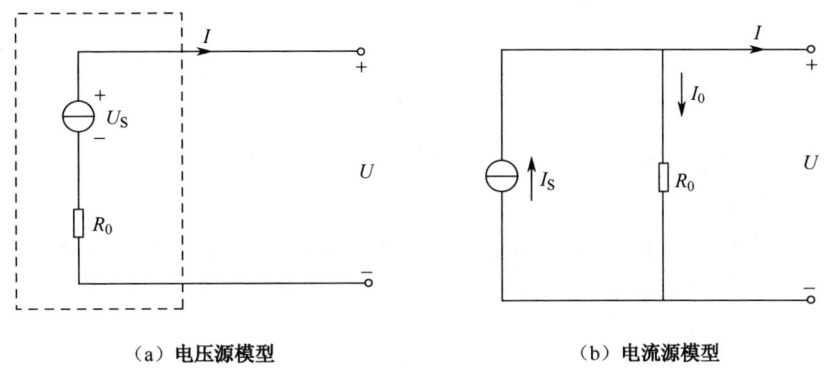

（a）电压源模型　　　　　　　　　　　（b）电流源模型

图 2-5-3　两种电源模型

（3）如果电源的内阻极小，可近似看成理想电压源，如稳压电源。

实际电流源以输出电流的形式对负载供电，如图 2-5-3 所示，恒定电流 I_S 在内阻上的分流为 I_0，在负载 R 上的分流为 I，有

$$I=I_S-I_0 \qquad\qquad (2\text{-}5\text{-}2)$$

式中，I_S 为电源的短路电流，$I_S=\dfrac{U_S}{R_0}$；I_0 为内阻上的电流，$I_0=\dfrac{U}{R_0}$；I 为电源的输出电流。

可见，电源的输出电流 I 总是小于电源的短路电流 I_S，当电源的内阻 R_0 远大于负载电阻 R 时，内阻上的电流 I_0 减小，输出电流加大，接近 I_S 值。一般电源可用一个理想电流源与内阻 R_0 并联表示，叫做实际电源的电流源模型，其符号如图 2-5-3 （b）所示。

在电路分析和计算中，电压源和电流源可以等效变换。等效变换是指对外电路等效，即把它们与相同的负载连接，负载两端的电压，负载中的电流，负载消耗的功率都相同，如图 2-5-4 所示。

$$I_S=\frac{U_S}{R_0} \qquad\qquad (2\text{-}5\text{-}3)$$

$$U_S=R_0I_S \qquad\qquad (2\text{-}5\text{-}4)$$

应用式（2-5-3）可将电压源等效变换成电流源，内阻串联变并联。

应用式（2-5-4）可将电流源等效变换成电压源，内阻并联变串联。

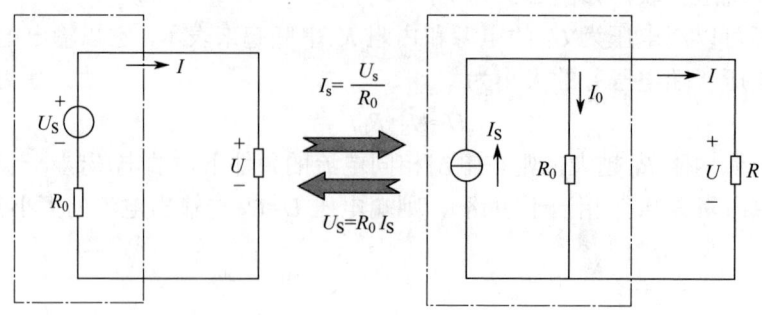

图 2-5-4　电压源和电流源的等效变换

例 2-5-1：在图 2-5-5（a）所示电路中，已知 $U_{S1}=12V$，$U_{S2}=24V$，$R_1=R_2=20k\Omega$，$R_3=50k\Omega$，试求流过 R_3 的电流 I。

解：（1）将图 2-5-5（a）中的含源支路作为电压源，根据公式将其等效变换成电流源，如图（b）所示。由等效变换公式可得

$$I_{S1} = \frac{U_{S1}}{R_1} = \frac{12}{20 \times 10^3}A = 0.6mA$$

$$I_{S2} = \frac{U_{S2}}{R_2} = \frac{24}{20 \times 10^3}A = 1.2mA$$

（2）将两个并联电流源合并成一个电流源，两个电阻 R_1、R_2 合并成一个电阻 R，如图（c）所示。

$$I_S = I_{S2} - I_{S1} = (1.2 - 0.6)mA = 0.6mA$$

$$R = \frac{R_1 R_2}{R_1 + R_2} = \frac{R_1}{2} = 10k\Omega$$

（3）根据等效概念，图（c）中流过 R_3 的电流与图（a）中流过 R_3 的电流相等。应用分流公式求出

$$I_3 = \frac{R}{R + R_3} I_S = \frac{10}{10 + 50} \times 0.6mA = 0.1mA$$

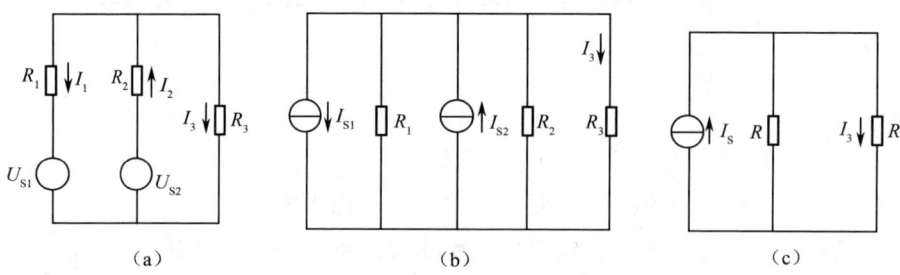

图 2-5-5　例 2-5-1 图

2.6 基尔霍夫定律

基尔霍夫定律是由德国物理学家基尔霍夫（Gustav Robert Kirchhoff，1824～1887）提出的。他提出了稳恒电路网络中电流、电压和电阻关系的两条电路定律，即著名的基尔霍夫电流定律（KCL）和基尔霍夫电压定律（KVL），解决了电路设计中的难题。

2.6.1 基本概念

以图 2-6-1 所示电路为例说明常用的电路名词。

（1）支路：电路中具有两个端钮且通过同一电流的无分支电路。如图 2-6-1 电路中的 ED、AB、FC 均为支路，该电路的支路数目为 $b = 3$。

（2）节点：电路中三条或三条以上支路的连接点。如图 2-6-1 电路的节点为 A、B 两点，该电路的节点数目为 $n = 2$。

（3）回路：电路中任一闭合的路径。如图 2-6-1 电路中的 CDEFC、AFCBA、EABDE 路径均为回路，该电路的回路数目为 $l = 3$。

（4）网孔：不含有分支的闭合回路。如图 2-6-1 电路中的 AFCBA、EABDE 回路均为网孔，该电路的网孔数目为 $m = 2$。

（5）网络：在电路分析范围内网络是指包含较多元件的电路。

2.6.2 基尔霍夫电流定律（节点电流定律）

1．基尔霍夫电流定律

在任何时刻，电路中流入任一节点中的电流之和，恒等于从该节点流出的电流之和，即

$$\sum I_{流入} = \sum I_{流出} \tag{2-6-1}$$

例如图 2-6-2 中，在节点 A 上：$I_1 + I_3 = I_2 + I_4 + I_5$。

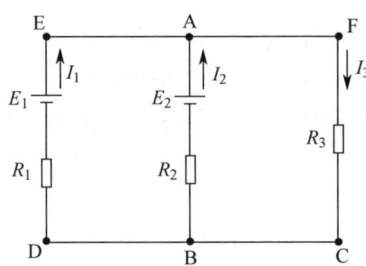
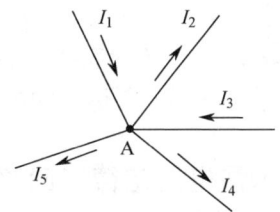

图 2-6-1　常用电路名词的说明　　　　图 2-6-2　电流定律的举例说明

由于 $\sum I_{流入} - \sum I_{流出} = 0$，所以基尔霍夫电流定律又可表述为：在电路中，流入和流出某一节点的所有电流的代数和等于零，即

$$\sum I = 0 \tag{2-6-2}$$

一般可在流入节点的电流前面取"+"号，在流出节点的电流前面取"−"号，反之亦可。例如图 2-6-2 中，在节点 A 上：$I_1 - I_2 + I_3 - I_4 - I_5 = 0$。

在使用节点电流定律时，必须注意：

（1）对于含有 n 个节点的电路，只能列出（$n-1$）个独立的电流方程。

（2）列节点电流方程时，只需考虑电流的参考方向，然后再代入电流的数值。

为了分析电路的方便，通常需要在所研究的一段电路中事先选定（即假定）电流流动的方向，叫做电流的参考方向，通常用"→"号表示。

电流的实际方向可根据数值的正、负来判断，当 $I > 0$ 时，表明电流的实际方向与所标定的参考方向一致；当 $I < 0$ 时，则表明电流的实际方向与所标定的参考方向相反。

2．KCL 的应用举例

（1）对于电路中任意假设的封闭面来说，基尔霍夫电流定律仍然成立。如图 2-6-3 中，对于封闭面 S 来说，有 $I_1 + I_2 = I_3$。

（2）对于网络（电路）之间的电流关系，仍然可由基尔霍夫电流定律判定。如图 2-6-4 中，流入电路 B 中的电流必等于从该电路中流出的电流。

（3）若两个网络之间只有一根导线相连，那么这根导线中一定没有电流通过。

（4）若一个网络只有一根导线与地相连，那么这根导线中一定没有电流通过。

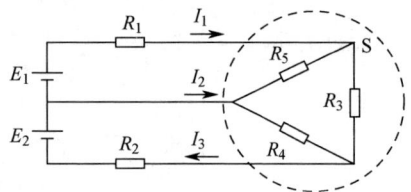

图 2-6-3　电流定律的应用举例（1）　　　　图 2-6-4　电流定律的应用举例（2）

例 2-6-1：如图 2-6-5 所示电桥电路，已知 $I_1 = 25\ \text{mA}$，$I_3 = 16\ \text{mA}$，$I_4 = 12\ \text{mA}$，试求其余电阻中的电流 I_2、I_5、I_6。

解：在节点 a 上：　　　　　　$I_1 = I_2 + I_3$，则 $I_2 = I_1 - I_3 = 25 - 16 = 9\ \text{mA}$

　　在节点 d 上：　　　　　　$I_1 = I_4 + I_5$，则 $I_5 = I_1 - I_4 = 25 - 12 = 13\ \text{mA}$

　　在节点 b 上：　　　　　　$I_2 = I_6 + I_5$，则 $I_6 = I_2 - I_5 = 9 - 13 = -4\ \text{mA}$

电流 I_2 与 I_5 均为正数，表明它们的实际方向与图中所标定的参考方向相同，I_6 为负数，表明它的实际方向与图中所标定的参考方向相反。

2.6.3　基夫尔霍电压定律（回路电压定律）

1．基尔霍夫电压定律

在任何时刻，沿着电路中任一回路的绕行方向绕行一周，回路中各段电压的代数和恒等于零，即

$$\sum U = 0 \qquad\qquad (2\text{-}6\text{-}3)$$

下面以图 2-6-6 电路为例说明基尔霍夫电压定律。

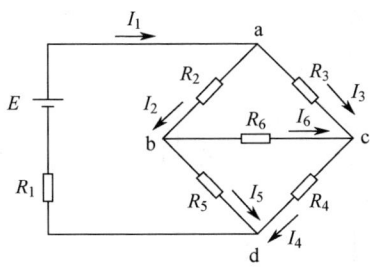

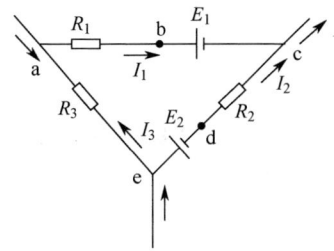

图 2-6-5 例 2-6-1 题图 　　　　　　图 2-6-6 基尔霍夫电压定律的举例说明

沿着回路 abcdea 绕行方向，有

$$U_{ac} = U_{ab} + U_{bc} = R_1I_1 + E_1, \qquad U_{ce} = U_{cd} + U_{de} = -R_2I_2 - E_2, \qquad U_{ea} = R_3I_3$$

则

$$U_{ac} + U_{ce} + U_{ea} = 0$$

即

$$R_1I_1 + E_1 - R_2I_2 - E_2 + R_3I_3 = 0$$

上式也可写成

$$R_1I_1 - R_2I_2 + R_3I_3 = -E_1 + E_2$$

基尔霍夫电压定律的另一种表述：对于电阻电路来说，任何时刻，在任一闭合回路中，各段电阻上的电压降代数和恒等于各电源电动势的代数和，即

$$\sum RI = \sum E \qquad\qquad (2\text{-}6\text{-}4)$$

利用式（2-6-4）列基尔霍夫电压方程的原则如下：

① 标出各支路电流的参考方向并选择回路绕行方向（既可沿着顺时针方向绕行，也可沿着逆时针方向绕行）；

② 电阻元件的端电压为 $\pm RI$，当电流 I 的参考方向与回路绕行方向一致时，选取"+"号；反之，选取"–"号；

③ 电源电动势为 $\pm E$，当电源电动势的标定方向与回路绕行方向一致时，选取"+"号，反之应选取"–"号。

2．KVL 应用举例

例 2-6-2： 在图 2-6-6 所示电路中，列出各网孔的回路电压方程。

解： 该电路中有三个网孔，即网孔Ⅰ、网孔Ⅱ和网孔Ⅲ。标定绕行方向及各支路电流的参考方向如图 2-6-6 中所示。

网孔Ⅰ的回路电压方程：

$$R_1I_1 - R_2I_2 + U_{s2} - U_{s1} = 0$$

网孔Ⅱ的回路电压方程：

$$R_2I_2 + U_{AB} - R_3I_3 + U_{s3} - U_{s2} = 0$$

网孔Ⅲ的回路电压方程：

$$R_3I_3 - R_4I_4 + U_{s4} - U_{s3} = 0$$

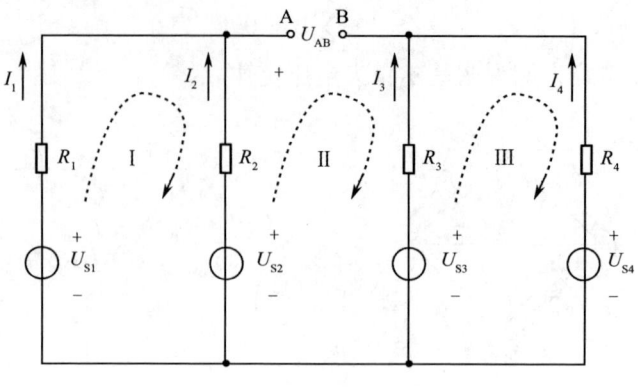

图 2-6-6　例 2-6-2 图

2.7　叠加定理

1. 线性电路

仅由线性电路元件和独立电源（电压源和电流源）组成的电路称为线性电路。线性电路的参数不随外加电压及通过其中的电流而变化，即电压和电流成正比。

2. 叠加定理

在线性电路中，几个电源共同作用下的各支路电流或各元件上的电压，等于这几个电源分别单独作用下的各支路电流或各元件上电压的代数和。

叠加定理是反映线性电路基本性质的一个重要定理。具体应用时需要注意以下几点：

（1）叠加定理只适用于线性电路，只能用来计算电流和电压，不能计算功率。

（2）当某个电源单独作用时，其他电源视为零值。即将理想电压源短路，理想电流源开路。

（3）当电源单独作用时，各电流方向应取实际方向。叠加时，若单独作用下的实际方向与原电路的参考方向一致，对应项前取正号，反之对应项前取负号。

例 2-7-1：如图 2-7-1（a）所示电路，已知 $E_1 = 17\ \text{V}$，$E_2 = 17\ \text{V}$，$R_1 = 2\ \Omega$，$R_2 = 1\ \Omega$，$R_3 = 5\ \Omega$，试应用叠加定理求各支路电流 I_1、I_2、I_3。

解：（1）当电源 E_1 单独作用时，将 E_2 视为短路（见图（b）），设

$$R_{23} = R_2 /\!/ R_3 = 0.83\ \Omega$$

则

$$I_1' = \frac{E_1}{R_1 + R_{23}} = \frac{17}{2.83} = 6\ \text{A}$$

$$I_2' = \frac{R_3}{R_2 + R_3} I_1' = 5\ \text{A}$$

$$I_3' = \frac{R_2}{R_2 + R_3} I_1' = 1\ \text{A}$$

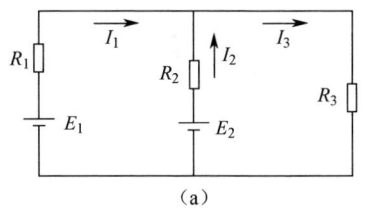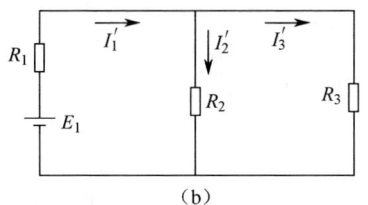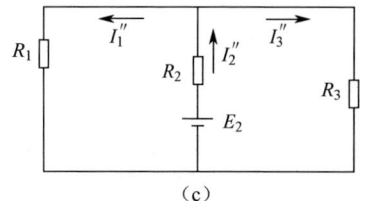

图 2-7-1　例 2-7-1 题图

（2）当电源 E_2 单独作用时，将 E_1 视为短路（见图（c）），设

$$R_{13} = R_1 /\!/ R_3 = 1.43\ \Omega$$

$$I_2'' = \frac{E_2}{R_2 + R_{13}} = \frac{17}{2.43} = 7\ \text{A}$$

则

$$I_1'' = \frac{R_3}{R_1 + R_3} I_2'' = 5\ \text{A}$$

$$I_3'' = \frac{R_1}{R_1 + R_3} I_2'' = 2\ \text{A}$$

（3）当电源 E_1、E_2 共同作用时（叠加），若各电流分量与原电路电流参考方向相同，在电流分量前面选取"+"号，反之，则选取"–"号：

$$I_1 = I_1' - I_1'' = 1\ \text{A}, \qquad I_2 = -I_2' + I_2'' = 2\ \text{A}, \qquad I_3 = I_3' + I_3'' = 3\ \text{A}$$

例 2-7-2：在图 2-7-2（a）所示电路中，$E_1=12\text{V}$，$E_2=6\text{V}$，$R_1=R_2=R_3=2\Omega$，用叠加定理求各支路电流 I_1、I_2 和 I_3。

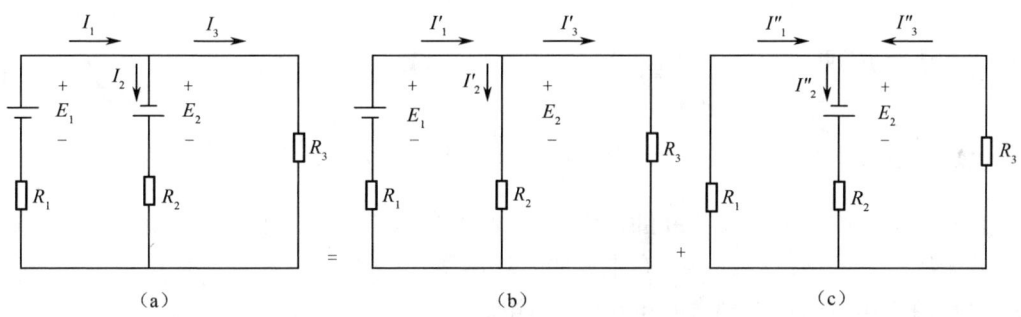

图 2-7-2　例 2-7-2 题图

解：（1）将复杂电路分解成几个简单电路，有几个电动势就分解为几个具有单一电动势的简单电路，并标出电流参考方向，如图 2-7-2（b）、（c）图所示。

（2）对简单电路分析、计算，求出单一电动势作用时的各支路电流。在图 2-7-2（b）中，E_1 单独作用时

$$I_1' = \frac{E_1}{R_1 + \dfrac{R_2 R_3}{R_2 + R_3}} = \frac{12}{2 + \dfrac{2 \times 2}{2 + 2}}\ \text{A} = 4\text{A}$$

应用分流公式求出

$$I_2' = \frac{R_3}{R_2 + R_3}I_1' = \frac{2}{2+2} \times 4A = 2A$$

$$I_3' = I_1' - I_2' = (4-2)A = 2A$$

在图 2-7-2（c）中，E_2 单独作用时

$$I_2'' = \frac{E_2}{R_2 + \dfrac{R_1 R_3}{R_1 + R_3}} = \frac{6}{2 + \dfrac{2 \times 2}{2+2}}A = 2A$$

应用分流公式求出

$$I_1'' = \frac{R_3}{R_1 + R_3}I_2'' = \frac{2}{2+2} \times 2A = 1A$$

$$I_3'' = I_2'' - I_1'' = (2-1)A = 1A$$

（3）应用叠加定理求 E_1、E_2 共同作用时各支路电流

$$I_1 = I_1' + I_1'' = (4+1)A = 5A$$

$$I_2 = I_2' + I_2'' = (2+2)A = 4A$$

$$I_3 = I_3' - I_3'' = (2-1)A = 1A$$

2.8　戴维南定理

2.8.1　戴维南定理

1. 二端网络

具有两个引出端与外电路相联的网络，又叫做二端口网络，如图 2-8-1 所示。

（1）无源二端网络：内部不含有电源的二端网络。

（2）有源二端网络：内部含有电源的二端网络。

2. 戴维南定理

任何一个线性有源二端网络，对外电路来说，总可以用一个电压源 E_0 与一个电阻 r_0 相串联的电压源模型来替代。电压源的电动势 E_0 等于该二端网络的开路电压，电阻 r_0 等于该二端网络对应的无源二端网络（即理想电压源视为短路、理想电流源视为开路）的等效电阻，r_0 也叫做该二端网络的等效内阻。该定理又叫做等效电压源定理。

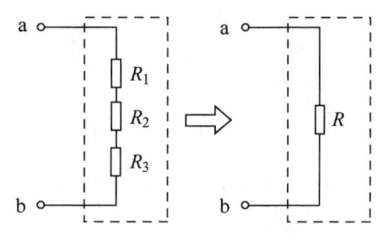

图 2-8-1　二端网络

例 2-8-1：如图 2-8-2 所示电路，已知 $E_1 = 7\,V$，$E_2 = 6.2\,V$，$R_1 = R_2 = 0.2\,\Omega$，$R = 3.2\,\Omega$，试应用戴维南定理求电阻 R 中的电流 I。

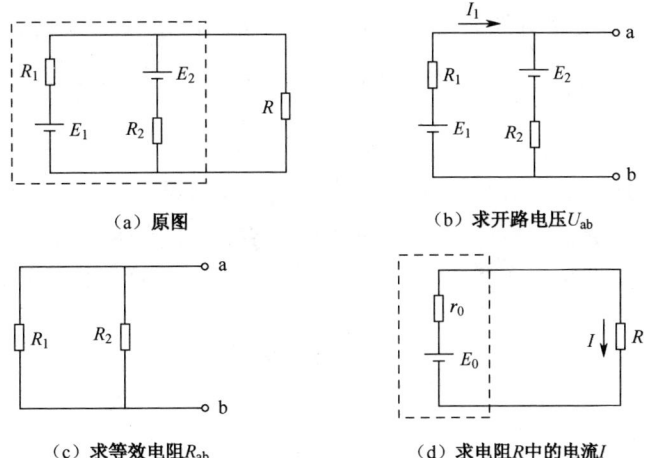

（a）原图　　　　　　　　　　（b）求开路电压U_{ab}

（c）求等效电阻R_{ab}　　　　　（d）求电阻R中的电流I

图 2-8-2　例 2-8-1 题图

解：（1）将 R 所在支路开路，如图 2-8-2（b）所示，求开路电压 U_{ab}：

$$I_1 = \frac{E_1 - E_2}{R_1 + R_2} = \frac{0.8}{0.4} = 2 \text{ A}$$

$$U_{ab} = E_2 + R_2 I_1 = 6.2 + 0.4 = 6.6 \text{ V} = E_0$$

（2）将理想电压源短路，如图 2-8-2（c）所示，求等效电阻 R_{ab}：

$$R_{ab} = R_1 /\!/ R_2 = 0.1 \ \Omega = r_0$$

（3）画出戴维南等效电路，如图 2-8-2 （d）所示，求电阻 R 中的电流 I：

$$I = \frac{E_0}{r_0 + R} = \frac{6.6}{3.3} = 2 \text{ A}$$

例 2-8-2：如图 2-8-3 所示的电路，已知 $E = 8$ V，$R_1 = 3\ \Omega$，$R_2 = 5\ \Omega$，$R_3 = R_4 = 4\ \Omega$，$R_5 = 0.125\ \Omega$，试应用戴维南定理求电阻 R_5 中的电流 I。

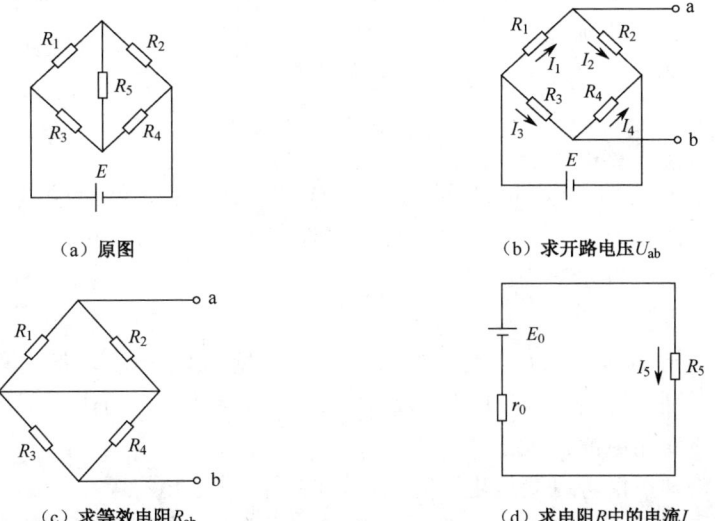

（a）原图　　　　　　　　　　（b）求开路电压U_{ab}

（c）求等效电阻R_{ab}　　　　　（d）求电阻R中的电流I

图 2-8-3　例 2-8-2 题图

解：（1）将 R_5 所在支路开路，如图 2-8-3（b）所示，求开路电压 U_{ab}：

$$I_1 = I_2 = \frac{E}{R_1 + R_2} = 1\,\text{A}, \qquad I_3 = I_4 = \frac{E}{R_3 + R_4} = 1\,\text{A}$$

$$U_{ab} = R_2 I_2 - R_4 I_4 = 5\text{V} - 4\text{V} = 1\,\text{V} = E_0$$

（2）将电压源短路，如图 2-8-3（c）所示，求等效电阻 R_{ab}：

$$R_{ab} = (R_1 /\!/ R_2) + (R_3 /\!/ R_4) = 1.875 + 2 = 3.875\,\Omega = r_0$$

（3）根据戴维南定理画出等效电路，如图 2-8-3（d）所示，求电阻 R_5 中的电流

$$I_5 = \frac{E_0}{r_0 + R_5} = \frac{1}{4} = 0.25\,\text{A}$$

2.8.2 惠斯登电桥

惠斯登电桥是一种可以准确测量电阻的仪器，如图 2-8-4 所示为一个通用的惠斯登电桥电路。它是测量技术中常用的一种电路，也是许多汽车传感器电路中常用的电桥电路。

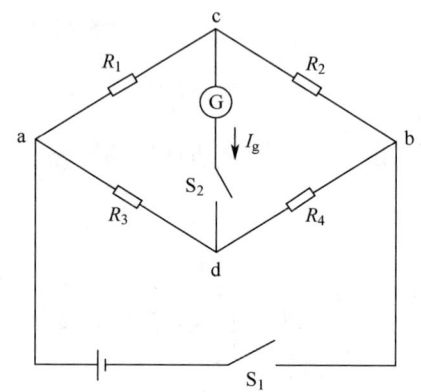

图 2-8-4 是用比较法测量电阻的电路，又叫做单臂电桥。R_1、R_2、R_3、R_4 为四个桥臂的电阻，灵敏电流计（检流计）好像在 c、d 两点间架设的一架桥，用来检测它所在的支路有无电流通过。若检流计中无电流通过，说明电桥处于平衡状态；若检流计中有电流通过，说明电桥不再平衡。电桥电路既不是串联电路，也不是并联电路。电桥电路有两种应用方式：平衡方式和不平衡方式。

图 2-8-4 惠斯登电桥电路

（1）电桥平衡的必要条件

调节电阻 R_3、R_4 的比值，使检流计中电流为零，这时电桥处于平衡状态，c、d 两点的电位相等，c、d 之间无电流，I_g=0，可以得到

$$\frac{R_1}{R_2} = \frac{R_3}{R_4} \tag{2-8-1}$$

（2）电桥平衡时测量电阻

若选用三个（R_1、R_2、R_3）很精确的定值电阻，再采用高灵敏度的检流计组成上面的电桥电路，调节电桥使其处于平衡状态，这样就可根据式（2-8-1）求另外一个桥臂的电阻 R_4，这种方法比伏安法测电阻要精确许多。

（3）电桥的不平衡

电桥不平衡是指 c、d 间有电流通过。这时，也可以测量电阻，但它和电桥平衡时测量电阻有原则上的区别，将图 2-8-4 中的检流计 G 改为电流计，它的作用不是检测该支路有无电流，而是测量该支路电流的大小。

采用电桥电路，不仅可以测量电阻，还可以测量一些非电学量。例如，可用它来测量温度。电阻温度计是用不平衡电桥来测量温度的，不平衡电桥还可用于自动控制电路。

如图 2-8-5 所示，为汽车电控燃油喷射系统的热线式空气流量计的电桥电路。图中热线

电阻 R_H 和温度补偿电阻 R_K 分别是惠登斯电桥的一个桥臂，精密电阻 R_A 也是电桥的一个桥臂，R_A 上的电压即是热线式空气流量计的输出信号电压。发动机不工作时，电桥是平衡的。启动发动机，空气从热线电阻流过，温度降低，R_H、R_K 阻值也降低，电桥不再平衡。集成运算放大器 A 将对电桥电路进行自动调节，增大通过热线电阻 R_H 的电流，同时，精密电阻 R_A 两端的电压也会发生变化，直到电桥重新平衡为止。这样传感器就把吸入的空气量转变成 R_H 的变化，使电桥不再平衡，转变为 R_A 上的电压变化，即转换成了电信号 U_0 输送给电控单元，电控单元将该信号作为确定发动机基本喷油量的信号之一。

常用空气流量传感器还有热膜式空气流量传感器，其实物如图 2-8-6 所示。

汽车上很多传感器都用到了电桥电路，如半导体压敏电阻式进气歧管绝对压力传感器的电路和电阻应变计式碰撞传感器的电路都采用了电桥电路，这里不再一一讲解。

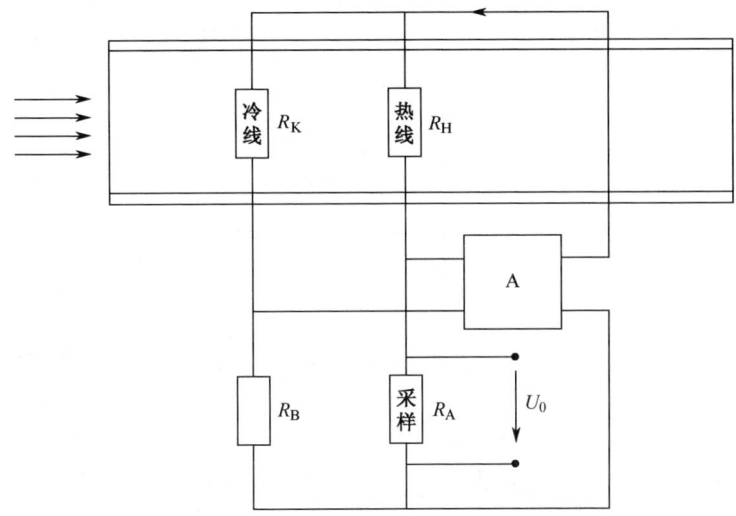

图 2-8-5　热线式空气流量计的电桥电路

图 2-8-6　热膜式空气流量计

小　结

电路由电源、负载和中间环节三部分组成，它的作用是实现电能的输送和转换、电信号的传递和处理。电路有空载、短路、有载三种状态，使用电路元件一定要注意其额定值，使其工作在额定状态。

电流和电压是电路中的基本物理量，要注意其参考方向和关联方向。分析计算电路时，必须首先选定电流和电压的参考方向。参考方向一经选定，不能更改。电路中某点的电位等于该点与"参考点"之间的电压。电位随参考点选择的不同而不同，但任意两点间的电压（电位差）恒定不变。因此有"电位是相对的，电压是绝对的"。电功率在计算时需注意电压、电流两物理量的参考方向。若在关联参考方向下，功率 $P=UI$；在非关联参考方向下，功率 $P=-UI$。结果若 $P<0$，表示电路提供功率；若 $P>0$，表示电路消耗功率。

理想电路元件有电阻元件、电感元件、电容元件，学习中要理解它们的伏安特性，掌握

这些元件的检测。

　　一个实际的直流电源可采用两种理论模型，即电压源模型和电流源模型，两者之间可以进行等效变换，但要注意，变换对外电路而言是等效的，对内电路则是不等效的。

　　基尔霍夫定律是分析电路的基本定律，它分为电流定律（KCL）和电压定律（KVL）。

　　叠加定理反映了线性电路的基本性质。在线性电路中，多个独立电源同时作用时，在任一支路产生的电压或电流，等于这些电源单独作用在该支路所产生电压或电流的代数和。使用时注意，叠加定理只适用于计算电压和电流，不能用于计算电功和电功率。

　　戴维南定理是将任一个有源二端线性网络都可以用一个电动势为 E 的理想电压源和内阻 R_0 串联的有源支路来等效代替，而对外电路的作用不变。常用于求解某一支路的电流。

　　惠斯登电桥是一种可以准确测量电阻的仪器，常用在汽车传感器中。

习　题

　　2-1　电路主要由_____、_____和_____三部分组成。

　　2-2　电路中 A、B 两点的电位分别为 V_A、V_B，则 A、B 两点间的电压 U_{AB}=_____。

　　2-3　基尔霍夫电流定律简写为_____，一般形式为_____；基尔霍夫电压定律简写为_____，一般形式为_____。

　　2-4　电流源等效变换为电压源时，I_S=_____，内阻 R_0 数值_____，由并联改为_____。

　　2-5　如习题 2-5 图所示电路中，有_____个节点，_____个网孔，_____条回路。

　　2-6　电阻 R_1=3Ω 和 R_2=6Ω 并联起来，总电阻为_____；如果串联的话，总电阻为_____。

　　2-7　电路的三种工作状态：_____、_____、_____。

　　2-8　两个白炽灯，分别为"220V，40W"和"110V，60W"，则两灯的额定电流之比是（　　）。

　　　　A．1∶1　　　　　　　　　　B．1∶2

　　　　C．1∶3　　　　　　　　　　D．1∶4

　　2-9　三个电阻 $R_1 = 300Ω$，$R_2 = 200Ω$，$R_3 = 100Ω$，串联后接到 $U = 6V$ 的直流电源上，三个电阻上的压降分别是 $U_1 = $____V，$U_2 = $_____V，$U_3 = $_____V（　　）。

　　　　A．3、2、1　　　　　　　　　B．1、2、3

　　　　C．4、5、6　　　　　　　　　D．6、7、8

　　2-10　如习题 2-10 图所示，已知 $R_1 = 5Ω$，$R_2 = 10Ω$，可变电阻 R_P 的阻值在 0～25Ω 之间变化。A、B 两端点接 20V 恒定电压，当滑动片上下滑动时，CD 间能得到的电压变化范围是（　　）。

　　　　A．0～15V　　　　　　　　　B．5～17.5V

　　　　C．0～12.5V　　　　　　　　D．2.5～12.5V

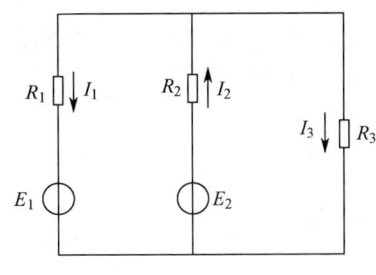

习题 2-5 图

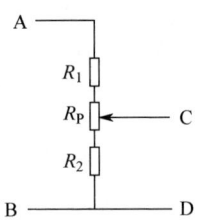

习题 2-10 图

2-11　熔断器在电路中的作用是（　　）。

　　A．短路保护　　　　　　　　　　B．过载保护

　　C．失压保护　　　　　　　　　　D．欠电压保护

2-12　如习题 2-12 图（a）所示的电路图用习题 2-12 图（b）所示的等效电路代替，该等效电流源的参数为（　　）。

　　A．2A　　　　　　　　　　　　　B．−2A

　　C．12A　　　　　　　　　　　　 D．−12A

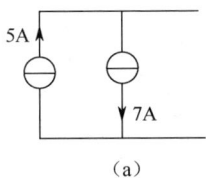
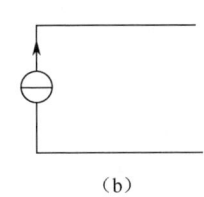

（a）　　　　　　　　　　　　（b）

习题 2-12 图

2-13　简述基尔霍夫定律，并写出表达式。

2-14　简述电压与电动势的区别。

2-15　电压源与电流源如何进行等效变换？

2-16　两盏"220V，40W""220V，60W"灯并联起来接到 220V 的电压下，哪盏灯更亮？若串联起来接到 220V 的电压下，哪盏灯更亮？

2-17　简述电阻器、电容器、电感器的检测。

2-18　如习题 2-18 图所示电路中，若以 B 为参考点，求 A、C、D 三点的电位及 U_{AC}，U_{AD}，U_{CD}。若改 C 点为参考点，再求 A、B、D 三点的电位及 U_{AC}，U_{AD}，U_{CD}。

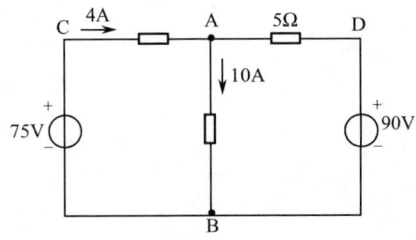

习题 2-18 图

2-19　如习题 2-19 图所示电路中，$U_{AB}=6V$，$R_1=1\Omega$，$R_2=2\Omega$，$R_3=3\Omega$。当 S_1、S_2 都闭合时，求 $I_总$、$R_总$。若将 S_1、S_2 改为电流表 A_1、A_2，求 A_1、A_2 的示数。

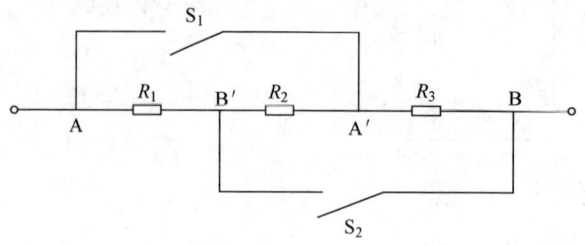

习题 2-19 图

2-20　如习题 2-20 图所示，已知 $R_1 = R_3 = 10\Omega$，$R_2 = 30\Omega$，$E_1 = 50V$，$E_2 = 20V$，求 I_2。

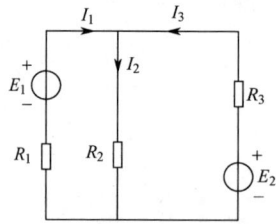

习题 2-20 图

第 3 章

· ·

正弦交流电路

知识目标

1. 认识电力电路的电能生产和传输过程。
2. 了解交流发电机的结构，掌握工作原理，理解交流电与直流电的区别。
3. 掌握用相量方法分析和计算交流电路。
4. 掌握电路的谐振特点及应用。
5. 掌握在实际应用中提高功率因数的方法。

　　幅值随着时间而周期性变化的电称为交流电，交流电在人们生产生活中无处不在。汽车上的发电机就是三相交流发电机。因为汽车上的发电机内部制作有整流器和调节器，因此发电机可直接输出电压稳定的直流电。对于汽车专业的学习，对交流电的认识和研究具有很大的实际意义。正弦交流电是按照正弦规律变化的交流电，作为本课程的重要内容之一，正弦交流电路的学习也是学习电动机、变压器等相关知识及汽车电器、汽车电子控制技术等课程的重要基础。

3.1　交流电路的基本概念

3.1.1　电力生产过程介绍

　　电力生产中，有火力发电，水能发电，风能发电，潮汐能发电，核能发电等多种发电方式。图 3-1-1 所示为火力发电电力传输过程示意图。

　　（1）电力系统

　　由发电厂发出电能，升压后通过输电线传送，最后降压分配给各单位及用户。由发电、输电、配电三个部分组成。

　　发电：由发电机将其他形式的能转换为电能的过程，经升压变压器升压后传输至电网。

输电：由变电所以高压电传输出来，在用电区将高压电进行降压，然后传输到配电网。

配电：电压需要经过多次降压变换后，将电能分配给不同的区域。

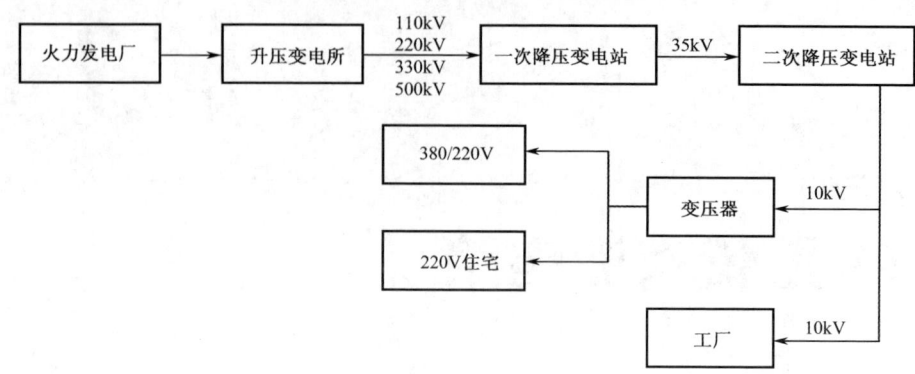

图 3-1-1　火力发电电力传输过程

（2）电力网

输送、变换和分配电能的网络。由输电线路和变配电所组成，分为输电网和配电网。

输电线路：由 35kV 以上的输电线路和与其连接的变电所组成，其作用是将电能输送到配电网或大型企业用户。

配电线路：由 10kV 及以下的配电线路和配电变压器组成，其作用是交接电能，送给各类用户。一般将 3kV、6kV、10kV 的电压称为配电电压。

（3）电力网的电压等级

低压：1kV 以下；中压：（1～10）kV；高压：（10～330）kV；超高压：（330～1000）kV；特高压：1000kV 以上。

（4）电力生产的特点

① 可以把水能、核能和风能等一次能源转换为便于输送和分配的电能。

② 电能可以方便地转换成机械能、热能、光能和化学能等多种其他形式的能。

③ 电能的生产、输送、分配到用户使用是在同一瞬时完成的，不能大规模储存。

3.1.2　发电机的工作原理

1. 发电机概述

发电机是将其他形式的能转换成电能的装置，它由水轮机、汽轮机、柴油机或其他动力机械驱动，将水流、气流、燃料燃烧或原子核裂变产生的能量等转化为机械能传给发电机，再由发电机转换为电能。

2. 发电机分类

发电机可分为直流发电机和交流发电机。

交流发电机可分为同步发电机和异步发电机（很少采用）。

交流发电机还可分为单相发电机与三相发电机。

3. 发电机结构

发电机通常由定子、转子、端盖及轴承等部件构成，如图 3-1-2 所示为汽车发电机内、外部实物图。

发电机外面固定不动的部分称为定子，定子由定子铁芯、定子绕组、机座以及固定这些部分的其他结构件组成。在定子的铁芯槽内分别嵌入三组结构完全相同的线圈。

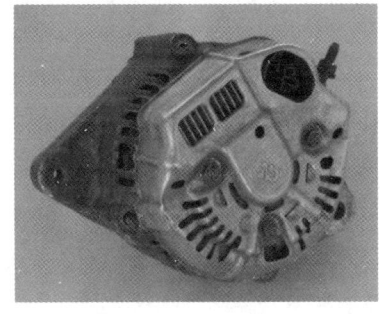

图 3-1-2　汽车发电机内外部实物图

转子由转子铁芯、转子绕组、护环、中心环、滑环、风扇及转轴等部件组成。

汽车发电机的端盖上集成有二极管整流电路，类型有 6 管的、8 管的、9 管的和 11 管的，整流电路的主要作用是将三相交流电转变成脉动的直流电，发电机内的电压调节器可以将输出电压调节成恒定电压。

4. 工作原理

如图 3-1-3 所示，图（a）为交流发电机的工作原理示意图，图（b）为发电机在磁场中的运动示意图，其工作原理基于电磁感应定律和电磁力定律。

由轴承及端盖将发电机的定子、转子连接组装起来，使转子能在定子中旋转，发电机线圈 a、b 边做切割磁力线的运动，从而产生感应电动势，通过接线端子引出，接在回路中，便产生了电流。

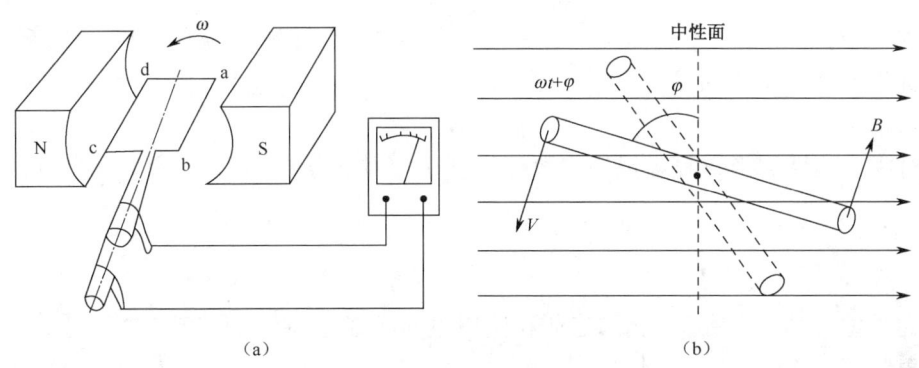

（a）　　　　　　　　　　　　　　　（b）

图 3-1-3　交流发电机的工作原理

3.1.3 瞬时值、有效值、最大值

随时间按正弦规律变化的电压和电流称为正弦电压和正弦电流，也称正弦量。正弦电流的数学表达式为

$$i(t) = I_m \sin(\omega t + \varphi_i) \tag{3-1-1}$$

式中，I_m 为幅值，ω 为角频率，φ_i 为初相位。

（1）瞬时值

正弦量在任一瞬时的值称为瞬时值，用小写字母 i 和 u 分别表示瞬时电流和瞬时电压。

（2）有效值

根据电流的热效应原理来规定：在数值相同的电阻 R 上分别通以周期电流 i 和直流电流 I。如果在一个周期 T 的时间内，这两个电阻所消耗的电能相等，则把这一等效的直流电流 I 称为交流电流 i 的有效值。经计算可以得出

$$I = \frac{I_m}{\sqrt{2}} \tag{3-1-2}$$

同理可得周期电压 U 的有效值为

$$U = \frac{U_m}{\sqrt{2}} \tag{3-1-3}$$

（3）最大值

正弦电压和正弦电流的峰值即为最大值，也称为幅值，如 U_m、I_m。

交流电的电压、电流有效值等于其最大值除以 $\sqrt{2}$。

注意：交流测量仪表所指示的读数、电气设备铭牌上的额定值都是指有效值；而各种器件和电气设备的绝缘水平——耐压值则指最大值。

3.1.4 周期、频率、角速度

（1）周期

随时间变化的电压和电流的每一个值经过相等的时间后重复出现，这种时变的电压和电流便是周期性的，称为周期电压和电流。以电流为例，周期电流的表达式为

$$i(t) = i(t + kT) \tag{3-1-4}$$

式中，k 为任意正整数。式（3-1-4）表明，在时刻 t 和时刻（$t+kT$）的电流值是相等的，我们将 T 称为周期，单位为秒（s）。

（2）频率

单位时间内周期波形重复出现的次数称为频率，用符号 f 表示，频率与周期互成倒数关系，即

$$f = \frac{1}{T} \tag{3-1-5}$$

频率的单位为赫兹（Hz）。我国工业和民用电的频率是 50Hz，称为工频。

（3）角频率

正弦量在单位时间内变化的角度称为角频率，用 ω 表示，单位是弧度/秒（rad/s），它是

反映正弦量变化快慢的要素，它与正弦量的周期 T 和频率 f 有如下关系：

$$\omega T = 2\pi \qquad (3\text{-}1\text{-}6)$$

$$\omega = \frac{2\pi}{T} = 2\pi f \qquad (3\text{-}1\text{-}7)$$

3.1.5　相位、初相、相位差

（1）相位

正弦电流的数学表达式为

$$i(t) = I_m \sin(\omega t + \varphi_i) \qquad (3\text{-}1\text{-}8)$$

式中的三个常数 I_m、ω、φ_i 即幅值、角频率、初相位，称为正弦量的三要素。

正弦量随时间变化的核心部分是（$\omega t + \varphi_i$），称为正弦量的相角或相位，它反映了正弦量的变化进程。

（2）初相

式（3-1-8）中的 φ_i 称为正弦电流 i 的初相角（初相），它是正弦量 $t=0$ 时刻的相位角，它的大小与计时起点的选择有关。通常取小于或等于 π 的数值。

以横坐标为轴，$\varphi>0$，计时起点位于原点左侧；$\varphi<0$，计时起点位于原点右侧；$\varphi=0$，计时起点位于原点。

（3）相位差

在正弦交流电路的分析中，经常要比较同频率正弦量的相位。设任意两个同频率的正弦量

$$i_1(t) = I_{m1} \sin(\omega t + \varphi_1) \qquad (3\text{-}1\text{-}9)$$

$$i_2(t) = I_{m2} \sin(\omega t + \varphi_2) \qquad (3\text{-}1\text{-}10)$$

则它们之间的相位之差称为相位差，用 φ 表示，即

$$\varphi = (\omega t + \varphi_1) - (\omega t + \varphi_2) = \varphi_1 - \varphi_2 \qquad (3\text{-}1\text{-}11)$$

结论：任意两个同频率的相位差等于它们的初相差。

如图 3-1-4 所示，若 $\varphi>0$，称 i_1 超前 i_2，或者说 i_2 滞后 i_1 一个相位角 φ；

若 $\varphi=0$，表明 i_1 与 i_2 同时达到最大值，则它们是同相位的，简称同相；

若 $\varphi=\pm180°$，则它们的相位相反，简称反相；

若 $\varphi<0$，表明 i_1 滞后 i_2 一个相位角 φ。

对于两个同频率的正弦量，即使相位和初相角不同，但其相位差不变。通常研究多个同频率正弦量之间的关系时，假定其中某一正弦量初相为零（即为参考正弦量），其他各正弦量的初相即为该正弦量与参考正弦量的相位差。

例 3-1-1：已知正弦电压 u 和电流 i_1、i_2 的瞬

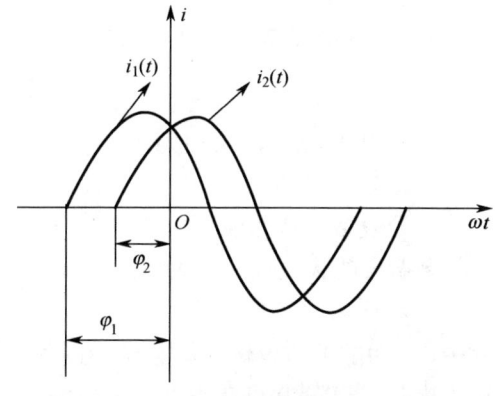

图 3-1-4　两个同频率正弦量的相位差

时值表达式分别为

$$u = 310\sin(\omega t - 30°)\text{V}$$
$$i_1 = 10\sin(\omega t - 60°)\text{A}$$
$$i_2 = 20\sin(\omega t + 45°)\text{A}$$

试以电流 i_1 为参考量重新写出 u 和电流 i_1、i_2 的瞬时值表达式。

解：以电流 i_1 为参考量，则电流 i_1 的表达式为

$$i_1 = 10\sin\omega t\ \text{A}$$

由于 i_1 与 u 的相位差为

$$\varphi_1 = \varphi_{i_1} - \varphi_u = -60° - (-30°) = -30°$$

即 u 比 i_1 超前 30°，故电压 u 的瞬时值表达式为

$$u = 310\sin(\omega t + 30°)\text{V}$$

由于 i_1 与 i_2 的相位差为

$$\varphi_2 = \varphi_{i_1} - \varphi_{i_2} = -60° - 45° = -105°$$

即 i_2 比 i_1 超前 105°，故电流 i_2 的瞬时值表达式为

$$i_2 = 20\sin(\omega t + 105°)\text{A}$$

3.2 正弦交流电的相量表示法

正弦交流电常用的表示方法有三角函数式表示法、波形图表示法、指数式表示法和波形图表示法等。正弦交流电用三角函数式及波形图表示很直观，但不便于计算。对电路进行分析与计算时经常采用相量表示法，即采用复数式或相量图来表示正弦交流电，表示方便且易于计算。

3.2.1 复数

1. 复数的表示法

（1）复平面

以横轴为实轴，纵轴为虚轴的平面坐标即为复平面，如图 3-2-1 所示，P 点的坐标为 $P(a, b)$。

（2）复数的代数表示

复数 z 的代数表达式为

$$z = a + \mathrm{j}b \tag{3-2-1}$$

式中，j 为虚部的单位（同数学中的 i，$i^2 = -1$），a 称为实部，表示 P 点在实轴上的投影，b 称为虚部，表示 P 点在虚轴上的投影。

（3）向量表示

复数 $z = a + \mathrm{j}b$ 也可以用复平面内的一条有向线段 Oz 来表示，如图 3-2-1 所示。

① 模——向量的长度，记为 $|z|$，根据几何知识有
$$|z| = r = \sqrt{a^2 + b^2} \qquad (3\text{-}2\text{-}2)$$
式中，a 表示相量在实轴上的投影；b 表示相量在虚轴上的投影。

② 幅角——相量与横轴正向的夹角 φ，根据几何知识有
$$\varphi = \arctan \frac{b}{a} \qquad (3\text{-}2\text{-}3)$$
则任意一个复数可写成 $z = r\angle\varphi$

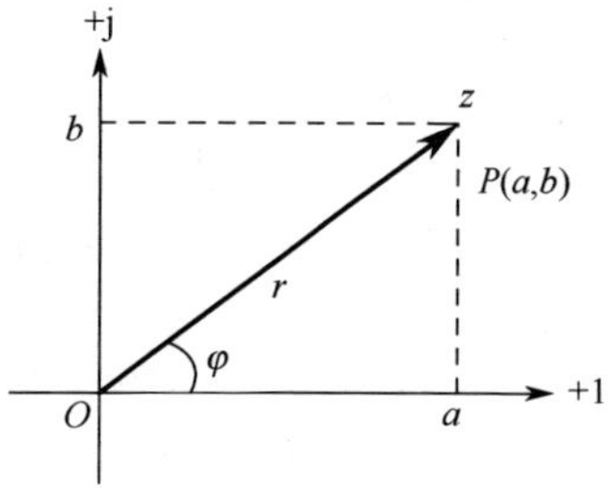

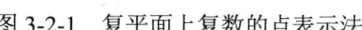

图 3-2-1　复平面上复数的点表示法

该式称为复数的极坐标形式。

（4）三角函数（或极坐标）表示

由相量 $z = a + \mathrm{j}b$ 所构成的直角三角形可得
$$a = r\cos\varphi, \quad b = r\sin\varphi$$

那么，
$$r = \sqrt{a^2 + b^2} \qquad (3\text{-}2\text{-}4)$$
则
$$z = r\cos\varphi + \mathrm{j}r\sin\varphi \qquad (3\text{-}2\text{-}5)$$

式（3-2-4）和式（3-2-5）即为代数式与三角函数式的转化公式。

（5）指数表示

根据欧拉公式 $\mathrm{e}^{\mathrm{j}\theta} = \cos\theta + \mathrm{j}\sin\theta$，式（3-2-5）可改写为
$$z = r\mathrm{e}^{\mathrm{j}\varphi} \qquad (3\text{-}2\text{-}6)$$

2．复数的四则运算

若 $z_1 = a_1 + \mathrm{j}b_1 = r_1\angle\varphi_1$，$z_2 = a_2 + \mathrm{j}b_2 = r_2\angle\varphi_2$

（1）复数的加减法
$$z_+ = z_1 + z_2 = (a_1 + \mathrm{j}b_1) + (a_2 + \mathrm{j}b_2) = (a_1 + a_2) + \mathrm{j}(b_1 + b_2) \qquad (3\text{-}2\text{-}7)$$
$$z_- = z_1 - z_2 = (a_1 + \mathrm{j}b_1) - (a_2 + \mathrm{j}b_2) = (a_1 - a_2) + \mathrm{j}(b_1 - b_2) \qquad (3\text{-}2\text{-}8)$$
运算法则：实部相加减，虚部相加减。

（2）复数的乘除
$$z_\times = z_1 \cdot z_2 = r_1 \cdot r_2\angle(\varphi_1 + \varphi_2) \qquad (3\text{-}2\text{-}9)$$
$$z_\div = \frac{z_1}{z_2} = \frac{r_1}{r_2}\angle(\varphi_1 - \varphi_2) \qquad (3\text{-}2\text{-}10)$$
运算法则：模相乘（除），幅角相加（减）。

注意：通常加减法用代数形式，而乘除法用极坐标形式。

3.2.2　相量

能表示正弦量的复数称为相量。用大写字母上加一点来表示，以示与一般复数的区别，即相量不是一般的复数，它对应于某一正弦的时间函数。

正弦电压可以表示为

$$u = u_m \sin(\omega t + \varphi) \qquad (3\text{-}2\text{-}11)$$

根据正弦量的三要素，可以作一个复数让它的模为 U_m，幅角为 $\omega t + \varphi$，即

$$U_m \angle (\omega t + \varphi) = U_m \cos(\omega t + \varphi) + j U_m \sin(\omega t + \varphi) \qquad (3\text{-}2\text{-}12)$$

用一个复数表示一个正弦量，目的是把正弦量的三角函数运算变成复数的运算，从而使正弦交流电路的计算变得简单。

由于正弦交流电路中的 u、i 都是同频率的正弦量，因此在分析时，只需考虑最大值和初相两个要素。故表示正弦量的复数可简化成

$$U_m \angle \varphi \qquad (3\text{-}2\text{-}13)$$

把该复数也称为相量，以 "$\dot{U}$" 表示，其有效值相量形式为

$$\dot{U} = U \angle \varphi \qquad (3\text{-}2\text{-}14)$$

正弦量的相量表示即在表示相量的大写字母上打 "•"。

注意：相量只能表示正弦量，与正弦量不能画等号，它们属于一一对应的关系；只有同频率的正弦量，其相量才能画在同一个复平面上相互运算。如电压相量

$$U_m \sin(\omega t + \varphi_u) \leftrightarrow U_m \angle \varphi_u \qquad (3\text{-}2\text{-}15)$$

3.2.3 相量图

画在同一个复平面上表示相量的图称为相量图，只要确定相量的模 r 和幅角 φ 即可准确画出相量图。如图 3-2-2 所示为电压相量图。

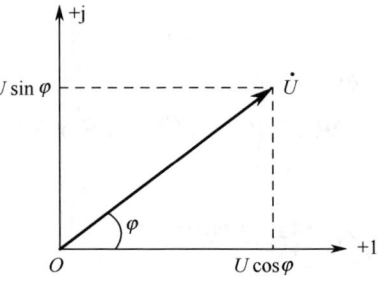

图 3-2-2　电压相量图

3.3　单一参数的正弦交流电路

实际电路中主要有三种参数元件：电阻、电感和电容。严格来说，只包含单一参数的理想电路元件是不存在的。当一个实际元件中只有一个参数起主要作用时，可以近似地把它看成单一参数的理想电路元件，其他参数可以忽略，这样便于电路研究。

3.3.1 纯电阻电路

1. 电压与电流的关系

纯电阻电路如图 3-3-1（a）所示。当 u、i 参考方向设为一致时，两者的关系为

$$u = Ri \qquad (3\text{-}3\text{-}1)$$

设电流为参考正弦量，即

$$i = I_m \sin \omega t \qquad (3\text{-}3\text{-}2)$$

则根据欧姆定律可得

$$u = Ri = RI_m \sin \omega t = U_m \sin \omega t \qquad (3\text{-}3\text{-}3)$$

其中

$$U_m = RI_m \qquad (3\text{-}3\text{-}4)$$

将上式等号两边同除以 $\sqrt{2}$，则得到

$$U = RI \qquad (3\text{-}3\text{-}5)$$

u、i 的波形图和相量图如图 3-3-1（b）、（c）所示。

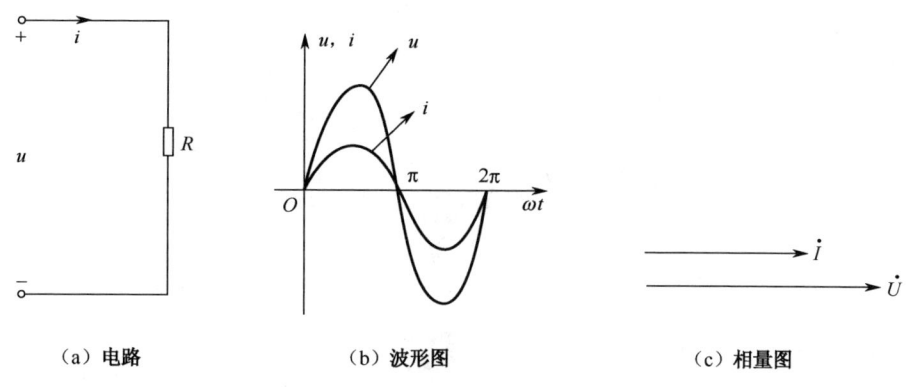

（a）电路　　　　　　　　（b）波形图　　　　　　　　（c）相量图

图 3-3-1　纯电阻元件的交流电路

通过以上分析得出如下结论：

① 电阻元件两端的电压与电流的瞬时值、最大值和有效值都满足欧姆定律。

② 电阻元件的电压和电流是同频率的正弦量，角频率都为 ω;

③ 在关联参考方向下，电阻上的电压与电流同相位，相位差为 0。波形图如图 3-3-1（b）所示。

④ 电阻元件的电压和电流的相量图如图 3-3-1（c）所示，相量表达式为

$$\dot{U} = R\dot{I} \qquad (3\text{-}3\text{-}6)$$

2．电阻元件上的功率

（1）瞬时功率

电路任一瞬时所吸收的功率称为瞬时功率，用小写字母 p 表示：

$$p = ui = U_m I_m \sin^2 \omega t = UI\left(1 - \cos 2\omega t\right) \qquad (3\text{-}3\text{-}7)$$

由此可见，电阻从电源吸收的瞬时功率是由两部分组成的：第一部分是恒定值 UI；第二部分是幅值为 UI、以 2ω 的角频率随时间变化的交变量 $UI\cos 2\omega t$。

电阻为耗能元件，通常研究它的有功功率。

（2）有功功率

一个周期内吸收功率的平均值，称为平均功率或有功功率，用大写字母 P 表示。

$$P = UI = RI^2 = \frac{U^2}{R} \tag{3-3-8}$$

电阻电路实际消耗的电能等于平均功率乘以通电时间。

3.3.2　纯电感电路

1．电压与电流的关系

纯电感电路如图 3-3-2（a）所示。如果 u、i 为关联参考方向，则其关系为

$$u = L\frac{\mathrm{d}i}{\mathrm{d}t} \tag{3-3-9}$$

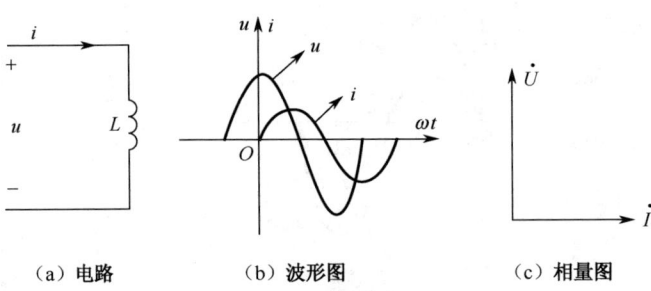

|（a）电路|（b）波形图|（c）相量图|

图 3-3-2　电感元件的交流电路

设电流 i 为参考正弦量，

$$i = I_{\mathrm{m}}\sin\omega t \tag{3-3-10}$$

则

$$u = L\frac{\mathrm{d}i}{\mathrm{d}t} = \omega L I_{\mathrm{m}}\cos\omega t = U_{\mathrm{m}}\sin(\omega t + 90°) \tag{3-3-11}$$

式中，

$$U_{\mathrm{m}} = \omega L I_{\mathrm{m}} \tag{3-3-12}$$

式中，ωL 是一个具有电阻单位的物理量，称为感抗，用 X_{L} 表示，单位为欧姆（Ω）。

$$X_{\mathrm{L}} = \omega L = 2\pi f L \tag{3-3-13}$$

同一个电感线圈其电感值 L 为定值，它对不同频率的正弦电流体现出不同的感抗，其感抗与频率成正比。若 $f=0$，则 $X_{\mathrm{L}} = 0$，即电感在直流电路中相当于短路线；若 $f \to \infty$，$X_{\mathrm{L}} \to \infty$，即通入交流电的频率越高，电感所呈现的感抗越大，即阻碍电流流通的能力越强。其特性可归纳为：通低频，阻高频；通直流，隔交流。

u、i 的波形图和相量图如图 3-3-2（b）、（c）所示。

通过以上分析得出如下结论：

① 电感元件两端电压和电流的最大值和有效值都满足欧姆定律。

② 电感元件的电压和电流是两个同频率的正弦量，角频率和频率相同。

③ 电感元件的电压和电流在关联参考方向下，电压的相位 φ_{u} 比电流的相位 φ_{i} 超前 90°。

波形图如图 3-3-2（b）所示。

④ 电感元件的电压和电流相量图如图 3-3-2（c）所示，相量表达式为

$$\dot{U} = jX_L \dot{I} \quad \text{或} \quad \dot{U}_m = jX_L \dot{I}_m \qquad (3\text{-}3\text{-}14)$$

2. 电感元件上的功率

电感电路所吸收的瞬时功率为

$$p = ui = U_m \sin(\omega t + 90°) \cdot I_m \sin \omega t = UI\sin 2\omega t \qquad (3\text{-}3\text{-}15)$$

电感从电源吸收的瞬时功率是幅值为 UI、以 2ω 的角频率随时间变化的正弦量。

纯电感元件不消耗有功功率，即 $P=0$。电感与电源之间存在着能量交换，是一种储能元件，先将电能转化为磁场能，再由磁场能转化为电能，它在电路中起着能量的"吞吐"作用。

电感与电源之间功率交换的最大值用 Q_L 表示，称为无功功率，单位是乏尔（var），简称乏。

$$Q_L = UI = I^2 X_L = \frac{U^2}{X_L} \qquad (3\text{-}3\text{-}16)$$

3.3.3 纯电容电路

1. 电压与电流关系

电容元件的交流电路如图 3-3-3 所示。如果 u、i 为关联参考方向，则其关系为

$$i = \frac{\mathrm{d}Q}{\mathrm{d}t} = C\frac{\mathrm{d}u}{\mathrm{d}t} \qquad (3\text{-}3\text{-}17)$$

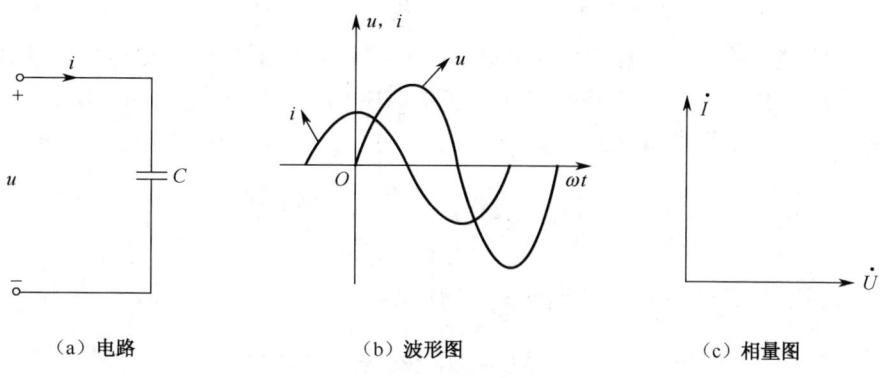

| （a）电路 | （b）波形图 | （c）相量图 |

图 3-3-3 电容元件的交流电路

设电压为参考正弦量，即

$$u = U_m \sin \omega t \qquad (3\text{-}3\text{-}18)$$

则

$$i = C\frac{\mathrm{d}u}{\mathrm{d}t} = \omega CU_m \cos \omega t \qquad (3\text{-}3\text{-}19)$$

$$= \omega CU_m \sin(\omega t + 90°) = I_m \sin(\omega t + 90°)$$

电压和电流的幅值的关系为

$$I_{\mathrm{m}} = \omega C U_{\mathrm{m}} \qquad (3\text{-}3\text{-}20)$$

或

$$U_{\mathrm{m}} = \frac{1}{\omega C} I_{\mathrm{m}} = X_{\mathrm{C}} I_{\mathrm{m}} \qquad (3\text{-}3\text{-}21)$$

式中，

$$X_{\mathrm{C}} = \frac{1}{\omega C} = \frac{1}{2\pi f C} \qquad (3\text{-}3\text{-}22)$$

X_{C} 称为容抗，反映电容阻碍电流的性质，单位为欧姆（Ω）。一定容量的电容器，对于不同频率的交流电体现不同的容抗，其容抗与频率成反比。若 $f \to \infty$，则 $X_{\mathrm{C}} \to 0$，此时电容可视为短路；若 $f=0$（直流），则 $X_{\mathrm{C}} = \infty$，此时电容可视为开路；其特性可归纳为：通高频，阻低频；通交流，隔直流。

通过以上分析得出如下结论：

① 电容元件两端电压和电流的最大值和有效值都满足欧姆定律。

② 电容元件的电压和电流是两个同频率的正弦量，角频率和频率相同。

③ 电容元件的电压和电流在关联参考方向下，电压的相位 φ_{u} 比电流的相位 φ_{i} 滞后 90°。波形图如图 3-3-3（b）所示。

④ 电感元件的电压和电流相量图如图 3-3-3（c）所示，相量表达式为

$$\dot{U} = -\mathrm{j} X_{\mathrm{C}} \dot{I} \ \text{或} \ \dot{U}_{\mathrm{m}} = -\mathrm{j} X_{\mathrm{C}} \dot{I}_{\mathrm{m}} \qquad (3\text{-}3\text{-}23)$$

2. 电容元件上的功率

电容电路所吸收的瞬时功率为

$$p = ui = U_{\mathrm{m}} \sin \omega t \times I_{\mathrm{m}} \sin(\omega t + 90°) = UI \sin 2\omega t \qquad (3\text{-}3\text{-}24)$$

在一个周期内充放电能量相等，平均值为零，说明电容不消耗有功功率，但电容与电源之间仍存在着能量交换，是一个储能元件，在电路中也起着能量的"吞吐"作用。

电容与电源功率交换的最大值称为无功功率，用 Q_{C} 表示，单位是乏尔（var），简称乏。

$$Q_{\mathrm{C}} = UI = I^2 X_{\mathrm{C}} = \frac{U^2}{X_{\mathrm{C}}} \qquad (3\text{-}3\text{-}17)$$

单一参数正弦交流电路的比较如表 3-3-1 所示。

表 3-3-1　单一参数正弦交流电路的比较

电路参数	电路图	基本关系	阻抗	电压、电流关系				功率	
				瞬时值	有效值	相量关系	相量图	有功功率	无功功率
R	$u = iR$	$u = iR$	R	设 $i = I_{\mathrm{m}} \sin \omega t$ 则 $u = U_{\mathrm{m}} \sin \omega t$	$U = RI$	$\dot{U} = R\dot{I}$	u, i 同相	$P = UI$	0

电路参数	电路图	基本关系	阻抗	电压、电流关系				功率	
				瞬时值	有效值	相量关系	相量图	有功功率	无功功率
L	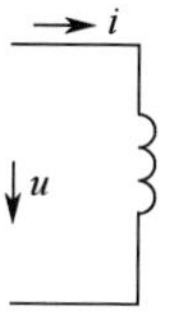 i ↑ u	$u = L\dfrac{\mathrm{d}i}{\mathrm{d}t}$	$X_L = \omega L$	设 $i = I_m \sin\omega t$ 则 $u = U_m \sin(\omega t + 90°)$	$U_L = IX_L$	$\dot{U}_L = jX_L\dot{I}$	 $\dot{U}_L$ ↑ i → u 超前 $i\ 90°$	0	$Q_L = U_L I = I^2 X_L$
C	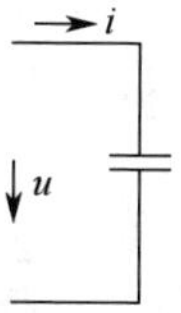 i ↑ u	$i = C\dfrac{\mathrm{d}u}{\mathrm{d}t}$	$X_C = \dfrac{1}{\omega C}$	设 $u = U_m \sin\omega t$ 则 $i = I_m \sin(\omega t + 90°)$	$U_C = IX_C$	$\dot{U}_C = -jX_C\dot{I}$	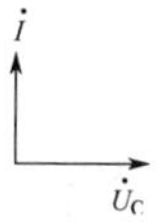 i ↑ $\dot{U}_C$ → u 滞后 $i\ 90°$	0	$Q_C = U_C I = I^2 X_C$

3.4　RLC 串联电路及串联谐振

在分析实际电路时，我们一般将复杂电路抽象为由若干理想电路元件串并联组成的典型电路模型，然后进行简化处理，因此需要讨论 RLC 串联电路的电路特性。谐振电路应用广泛，如收音机的接收电路即为谐振电路，转动收音机的调台旋钮，就是在改变内部接收电路的固有频率，当电路的频率和空气中某一电磁波的频率相等时它们发生了谐振，声音从收音机中经过一些处理后再放大传出来。在汽车上都配置有收音机功能，它的内部电路也是谐振电路。谐振可分为串联谐振和并联谐振，本节主要讨论串联谐振电路的特性，关于并联谐振电路及其特性可查阅相关资料。

3.4.1　RLC 串联电路

RLC 串联电路如图 3-4-1 所示。设通过 RLC 串联电路的正弦交流电流 $i = I_m\sin\omega t$，根据 3.3 节的分析，该电流在电阻、电感和电容上的电压降分别为

$$u_R = U_{Rm}\sin\omega t \tag{3-4-1}$$

$$u_L = U_{Lm}\sin(\omega t + 90°) \tag{3-4-2}$$

$$u_C = U_{Cm}\sin(\omega t - 90°) \tag{3-4-3}$$

根据基尔霍夫电压定律，总电压为

$$u = u_R + u_L + u_C \tag{3-4-4}$$

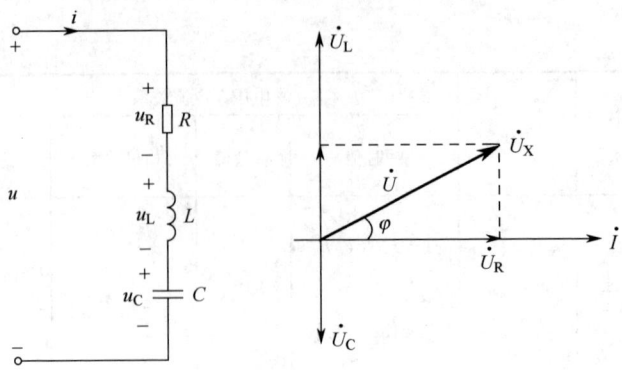

图 3-4-1 RLC 串联交流电路及其相量图

1. 电压的有效值

将 $\dot{U}_L$ 与 $\dot{U}_C$ 的相量和定义为 $\dot{U}_X$，由相量图可知外接电压相量 $\dot{U}$、相量 $\dot{U}_R$ 与 $\dot{U}_X$ 构成一个直角三角形，称为电压三角形，如图 3-4-1 所示。

由电压三角形可得

$$U = \sqrt{U_R^2 + (U_L - U_C)^2} \tag{3-4-5}$$

将 $U_R=RI$，$U_L=X_LI$，$U_C=X_CI$ 代入式（2-48），得

$$U = \sqrt{(RI)^2 + (X_LI - X_CI)^2} = I\sqrt{R^2 + (X_L - X_C)^2} = I|Z| \tag{3-4-6}$$

式中

$$|Z| = \sqrt{R^2 + (X_L - X_C)^2} \tag{3-4-7}$$

$|Z|$ 称为电路的阻抗，具有阻碍电流的性质，单位是欧姆（Ω）。

2. 电压 u 与电流 i 有效值之间的关系

阻抗中的（X_L-X_C）被称为电抗，用符号 X 表示，即

$$X=X_L-X_C \tag{3-4-8}$$

将式（3-4-8）代入式（3-4-7），则

$$|Z| = \sqrt{R^2 + X^2} \tag{3-4-9}$$

阻抗 $|Z|$、R 与 X 的关系也可用直角三角形表示，称为阻抗三角形，与电压三角形相似，如图 3-4-3 所示。

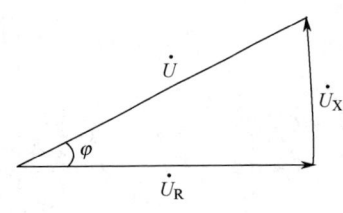

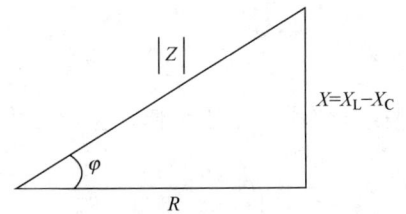

图 3-4-2 电压三角形　　　　　　　　　　　图 3-4-3 阻抗三角形

电压 u 与电流 i 的有效值关系为

$$U = |Z| I \tag{3-4-10}$$

3. 电压 u 与电流 i 的相位关系

以 i 为参考相量，$\varphi_i = 0$，所以 u、i 的相位差 $\varphi = \varphi_u - \varphi_i = \varphi_u$，由图（3-4-2）可知

$$\varphi = \arctan \frac{U_L - U_C}{U_R} = \arctan \frac{X_L - X_C}{R} \tag{3-4-11}$$

可见，当电源频率一定时，电压 u 与电流 i 的相位关系和有效值关系都取决于电路参数 R、L、C。

4. 电压 u 与电流 i 的相量关系

电压 u 与电流 i 的相量关系可表示为

$$\frac{U \angle \varphi_u}{I \angle \varphi_i} = |Z| \angle \varphi \tag{3-4-12}$$

式中，

$$Z = |Z| \angle \varphi \tag{3-4-13}$$

当 $\varphi > 0$ 时，说明电压超前于电流 φ 角，这种电路称为感性电路，相量图如图 3-4-4（a）所示。

当 $\varphi < 0$ 时，说明电压滞后于电流 φ 角，这种电路称为容性电路，相量图如图 3-4-4（b）所示。

当 $\varphi = 0$ 时，说明电压与电流同相位，这种电路称为电阻性电路，相量图如图 3-4-4（c）所示。

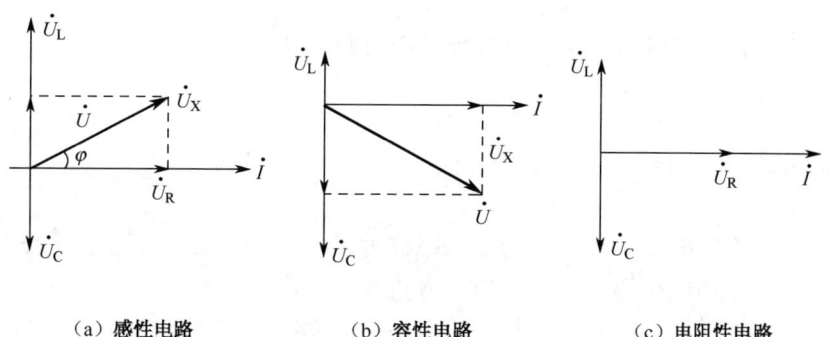

（a）感性电路　　　　（b）容性电路　　　　（c）电阻性电路

图 3-4-4　RLC 串联电路三种电路性质的相量关系

5. R、L、C 串联电路的功率

（1）瞬时功率

$$p = ui$$

（2）平均功率（有功功率）

$$P = \frac{1}{T}\int_0^T p\mathrm{d}t + \frac{1}{T}\int_0^T [UI\cos\varphi - UI(2\omega T + \varphi)]\mathrm{d}t = UI\cos\varphi \qquad (3\text{-}4\text{-}14)$$

式中，φ 为电压 u 与电流 i 的相位差，$\cos\varphi$ 被称为功率因数，这时 φ 又被称为功率因数角。由电压三角形可知

$$U\cos\varphi = U_R \qquad (3\text{-}4\text{-}15)$$

所以

$$P = UI\cos\varphi = U_R I = I^2 R \qquad (3\text{-}4\text{-}16)$$

结论：R、L、C 串联正弦交流电路的平均功率就是电阻元件消耗的平均功率，因为电感元件和电容元件的平均功率为零。

（3）无功功率

由于 u_L 和 u_C 反相，因此当 $p_L > 0$ 时，$p_C < 0$，即电感元件取用能量时，电容元件正放出能量；反之，当 $p_L < 0$ 时，$p_C > 0$，即电感元件放出能量时，电容元件正取用能量，因此 R、L、C 串联正弦交流电路中总的无功功率为

$$Q = Q_L - Q_C = U_L I - U_C I = U_X I = I^2 X \qquad (3\text{-}4\text{-}17)$$

由电压三角形可知

$$U_X = U\sin\varphi \qquad (3\text{-}4\text{-}18)$$

所以总的无功功率为

$$Q = UI\sin\varphi \qquad (3\text{-}4\text{-}19)$$

若电路为感性电路，$X_L > X_C$，则 $Q > 0$；

若电路为容性电路，$X_L < X_C$，则 $Q < 0$。

（4）视在功率

把电流和电压有效值的乘积定义为视在功率，用 S 表示，单位为伏安（VA）即

$$S = UI \qquad (3\text{-}4\text{-}20)$$

由 P、Q、S 的表达式可以得出这三者也构成直角三角形，称为功率三角形，如图 3-4-5 所示。

3.4.2　串联电路的谐振

由电感 L 和电容 C 串联而组成的谐振电路称为串联谐振电路。在 R、L、C 串联电路中，当感抗和容抗相等，电路呈现电阻性，总电压和总电流相位相同，电路的功率因数 $\cos\varphi = 1$，此时称该 R、L、C 串联电路发生谐振。

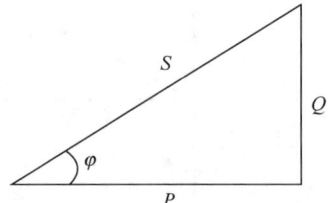

图 3-4-5　串联电路的功率三角形

发生谐振的条件为 $X_L = X_C$，设发生谐振时激励的频率为 ω_0，则

$$\omega_0 L - \frac{1}{\omega_0 C} = 0 \qquad (3\text{-}4\text{-}21)$$

由式（3-4-21）可得

$$\omega_0 = \frac{1}{\sqrt{LC}} \qquad (3\text{-}4\text{-}22)$$

由于 $\omega_0 = 2\pi f_0$，所以有

$$f_0 = \frac{1}{2\pi\sqrt{LC}} \qquad (3\text{-}4\text{-}23)$$

f_0 称为谐振频率，它只与 L 和 C 的参数有关，反映了串联电路一种固有的性质。对于每一个 R、L、C 串联电路，总有一个对应的谐振频率，而且改变 ω、L 或 C 都可使电路发生谐振或消除谐振。

串联谐振电路的特性如下：
① 电流与电压同相位，电路呈电阻性。
② 电路的阻抗最小，电流最大。

因为

$$|Z| = \sqrt{R^2 + \left(2\pi fL - \frac{1}{2\pi fC}\right)^2} \qquad (3\text{-}4\text{-}24)$$

则当电源输入电压不变，当电源频率 $f > f_0$ 或 $f < f_0$ 时，$|Z|$ 都要增加，I 都要下降。$|Z|$ 与 I 随 f 变化的关系曲线 $|Z| = f(f)$、$I = f(f)$ 分别称为阻抗特性曲线与电流响应曲线，如图 3-4-6（a）、（b）所示。

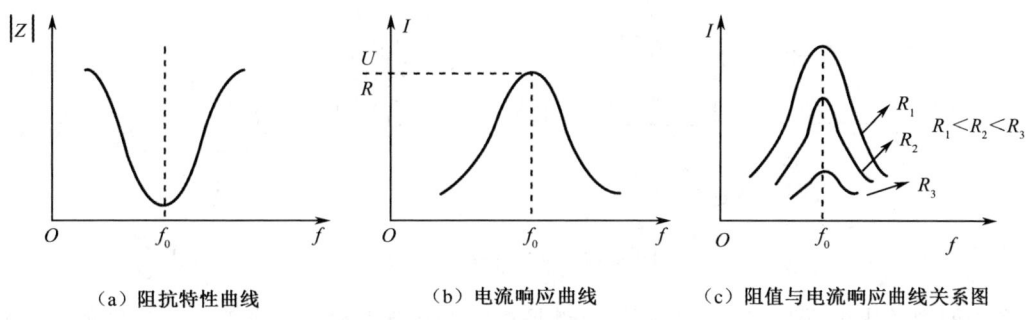

（a）阻抗特性曲线　　　（b）电流响应曲线　　　（c）阻值与电流响应曲线关系图

图 3-4-6　阻抗特性曲线与电流响应曲线

③ 电感端电压与电容端电压大小相等，相位相反；电阻电压等于外加电压，即 $U = U_R$。

$$U_L = U_C \qquad (3\text{-}4\text{-}25)$$

④ 电感和电容的端电压有可能远超过外加电压。

谐振时，电感或电容的端电压与外加电压的比值为 Q，称为谐振回路的品质因数或谐振系数。

$$Q = \frac{U_L}{U} = \frac{X_L I}{RI} = \frac{X_L}{R} = \frac{X_C}{R} = \frac{\omega_0 L}{R} = \frac{1}{\omega_0 RC} \qquad (3\text{-}4\text{-}26)$$

$$U_L = U_C = QU \qquad (3\text{-}4\text{-}27)$$

当 X_L 远大于 R 时，Q 值一般可达几十至几百，所以串联谐振时电感和电容的端电压有可能远超过外加电压。在电子线路中，从多个频率中选择所需频率信号的能力称为选择性。频率特性中将工作频率划分为低频、中频、高频三个频段。在图 3-4-7 所示幅频特性曲线中，f_L 称为下限截止频率，f_H 称为上限截止频率，在上限频率与下限频率之间的频率范围称为通频带，用 f_{BW} 表示。

$$f_{BW} = f_H - f_L \qquad\qquad (3\text{-}4\text{-}28)$$

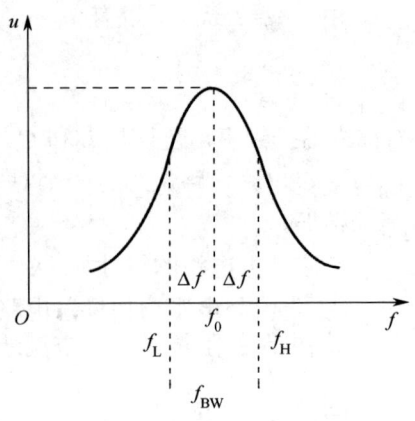

通频带宽的电路选择性差，通频带窄的电路选择性好。但是决定选择性好坏的实质因素并不是通频带，而是品质因数 Q，Q 值越大，电流响应曲线越尖锐，电路的选择性越好。电路的阻值越小，电流响应曲线就越尖锐。

在电力系统中，电路发生谐振可能会引起某些电气设备的损坏，应避免；谐振在无线电技术中应加以利用。例如收音机的接收电路，如图 3-4-8 所示。

图 3-4-8 中，L_1 为接收天线，L_2 和 C 组成并联型谐振电路，e_1、e_2、e_3 为来自 3 个不同电台（不同频率）的电动势信号。

图 3-4-7　幅频特性曲线

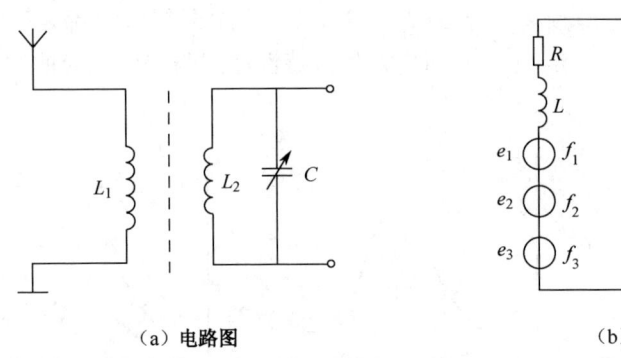

（a）电路图　　　　　　　　　（b）等效电路

图 3-4-8　收音机接收电路

当谐振电路中的元件参数确定后，该谐振电路的谐振频率就已经确定。空中的不同频率电磁波信号都会在并联谐振电路中产生感应电动势，当某一信号的频率和电路的谐振频率一致时，该频率的信号就会感应到较强的感应电动势，而频率与电路的谐振频率不一致的信号在谐振电路中的感应电动势较弱，感应到的电动势经过接收电路的后级处理后，信号频率与电路谐振频率一致的信号得到放大，信号频率与电路谐振频率不一致的信号被抑制，这就是收音机的简单接收原理。

3.5　正弦交流电路的一般分析方法

在分析正弦交流电路中的电压和电流时，由于这两个物理量都是交流量，因此实质是分析各物理量的三要素。在正弦交流电路中，当电源确定后，电路中任何一处的电流和任何元件的端电压的频率都和电源频率一致，我们分析其他两个要素即可。因此可以用本节所述方法分析正弦交流电路，简便易行。

3.5.1 简单串、并联电路的分析方法

1. 复阻抗的串联

复阻抗的串联，如图 3-5-1 所示。

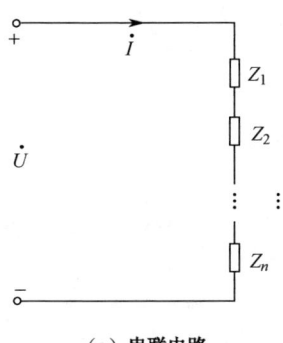

（a）串联电路

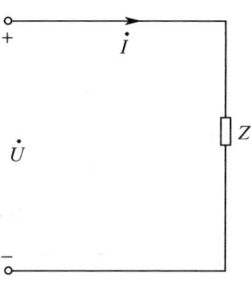

（b）等效电路

图 3-5-1　复阻抗的串联

$$Z = Z_1 + Z_2 + \cdots + Z_n = R + jX = Z\angle\varphi \tag{3-5-1}$$

式中，$R = R_1 + R_2 + \cdots + R_n$，称为串联电路的等效电阻；$X = X_1 + X_2 + \cdots + X_n$，称为串联电路的等效电抗；阻抗为 $|Z| = \sqrt{R^2 + X^2}$，阻抗角为 $\varphi = \arctan\dfrac{X}{R}$。

注意：$|Z| \neq |Z_1| + |Z_2| + \cdots + |Z_n|$，且 $\varphi \neq \varphi_1 + \varphi_2 + \cdots + \varphi_n$

2. 复阻抗的并联

复阻抗的并联，如图 3-5-2 所示。

$$\frac{1}{Z} = \frac{1}{Z_1} + \frac{1}{Z_2} + \cdots + \frac{1}{Z_n} \tag{3-5-2}$$

但 $\left|\dfrac{1}{Z}\right| \neq \left|\dfrac{1}{Z_1}\right| + \left|\dfrac{1}{Z_2}\right| + \cdots + \left|\dfrac{1}{Z_n}\right|$。

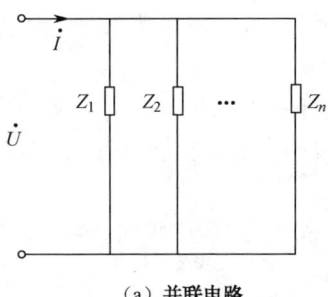

（a）并联电路

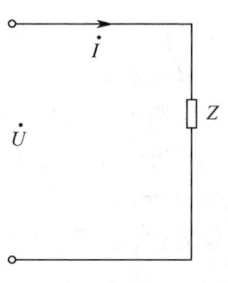

（b）等效电路

图 3-5-2　复阻抗的并联

3.5.2 复杂交流电路的一般分析方法

保持电路结构不变，将电路中的物理量用相量表示，电路参数用复数阻抗表示，然后利用欧姆定律、叠加原理、电源等效定理和支路电流法等进行计算。具体步骤如下：

① 根据原电路图画出相量模型图（电路结构保持不变）。

$$R \rightarrow R, L \rightarrow jX_L, C \rightarrow -jX_C$$
$$u \rightarrow \dot{U}, i \rightarrow \dot{I}, e \rightarrow \dot{E}$$

② 标出参考方向、参考相量。

③ 列出相量方程或画出相量图。

④ 用复数或相量图求解。

⑤ 将结果变换为要求的形式。

例 3-5-1： 如图 3-5-3 所示的电路，已知 $\dot{U} = 100\angle 0°\text{V}$，$R = 3\Omega$，$X_L = 4\Omega$，$X_C = 5\Omega$，求各支路的电流。

解：

$$Z_1 = -jX_C = 5\angle -90°\,\Omega$$
$$Z_2 = R + jX_L = 3 + j4 = 5\angle 53°\,\Omega$$
$$Z = \frac{Z_1 \cdot Z_2}{Z_1 + Z_2}$$
$$\dot{I} = \frac{\dot{U}}{Z} = 12.6\angle 18.4°\,\text{A}$$
$$\dot{I}_1 = \frac{\dot{U}}{Z_1} = 20\angle -53°\,\text{A}$$
$$\dot{I}_2 = \frac{\dot{U}}{Z_2} = 20\angle 90°\,\text{A}$$

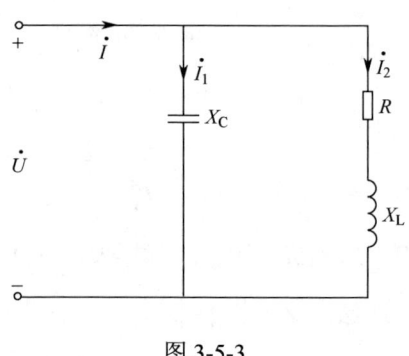

图 3-5-3

3.6 功率因数的提高

功率因数是电力系统的一个重要技术数据，是衡量电气设备效率高低的一个系数。功率因数低，说明电气设备的无功功率大，利用率降低，线路供电损失增加。因此，供电部门对用户用电设备的功率因数有一定的标准要求。

电网中的电力负荷如电动机、变压器、日光灯及电弧炉等，大多属于电感性负荷，这些电感性的设备在运行过程中不仅需要向电力系统吸收有功功率，还同时吸收无功功率。因此，就有必要提高功率因数。

说明：功率因数 $\cos\varphi$ 只与电路的参数与频率有关，与电路的电压、电流无关，由用户决定其大小。

3.6.1　提高功率因数的意义

（1）使电源设备得到充分利用

通过改善功率因数，可提高用电设备的有功功率，降低无功功率，因此不但减少了投资费用，而且降低了本身电能的损耗。

设备在实际运行中发出的功率 P 为

$$P = UI\cos\varphi \tag{3-6-1}$$

式中，$\cos\varphi$ 称为设备的功率因数，设备要发出尽可能大的功率，功率因数 $\cos\varphi$ 应尽可能大。功率因数越高，电源设备提供电能的能力就越能得到充分发挥。

（2）降低线路损耗和线路压降

提高功率因数，即减少供电系统中的电压损失，可以使负载电压更稳定，改善电能的质量。

（3）减小线路电流

提高功率因数，可减小线路电流，从而降低传输线上的损耗，提高供电质量。

（4）降低成本

在相同线路损耗的情况下节约线路材料，可以将传输导线做细一些。

3.6.2　提高功率因数的方法

通常在电网中安装并联电容器无功补偿设备，就可以提供补偿感性负荷所消耗的无功功率，从而减少了电网电源侧向感性负荷提供及由线路输送的无功功率。由于减少了无功功率在电网中的流动，因此可以降低输配电线路中变压器及母线因输送无功功率造成的电能损耗，这就是无功补偿的效益。无功补偿的主要目的就是提升补偿系统的功率因数。目前就国内而言，功率因数规定必须介于电感性的 0.9～1 之间。常用电路的功率因数如表 3-6-1 所示。

表 3-6-1　常用电路的功率因数

纯电阻电路	$\varphi=0$，$\cos\varphi=1$
纯电感或纯电容电路	$\varphi=\pm 90°$，$\cos\varphi=0$
R、L、C 串联电路	$-90°<\varphi<+90°$，$0<\cos\varphi<1$
电动机（空载）	$\cos\varphi=0.2\sim0.3$
电动机（满载）	$\cos\varphi=0.7\sim0.9$
日光灯（R、L、C 串联电路）	$\cos\varphi=0.5\sim0.6$

小　结

正弦交流电是指按正弦规律变化的电压或电流。正弦交流电的三要素是幅值、频率和初相。若已知一个正弦量的三要素，就可以用数学表达式或波形图来确定或描述它。在电力系

统中所指的电压和电流、交流电压表和交流电流表所指示的数值以及电气设备的额定值等都是指正弦量的有效值。

在电阻元件的交流电路中,电压和电流的瞬时值、最大值和有效值都满足欧姆定律;电压和电流同频率且同相位;相量表达式为 $\dot{U} = R\dot{I}$。

在电感元件的交流电路中,电压和电流的最大值和有效值都满足欧姆定律;电压和电流同频率且相位差 90°,即电压超前电流 90°;相量表达式为 $\dot{U}_L = jX_L\dot{I}$。

在电容元件的交流电路中,电压和电流的最大值和有效值都满足欧姆定律;电压和电流同频率且相位差 90°;相量表达式为 $\dot{U}_C = -jX_C\dot{I}$。

在电力系统中,感性负载很多,电路中存在无功功率,造成感性负载的功率因数较低。为了提高功率因数,可以在感性负载两端并联一个电容量合适的电容,称为补偿电容。并联电容之前,能量的互换主要发生在电感和电源之间;并联电容之后,能量的互换主要发生在电感和电容之间,从而减轻了电源的负担。

习　题

3-1　正弦交流电的三要素是_____、_____、_____。

3-2　已知某正弦交流电压的表达式为 $u = 311\sin(628t + 30°)\text{V}$,则该电压的有效值为_____,频率为_____,初相位为_____。

3-3　已知某负载的电流和电压的有效值和初相位分别是 5A、-30°,20V、45°,频率相同,都为工频。则它们各自的瞬时值表达式分别为 $u=$_____,$i=$_____。它们的相位差为_____。

3-4　提高功率因数的意义在于_____、_____、_____、_____。

3-5　由于电阻元件上电压、电流是同相的,所以它们的初相一定都是零。　　　　（　　）

3-6　电感元件上的电压在相位上总是超前电流 90°。　　　　（　　）

3-7　电感具有通交流、隔直流的特性。　　　　（　　）

3-8　在直流电路中电感元件可视为短路,而电容元件可视为开路。　　　　（　　）

3-9　电容元件上电压在相位上总是超前电流 90°。　　　　（　　）

3-10　纯电感和纯电容元件电路中,瞬时值、有效值、最大值都服从欧姆定律。（　　）

3-11　两个同频率正弦量,它们的相位差等于它们的初相差。　　　　（　　）

3-12　已知某工频下的正弦电路的相量图如习题 3-12 图所示,其中 U=220V,I_1=3A,I_2=4A,分别写出 u,i_1,i_2 的瞬时值表达式。

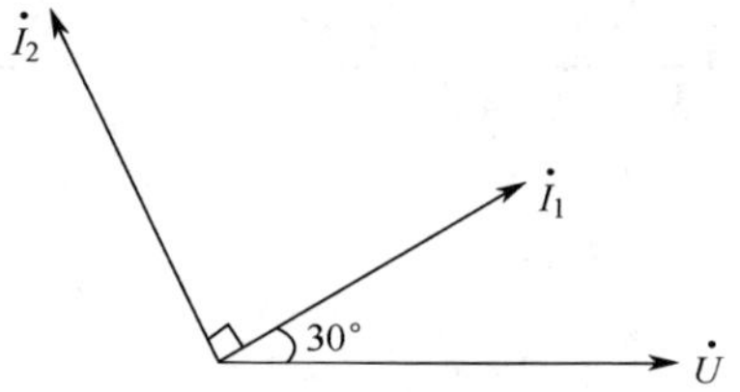

3-13　将下列复数形式写成代数形式。

（1）$6\angle 90°$　　　　　　（2）$220\angle -120°$

（3）$110\angle 120°$　　　　　（4）$2\angle 0°$

（5）$\sqrt{2}\angle 45°$　　　　　（6）$10\angle -135°$

3-14　将下列复数形式写成极坐标形式。

（1）$3 - j4$　　　　　　（2）$30 + j20$

习题 3-12 图

（3）−0.5 − j0.8　　　　（4）−8 − j6

3-15　计算下列各式的值。

（1）$220\angle-120°\cdot10\angle45°$　（2）$(3+j4)\cdot(4+j3)$

（3）$(3+j4)+(6+j8)$　（4）$(1+j)\cdot j2$

3-16　电感元件 $L=1.59$ H，接于 $u=311\sin314t$ V 的正弦电源上，求感抗 X_L 和电流 I，并写出 i 的表达式。

3-17　已知正弦量 $\dot{U}=220\angle60°$ V，写出该相量的代数式，三角函数式，并画出波形图及相量图。

3-18　已知 $u_a=20\sin\omega t$V ，$u_b=20\sin(\omega t+120°)$V ，求 $u_1=u_a+u_b$ ，$u_2=u_a-u_b$ ，并画出它们的相量图。

3-19　如习题 3-19 图所示，已知 A_1=30mA、A_2=80mA、A_3=40 mA；U_1=4V，U_2=3V、U_3=8V；分别求电流表 A 和电压表 V 的读数。

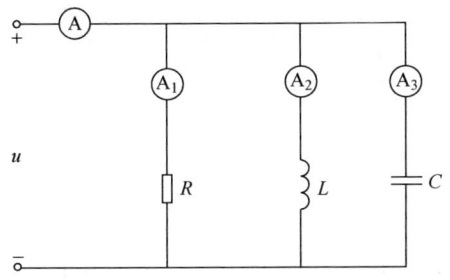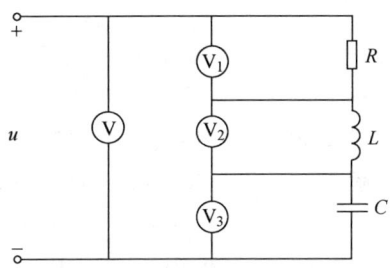

习题 3-19 图

3-20　已知某实际的线圈接在 $U=120$V 的直流电源上，测得 I=20A，若接在 U=220V 的工频交流电源上，测得 I=28.2A，求线圈的电阻 R 及电感 L。

3-21　如习题 3-21 图所示的电路中，$R=30\Omega$，$X_L=40\Omega$，$U=120$V，试求电路的复阻抗及各支路电流，并画出相量图。

3-22　日光灯管与镇流器串联接于交流电路中，可看作 R、L 串联电路，若已知灯管的电阻 $R_1=200\Omega$，镇流器的电阻和电感分别为 $R_2=50\Omega$、$L=1.65$H，接于 U=220V 的工频交流电源，求电流 I、灯管与镇流器各自的电压 U_1 和 U_2。

3-23　R、L 串联的电路接于有效值为 100 V 的工频正弦电源上，测得电流 I=2A，功率 P=100W，试求电路参数 R、L。

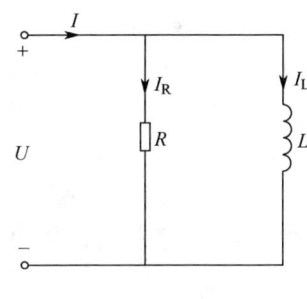

习题 3-21 图

3-24　某收音机输入电路的电感为 0.3mH，可变电容的调节范围为 25～360pF，问该收音机能否满足收听中波段 535～1605kHz 的要求？

第 **4** 章

三相交流电路

知识目标

1. 了解三相交流电源的产生过程。
2. 掌握三相交流电源的联结方式及参数计算。
3. 掌握三相交流电路负载的联结方式及参数计算。
4. 了解三相交流电路功率的计算方法。

目前世界各国广泛使用的交流电能大部分由三相交流电源提供。三相交流电源是指三个频率相同，幅值相等，相位互差 120° 的单相电组成的一个整体的电源系统。三相交流电也称动力电，产生三相交流电的三相异步电动机结构简单、成本低、使用维护方便，是目前使用最多的电力设备。汽车上采用的三相交流发电机用于提供汽车上电气设备的用电，在发电机的端盖上集成有整流器和调节器，因此可以直接输出稳定电压的直流电。

4.1 三相交流电源

4.1.1 三相交流电动势的产生

三相交流电动势是由三相交流发电机产生的，三相交流发电机是利用电磁感应原理将机械能转化成电能的装置。如图 4-1-1 所示，三相交流发电机由定子和转子两大部分构成，定子由铁芯和三相绕组构成，转子为直流励磁的电磁铁。U_1、V_1、W_1 称为三相绕组的始端，U_2、V_2、W_2 称为三相绕组的末端，U_1U_2、V_1V_2、W_1W_2 三个绕组分别称为 U 相、V 相、W 相绕组，并在空间上相差 120°。

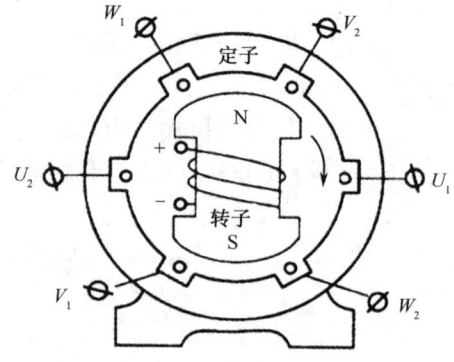

图 4-1-1　三相交流发电机示意图

当转子以角速度 ω 匀速转动时，定子中的三个绕组将会感应出按正弦规律变化的电动势，产生的这三个电动势幅值相等，频率相同，相位互差 120°，称为三相对称电动势，瞬时表示式为：

$$e_{U} = E_{m} \sin \omega t \qquad (4\text{-}1\text{-}1)$$

$$e_{V} = E_{m} \sin (\omega t - 120°) \qquad (4\text{-}1\text{-}2)$$

$$e_{W} = E_{m} \sin (\omega t + 120°) \qquad (4\text{-}1\text{-}3)$$

由于实现对称电动势是正弦量，因此以相量形式来表示，则有

$$\dot{E}_{U} = E \angle 0° \qquad (4\text{-}1\text{-}4)$$

$$\dot{E}_{V} = E \angle -120° \qquad (4\text{-}1\text{-}5)$$

$$\dot{E}_{W} = E \angle +120° \qquad (4\text{-}1\text{-}6)$$

如图 4-1-2 所示为三相电动势的波形图和相量图。

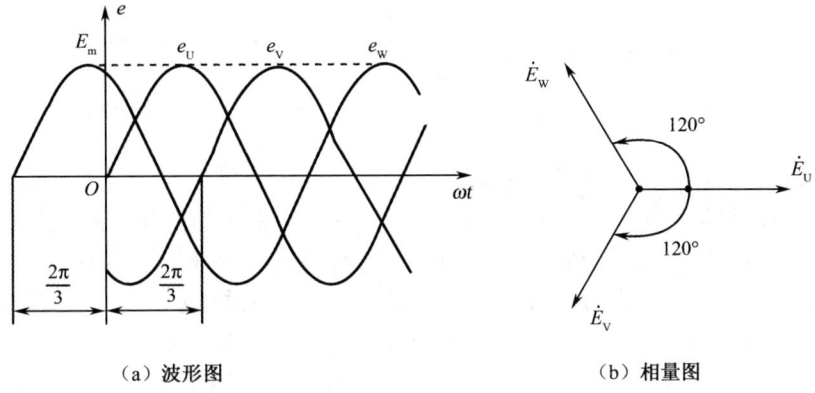

（a）波形图 　　　　　　（b）相量图

图 4-1-2 三相对称电动势的波形图和相量

由波形图和相量图可知，三相对称电动势的瞬时值之和为零，即：

$$e_{U} + e_{V} + e_{W} = 0 \qquad (4\text{-}1\text{-}7)$$

三相电动势中每相电压依次达到同一值（例如最大值）的先后次序称为相序。相序有正序和逆序，U→V→W 为正序，如上述的三相电动势依次滞后 120°，U→W→V 为逆序。工业上通常利用不同的颜色来做标记，在交流发电机引出线及配电装置的三相母线上涂以黄，绿，红三种颜色表示 U、V、W 三相。

4.1.2 三相电源的连接形式

三相交流电源的连接形式有星形和三角形两种，在低压配电系统中通常采用星形连接。

将三相交流发电机三相绕组的始末端依次连接，即 U_2 与 V_1、V_2 与 W_1、W_2 与 U_1 分别相联，组成一个闭合的三角形，这种连接形式称为三角形连接，如图 4-1-3 所示。由于三角形连接常在三相变压器中采用，三相交流发电机一般不采用，因此下面重点介绍三相电源的星形连接。

将三相交流发电机三相绕组的末端 U_2、V_2、W_2 连接成一点 N，把始端 U_1、V_1、W_1 作为与外电路相连接的端点，这种连接方式称为电源的星形连接，如图 4-1-4 所示。N 点称为中性点或零点，从中点引出的导线称为中线或零线，中性线通常和大地相连接，又被称为地线。从始端引出的三根导线称为端线或相线，俗称火线。

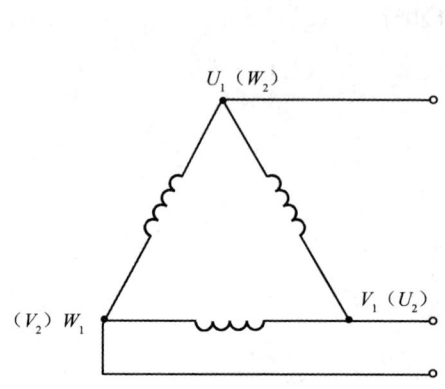

图 4-1-3　三相电源的三角形连接

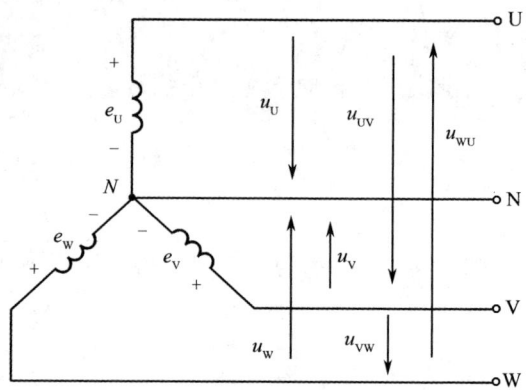

图 4-1-4　三相电源的星形连接

由三条相线和一条中线构成的供电系统称为三相四线制供电系统，通常低压供电网均采用三相四线制。常见的两条导线的供电电路一般只包括三相中的一相，由一条相线和一条中线组成。三相四线制供电系统可输送两种电压：一种是相线与中线之间的电压，称为相电压，用 u_U、u_V、u_W 表示，其有效值为 U_P；另一种是相线与相线之间的电压，称为线电压，用 u_{UV}、u_{VW}、u_{WU} 表示，其有效值为 U_L。线电压 U_L 与相电压 U_P 的关系是：

$$U_L = \sqrt{3} U_P \tag{4-1-8}$$

我国现行电网低压配电系统采用的 380V 电压就是三相四线制电源的线电压，220V 电压就是三相四线制电源的相电压。负载在连接时要依据额定电压来选择，若负载额定电压是 380 V，就接在相线之间；若负载额定电压是 220V，就接在相线和中线之间。

4.2　三相负载

三相负载是由三个单相负载组合起来的，根据负载的负载性质与大小的不同，可分为三相对称负载和三相不对称负载两种，如果各相负载的复阻抗相等，则为三相对称负载，如果各相的复阻抗不相等，则为三相不对称负载。接在三相交流电路中的负载通常有动力负载（例如三相异步电动机）、电热负载（例如三相电炉）和照明负载（例如白炽灯）等。三相电路中负载的连接方式有两种：星形连接和三角形连接。

4.2.1　三相负载的星形连接

如图 4-2-1 所示为三相四线制电路，负载白炽灯不均匀的接在每根相线和中线之间，为

不对称负载；三相电动机和三相电炉均匀的接在三根相线上，为三相对称负载。

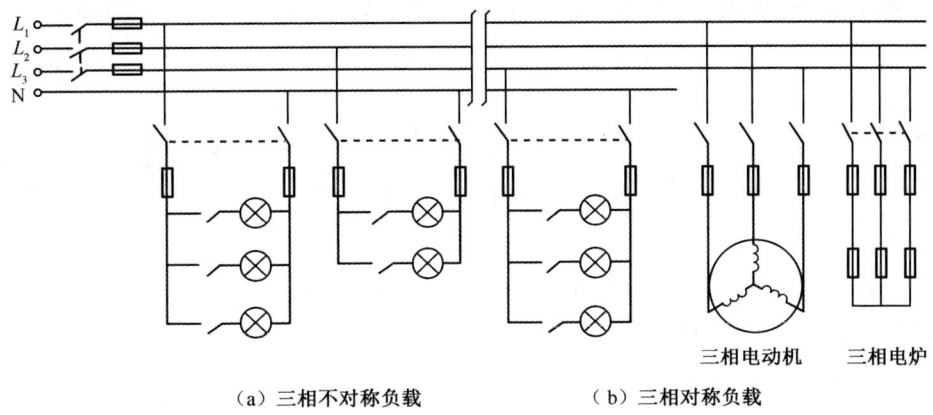

（a）三相不对称负载　　　　　　（b）三相对称负载

图 4-2-1　三相负载的星形连接

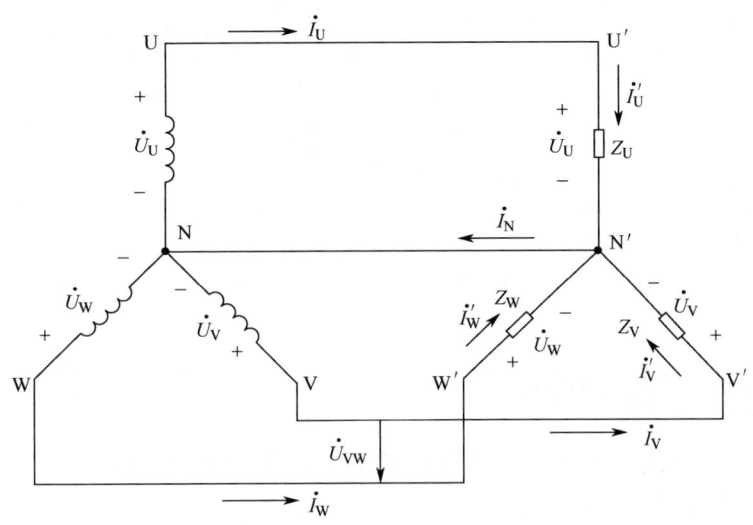

图 4-2-2　三相负载星形连接的三相四线制电路

　　三相负载星形连接的三相四线制电路如图 4-2-2 所示，将每相负载的末端连到 N′ 点，电源的 N 点和负载的 N′ 用导线连到一起。如果忽略电线上的阻抗，则三相负载的线电压等于电源的线电压；三相负载的相电压等于电源的相电压。则负载的线电压和相电压的关系为：

$$U_L = \sqrt{3}U_P \tag{4-2-1}$$

　　每相负载中的电流 $\dot{I}_u'$、$\dot{I}_v'$、$\dot{I}_w'$ 称为相电流，每条端线中的电流 $\dot{I}_u$、$\dot{I}_v$、$\dot{I}_w$ 称为线电流。由于在星形连接中，每根相线和相应的每相负载连接，所以相电流等于线电流。如果用 I_P 表示相电流，用 I_L 表示线电流，则：

$$I_L = I_P \tag{4-2-2}$$

　　根据基尔霍夫电流定律，对于 N′ 点，中线电流等于三相电流之和，即：

$$\dot{I}_N = \dot{I}_u' + \dot{I}_v' + \dot{I}_w' \tag{4-2-3}$$

　　如果负载不对称，流过每相负载的相电流大小不相等，中性线电流 I_N 不等于零。由于中性线的存在，每相负载的相电压保持不变而且大小相等，此时负载可正常工作。如果中性线断开，每相负载的相电压就不再相等，此时阻抗小的相电压减小，阻抗大的相电压增大，则负载将不能正常工作。因此低压照明系统通常都采用三相四线制结构，并且熔断器和开关等设备不能安装在中性线上。

如果三相负载对称，由于三个相电流是对称的，因此中性线线电流等于零，即：

$$\dot{I}_N = \dot{I}'_u + \dot{I}'_v + \dot{I}'_w = 0 \tag{4-2-4}$$

当三相负载对称时中线无电流，此时可将中线除去，成为三相三线制电路系统，如图 4-2-3 所示。工业生产上所用的三相负载（例如三相电动机、三相电炉等）通常情况下都是对称的，可采用三相三线制电路供电。

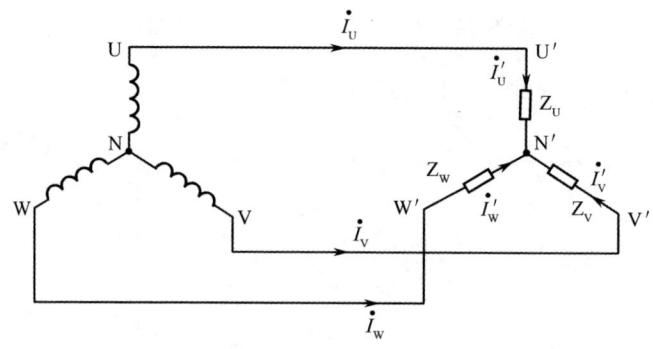

图 4-2-3　三相对称负载星形连接的三相三线制电路

4.2.2　三相负载的三角形连接

如果单相负载的额定电压和三相电源的线电压相等，此时就必须将该负载连接于两根相线之间，形成三角形连接，如图 4-2-4 所示。

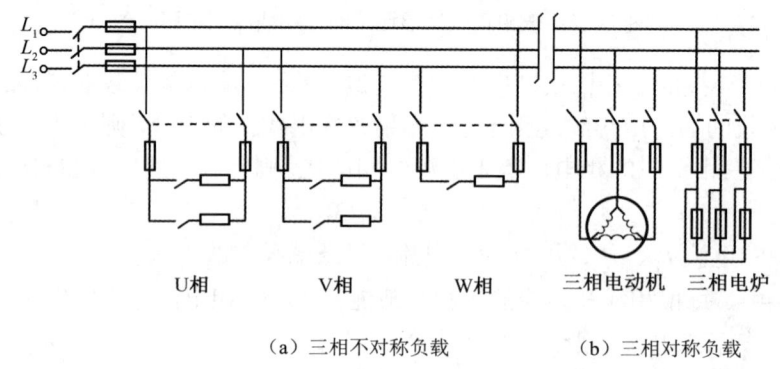

（a）三相不对称负载　　　　　（b）三相对称负载

图 4-2-4　三相负载的三角形连接

如果将三相负载的首尾相连，构成一个封闭的三角形，再将三个连接点和三相电源的三根相线连接，就构成三相负载的三角形连接形式，如图 4-2-5 所示。

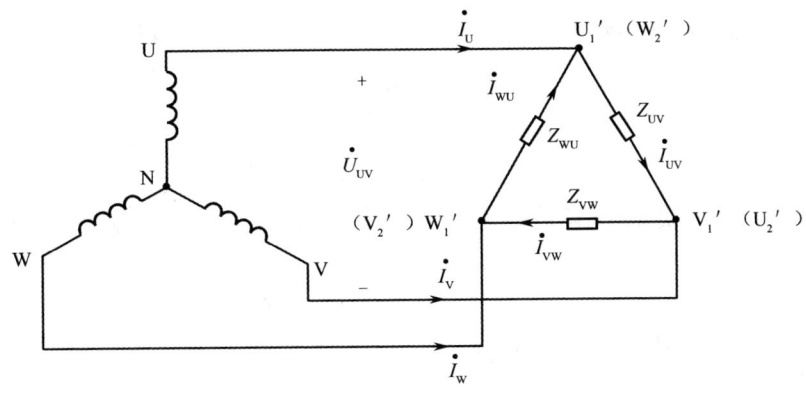

图 4-2-5　三相负载的三角形连接

当三相负载的连接形式为三角形连接时，每相负载的两端都接在三相电源的两根相线之间，此时每相负载两端的相电压等于三相电源的线电压，即

$$U_L = U_P \qquad (4\text{-}2\text{-}5)$$

由上式可知，无论负载对称与否，其相电压总是对称的。如果三相负载中的一相断开，此时并不影响其他两相工作。如果三相负载为对称负载，则线电流是相电流的 $\sqrt{3}$ 倍，即

$$I_L = \sqrt{3}I_P \qquad (4\text{-}2\text{-}6)$$

4.3　三相电路的功率

在三相交流电路中，不论三相负载是星型连接形式还是三角形连接形式，同时不论三相负载是对称的或者是不对称的，三相电路总的有功功率等于各相负载的有功功率之和，即：

$$P = P_U + P_V + P_W = U_U I_U \cos\varphi_U + U_V I_V \cos\varphi_V + U_W I_W \cos\varphi_W \qquad (4\text{-}3\text{-}1)$$

式中，φ_U、φ_V、φ_W 分别是各相相电压与线电流的相位差。

三相电路总的无功功率等于各相负载的无功功率之和，即：

$$Q = Q_U + Q_V + Q_W = U_U I_U \sin\varphi_U + U_V I_V \sin\varphi_V + U_W I_W \sin\varphi_W \qquad (4\text{-}3\text{-}2)$$

三相电路总的视在功率不等于各相负载的视在功率之和，即：

$$S \neq S_U + S_V + S_W \qquad (4\text{-}3\text{-}3)$$

视在功率、有功功率、无功功率的关系是

$$S = \sqrt{P^2 + Q^2} \qquad (4\text{-}3\text{-}4)$$

在三相交流电路中，如果三相负载对称，则三相电路总的有功功率等每相有功功率的 3 倍，即

$$P = 3U_P I_P \cos\varphi \qquad (4\text{-}3\text{-}5)$$

式中，$\cos\varphi$ 为每相负载的功率因数。

在三相电路中，线电压和线电流的测量往往比相电压和相电流方便，因此常用线电压和

线电流来表示功率。

当三相负载为星型连接时有

$$U_L = \sqrt{3}U_P \qquad I_L = I_P \tag{4-3-6}$$

当三相负载为三角形连接时有

$$U_L = U_P \qquad I_L = \sqrt{3}I_P \tag{4-3-7}$$

当三相负载是星型连接或者是三角形连接时，将式（4-3-6）、式（4-3-7）代入式（4-3-5）中可得

$$P = \sqrt{3}U_L I_L \cos\varphi \tag{4-3-8}$$

同理可得，三相对称电路的总无功功率和总视在功率为

$$Q = 3U_P I_P \sin\varphi = \sqrt{3}U_L I_L \sin\varphi \tag{4-3-9}$$

$$S = 3U_P I_P = \sqrt{3}U_L I_L \tag{4-3-10}$$

小　结

三相电源的三相绕组有星形连接和三角形连接两种方式，常用的是星形连接。星形连接的三相电源可以对外输出两种电压，即相电压和线电压，用电设备可以根据额定电压的不同接在相应的位置。

三相负载的连接方式和电源的连接方法相同，即星形连接和三角形连接。每相负载能否正常工作由电源电压和负载额定电压来决定。负载电压等于电源相电压，就应接在相线与中线之间；负载电压等于电源线电压，就应接在相线与相线之间。

三相电路功率的分析和计算可以归结为每一相进行，利用单相电路的分析和计算方法。

习　题

4-1　通常在星型连接的电路中，中线不接开关和熔断器，请阐述理由。

4-2　三个 38Ω 的电阻，以三角形方式接在线电压为 380V 的对称三相电源上，计算负载相电流，线电流，并画出相量图。

4-3　现有 150 只 220V/60W 的白炽灯泡，接入线电压为 380V 的三相四线制电路中，请选择最合理的连接方法，按照此接法，在全部灯泡点亮的情况下，计算电路中线电流和相电流的值。

4-4　某大楼电灯发生故障，第二层楼和第三层楼所有电灯都突然暗下来，而第一层楼电灯亮度不变，请阐述该现象产生的原因？判断该大楼的电灯是采用哪种连接方式？当第三层楼的电灯比第二层楼的电灯还暗些时，分析原因。

第 **5** 章

磁路及电磁器件

知识目标

1. 了解磁场以及磁路的基本概念。
2. 掌握电磁感应现象及自感、互感现象。
3. 理解电磁铁和继电器的工作原理。
4. 掌握变压器的结构及其工作原理。
5. 了解电磁知识在日常生活及汽车上的应用。

磁场是自然界普遍存在的物理现象，在生活中有着广泛的应用。例如汽车中所使用的变压器、电动机、控制电机等，这些设备均是利用电磁的相互作用来实现能量的传输和转换。在分析这些电器设备的工作原理时，不仅需要掌握电路的基本理论，还要掌握磁路的基本知识。本章将介绍磁路的基本概念、电磁感应现象及自感互感现象、电磁铁与继电器的工作原理、变压器的原理与特性、汽车点火系点火线圈的工作原理。

5.1 磁场与磁路

5.1.1 磁场

1. 磁体的基本概念

磁性是指自然界物质能吸引铁、钴、镍等金属的一种特性，具有磁性特点的物体被称为磁体。自然界的物体都具有磁性，只是磁性的强弱不同。自然界中表现磁场现象比较强的物体，称为磁铁。由于自然界磁体磁场较弱，目前普遍使用的是人造磁铁，磁铁的两端磁性是最强的，被称为磁极。我们生活的地球就是一个大磁场，地球的磁极和物理的两极相反。

常用的磁体具有以下特点：

（1）磁体具有极性，自由悬挂的磁体会指向南北方向，指向北端的称为北极，用 N 表示，指向南端的称为南极，用 S 表示。

（2）磁极之间存在相互作用力，被称为磁力。磁极之间同性相斥，异性相吸。

（3）磁体附近如果放置铁磁材料，则该材料会带上磁性，这种现象被称为磁化。当磁体离开该铁磁材料，该材料还会保留一定的磁性，被称为剩磁。

2. 磁场的基本概念

磁场是存在于磁体周围的特殊物质，通常采用磁力线来形象地描述磁场。磁力线为闭合的曲线，磁力线的方向与产生该磁场的电流方向符合右手螺旋定则。磁力线上任意一点的切线方向即为该点磁场的方向，磁力线的疏密程度反映此处磁场的强弱。

如图 5-1-1 所示为条形磁铁和马蹄形磁铁的磁感线分布图。磁铁的外部磁感线是由 N 到 S 极，内部磁感线为 S 到 N 极。磁场中的任意两条磁感线都不会相交。

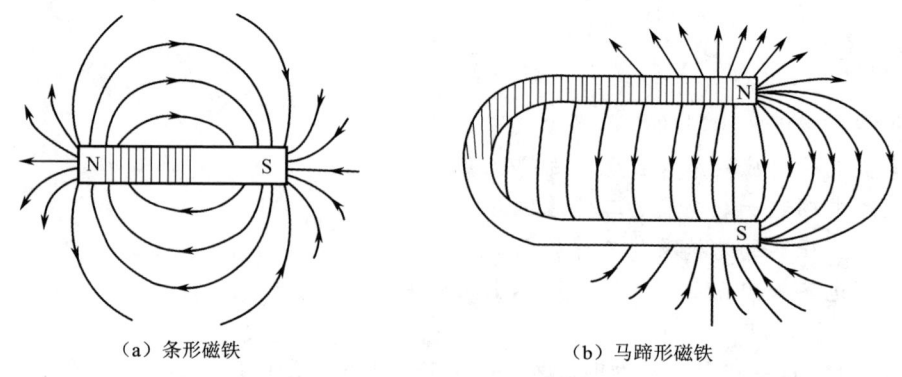

（a）条形磁铁　　　　　　　　　　　　　（b）马蹄形磁铁

图 5-1-1　磁铁磁场的磁感线分布

5.1.2　磁场的基本物理量

在分析磁场时，通常根据磁通 Φ、磁感应强度、磁场强度以及磁导率来描述磁场的特征。

1. 磁感应强度 B

磁感应强度是磁场的基本物理量，用符号 B 来表示。B 是一个矢量，其方向使用右手螺旋定则确定。

$$B = \frac{\Phi}{S} \tag{5-1-1}$$

式（4-1-1）表明，磁感应强度 B 表示与磁场方向相垂直的单位面积上通过的磁通（磁力线）。

磁感应强度 B 的单位为特斯拉（T）。

如果磁场中各点的磁感应强度 B 大小相等，方向相同，则该磁场为匀强磁场。

2. 磁通 Φ

在匀强磁场中，磁感应强度 B 与垂直于磁场方向某截面的面积 S 的乘积，称为该面积的磁通 Φ。磁通 Φ 为某一面积内磁感线的总数，是一个标量，用符号 Φ 来表示。

$$\varPhi = BS \qquad (5\text{-}1\text{-}2)$$

国际单位中，磁通的单位为韦伯，符号为 Wb。

当产生磁场的线圈为多匝时，每个线圈产生的磁通量乘以匝数被称为磁通链，用符号 $\varPsi$ 表示。

$$\psi = N\varPhi \qquad (5\text{-}1\text{-}3)$$

磁通链的单位为韦伯，符号为 Wb。

3. 磁场强度 H

磁场中任意一点的磁场强度 H 等于该点的磁感应强度 B 与介质磁导率 μ 的商。

$$H = \frac{B}{\mu} \qquad (5\text{-}1\text{-}4)$$

在国际单位中，磁场强度的单位是安 / 米（A / m）。

通过实验证明，通电螺线管内的磁场强度为

$$H = \frac{IN}{l} \qquad (5\text{-}1\text{-}5)$$

由上式可知，当螺线管中的电流不变时，磁场强度 H 确定不变；但当螺线管内的介质发生变化时，产生的磁感应强度 B 发生变化。

4. 磁导率 μ

磁导率 μ 是表示物质导磁性能的物理量，它的单位是亨/米（H/m）。

自然界中大多数物质，例如各种气体、非金属材料、铜、铝、高镍不锈钢等金属对磁场的影响很小，与真空情况极为接近，这类物质统称为非磁性物质。由实验测定真空的磁导率为 $\mu_0 = 4\pi \times 10^{-7} \text{H} / \text{m}$。其他一些物质例如铁、钴、镍及其合金，它们的导磁性能远高于真空，这类物质统称为铁磁物质。

在描述物质的磁性能时，用相对磁导率 μ_{r} 表示，

$$\mu_{\text{r}} = \frac{\mu}{\mu_0} \qquad (5\text{-}1\text{-}6)$$

当 $\mu \approx \mu_0$ 时，该物质属于非磁性材料，自然界大部分物质都属于非磁性材料；而当 $\mu \gg \mu_0$ 时，则属于磁性材料，例如钢、铁、镍、钴及其合金等。一般的铁磁材料（$\mu_{\text{r}} = 10^2 \sim 10^5 \text{H} / \text{m}$）广泛应用于变压器、电机等电气设备中。

5.1.3　磁性材料

1. 磁化现象

非磁性物质内部的磁场方向杂乱无章，几乎不受外磁场的影响而互相抵消，不具有磁化特性。非磁性材料的磁导率都是常数，故 $\mu \approx \mu_0$ 或 $\mu_{\text{r}} \approx 1$。

当磁场媒介是非磁性材料时，磁感应强度

$$B = \mu_0 H \qquad (5\text{-}1\text{-}7)$$

即 B 与 H 成正比，呈线性关系。

由于

$$B = \frac{\Phi}{S} \qquad (5\text{-}1\text{-}8)$$

$$H = \frac{IN}{l} \qquad (5\text{-}1\text{-}9)$$

所以磁通 Φ 与产生此磁通的电流 I 成正比，呈线性关系。

磁性物质内部存在许多小区域，其分子间存在一种特殊的作用力使每一区域内的分子磁场排列整齐，显示磁性，这些小区域被称为磁畴，如图 5-1-2 所示。

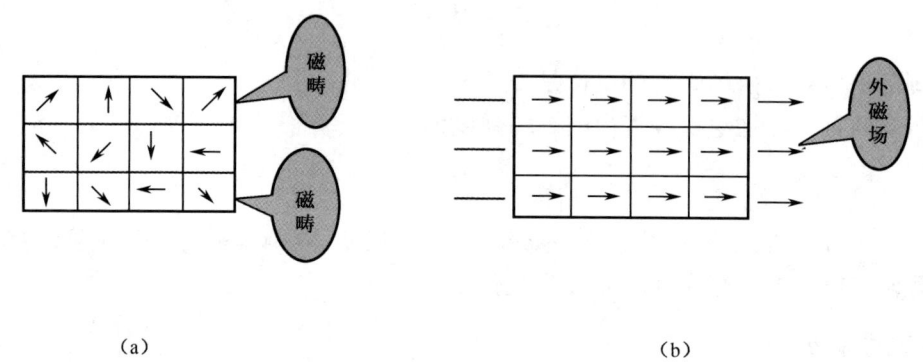

（a） （b）

图 5-1-2 铁磁材料的磁畴

在没有外磁场作用的普通磁性物质中，各个磁畴排列杂乱无章，磁场互相抵消，整体对外不显磁性，如图 5-1-2（a）所示。在外磁场作用下，磁畴方向发生变化，使之与外磁场方向趋于一致，物质整体显示出磁性来，称为磁化，即磁性物质能被磁化，如图 5-1-2（b）所示。

2．磁性材料的特性

（1）高导磁性

铁磁材料的磁导率可达 $10^2 \sim 10^4$，由铁磁材料组成的磁路磁阻很小，在线圈中通入较小的电流即可获得较大的磁通。

磁性材料的磁导率通常都很高，即 $\mu_r \gg 1$。磁性材料能被强烈的磁化，具有很高的导磁性能。

磁性物质的高导磁性被广泛地应用于电工设备中，如电机、变压器及各种铁磁元件的铁心。在这种具有铁心的线圈中通入不太大的励磁电流，便可以产生较大的磁通和磁感应强度。

（2）磁饱和性

磁性物质由于磁化所产生的磁化磁场不会随着外磁场的增强而无限的增强。当外磁场增大到一定程度时，磁性物质的全部磁畴的磁场方向都转向与外部磁场方向一致，磁化磁场的磁感应强度将趋向某一定值。如图 5-1-3 所示，B 不会随 H 的增强而无限增强，H 增大到一定值时，B 不能继续增强。

图 5-1-3 中 B_J 为磁场内磁性物质的磁化磁场的磁感应强度曲线；B_0 为磁场内不存在磁性物质时的磁感应强度直线；B_J 曲线和 B_0 直线的纵坐标相加即可得到磁场的 $B-H$ 磁化曲线。$B-H$ 磁化曲线的特征：在 Oa 段中，B 与 H 几乎成正比地增加；在 ab 段时，B 的增加缓慢下来；在 b 点以后，虽然 H 持续增大，但是 B 不在增加，达到饱和。

磁性物质的磁化曲线在磁路计算上极为重要，其为非线性曲线，实际中是通过实验得出。

（3）磁滞性

铁心线圈中通过交变电流时，H 的大小和方向都会改变，铁心在交变磁场中反复磁化，在反复磁化的过程中，B 的变化总是滞后于 H 的变化，这种现象称为磁滞性。

磁性材料在交变磁场中反复磁化，其 $B-H$ 关系曲线是一条回形闭合曲线，称为磁滞回线，如图 5-1-4 所示。

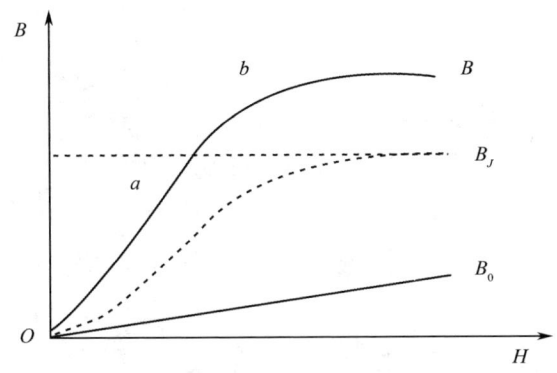

图 5-1-3 磁场的 $B-H$ 磁化曲线

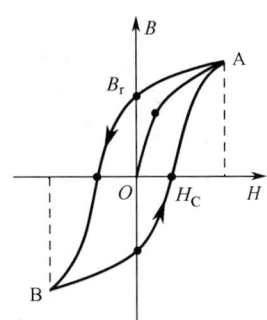

图 5-1-4 磁滞回线

铁磁材料起初没有磁性，即磁感应强度 B 为 0。当外界磁场强度正向增大时，铁磁材料被磁化，到 A 点时，铁磁材料被磁化饱和；当外界磁场正向减小时，铁磁材料的磁感应强度减小，外界磁场为零时，铁磁材料的磁感应强度为 B_r，称为剩磁。当外界磁场反向增大时，铁磁材料被反向磁化，其磁感应强度迅速减少，当其磁感应强度为 0 时对应的外界磁场的磁场强度 H_c 称为矫顽磁力。随着外界磁场反向增大，铁磁材料被迅速反向磁化，B 点时反向磁化达到饱和，半个周期的磁化过程结束。

磁性物质不同，其磁滞回线和磁化曲线也不同。

3．磁性材料的分类

按磁性物质的磁性能，磁性材料分为三种类型：软磁材料、硬磁材料和矩磁材料。

（1）软磁材料

磁导率高，磁滞特性不明显，矫顽磁力和剩磁都小，磁滞回线较窄，磁滞损耗小。一般用来制造电机、电器及变压器等的铁心。常用的有铸铁、硅钢、坡莫合金即铁氧体等。

（2）硬磁材料

剩磁和矫顽磁力均较大，磁滞性明显，磁滞回线较宽。一般用来制造永久磁铁。常用的有碳钢及铁镍铝钴合金等。

（3）矩磁材料

只要受较小的外磁场作用就能磁化到饱和，当外磁场去掉，磁性仍保持，磁滞回线几乎

成矩形，稳定性良好。在计算机和控制系统中用作记忆元件、开关元件和逻辑元件。常用的有镁锰铁氧体等。

5.1.4 磁路及磁路欧姆定律

1. 磁路

在变压器、电机等电器设备中通常使用铁磁材料制作各种铁心。当缠绕在铁心上的线圈通电流时，铁心会被磁化而产生磁通，磁通大部分集中于铁心上，磁感线经过空气气隙闭合，这部分磁通被称为主磁通，将主磁通经过的闭合路径称为磁路，如图 5-1-5 所示为电磁铁、变压器、直流电机的磁路。

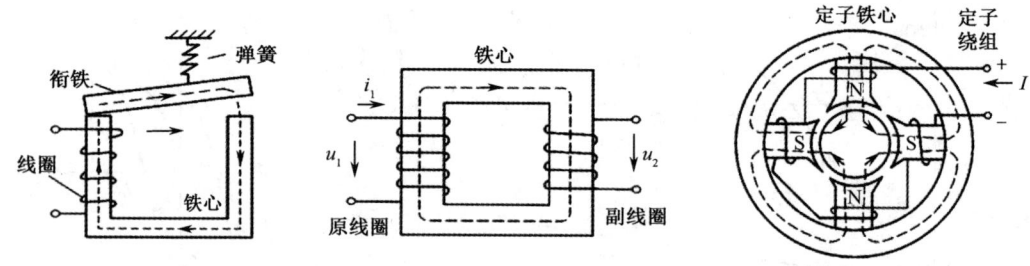

图 5-1-5　电磁铁、变压器、直流电机的磁路

2. 磁路欧姆定律

磁路欧姆定律可表示为：

$$\Phi = BS = \mu HS = \mu \frac{NI}{l} S = \frac{NI}{\dfrac{l}{\mu S}} = \frac{F}{R_m} \tag{5-1-10}$$

式中，$F = NI$ 称为磁通势；$R_m = \dfrac{l}{\mu S}$ 表示磁路对磁通的阻碍作用，称为磁阻，因铁磁物质的磁阻 R_m 不是常数，它会随励磁电流 I 的改变而改变，因而通常不能用磁路的欧姆定律直接计算，但可以用于定性分析很多磁路问题。

磁路与电路的区别如表 5-1-1 所示。

3. 磁路分析的特点

（1）在处理电路时不涉及电场问题，在处理磁路时离不开磁场的概念。

（2）在处理电路时一般可以不考虑漏电流，在处理磁路时一般都要考虑漏磁通。

（3）磁路欧姆定律和电路欧姆定律只是在形式上相似。由于 μ 不是常数，其随励磁电流而变，磁路欧姆定律不能直接用来计算，只能用于定性分析。

（4）在电路中，当 $E=0$ 时，$I=0$；但在磁路中，由于有剩磁，当 $F=0$ 时，Φ 不为零。

表 5-1-1　磁路与电路的对比

磁　路	电　路
磁通势 F 磁通 Φ 磁感应强度 B 磁阻 $R_m = \dfrac{l}{\mu S}$ $\Phi = \dfrac{F}{R_m} = \dfrac{NI}{\dfrac{l}{\mu S}}$	电动势 E 电流 I 电流密度 J 电阻 $R = \dfrac{l}{\gamma S}$ $I = \dfrac{E}{R} = \dfrac{E}{\dfrac{l}{\gamma S}}$

5.2　电磁感应现象及自感和互感

5.2.1　电磁感应现象

1831 年，英国物理学家法拉第在实验中研究发现：闭合电路的一部分导体在磁场中切割磁感线时，或者将磁铁放进（移出）线圈时，连接电路的电流计的指针发生偏转，此现象说明闭合回路中有电流存在，如图 5-2-1 所示。

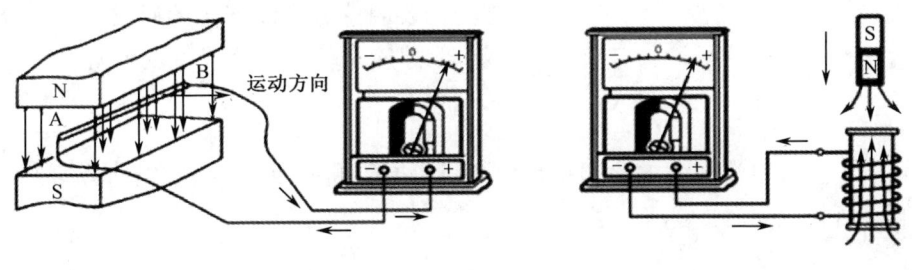

（a）导体切割磁感线　　　　　　　　　（b 磁铁放进（移出）线圈

图 5-2-1　电磁感应现象

以上的实验表明，闭合电路中的磁通量发生变化时，闭合电路中就会有电流产生，这种现象被称为电磁感应现象，电磁感应现象中产生的电流被称为感应电流。

1. 磁场中运动导体的电磁感应

如图 5-2-1（a）所示，磁场固定不变，外力作用使导体切割磁感线，假设磁感应强度为

B，切割线速度为 v，导体运动方向和磁感线的夹角为 θ，当有效长度为 l 的直导体以线速度 v 切割磁感线时，l 中产生的感应电动势为

$$E = Blv\sin\theta \qquad (5\text{-}2\text{-}1)$$

感应电动势的方向由负极指向正极，E、B 和 v 的关系由右手定则来确定。

2. 线圈中磁场变化的电磁感应

法拉第电磁感应实验中，当在一定时间内，磁通量变化越大，感应电动势就越大；磁通量一定的情况下，变化的时间越小，感应电动势越大；其他条件不变，当线圈匝数越多时，感应电动势越大。

感应电动势公式为

$$e = N\left|\frac{\mathrm{d}\Phi}{\mathrm{d}t}\right| \qquad (5\text{-}2\text{-}2)$$

式中，Φ 表示磁通，t 表示时间，e 表示电动势，N 表示匝数。

楞次定律确定感应电动势的方向，磁通方向和线圈绕向如图 5-2-2 所示。

感应电动势的方向由 $\dfrac{\mathrm{d}\Phi}{\mathrm{d}t}$ 的符号与感应电动势的参考方向比较而定。当 $\dfrac{\mathrm{d}\Phi}{\mathrm{d}t} > 0$，即穿过线圈的磁通增加时，$e < 0$，这时感应电动势的方向与参考方向相反，表明感应电流产生的磁场要阻止原磁场的增加；当 $\dfrac{\mathrm{d}\Phi}{\mathrm{d}t} < 0$，即穿过线圈的磁通减少时，$e > 0$，这时感应电动势的方向与参考方向相同，表明感应电流产生的磁场要阻止原磁场的减少。感应电动势的公式可表示为

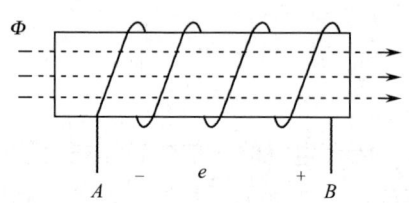

图 5-2-2　感应电动势方向

$$e = -N\frac{\mathrm{d}\Phi}{\mathrm{d}t} \qquad (5\text{-}2\text{-}3)$$

式中的负号表示感应电流产生的磁通总是力图阻止原磁通的改变，感应电动势的方向总是和磁通变化的趋势相反。

5.2.2　自感和互感

1. 自感

由于线圈本身电流的变化而产生的电磁感应叫做自感应，简称自感。由自感现象产生的电动势叫做自感电动势，用 e_L 表示。

如果线圈为空心状态，则自感磁通链和电流之比为常数，称为自感系数，即

$$L = \frac{\psi}{i} \qquad (5\text{-}2\text{-}4)$$

式中，L 为电感，ψ 为磁通链，i 为电流。

自感电动势的计算公式为

$$e = -N\frac{\mathrm{d}\Phi}{\mathrm{d}t} = -\frac{\mathrm{d}(Li)}{\mathrm{d}t} = -L\frac{\mathrm{d}i}{\mathrm{d}t} \tag{5-2-5}$$

生活中常见的荧光灯电路就是利用自感现象工作的。

2．互感

如图 5-2-3 所示，当存在两个线圈时，左侧线圈 N_1 通电流 i_1，此时线圈 N_1 中将会产生磁通 Φ_{11}，则磁通链为 $\psi_{11} = N_1\Phi_{11}$。由于左右两侧线圈距离很小，两侧磁通产生相交链，在 N_2 中产生磁通 Φ_{12}，被称为互感磁通，则对应的磁通链为 $\psi_{12} = N_2\Phi_{12}$。

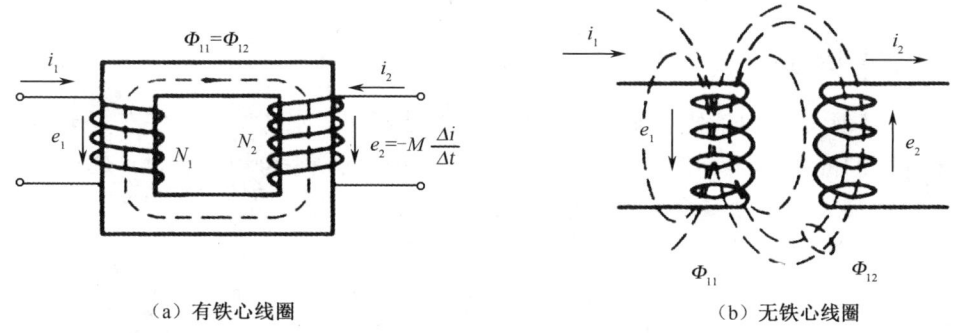

（a）有铁心线圈　　　　　　　　　　　　（b）无铁心线圈

图 5-2-3　线圈互感

如果两个线圈中出现有磁耦合过程，互感磁链与产生该磁链的电流比值，被称为这两个线圈的互感系数：

$$M = \frac{\psi_{21}}{i_2} = \frac{\psi_{12}}{i_1} \tag{5-2-6}$$

生活中常用的电力变压器、汽车上点火系统用于点火的点火线圈均是利用互感原理工作的。

3．涡流

电磁感应作用于导体内部时将会产生感应电流，该感应电流在导体中的分布由导体的表面形状和磁的分布决定，产生的电流路径往往有如水中的漩涡，因此被称为涡流。

如果将块状金属置于瞬间变化的磁场中，或者使金属块在磁场中运动，金属块内部将会产生感应电流，此电流在金属内自动闭合形成旋涡状。由于金属电阻小，此时的电流比较大，有时会产生很大的伤害。在变压器中和电机中存在涡流损耗，需尽量降低，采用硅钢片叠压制作铁心。涡流现象有耗能的特点，但同时也可利用涡流进行加热或作功。例如，在工业生产中可以利用涡流的热效应来冶炼金属，在生活中家用的电磁炉就是利用涡流工作。

5.2.3　汽车用霍尔式传感器

汽车发动机电控系统中，点火与喷油信号对发动机的正常工作至关重要，通常采用电磁

式、光电式和霍尔式三类传感器提供这类信号，目前普遍使用的是霍尔式传感器。

1. 霍尔效应

金属或半导体薄片放置在磁感应强度为 B 的磁场（磁场方向垂直于薄片）中，当有电流 I 通过时，在垂直于电流 I 和磁场 B 的方向上将产生电压 U_H，这种物理现象称为霍尔效应，该电压 U_H 称为霍尔电压。如图 5-2-4 所示为霍尔效应的原理图。

霍尔电压 U_H 的大小与电流 I 和磁感应强度 B 成正比，与材料厚度 d 成反比，R_H 为霍尔系数，即

$$U_H = \frac{R_H}{d}IB = K_H IB \qquad (5\text{-}2\text{-}7)$$

2. 霍尔式传感器

如图 5-2-5 所示为霍尔传感器（有分电器）的结构图，永久磁铁安装在分电器底板上，位于触发叶轮的内侧，与霍尔集成电路相对；触发叶轮安装在分电器轴上，数目与发动机缸数相等；霍尔集成电路片安装在分电器上，位于触发叶轮的外侧。

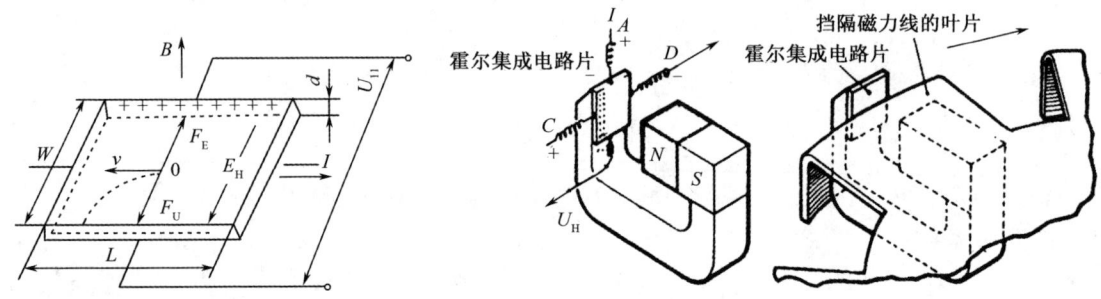

图 5-2-4　霍尔效应的原理图　　　　图 5-2-5　霍尔传感器（有分电器）

如图 5-2-6 所示，当触发叶片进入气隙，磁场被旁路，霍尔电压为 0，输出高电平；当触发叶片离开气隙，磁场穿过霍尔元件，产生霍尔电压，输出低电平。发动机不停地运转，带动分电器轴运转产生数字脉冲信号，信号的频率随发动机转速的增大而增大，从而反映发动机曲轴的转动位置。叶轮叶片的数目决定信号数目，叶轮的形状决定信号波形。

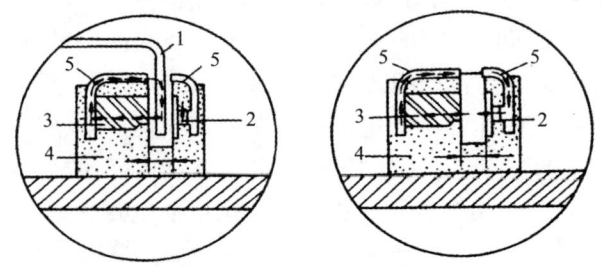

1-信号轮的触发叶片，2-霍尔元件，3-永久磁铁，4-底板，5-导磁板

图 5-2-6　霍尔传感器（有分电器）的工作原理

霍尔式传感器（无分电器）由信号盘、霍尔传感器、永久磁铁组成，如图 5-2-7 所示。

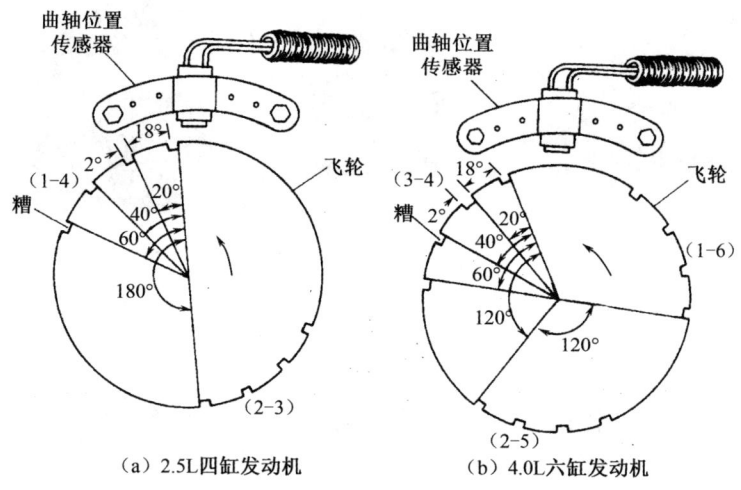

（a）2.5L四缸发动机　　　　（b）4.0L六缸发动机

图 5-2-7　曲轴位置传感器工作示意图

如图 5-2-7 所示，四缸和六缸发动机的飞轮上分别有 8 个或 12 个齿缺。当发动机曲轴转动时，带动飞轮转动，传感器探头与飞轮的气隙发生变化，正对时气隙最大，导致磁通量变化，传感器的输出电压随着信号转子的转动周期性变化，最终形成的脉冲信号，从而反映发动机曲轴的转动位置。

5.3　变压器

变压器是生活中普遍使用的电气设备，发电厂的电发出后经过升压变压器升压传输，在用电区域经过降压变压器降压后配电；家用电器中的功率放大器、充电器等设备的工作过程也离不开变压器；汽车上用于点火的点火器同样利用变压器原理，在点火时产生高压火花点燃油气混合气。

5.3.1　变压器的功能组成和分类

1. 变压器的功能

变压器是一种常见的电气设备，在电力系统和电子线路中应用广泛，如图 5-3-1 所示为几种常见变压器。

变压器具有变换电压、变换电流及变换阻抗等作用，例如电力系统变压器为变换电压的作用；电流互感器为变换电流的作用；电子线路中的阻抗匹配为变换阻抗的作用。同时由于变压器的机构特征也可起到一、二次侧电隔离的作用。

图 5-3-1　几种常见变压器

2．变压器的组成

变压器通常由一个公共铁心和两个或两个以上的线圈（又称绕组）组成，分为心式变压器和壳式变压器两类，如图 5-3-2 所示。

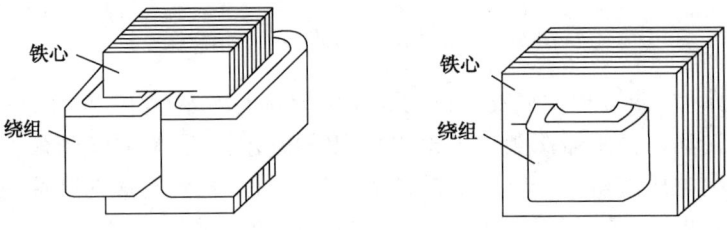

图 5-3-2　心式和壳式变压器

接电源的绕组称为原绕组（又称初级绕组或一次绕组），接负载的绕组称为副绕组（又称次级绕组或二次绕组），如图 5-3-3 所示为简单的双绕组变压器和变压器符号。

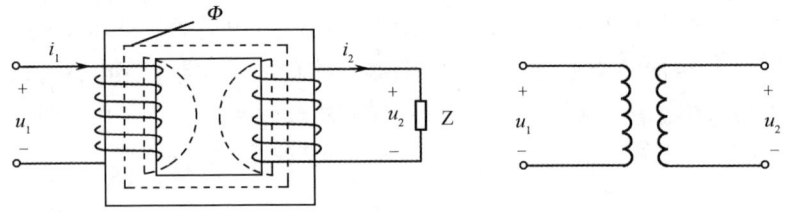

图 5-3-3　变压器结构示意图和变压器符号

3．变压器的分类

按用途可分为电力变压器（主要用于输配电）；仪用变压器（电压互感器、电流互感器）；整流变压器等。

按相数可分为三相电力变压器和单相变压器。

按制造方式可分为壳式变压器和心式变压器。

按铁心结构可分为口型变压器，F 型变压器，EI 型变压器等。

常用变压器的符号如图 5-3-4 所示。

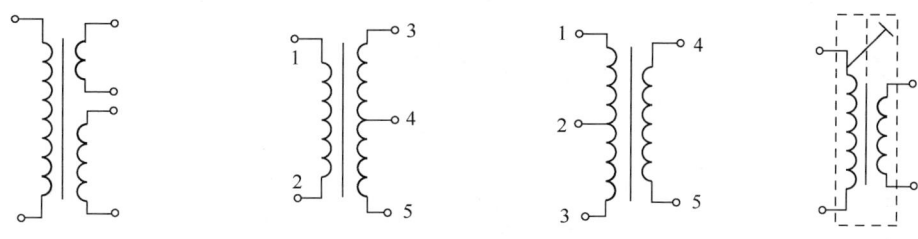

图 5-3-4 常用变压器的符号

5.3.2 理想变压器

理想变压器的条件如下：

（1）变压器的原、副线圈为全耦合状态，耦合系数 $K=1$。

（2）原、副线圈内阻为零，无有功功率损耗。

（3）交变磁通在铁心中不产生铁损，无无功功率损耗。

（4）铁心的磁导率 μ 趋于无穷大，次级开路时，初级回路磁化电流为零。

1. 原、副线圈电压与电流的关系

设原、副绕组匝数分别为 N_1、N_2。当铁心中磁通为正弦量时，令 $\Phi = \Phi_\mathrm{m}\sin\omega t$，则

$$\frac{U_1}{U_2} = \frac{4.44fN_1\Phi_\mathrm{m1}}{4.44fN_2\Phi_\mathrm{m2}} \tag{5-3-1}$$

全耦合时，无漏磁通，穿过原、副线圈的磁通完全相同，即 $\Phi_\mathrm{m1} = \Phi_\mathrm{m2}$，所以

$$\frac{U_1}{U_2} = \frac{N_1}{N_2} = K \tag{5-3-2}$$

由此可见，理想变压器初、次级电压之比与线圈匝数之比成正比。式中 K 被称为理想变压器的变比或变换系数。当变压器的结构确定时，N_1、N_2 均已确定，则变比 K 为一常量。

当 $K>1$ 时，$U_1 > U_2$ 变压器为降压变压器；当 $K<1$ 时，$U_1 < U_2$，变压器为升压变压器，且理想变压器只能改变电压的大小，无法改变其相位。

由于理想变压器无有功功率损耗，也无无功功率损耗，因此原副线圈的视在功率一定相等，即

$$U_1 I_1 = U_2 I_2 \tag{5-3-3}$$

$$\frac{I_1}{I_2} = \frac{U_2}{U_1} = \frac{N_2}{N_1} = \frac{1}{K} \tag{5-3-4}$$

由此可见，理想变压的初、次级电流之比与其线圈匝数之比成反比。

2. 理想变压器的阻抗匹配

如图 5-3-5 所示电路中，Z_1 为理想变压器所带负载，由前面分析可知

$$\frac{U_1}{U_2} = K \tag{5-3-5}$$

$$\frac{I_1}{I_2} = \frac{1}{K} \tag{5-3-6}$$

则：

$$|Z_1| = \frac{U_1}{I_1} = \frac{KU_2}{\frac{1}{K}I_2} = K^2 \frac{U_2}{I_2} = K^2 |Z_2| \tag{5-3-7}$$

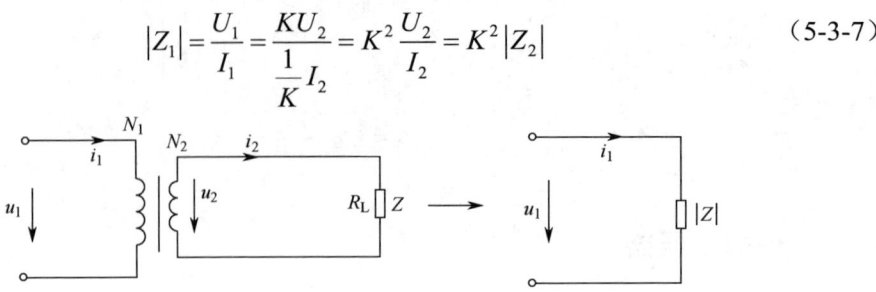

图 5-3-5 变压器的阻抗匹配

结论：变压器原边的等效负载，为副边所带负载乘以变比的平方。

变压器的阻抗变换作用广泛用于电子电路中进行阻抗匹配。常见的收音机、扩音器中扬声器的阻抗一般为几欧或几十欧，而其功率输出级要求负载阻抗为几十欧或几百欧才能使负载获得最大功率，因此通常会在电子设备功率的输出级和负载之间接入一个输出变压器，通过计算来选择适当的变比 K，以获得最佳的阻抗数值。

例 5-3-1：信号电压的有效值 $U_1 = 50\text{V}$，信号内阻 $R_S = 100\Omega$，负载为扬声器，其等效电阻 $R_L = 8\Omega$。求负载得到的功率为多少？如采用变比为 3.5 的变压器进行阻抗匹配，求匹配后信号源发出的功率为多少？

解：（1）将负载直接接到信号源上，得到的输出功率为：

$$P_L = \left(\frac{U}{R_S + R_L}\right)^2 R_L = \left(\frac{50}{108}\right)^2 \times 8 = 1.7\text{W}$$

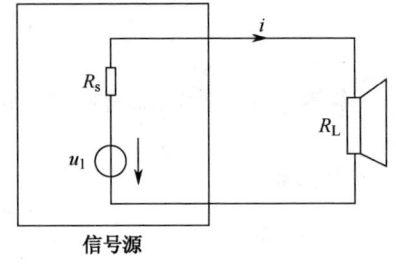

图 5-3-6 例 5-3-1 题图

（2）将负载通过变比为 3.5 的变压器接到信号源上

则

$$R_L' = (3.5)^2 \times 8 = 98\Omega$$

输出功率为：

$$P_L = \left(\frac{U}{R_S + R_L'}\right)^2 R_L' = \left(\frac{50}{100 + 98}\right)^2 \times 98 = 6.25\text{W}$$

结论：由此可见当扬声器电路接入变压器以后，输出功率提高了很多，满足了电路中获得最大输出功率的条件（信号源内阻与外接阻抗相等时负载取用的功率达到最大）。

5.3.3 特殊变压器

1. 自耦变压器

自耦变压器常用于交流输变电线路和交流调压器中，是一种只有一组线圈的变压器，线圈按设计原则有不同数量的中间抽头，按照不同的接法可以对交流电压实现升压或降压。

自耦变压器属于无隔离的变压器，其原理图如图 5-3-7 所示。

自耦变压器是只有一个绕组的变压器，当作为升压变压器使用时，外施电压只加在绕组的一部分线匝上；当作为降压变压器使用时，从绕组中抽出一部分线匝作为二次绕组。通常把同时属于一次和二次的那部分绕组称为公共绕组，其余部分称为串联绕组，同容量的自耦变压器与普通变压器相比，不但尺寸小，而且效率高。变压器容量越大，电压越高。因此随着电力系统的发展、电压等级的提高和输送容量的增大，自耦变压器由于其容量大、损耗小、造价低而得到广泛应用。

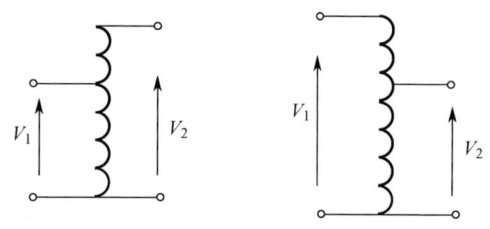

(a) 自耦变压器升压原理图　(b) 自耦变压器降压原理图

图 5-3-7　自耦变压器

在图 5-3-7 中，当变压器原绕组 V_1 接入交流电源时，电压平均分配在变压器 V_1 绕组两端，变压器 V_2 绕组的电压等于 V_1 绕组每匝电压乘以 V_2 绕组的匝数。在电源电压不变时，变更 V_1 和 V_2 的匝数比例，就得到不同的 V_2 值。这种原、副绕组直接串联，自行耦合的变压器就叫自耦变压器，又叫单圈变压器。而普通变压器的原、副绕组是互相绝缘的，只有磁的联系而没有电的联系，按线圈组数的不同，又可分为双圈变压器或多圈变压器。

自耦变压器最大特点是，副绕组是原绕组的一部分（降压变压器），或原绕组是副绕组的一部分（升压变压器）。

自耦变压器由于两个绕组部分重叠，节省了部分铜线，体积较小，结构较为简单。

自耦变压器的初级绕组和次级绕组之间不能完全隔离，在降压线路中，假使次级绕组因意外断开，就会使输出电压值升至和初级绕组一样高，导致危险。

自耦变压器在使用时，改变滑动端的位置，便可得到不同的输出电压。实验室中用的调压器就是根据此原理制作的。需要注意的是原、副边千万不能对调使用，以防变压器损坏，原因是当 N 变小时，磁通增大，电流会迅速增加。

2. 仪用变压器

（1）电压互感器

用低量程的电压表测量高电压。如图 5-3-8 所示为电压互感器的实物图和测量原理图。

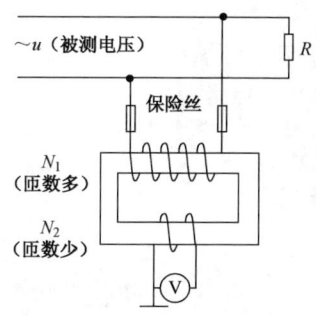

图 5-3-8　电压互感器的实物图和测量原理图

电压互感器即简单的降压变压器，是将高电压用降压变压器降压后测量低压值，然后根据变压比换算出高压侧的电压值。

$$被测电压=电压表读数 \times \frac{N_1}{N_2}$$

电压互感器在使用时需要注意：副边不能短路，以防产生过流；铁心、低压绕组的一端接地，以防在绝缘损坏时，在副边出现过流。

（2）电流互感器

用低量程的电流表测量大电流。如图 5-3-9 所示为电流互感器的实物图和测量原理图。

图 5-3-9　电流互感器的实物图和测量原理图

电流互感器是利用升压变压器的原理，使原边绕组的大电流降低成副边绕组的小电流实现大电流的测量。

$$被测电流=电流表读数 \times \frac{N_2}{N_1}$$

电流互感器在使用时需要注意：副边不能开路，以防产生过压；铁心、低压绕组的一端接地，以防在绝缘损坏时，在副边出现过压。

3．电焊变压器

电焊变压器是一种非常常见的特殊变压器，它是利用焊把和工件接触时形成大电流实现焊接的。如图 5-3-10 所示，为电焊变压器的实物图和测量原理图。

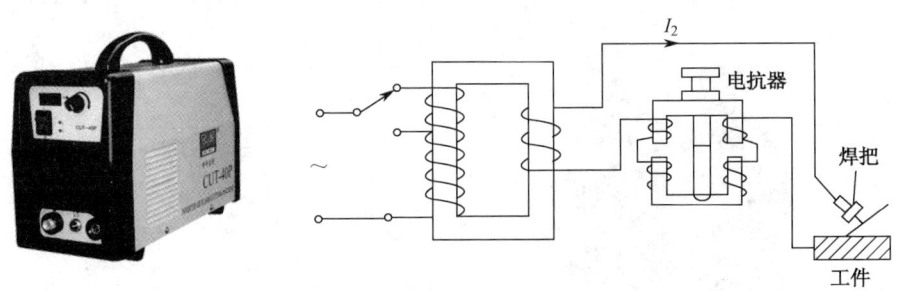

图 5-3-10　电焊变压器的实物图和测量原理图

在焊接过程中，电焊变压器的负载经常处于从空载（当焊条与工件分离时）到短路（当焊条与工件接触时）或者从短路到空载之间急剧变化的状态，所以要求电焊变压器具有急剧下降的外特性。可以保证短路时由于输出电压迅速下降，副边电流也不至于过大；空载时由于副边电流为零，输出电压能迅速恢复到点火电压。

5.3.4　汽车点火系与点火线圈

1. 汽车传统点火系

如图 5-3-11 所示，当汽车传统点火系点火开关 SW 接通时触点闭合，初级电流在点火线圈的铁心及周围空间产生磁场，此时电场能转变为磁场能。初级电路如果被切断，初级电流就会消失，在次级绕组上将会产生感应电动势。点火线圈次级绕组的匝数远远多于初级绕组匝数，因此在初级线圈断电时次级绕组内就感应出 15kV～20kV 的高压电，足以击穿气缸内火花塞的电极间隙，产生电火花点燃混合气，完成点火过程。

在汽车传统点火系点火过程中，点火线圈由初级线圈和次级线圈组成，初、次级线圈完成点火的过程就是变压器的实际应用，其线圈的连接形式如图 5-3-12 所示。

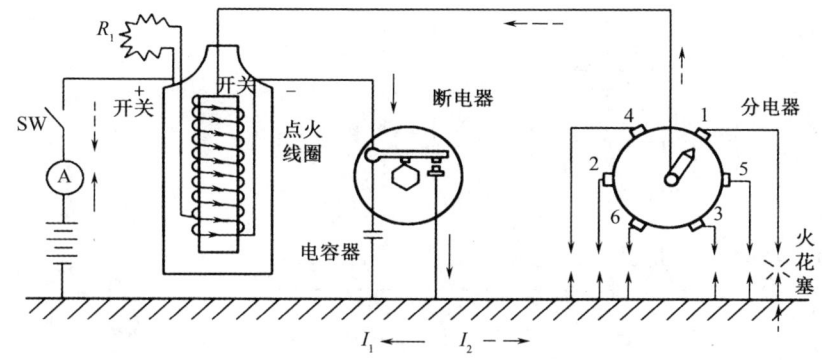

图 5-3-11　汽车传统点火系的组成

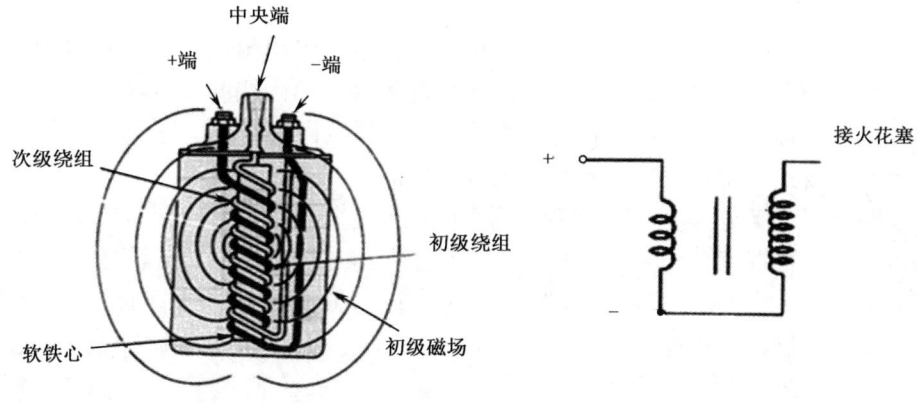

图 5-3-12　点火线圈的结构及符号

2. 汽车电子控制点火系

如图 5-3-13 所示为汽车电子控制点火系统的组成,目前应用范围较广。汽车电子控制点火系统常被简称为电控点火系。电控点火系中的电子控制装置取代了原来的分电器,利用电子分火控制技术将点火线圈产生的高压电直接送给火花塞进行点火,点火线圈的数量比有分电器电控点火系统要多。电控点火系的优势是分火性能较好,但其结构和控制电路比较复杂。根据点火线圈的数量和高压电分配方式的不同可分为独立点火方式、同时点火方式、二极管配电点火方式,目前普遍使用的是独立点火方式。

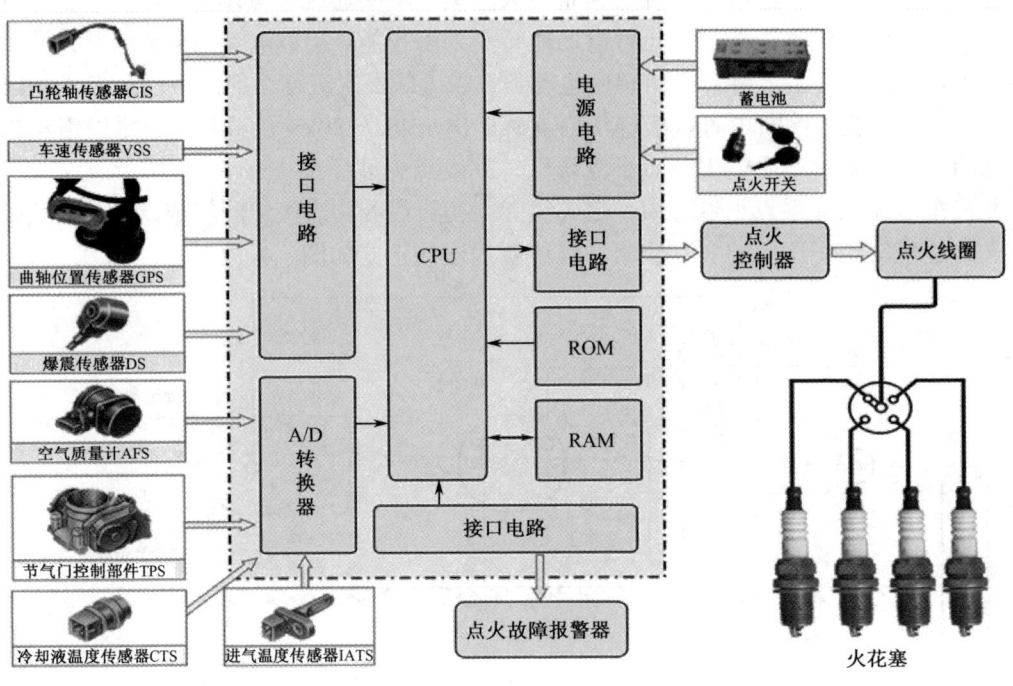

图 5-3-13　汽车电子控制点火系统的组成

如图 5-3-14 所示为单缸独立点火系统,每缸配备一个点火线圈,即点火线圈的数量与气缸数相等。由于每缸都有点火线圈,即使发动机转速很高,点火线圈也有较长的通电时间,可提供足够高的点火能量。根据相关传感器信号,在需要点火的时刻,使对应缸的初级线圈断开,此时次级线圈产生高压,完成点火任务。

如图 5-3-15 所示为双缸同时点火系统,两个同位缸配备一个点火线圈,点火线圈的个数等于气缸数的一半。根据相关传感器信号,在需要点火的时刻,首先选择需要点火的缸所在的这一组线圈,初级线圈断开,此时次级线圈产生高压,此时两个同步缸同时到达上止点时,火花塞跳火,其中一缸接近压缩行程上止点,为有效点火;另一缸接近排气行程上止点,为无效点火。

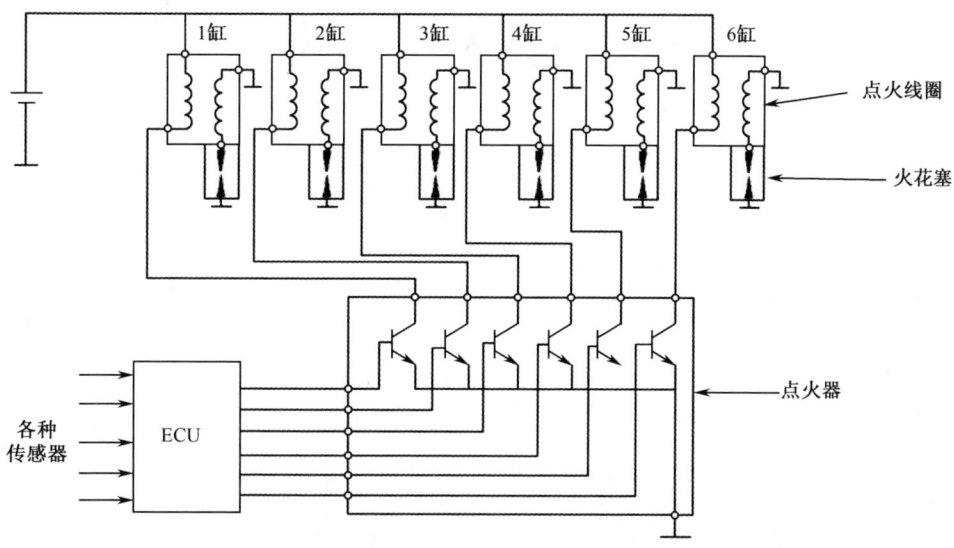

图 5-3-14　单缸独立点火系统

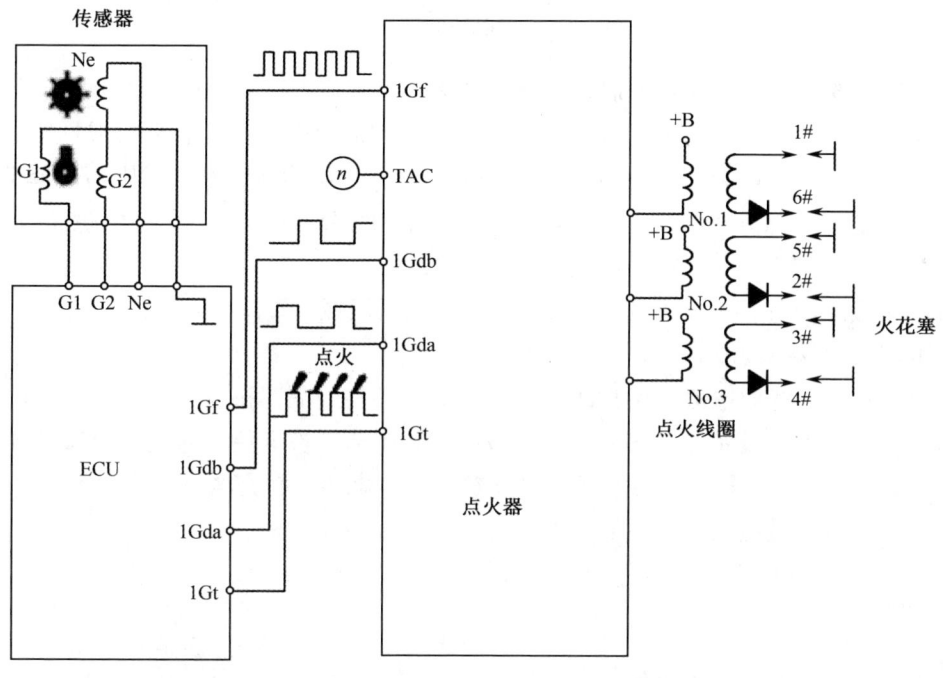

图 5-3-15　双缸同时点火系统

5.4 电磁铁与继电器

5.4.1 电磁铁

电磁铁是利用通电的铁心线圈吸引衔铁或保持某种机械零件、工件于固定位置的一种电器。当电源断开时电磁铁的磁性消失，衔铁或其它零件即被释放。电磁铁衔铁的动作可使其他机械装置发生联动。

根据使用电源类型分为直流电磁铁（用直流电源励磁）和交流电磁铁（用交流电源励磁）。电磁铁由线圈、铁心及衔铁三部分组成，常见的结构如图 5-4-1 所示。

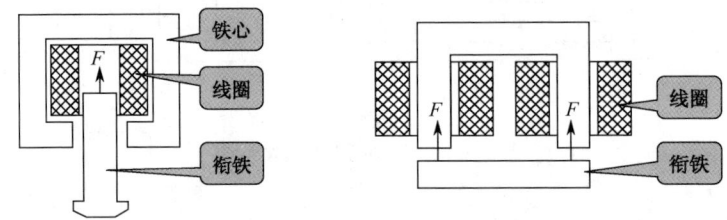

图 5-4-1　电磁铁的结构图

交流电磁铁的吸力在零与最大值之间脉动。衔铁以两倍电源频率在颤动，引起噪音，同时触点容易损坏。为了消除这种现象，在磁极的部分端面上套一个分磁环（或称短路环），工作时，在分磁环中产生感应电流，其阻碍磁通的变化，在磁极端面两部分中的磁通 Φ_1 和 Φ_2 之间产生相位差，两部分的吸力不同时为零，实现消除振动和噪音。直流电磁铁吸力恒定不变。

交流电磁铁中，为了减少铁损，铁心由硅钢片叠压而成；直流电磁铁的磁通不变，无铁损，铁心可用整块软钢制成。

交流电磁铁中，线圈电流不仅与线圈电阻有关，还与线圈感抗有关。在其吸合过程中，随着磁路气隙的减小，线圈感抗增大，电流减小。如果衔铁被卡住，通电后衔铁吸合不上，线圈感抗一直很小，电流较大，将使线圈严重发热甚至烧毁。直流电磁铁的励磁电流仅与线圈电阻有关，在吸合过程中，励磁电流不变。

5.4.2 继电器

继电器是自动控制电路中常用的一种元器件，它属于开关的范畴。其工作是利用电磁或机电原理或其他方法（如热电或电子），实现自动接通或切断一对或多组触点，以完成某个电路开与关的功能，是一种可以用小电流或低电压来控制大电流或高电压的自动开关。如图 5-4-2 所示，为常见继电器的实物图。

图 5-4-2　常见继电器实物图

　　汽车上使用的继电器种类按结构原理区分时，主要有电磁继电器、干簧继电器、双金属继电器以及电子继电器。按继电器通常状态分类时，主要有三类：常开（N.O）继电器，常闭（N.C）继电器和常开、常闭混合型继电器，如表 5-4-1 所示。

　　由表 5-4-1 可见，常开继电器平时触点是断开的，继电器动作后触点才接通电路；常闭继电器平时触点是闭合的，动作后触点断开，切断被控制的电路；混合型继电器，平时常闭触点接通，常开触点断开，通电后，则变成相反的状态。

表 5-4-1　继电器的三种状态

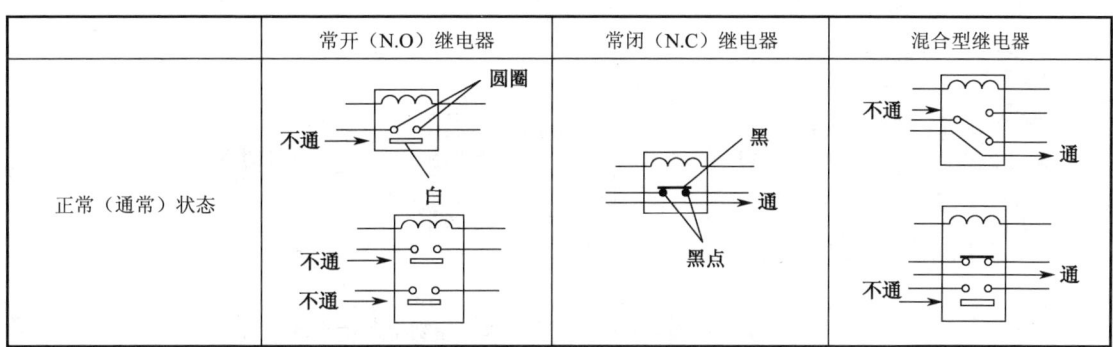

	常开（N.O）继电器	常闭（N.C）继电器	混合型继电器
正常（通常）状态			

5.4.3　继电器在汽车上的应用

　　继电器广泛应用在汽车电路控制系统中，它在电路中起到自动操作、自动调节、安全保护等作用，分为功能继电器和电路控制继电器两种。常见的汽车转向灯、雨刮器就是采用功能继电器。电路控制继电器单纯用于电路通断与转换，减小开关的电流负荷，防止过载而烧坏线路和用电设备，保护开关触点不被烧蚀，用流经开关的小电流控制用电设备的大电流。汽车上常见的此类继电器有：电源继电器、前照灯继电器、雾灯继电器、起动机继电器、喇叭继电器、鼓风机继电器、空调压缩机电磁离合器等。如图 5-4-3 所示，为大众 POLO 轿车继电器托架和 53 号继电器实物图。

图 5-4-3　大众 POLO 轿车继电器托架和 53 号继电器实物图

如图 5-4-4 所示，是北京现代伊兰特轿车喇叭控制电路。当按下喇叭开关，蓄电池电流流经喇叭及空调熔丝，到喇叭继电器的线圈，经过喇叭开关后流入负极，构成回路，接通了电路，喇叭继电器内的线圈产生电磁吸力将开关吸合。蓄电池的电流流经喇叭及空调熔丝，再流经喇叭继电器内闭合的开关，流过并联的两个喇叭，最后流回电源负极，喇叭发出响声。在整个过程中，喇叭继电器控制着喇叭发声所需的大电流。因为是小电流通过，控制电路使用的是较细的导线连接。

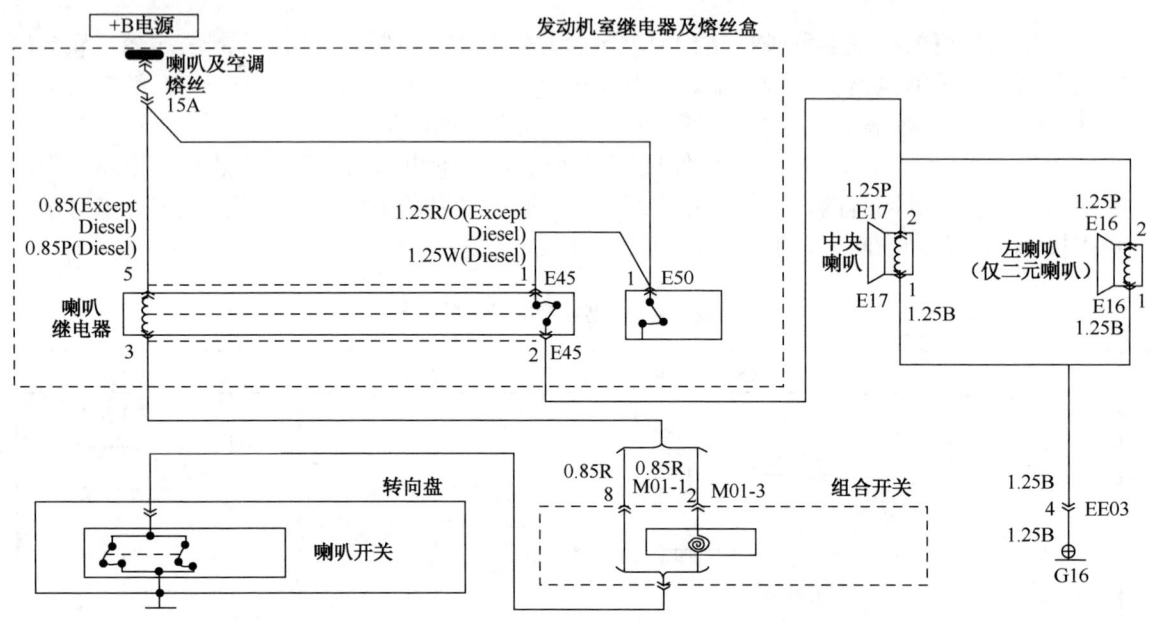

图 5-4-4　北京现代伊兰特轿车喇叭控制电路示意图

小　结

磁场普遍存在于自然界。自然界有非磁性物质和磁性物质。磁性物质被磁化后，其磁性大为增强，并形成磁通的主要通路，称为磁路。描述磁路的基本物理量有磁感应强度、磁通、磁导率和磁场强度。

电磁感应现象是描述电与磁关系的定律，自感和互感现象是电磁感应在生活中的应用。汽车中用于提供曲轴、凸轮轴信号的霍尔式传感器是电磁感应现象在汽车上的应用。

变压器是利用电磁感应原理制成的重要用电设备，在生活和工业生产中获得广泛的应用。变压器主要由铁心和绕组构成，具有变电压、变电流、变阻抗的作用。

电磁铁和继电器是根据电磁感应原理制成的小型控制器件，电磁铁通常用于控制先关机械组件的联动，继电器在自动控制的系统中起开关的作用，可控制相关器件或者通路的工作状态。

习　题

5-1　有一交流铁芯线圈，接在 220V 的交流电源上，在铁芯中得到磁通的最大值为 $\Phi_m = 3 \times 10^{-3} \text{W}b$。现在在此铁芯上再绕一个线圈，其匝数为 200。当此线圈开路时，求其两端电压。

5-2　已知某单相变压器的原绕组电压为 2000V，副绕组电压为 220V，负载是一台 220V/500W 的热水器，试求原、副绕组的电流各为多少。

5-3　有一额定容量为 8KVA 的单相变压器，原绕组额定电压为 380V，变压器的变比为

$$K = \frac{N_1}{N_2} = \frac{1600}{200}$$

（1）该变压器副绕组的额定电压 U_{2N} 及原、副绕组的额定电流 I_{1N}、I_{2N} 各为多少？

（2）若在副边接入一个电阻性负载，消耗功率为 500W，则原、副绕组的电流 I_1、I_2 各为多少？

5-4　已知某收音机输出变压器的 $N_1 = 800$ 匝，$N_2 = 400$ 匝，原接阻抗为 20Ω 的扬声器，现要改接成 5Ω 的扬声器，求变压器的匝数 N_2 应为多少匝？

5-5　一台单相变压器额定容量为 20KVA，额定电压为 3000V/220V，其副边接 220V/60W 的电灯。若变压器在额定状态下运行，求：

（1）可接多少盏电灯？

（2）原、副绕组的电流各为多少？

（3）如果副边接的是 220V/60W，$\cos\varphi = 0.45$ 的日光灯，可以接多少盏？

5-6　有一台容量为 60KVA 的单项自耦变压器，已知 $U_1 = 220V$，$N_1 = 450$ 匝，如果要得到 $U_2 = 150V$，试求：

（1）副绕组应在多少匝处抽出线头？额定负载时的 I_{1N}、I_{2N} 各是多少？

（2）原、副边公共部分的电流 I 与 I_{1N} 之比为多少？

5-7　将 $R_L = 8\Omega$ 的扬声器接在输出变压器的副绕组，已知 $N_1 = 300$，$N_2 = 100$，信号源电动势 $E = 6V$，内阻 $R_{S1} = 100\Omega$，试求信号源输出功率。

第*6*章

発电机与电动机

知识目标

1. 掌握汽车交流发电机的结构及工作原理。
2. 掌握三相异步电动机的结构、工作原理及制动原理。
3. 掌握直流电动机的结构、工作原理及控制方法。
4. 了解步进电动机的结构和工作原理及其在汽车上的使用。
5. 掌握步进电动机的控制方法。

电机是生产生活中普遍使用的电气设备，通常将能够实现电能与机械能相互转换的设备总称为电机。电机所实现的电能与机械能的转换利用的是电磁感应原理。

按照通电的性质电机可分为直流电机和交流电机。直流电机按机械能与电能的转换方向也可分为直流电动机和直流发电机两大类，在生产中直流电动机的应用居多，汽车中所使用的发电机采用交流类型。

按照能量变换电机也可分为发电机和电动机。发电机是将机械能转换成电能的设备，而电动机是将电能转换成机械能的设备。电动机中异步电动机是应用最广泛、市场需求量最大的类型。通常在电力系统的总负荷中，异步电动机的用电量占据相当大的比重。

6.1 汽车交流发电机

汽车交流发电机是汽车的主要电源设备，当汽车正常工作时，发电机向全车用电设备提供电能，同时为蓄电池补充电能。随着汽车电子技术的不断发展，汽车所配备的用电设备越来越多，发电机就需要提供足够大的输出功率。汽车发电机按照通电性质分为交流发电机和直流发电机，由于交流发电机具有结构简单、易于维护等优点而被广泛采用。

6.1.1　交流发电机的结构

汽车交流发电机的结构基本相同，主要由转子，定子，整流器，外壳，风扇等组成，多数交流发电机将调节器集成在发电机内部，如图 6-1-1 所示为汽车交流发电机。

图 6-1-1　汽车交流发电机

1. 定子

定子通常又称为电枢，由定子铁心和定子绕组组成，用来产生交流电动势，如图 6-1-2 所示。定子铁心由相互绝缘的硅钢片叠压而成，内圆周带有均匀分布的槽，槽内嵌入对称的三相绕组。绕组的连接方式有星形和三角形两种。采用星形接法的发电机低速充电性能较好，而三角形接法适用于大功率的发电机。

2. 转子

转子的作用是产生磁场，主要由两块爪极磁极、励磁绕组、集电环和转子轴组成，外观如图 6-1-3 所示，其内部结构如图 6-1-4 所示。转子轴上压装着两块低碳钢制成的爪极，两块爪极各有四至八个鸟嘴形磁极（国产多为六个），爪极空腔内装有励磁绕组和导磁用的铁心。励磁绕组的两个引出线与两个集电环连接，集电环由两个彼此绝缘的铜环组成，集电环压装在转子轴上并与轴绝缘，并与装在后端盖内的两个电刷相接触。当两个集电环通过电刷通入直流电时，磁励磁绕组中通过的电流产生轴向磁通，使爪极一块被磁化为 N 极，另一块被磁化为 S 极，从而形成六对相互交错的磁极。当转子转动时，就形成了旋转的磁场。

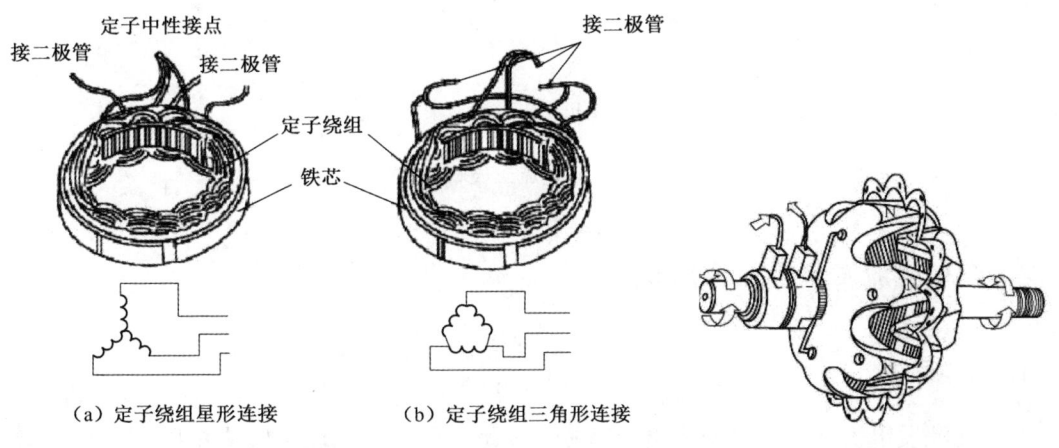

（a）定子绕组星形连接　　　　（b）定子绕组三角形连接

图 6-1-2　交流发电机定子总成及连接方式　　　图 6-1-3　汽车交流发电机转子总成

3. 整流器

汽车交流发电机的整流器是将三相定子绕组产生的三相交流电转化为直流电的装置。如图 6-1-5 所示是由 6 个硅整流二极管组成的三相桥式整流电路。利用二极管的单向导电性能，

二极管加上正向电压时，二极管导通，而二极管加上反向电压时，二极管截止，硅整流管分为正极管和负极管。汽车上所采用的汽车交流发电机整流器类型多样，不同车型采用数目不同的整流器，常用的有 6 管、8 管、9 管和 11 管。目前国内外采用的硅整流发动机均为负极打铁。

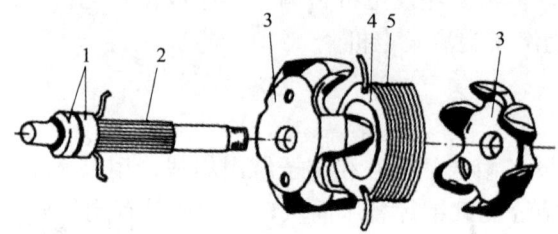

1-集电环；2-转子轴；3-爪极；4-磁轭；5-励磁绕组

图 6-1-4　汽车交流发电机转子分解图

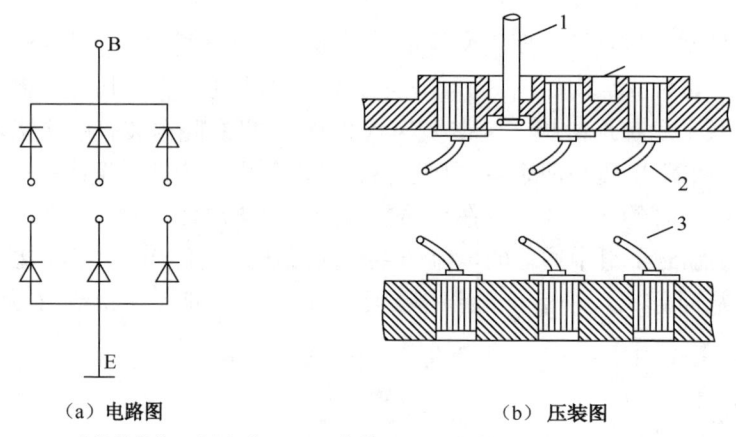

（a）电路图　　　　　　　　　　　（b）压装图

1-火线接线柱（电源正极）；2-正极管子；3-负极管子

图 6-1-5　硅整流二极管整流器

6.1.2　汽车交流发电机工作原理

1. 发电原理

汽车交流发电机产生三相交流电的基本原理是电磁感应原理，如图 6-1-6 所示，汽车蓄电池通过 F、E 给发电机的励磁绕组供电并产生恒定磁场，转子的爪极被磁化后产生数对相间排列的 N 极和 S 极。当转子随着发动机的带动产生旋转时，就产生了旋转磁场。旋转的磁场导致穿过定子绕组的磁通量发生变化，在定子绕组内产生三相感应电动势。

2. 整流过程

在交流发电机中产生的三相感应电动势需要经过整流器转化为直流信号。整流器是利用

硅二极管所组成的桥式整流电路完成信号的整流。如图 6-1-7 所示为三相桥式整流电路，3 个正二极管的正极引出线分别同 3 相绕组的首端相连，在某一瞬间，只有与电位最高的一相绕组相连的正二极管导通。同样，3 个负二极管的引出线也同三相绕组的首端相连，在同一瞬间，只有与电位最低的一相绕组相连的负二极管导通，同时导通的两个二极管总是将发电机的电压加到负载两端，6 只二极管轮流导通，反复循环，在负载两端便可以得到一个较平稳的脉动直流电压，如图 6-1-8 所示。

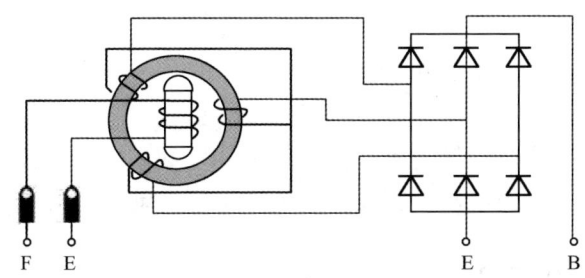

图 6-1-6　汽车交流发电机工作原理

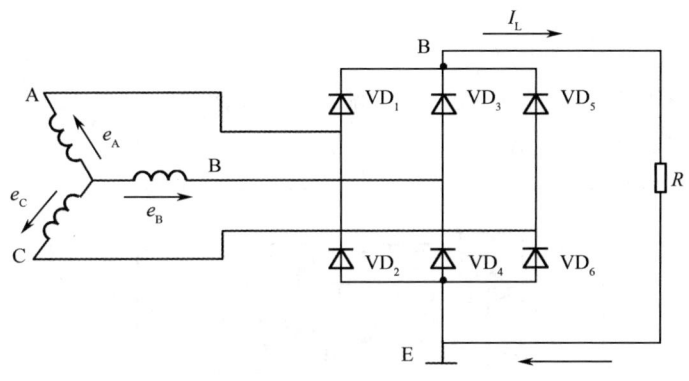

图 6-1-7　三相桥式全波整流电路

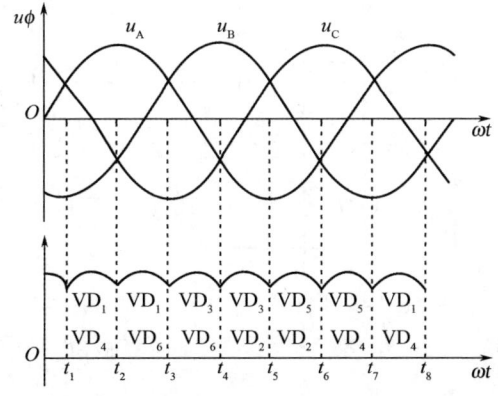

图 6-1-8　三相桥式整流电路的电压、电流波形

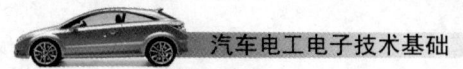

6.1.3 汽车交流发电机的励磁方式

在汽车上通常将发电机和蓄电池并联起来，保证交流发电机刚开始发电时，蓄电池向励磁绕组供电，使发电机电压迅速建立，此时为他励的状态；当发电机电压超过蓄电池电压后，就由发电机自己供给励磁电流，转变成自励方式。在这种情况下，蓄电池可以有充分的充电过程，利于蓄电池的使用和维护。

6.1.4 汽车交流发电机的电压调节器

汽车交流发动机在工作时的转速不稳定，转速和负载都会引起发电机输出电压的变化，但是汽车用电设备需要稳定的电压，因此需要配置电压自动调节装置，即电压调节器。

1. 电压调节器的功用与种类

当发动机的转速发生变化时，电压调节器可以自动地对发电机的输出电压进行调节。常用交流发电机配用的电压调节器有触点式和电子式电压调节器两种。

2. 触点式电压调节器

利用触点的开闭使励磁电路串入或隔除调节电阻来调节励磁电流，从而达到调节发电机输出电压的目的，如图 6-1-9 所示。

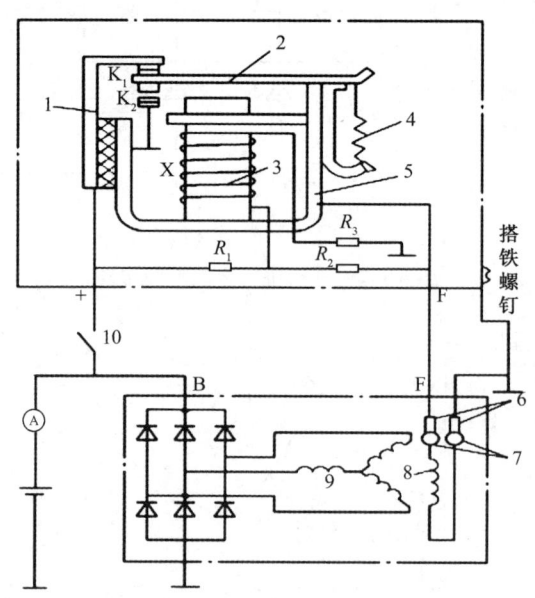

1-低速触点支架；2-衔铁；3-磁化线圈；4-拉力弹簧；5-磁轭；6-电刷；7-滑环；8-励磁绕组；9-三相电枢绕组；10-点火开关；"＋"-点火接柱；F-磁场接柱；R_1-加速电阻；R_2-调节电阻；R_3-温度补偿电阻；B-发电机火线接线柱；K_1-低速触点；K_2-高速触点

图 6-1-9　触点式电压调节器

3. 电子式电压调节器

电子式电压调节器有晶体管式和集成电路式调节器（IC 调节器）。晶体管式调压器利用晶体管的开关作用，控制发电机励磁电路的通断，调节励磁电流，使得发电机输出电压稳定。集成电路式调节器（IC 调节器）可以作为一个标准件安装。

电子调压器没有触点，使用过程中无需保养与维护，体积小，结构简单，目前已逐步取代触点式调节器。

6.2　三相异步电动机

在生产生活中通常采用电动机来提供动力，电动机可分为交流电动机和直流电动机两类。目前普遍使用的是交流电动机，交流电动机又分为异步电动机和同步电动机。三相异步电动机，采用三相电源，具有结构简单、坚固耐用、运行可靠、价格低廉、维护方便等优点，因此得到广泛使用。

三相异步电动机按照转子绕组的类型可分为笼型异步电动机和绕线转子异步电动机，两者仅仅是绕组的形式不同，其工作原理完全相同。

6.2.1　三相异步电动机的结构

三相异步电动机由静止的定子和旋转的转子两部分组成，定子和转子之间存在气隙。如图 6-2-1 所示为鼠笼式三相异步电动机结构示意图。

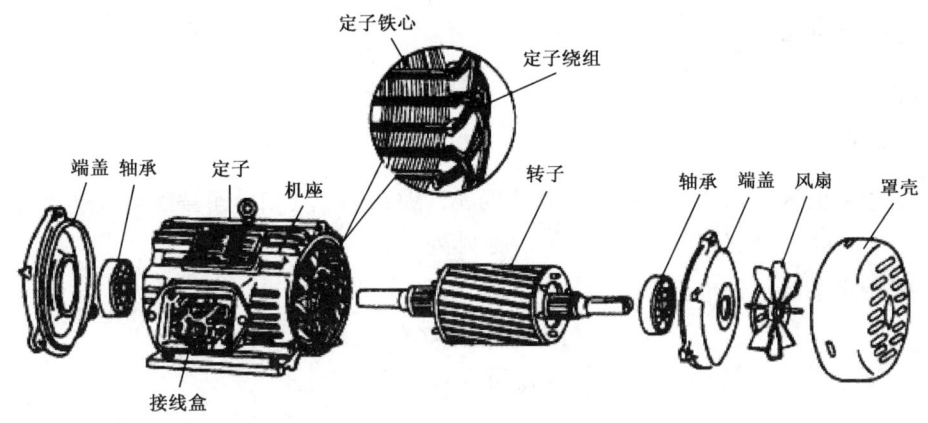

图 6-2-1　鼠笼式三相异步电动机结构示意图

1. 定子

三相异步电动机的定子主要由定子铁心、定子绕组、机座等组成，如图 6-2-2 所示。

定子铁心由厚度为 0.5mm 相互绝缘的硅钢片叠成，硅钢片内圆上有均匀分布的槽。定子绕组有三个，都是用漆包线绕制而成，对称地嵌入定子铁心槽内，三相绕组可接成星形或

者三角形。机座通常由铸铁或铸钢制成，其作用是固定铁心和绕组。

2. 转子

三相异步电动机的转子是电机的转动部分，主要由转子铁心、转子绕组、转轴组成，如图 6-2-3 所示，部分电机后端盖还装有风扇。

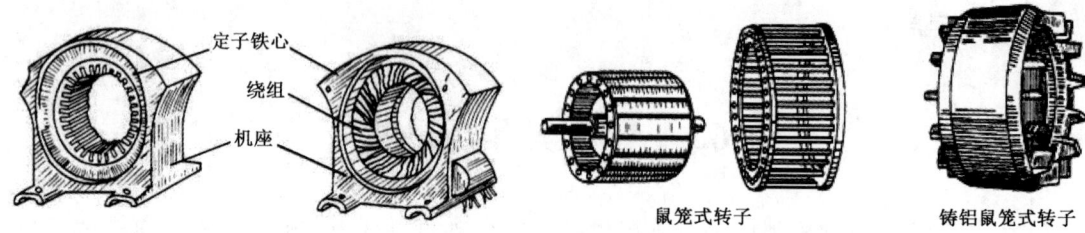

图 6-2-2　定子组成　　　　　　　　图 6-2-3　鼠笼式转子

转子铁心由厚度为 0.5mm 相互绝缘的硅钢片叠成，硅钢片外圆上有均匀分布的槽，可以放置转子绕组。

鼠笼式转子绕组是在转子铁芯槽上插上铜条，两边用铜环接通，构成回路。而绕线式转子绕组有三相，绕组的三个末端接在一起，三个首端接在滑环上，通过滑环上的电刷与外电路相连接。

转轴是转子绕组的中心轴，与机械负载连接。

为了保证转子能够自由旋转，在定子与转子之间必须留有一定的气隙，中小型电动机的空气隙约在 0.2～1.0mm 之间。

6.2.2　三相异步电动机的工作原理

1. 旋转磁场的产生

三相定子绕组为星形连接，与三相电源 U、V、W 连接。三相定子绕组分别为 U_1U_2、V_1V_2 和 W_1W_2，在空间上互差 120°，并且是对称排列。

通入三相定子绕组的电流为

$$i_U = I_m \sin \omega t \tag{6-2-1}$$

$$i_V = I_m \sin\left(\omega t - 120°\right) \tag{6-2-2}$$

$$i_W = I_m \sin\left(\omega t + 120°\right) \tag{6-2-3}$$

三相定子绕组的电流波形如图 6-2-4 所示。随着电流通过三相定子绕组，在三相定子绕组中就会产生旋转磁场。

当 $\omega t = 0°$ 时，$i_U = 0$，U_1U_2 绕组中无电流；i_V 为负，V_1V_2 绕组中的电流从 V_2 流入 V_1 流出；i_W 为正，W_1W_2 绕组中的电流从 W_1 流入 W_2 流出；由右手螺旋定则可得合成磁场的方向如图 6-2-5（a）所示。

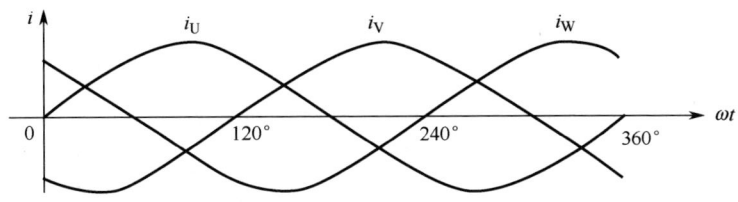

图 6-2-4　三相绕组的电流波形

三相异步电动机定子绕组产生的旋转磁场如图 6-2-5 所示。

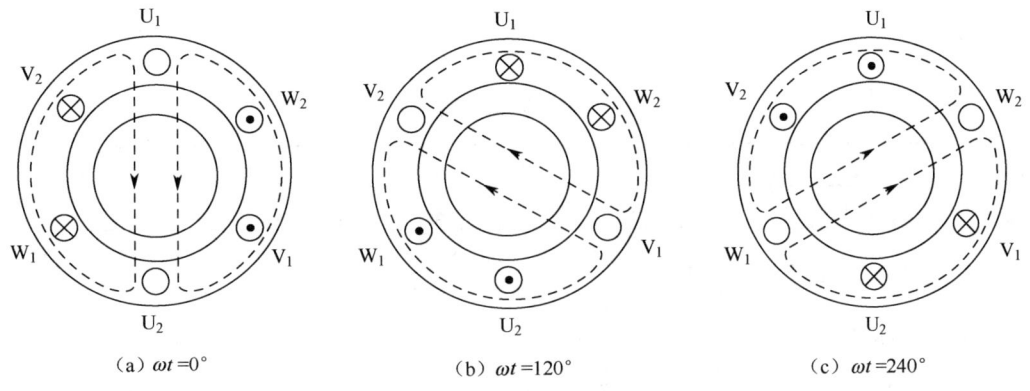

（a）$\omega t=0°$　　　　　　（b）$\omega t=120°$　　　　　　（c）$\omega t=240°$

图 6-2-5　旋转磁场的产生

当 $\omega t=120°$ 时，$i_V=0$，V_1V_2 绕组中无电流；i_U 为正，U_1U_2 绕组中的电流从 U_1 流入 U_2 流出；i_W 为负，W_1W_2 绕组中的电流从 W_2 流入 W_1 流出；由右手螺旋定则可得合成磁场的方向如图 6-2-5（b）所示。

当 $\omega t=240°$ 时，$i_W=0$，W_1W_2 绕组中无电流；i_U 为负，U_1U_2 绕组中的电流从 U_2 流入 U_1 流出；i_V 为正，V_1V_2 绕组中的电流从 V_1 流入 V_2 流出；由右手螺旋定则可得合成磁场的方向如图 6-2-5（c）所示。

当 $\omega t=360°$ 时，与 $\omega t=0°$ 时刻相同，合成磁场在空间上正好转过一周，若三相交流电不断变化，则产生的合成磁场在空间不断变化，形成旋转磁场。

旋转磁场的方向是由三相绕组中电流相序决定的，若想改变旋转磁场的方向，只需改变通入定子绕组的电流相序，即将三根电源线中的任意两根对调，此时转子的旋转方向也随之改变。

2. 三相异步电动机的极数与磁场转速

三相异步电动机的极数即旋转磁场的极数。旋转磁场的极数与三相绕组有关。当每相绕组只有一个线圈，绕组的始端之间相差 $120°$ 空间角，此时所产生的旋转磁场就具有一对磁极，即 $p=1$。当每相绕组为两个线圈串联，绕组的始端之间相差 $60°$ 空间角，产生的旋转磁场就具有两对磁极，即 $p=2$。如果要产生三对磁极，即 $p=3$ 的旋转磁场，则每相绕组必须有均匀安排在空间串联的三个线圈，绕组的始端之间相差 $40°$ （$=120°/p$）空间角。

磁极对数 p 与绕组的始端之间的空间角 θ 的关系为：

$$\theta = \frac{120^\circ}{p} \qquad (6\text{-}2\text{-}4)$$

三相异步电动机旋转磁场的转速 n_0 与电动机磁极对数 p 的关系是：

$$n_0 = \frac{60f}{p} \qquad (6\text{-}2\text{-}5)$$

由此可知，旋转磁的转速 n_0 决定于电流频率 f 和磁场的磁极对数 p。对于结构确定的异步电动机而言，f 和 p 通常是一定的，所以磁场转速 n_0 是个常数。

在我们国家工频 $f = 50\text{Hz}$，因此对应于不同磁极对数 p 的旋转磁场及转速 n_0 的关系如表 6-2-1 所示。

表 6-2-1　磁极对数与转速的关系

p（对）	1	2	3	4	5	6
n_0（r/min）	3000	1500	1000	750	600	500

3. 三相异步电动机的转动原理

三相定子绕组中通入三相交流电后，将会在空间产生旋转磁场，在旋转磁场的作用下，转子将作切割磁力线的运动而在其两端产生感应电动势，感应电动势的方向可根据右手螺旋法则来判断。由于转子本身为一闭合电路，所以在转子绕组中将产生感应电流，称为转子电流，电流方向与电动势的方向一致，即上方流入，下方流出。转子导条在旋转磁场中受到电磁力的作用，其方向可由左手定则来判断，上面的转子导条受到向左的作用力，下面的转子导条受到向右的作用力，转子导条在电磁力的作用下使转子旋转起来，如图 6-2-6 所示。

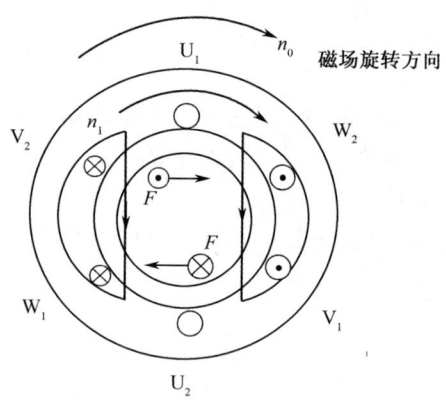

图 6-2-6　三相异步电动机的转动原理

转子的转动方向和旋转磁场的转动方向一致，但转子的转速 n 小于旋转磁场的转速 n_0，即 $n < n_0$，由于转子转速与磁场转速间存在一定的差值，故称为异步电动机。要研究其工作过程，还需要引入转差率 s。转差率是用来表示转子转速与磁场转速之差的相对程度的物理量，其中 $\Delta n = n_0 - n$ 为转速差。

$$s = \frac{n_0 - n}{n_0} \qquad (6\text{-}2\text{-}6)$$

当转子转速 $n = 0$ 时，转差率 $s = 1$，为最大值；当电动机稳定运行后，电机的转速 n 比较接近磁场转速时，此时转差率 s 很小；当电动机空载时，转子转速可以很接近磁场转速，即转差率 $s = 0$，实际中 $s = 0$ 的情况是不存在的。

6.2.3　三相异步电动机的铭牌

三相异步电动机应用广泛，通常异步电动机的外壳上都会一块铭牌，名牌上标示着这台电动机的主要技术数据，利于使用者应根据实际需要正确选用和维护电机，如图 6-2-7 所示是三相交流异步电动机及其铭牌。

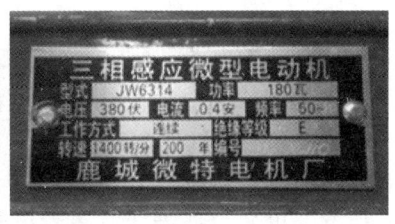

图 6-2-7　三相异步交流电动机及其铭牌

（1）型号

型号表示电动机的结构形式、机座号与极数等。

（2）额定电压

额定电压是指电动机定子绕组应加线电压的额定值，有些异步电动机铭牌上标有 220/380V，对应的接法有两种，即为三角形/星形连接。当电源线电压为 220V 时电动机定子绕组应接成三角形；当电源线电压为 380V 时电动机定子绕组应接成星形。

（3）额定电流

额定电流是指电动机在额定电压下运行时定子绕组的线电流。

（4）额定转速

额定转速是指电动机额定运行时的转速，转速在电机上的单位是转/分钟（r/min）。

（5）额定频率

额定频率是指电动机在额定运行时的交流电源的频率，我国工频是 50Hz，故较多电动机的额定频率都为 50Hz。

（6）工作方式

工作方式是指电动机的运行状态。根据电动机运行时的发热条件可将电动机的工作方式分为三种：连续工作方式，用 S1 表示；短时工作方式，用 S2 表示；断续工作方式，用 S3 表示。

（7）绝缘等级

按照电动机所用绝缘材料的耐热程度不同，将电动机的绝缘等级从低至高分为 A、E、B、F、H、C 等几个等级。绝缘等级为 A，最高允许温度为 105°，绝缘等级为 C，最高允许温度大于 180°。

（8）温升

温升是指在规定的环境温度下，电动机各部分允许超出环境温度的最高温度。一般规定

环境温度是 40°，若电动机的温升是 50°，则电动机允许工作的最高温度是 90°。电动机在正常运行时温度不会超过最高允许温度，如果超载或出现某些故障时电动机的温度会超过最高允许温度。

6.2.4 三相异步电动机的起动、调速和制动

1. 三相异步电动机的起动

三相异步电动机接通电源，其内部产生旋转磁场，使电机的转子从静止状态到转子以一定速度稳定运行的过程称为电动机的起动过程。起动电动机时要考虑四个"尽量"，即起动电流尽量小，起动时间尽量短，起动转矩尽量大，转速提升尽量稳，还得保证起动实现方案简易可行，实现和维护费用小。

鼠笼型异步电动机的起动方法分为直接起动和降压起动两种。

（1）直接起动

直接起动又称为全压起动，即起动时将电动机的额定电压通过开关或接触器直接接到电动机的定子绕组上进行起动。该起动方案非常简单，起动时间短，并且由于控制电流简单，不需要更多的电气设备，故实现成本和维护成本都较小。由于全压起到在起动过程中的起动电流比较大，因此只适用于小功率的三相异步电动机；而对于大功率的异步电动机，通常采取降压起动，可以有效限制起动电流。

（2）降压起动

降压起动是指通过起动设备将电动机的额定电压降低到一定值后加到电动机的定子绕组上，待电动机的转速上升到稳定值时，再升高定子绕组的电压，直到额定电压，从而使电机在额定电压下稳定运行。降压时不可降得过低，否则电机会转不起来，如果降压幅度过小，起动电流仍然会很大，存在不安全因素。降压起动常见的有三种实现方案，Y-△降压起动、自耦调压器式降压起动和转子串电阻式降压起动。

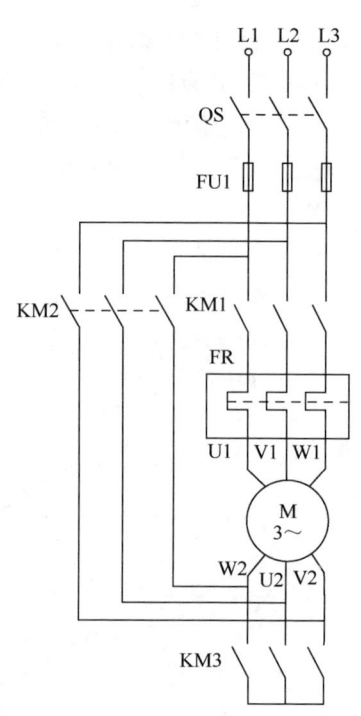

1）Y-△降压起动

Y-△降压起动的控制线路图如图 6-2-8 所示。在电动机起动时，电源开关 QS 闭合，控制电路先使得 KM3 闭合，电动机定子绕组接成星形，接通 KM1，电动机星形起动。当电动机转速上升到稳定值时，控制电路再控制 KM3 断开，KM2 闭合，电动机定子绕组切换为三角形连接，电动机开始稳定运行。Y-△降压起动方式比较适用于正常运行时接法为三角形的三相异步电动机。

图 6-2-8 Y-△降压起动控制线路图

Y 形起动时的起动电流为

$$I_{Y} = I_{1} = I_{P} = \frac{U_{P}}{|Z|} = \frac{(1/\sqrt{3})U_{1}}{|Z|} = \frac{1}{\sqrt{3}} \times \frac{U_{1}}{|Z|} \qquad (6\text{-}2\text{-}7)$$

若为△形起动，则起动电流为

$$I_{\Delta} = I_{1} = \sqrt{3} \times I_{P} = \sqrt{3} \times \frac{U_{l}}{|Z|} \qquad (6\text{-}2\text{-}8)$$

若用式（6-2-7）除以式（6-2-8）可得

$$\frac{I_{Y}}{I_{\Delta}} = \frac{\dfrac{1}{\sqrt{3}} \times \dfrac{U_{l}}{|Z|}}{\sqrt{3} \times \dfrac{U_{l}}{|Z|}} = \frac{1}{3} \qquad (6\text{-}2\text{-}9)$$

由式（6-2-9）可以得出，在 Y-△降压起动过程中，Y 形连接时的起动电流是△形连接的直接起动电流的 1/3。

Y-△降压起动方案的起动电流较低，同时起动转矩也较小，该方案是以牺牲起动转矩为代价来降低起动电流的，所以只适用于允许轻载或空载起动的电动机使用场合。

2）自耦调压器式降压起动

自耦调压器式降压起动的控制线路图如图 6-2-9 所示。

自耦调压器式降压起动是指起动时定子绕组接三相自耦调压器的低压输出端，缓慢调节自耦调压器使其输出端升压，当升至接近电源电压时，起动完毕，切断自耦调压器并将定子绕组直接接上三相交流电源，使电动机在额定电压下稳定运行。

自耦调压器式降压起动过程如下：首先闭合 QS 电源开关，利于控制电路使 KM1 开关闭合，此时电动机通过自耦调压器和电源相连，调节自耦调压器，此时电动机上的电压升高，转速提升，当自耦调压器的输出电压接近电源电压时，利用控制电路将 KM1 断开，控制 KM2 动作，此时接在自耦调压器上的 KM2 常闭开关断开，接在电动机三相线上的 KM2 开关闭合，电动机稳定运行。

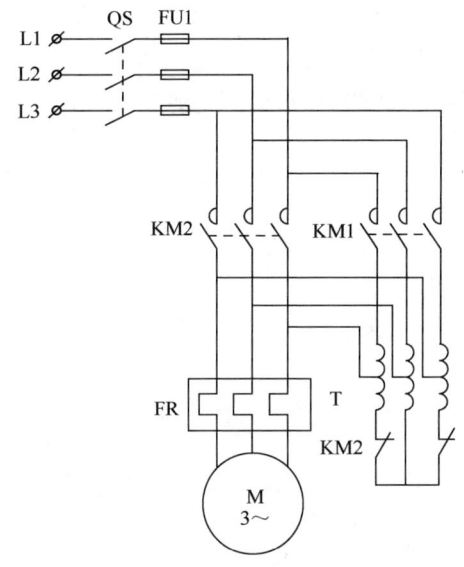

图 6-2-9　自耦调压器式降压起动的控制线路图

采用自耦调压器来降压起动电动机，定子绕组所加电压下降为额定电压的 $1/K$ 倍（K 为自耦调压器的变比），起动电流也下降到 $1/K$，启动转矩则下降为直接启动时的 $1/K^2$。

3）转子串电阻降压起动

在线绕式电动机中，电动机的转子是三组绕组，当在转子中串入电阻时，电路中的总阻值增大，转子电流会减小，定子电流和电磁转矩减小。由于鼠笼式电动机内部转子的电阻是定值，不能串入电阻，因此鼠笼式三相异步电动机不能采用该方法起动，该起动方法只适用于线绕式三相异步电动机的降压起动。

2．三相异步电动机的调速

调速是指在同一负载下根据需要来改变电动机的转速。由式（6-2-5）和式（6-2-6）可得三相异步电动机的转速为

$$n = (1-s)n_1 = (1-s)\frac{60f}{p} \qquad (6\text{-}2\text{-}10)$$

由上式可知，转速 n 和转差率 s、电源频率 f、电动机旋转磁场的磁极对数 p 三者都有关系。因此，通过改变以上这三个参数就可以改变电动机的转速。

（1）变频调速

变频调速是指通过改变电源的频率来改变电动机的转速。该调速方法需要使用专用的电源变频器通过改变电源频率来实现调速，变频器可以实现频率的连续调节，用此来调节电动机的转速可以使转速无极平滑调节，是比较理想的调节方案，交流电动机的调速目前普遍使用该方案。该方案的缺点是变频器的价格较贵，调速成本较高。变频调速时频率与转速的关系为频率越高，转速越高，频率越低，转速越低。变频调速的实现方案之一如图 6-2-10 所示，三相交流电源经二极管整流器整流后送至 IPM，在 CPU 的控制下，IPM 将直流电逆变为频率连续可变的三相交流电源提供给电机，实现电机的变频调速。

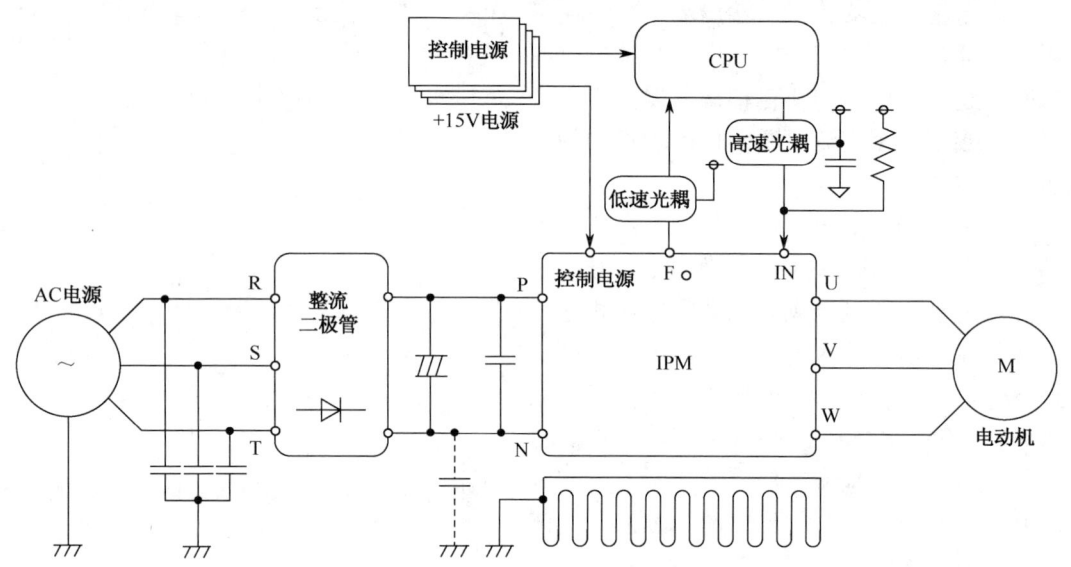

图 6-2-10　变频调速实现方案

（2）变极调速

变极调速是指通过改变电动机的磁极对数从而实现调速的方法，异步电动机的磁极对数与定子绕组的接线方式有关。这种调速方法需要改变电动机内部定子的连接方式，磁极对数的改变不是连续的，而是成倍数变化的，因此电动机的速度是阶梯状可调，无法实现无极调

速，所以把这种调速方式称为有级调速，也可称为多速电动机。一般鼠笼式异步电动机采用变极调速的方法实现调速。

变极调速是通过改变电动机的定子绕组接法来实现调速，以三相六绕组接线图为例，如图6-2-11所示。将U_1U_2绕组和U_2V_1绕组串联，为一相绕组，将V_1V_2绕组和V_2W_1绕组串联，为第二相绕组，将W_1W_2绕组和W_2U_1绕组串联，为第三相绕组，将这三组绕组接成△形，则电动机内部形成的磁级是两对。将U_1U_2绕组和U_2V_1绕组并联，为一相绕组，将V_1V_2绕组和V_2W_1绕组并联，为第二相绕组，将W_2W_2绕组和W_2U_1绕组并联，为第三相绕组，将这三组绕组接成Y形，则电动机内部形成的磁级是一对。两种接法不同，磁极对数不同，电动机速度不同，两种接法下电动机磁场转速差一倍。

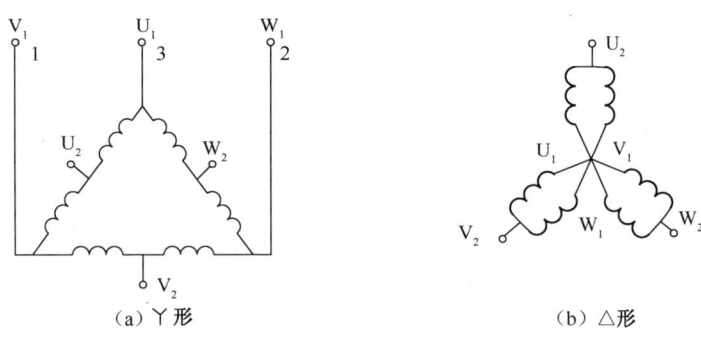

图6-2-11 变极调速的绕组接线

变极调速的缺点是无法实现速度的连续变化，优点是结构简单，调速成本低，稳定性好。

（3）变转差率调速

变转差率调速可以通过改变定子电压、转子串电阻、串极等方法实现。异步电动机的转矩与定子电压的平方有关，因此，改变异步电动机的定子电压即可改变电动机的转矩和机械特性，从而实现异步电动机的调速，是一种比较简单的方法。

在绕线式异步电动机中，可以通过改变转子电阻来改变转差率，从而改变电动机的速度。以上两种调速方法都是以转差功率损耗为代价的，效率较低，浪费也大。

对于绕线式异步电动机，在其转子上不是串入电阻，而是串入与转子电势同频率的附加电势，如果附加电势与转子电势同相位，则转子电流增大，电机转速升高。同理，若附加电势与转子电势反相，则转子电流减小，使电机的转速下降。

3．三相异步电动机的制动

由于三相异步电动机在断电后不会立即停转，而是因为转动惯性的作用，电动机要经过一定的时间后才会降速停下。但是在很多场合必须要求电动机断电后迅速停转或立即停转，因此需要对电动机采取一些方法，控制电动机制动。

电动机的制动方法可以分为两大类，即机械制动和电气制动。机械制动比较简单，是采用机械部件控制电动机停转。电气制动一般有能耗制动、反接制动和回馈发电制动三种方法。

（1）能耗制动

能耗制动的接线图如图6-2-12（a）所示，原理示意图如图6-2-12（b）所示。三相电动机在控制电路的控制下断开 KM1 开关，即断开三相交流电源，同时控制电路控制 KM2 开关闭合，TC 变压器接通，将 380V 的线电压降压，再通过 VC 桥式整流电路转变成全波直流电，将该直流电通入三相电动机的两相绕组中，在电动机定子产生恒定的固定磁场，如图 6-2-12（b）所示。电动机由于断开三相电源后在惯性的作用下继续顺时针旋转，转子导条切割磁感线，产生感应电动势，由于转子是闭合的，因此导条中有感应电流流过，通电导条在固定磁场中切割磁感线，会受到电磁力的作用，该电磁力的方向与通上三相电源时产生的电磁力方向相反（与电动机的旋转方向相反），故产生制动力矩，从而使得电动机降速停转。当电动机的转速为零时，转子与固定磁场之间不再有相时运动，转子导条中就没有了感应电动势，也没有了感应电流，因此没有受到磁场力的约束，电动机的制动转矩也随之消失，制动过程结束。

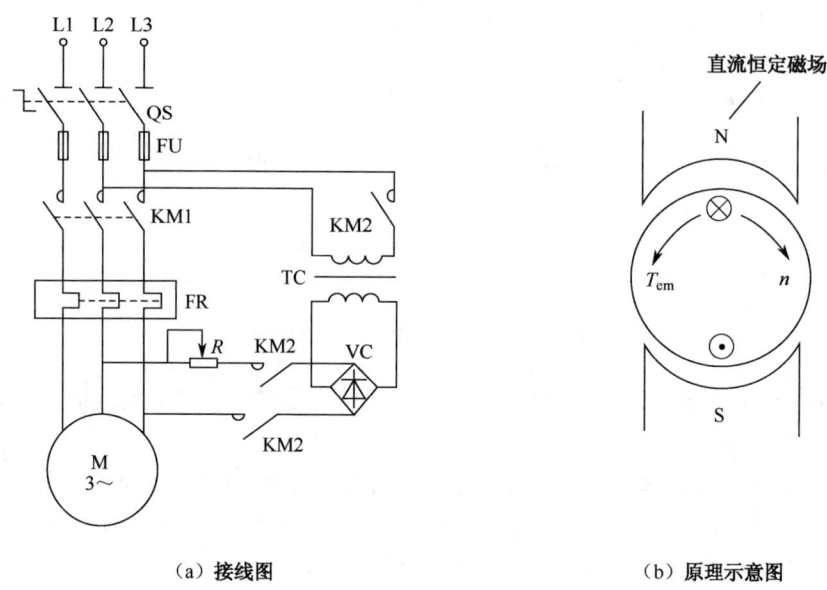

（a）接线图　　　　　　　　　　　　　　（b）原理示意图

图 6-2-12　能耗制动示意图

（2）反接制动

反接制动的接线图如图 6-2-13（a）所示，原理示意图如图 6-2-13（b）所示。正常工作时 QS 闭合，控制电路控制 KM1 闭合，电动机转动起来，假定电动机是顺时针旋转。需要停车时，控制电路控制 KM1 断开，控制 KM2 闭合，此时由于 KM2 开关的接线是将 KM1 开关的接线方式改变了，即改变了两条相线的接线顺序（即电源相序），那么在电动机的定子绕组上就产生了与原磁场方向相反的旋转磁场（逆时针的旋转磁场），电动机的转子导条也感应到了反相电动势，因其是闭合的，故而产生反相的感应电流，转子导条受到反向的转动转矩，电动机很快就可制动住。当电动机转速为零时，如果不及时使控制电路断开 KM2 开关，那么反向旋转磁场还是存在，电动机转子就会从零转速反向转动起来，因此要适时使控制电路断开 KM2 开关。在反接制动过程中，电动机的动能全部转化成电能消耗在转子回路中，会引起电动机发热，一般在制动回路中串联一个大电阻，以减小制动电流。反接制动方式一般多用于起重提升设备及机床等生产机械中。

（3）回馈发电制动

回馈发电制动多用于起重机械下放重物、电动机车下坡时的工作状态。起重机械下放重物采用回馈发电制动的原理示意图如图 6-2-14 所示。电动机转向不变的情况下，由于重物 W 向下的重力，使得电动机的转速大于旋转磁场的转速，转子相对于旋转磁场改变了运动方向，电动机转子切割磁感线的方向发生变化，感应电动势和感应电流的方向也发生变化，转子受到制动力矩的作用，和重物的重力达到平衡，因此重物即可匀速下降。在此过程中，电动机将重物的势能转换为电能回馈给电网，所以称为回馈发电制动。

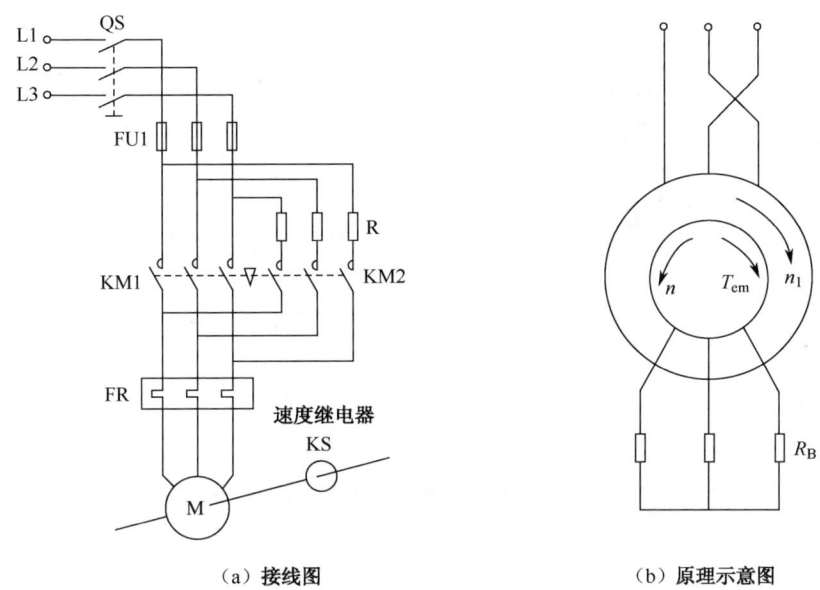

（a）接线图　　　　　　　　　　（b）原理示意图

图 6-2-13　反接制动示意图

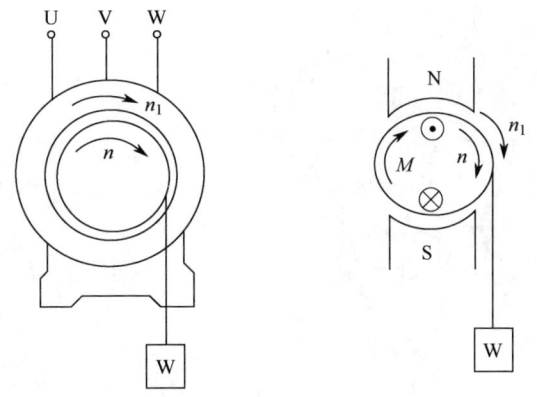

图 6-2-14　回馈发电制动示意图

6.3 直流电动机

直流电机按机械能和电能的转换方式可分为直流电动机和直流发电机，在生产中直流电动机应用较为广泛。汽车上直流电动机的使用非常多，如雨刮电动机、车窗电动机、后视镜调节及折叠电动机、起动电动机、座椅调整电动机、空调鼓风机、门锁电动机、油箱盖电动机等，如图 6-3-1 所示为大众 POLO 轿车的车窗控制电脑及电动机和空调鼓风机。

图 6-3-1 大众 POLO 轿车的车窗控制电脑及电动机和空调鼓风机

6.3.1 直流电动机的结构

直流电动机由固定不动的定子和旋转的转子两部分组成，其结构示意图如图 6-3-2 所示。

1. 定子

定子的作用是产生磁场，同时为电动机机械支撑，主要由主磁极、换向磁极、电刷、机座等组成，如图 6-3-3 所示。

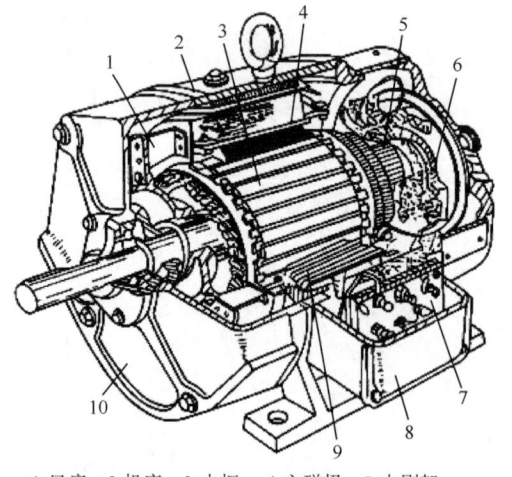

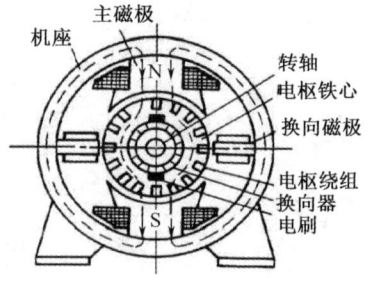

1-风扇；2-机座；3-电枢；-4-主磁极；5-电刷架

6-换向器；7-接线板；8-出线盒；9-换向极；10-端盖

图 6-3-2 直流电动机　　　　图 6-3-3 直流电动机的定子结构

主磁极铁心包括极心和极掌两部分。极心上套有励磁绕组，各主磁极上的绕组一般都是串联的。极掌的作用是使空气隙中磁感应强度分布最为合适。改变励磁电流的方向，就可改变主磁极极性，也就改变了磁场方向。

在两个相邻的主磁极之间中性面内有一个小磁极，这就是换向磁极。它的构造与主磁极相似，它的励磁绕组与主磁极的励磁绕组相串联。换向磁极产生附加磁场，改善电机的换向，减小电刷与换向器之间的火花，不致使换向器烧坏。小功率的电动机中可以不安装换向磁极。

电刷装置主要由电刷、加压弹簧和刷盒等组成。固定在机座上不动的电刷，借助于加压弹簧的压力和旋转的换向器保持滑动接触，使电枢绕组与外电路接通。电刷数一般等于主磁极数，各同极性的电刷经软线汇在一起，再引到接线盒内的接线板上，作为电枢绕组的引出端。

机座用来固定主磁极、换向磁极和端盖，是电动机磁路的一部分，由铸钢或铸铁制成。机座上的接线盒有励磁绕组和电枢绕组的接线端，用来对外接线。

端盖由铸铁制成，用螺钉固定在底座的两端，盖内有轴承用以支撑旋转的电枢。

2. 转子

转子又称为电枢，是电动机的旋转部分，主要由电枢铁心、电枢绕组、换向器等组成，如图 6-3-4 所示。

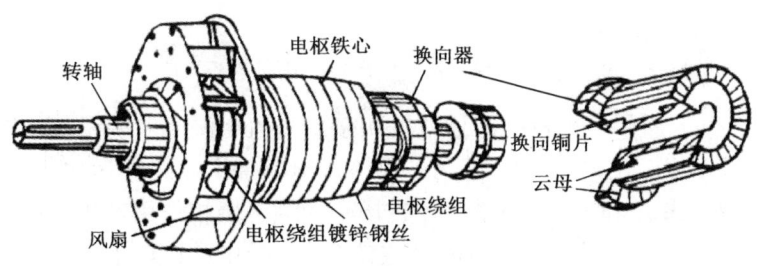

图 6-3-4　直流电动机电枢铁心

电枢铁心由硅钢片冲压而成，在外圆上有分布均匀的槽用来嵌放绕组，铁心也作为电动机磁路的一部分。

电枢绕组是用于产生感应电动势或电磁转矩，实现能量转换的主要部件。它是由许多绕组元件构成，按一定规则嵌放在铁心槽内和换向片相连，使各组线圈的电动势相加。绕组端部用镀锌钢丝箍住，防止绕组因离心力而发生径向位移后与定子摩擦。

换向器由许多铜制换向片组成，外形呈圆柱形，片与片之间用云母绝缘。

6.3.2　直流电动机的工作原理

直流电动机与交流电动机的工作原理大致相似，同样是基于电磁感应原理，使转轴在一定力矩的作用下而发生转动。

直流电动机的工作原理分析如图 6-3-5 所示，N 和 S 是一对静止的磁极，用以产生磁场，其磁感应强度沿圆周为正弦分布。容量较小的电动机是用永久磁铁做磁极的，容量较大的电动机的磁场是由直流电流通过绕在磁极铁心上的绕组产生的。用来形成 N 极和 S 极的绕组称为励磁绕组，励磁绕组中的电流称为励磁电流。

在 N 极和 S 极之间，有一个能绕轴旋转的圆柱形铁心，其上紧绕着一个线圈称为电枢绕组（图中只画出一匝线圈），电枢绕组中的电流称为电枢电流。

电枢绕组两端分别接在两个相互绝缘而和绕组同轴旋转的半圆形铜片（换向片）上，组成一个换向器。换向器上压着固定不动的炭质电刷。

由铁心、电枢绕组和换向器所组成的旋转部分总称为电枢。

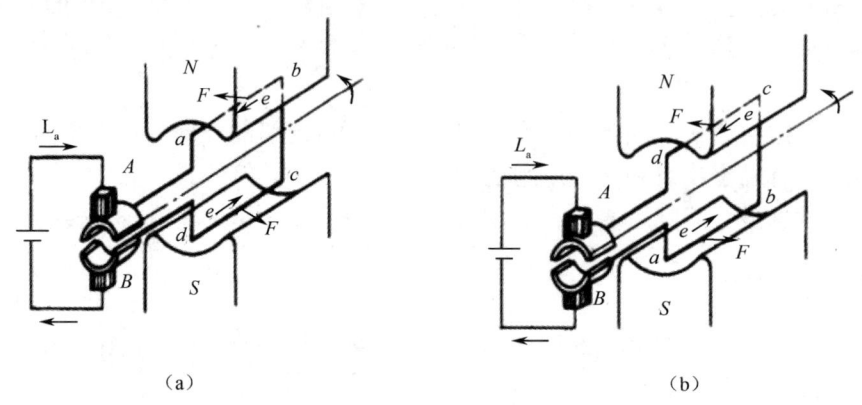

图 6-3-5　直流电动机工作原理示意图

如图 6-3-5（a）所示，电枢绕组通过电刷接到直流电源上，绕组的旋转轴与机械负载相连。电流从电源正极流出，流到电刷 A，再流入电枢绕组，路径为 abcd，再从电刷 B 流出后流回电源负极。ab 边和 cd 边通电，在磁场中受到磁场相作用产生电磁力 F，其方向可用左手定则判定。这一对电磁力所形成的电磁转矩 T，使电动机电枢逆时针方向旋转。

当电枢转过 180° 后，到达图 5-3-6（b）所示位置时，ab 边转到下方，cd 边转到了上方。电流从电源正极流到电刷 A，再流入电枢绕组，路径为 dcba，再从电刷 B 流出后流回电源负极。这时线圈电磁转矩的方向发生了改变，即 ab 边的电磁力由左变成右，cd 边的电磁力由右变成左。线圈上方的受力导线受到的电磁力方向一直向左，下方的受力导线受到的电磁力方向一直向右，由于换向器随电枢一起旋转，使得电刷 A 总是接触 N 极下的导线，电刷 B 总是接触 S 极下的导线，电流流动方向发生改变，而电磁转矩方向不变，从而保证所驱动的机械负载同方向持续运转。由此可以看出，换向器可以将电源的直流电转变成电枢绕组中的交变电（ab 边和 cd 边的电流方向交替变换）。

6.3.3　直流电动机的分类

励磁绕组与电源的连接方式称为励磁方式，按照励磁方式的不同，将直流电动机分为他励式直流电动机，并励式直流电动机、串励式直流电动机和复励式直流电动机。

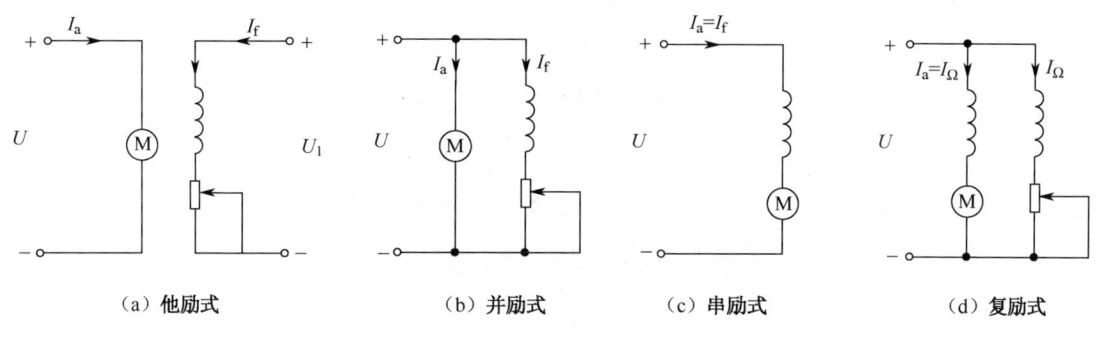

（a）他励式 　　（b）并励式 　　（c）串励式 　　（d）复励式

图 6-3-6　直流电动机的励磁方式

1. 他励式直流电动机

他励式直流电动机采用两组电源供电，一组电源接励磁绕组，其励磁电流 I_f 比较恒定，另一组电源接电枢绕组，电枢电流为 I_a，两部分没有电的联系，起动转矩与电枢电流成正比，如图 6-3-6（a）所示。

2. 并励式直流电动机

并励式直流电动机只有一个电源供电，励磁绕组和电枢绕组并联后由同一个控制电路控制，其特点是励磁绕组和电枢绕组的电压相同，电源电流为电枢电流与励磁绕组电流之和，如图 6-3-6（b）所示。

3. 串励式直流电动机

串励直流电动机的励磁绕组与电枢绕组之间通过电刷和换向器相串联，由同一个控制电路控制，其起动转矩可达额定转矩的 5 倍以上，短时间过载转矩可达额定转矩的 4 倍以上，转速变化率较大，空载转速甚高（一般不允许其在空载下运行），如图 6-3-6（c）所示。

汽车采用的起动机通常是串励式直流电动机，主要应用串励式直流电动机起动转矩大这一特点。如图 6-3-7 所示为汽车用起动机。

图 6-3-7　汽车起动机

起动机的结构如图 6-3-8 所示，两个接线柱一个接电源正极，负责给电动机通电，另一个与起动继电器连接，当点火开关在起动档（START）时，起动继电器吸合，电动机的电磁开关通电，电磁开关内的线圈通电产生电磁吸力，将电磁铁心吸入，拨叉上方被吸向左侧，拨叉下方动作拨动拨环，驱动齿轮被推出与汽车发动机飞轮啮合，此时起动机带动发动机飞轮旋转。起动着车后，点火开关回到 ON 档，电磁开关断电，在弹簧弹力作用下，电磁铁心被弹出，拨叉将电枢轴拨回，驱动齿轮与发动机飞轮分离，起动结束。

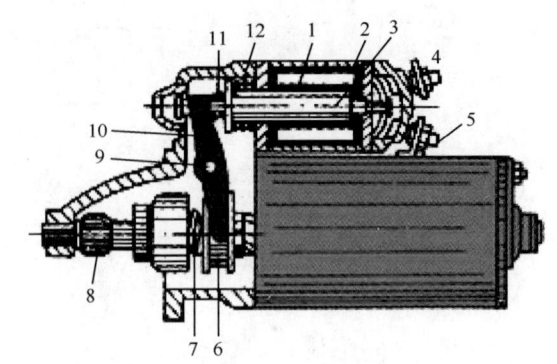

1-线圈；2-外壳；3-电磁铁心；4、5-接线柱；6-拨环；7-缓冲弹簧；

8-驱动齿轮；9-拨叉轴；10-拨叉；11、12-弹簧

图 6-3-8 起动机结构图

4．复励式直流电动机

复励式直流电动机的励磁绕组的一部分与电枢绕组串联，另一部分与它们并联，如图 6-3-6（d）所示。

6.3.4 直流电动机的起动、制动、调速及正反转控制

1．直流电动机的起动

直流电动机从接通电源开始转动，直至转速升高至某一固定转数后稳定运行，这一过程称为电动机的起动过程。直流电动机有全压起动、变阻器起动和降压起动三种方法。

（1）全压起动

全压起动又称为直接起动。全压起动就是将电动机直接接入到额定电压的电源上起动。由于电动机所加的是额定电源，而电动机开始接通电源瞬间电枢不动，电枢反电动势为零，所以起动时电流很大。正因为此，起动转矩大，电动机起动迅速，起动时间短。

电动机一旦开始运转，电枢绕组就有感应电动势产生，且转数越高，电枢反电动势就越大。随着电动机转数上升，电流迅速下降，电磁转矩也随之下降。当电动机电磁转矩与负载阻力转矩相平衡时，电动机的起动过程结束而进入稳定运行状态。

全压起动的优点是不需复杂的电气控制设备，操作简便；缺点是起动电流大。它只适用于小型电动机，如家用电器中的直流电动机。

（2）变阻器起动

变阻器起动就是在起动时将一组起动电阻串入电枢回路，以降低电枢绕组电压，限制起动电流，而当转数上升到额定转数后，再把起动变阻器从电枢回路中切除。

变阻器起动的优点是起动电流小；缺点是变阻器比较笨重，起动过程中要消耗很多的能量。

（3）降压起动

降压起动就是在起动时通过暂时降低电动机供电电压的办法来限制起动电流，随着起动过程的进行，逐渐调高电枢绕组上的电压，直至额定电压，转速也会逐渐升高至稳定的转速。该起动方法需要有一套可变电压的直流电源，是适合于大功率电动机的起动方案。

2．直流电动机的制动

直流电动机的制动方法分为自由制动、机械制动和电气制动。自由制动是指通过空气阻力和机械材料之间的自由摩擦，使电动机转子停止转动。机械制动是指通过某种方法，让电动机的电磁转子受到的外界阻力瞬间加大，以阻碍电动机转子转动，进而使其停下来。电气制动是指使电动机产生一个与转速方向相反的电磁转矩，起到阻碍运动作用的一种方法。电气制动有能耗制动、反接制动和回馈制动三种方法，控制简单，制动转矩大，无噪声，成本低，因此被广泛使用。

（1）能耗制动

能耗制动的原理图如图 6-3-9 所示，制动前接触器 KM1 闭合，KM 断开，电动机处于稳定运行状态。转动转矩 T_{em} 与转速 n 的方向相同（均为顺时针方向）。电动机制动时，KM1 断开，KM 闭合，电动机电枢绕组断电，但在惯性的作用下电动机继续沿顺时针方向转动，切割磁感线，此时电动机处于发电状态，在电枢绕组上产生感应电动势 E_a，方向如图 6-10 所示。由于电动机电枢绕组和电阻 R_H 串联构成回路，产生的制动电流与驱动电流 I_a 方向相反，则产生的制动力矩与原转动力矩相反，电动机迅速减速至零。由于在制动过程中的电动机动能转换成电能被制动电阻消耗，因此被称为能耗制动。

（2）反接制动

电枢电压反接制动如图 6-3-10 所示，制动前，接触器的常开触头 KM1 闭合，另一个接触器的常开触头 KM2 断开，假设此时电动机处于正向电动运行状态，电磁转矩 T_{em} 与转速 n 的方向相同。

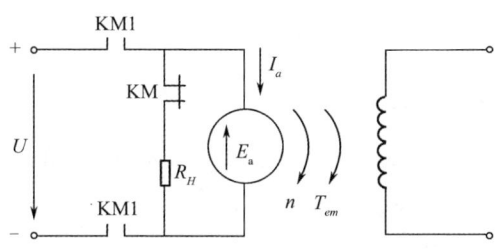

图 6-3-9 能耗制动的原理图

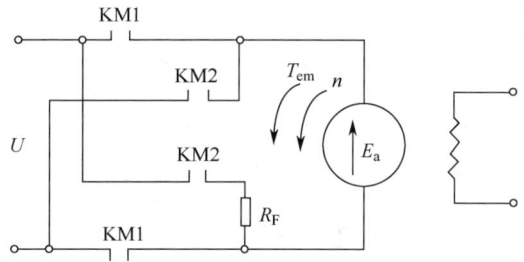

图 6-3-10 电枢反接制动原理图

在电动机运行中，断开 KM1，闭合 KM2，使电枢电压反向并串入电阻 R_F，则电动机进入制动过程。反接制动时，加到电枢两端电源电压的极性方向相反，端电压为反向电压 $-U$，同时接入反接制动电阻 R_F，反接制动开始，由于机械惯性，转速不能突变，仍保持原来的方向，在减速过程中，T_{em} 与 n 的方向相反，电磁转矩 T_{em} 为制动性转矩，拖动系统减速，直至 $n=0$，然后应该立即将接触器触头 KM1，KM2 都断开，使电动机脱开电源，系统制动过

程结束，接触器断开过晚回使电动机反转。

（3）回馈制动

回馈制动和三相异步电动机的回馈发电制动相同，多见于电动机下放重物以及下坡等场合。在励磁不变的条件下，如果电动机的负载转矩使其加速运行，电动机的实际转速大于电动机的励磁驱动转速，E_a 和 U 在回路中共同作用的结果是电枢电流在原方向上迅速减小并反向，故电磁转矩反向，进入制动状态。由于电动机将势能转化为电能回馈给电网，具有发电机的特性，因此这种制动方法又称为回馈发电制动。

3．直流电动机的调速

在电动机的机械负载不变的条件下改变电动机的转数即被称为调速，根据电动机的机械特性看出，当转矩 M 不变（即负载不变）时，影响电动机转速的因素有电源电压 U、电枢电阻和主磁通，因此只要改变其中一个参数，电动机的转速就可改变。

（1）电枢回路串联电阻调速法

电枢回路串联电阻调速法原理图如图 6-3-11 所示。当电动机制成以后，其电枢电阻是一定的，但是可以在电枢回路中串联一个可变电阻 R_p 来实现调速，这种方法增加了串联电阻，使电动机的效率降低，特性变软。如果负载稍有变动，则电动机的转数就会有较大的变化，因而对要求恒速的负载不利。

（2）改变励磁回路电阻的调速法

改变励磁回路电阻的调速法原理图如图 6-3-12 所示。为了改变磁通量，在励磁电路中串联一只调速电阻器 R_p，改变调速电阻器 R_p 的阻值就可改变励磁电流，进而使主磁通量得以改变，实现调速。这种调速方法只能减小磁通使转数上升，特点是调速后的机械特性变硬。

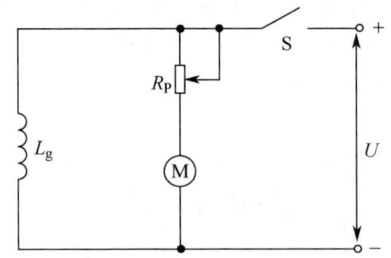

图 6-3-11　电枢回路串联电阻调速法原理图

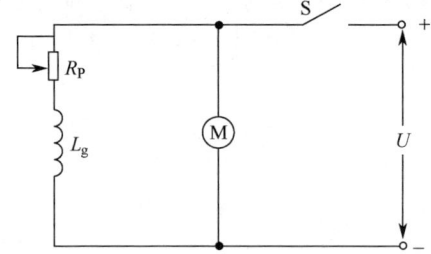

图 6-3-12　改变励磁回路电阻的调速法原理图

（3）改变电枢端电压调速法

改变电枢的端电压 U 也可以相应地提高或降低直流电动机的转速。由于电动机的电压不得超过额定电压，因而这种调速方法只能把转速调低，不能调高。

4．直流电动机的正反转控制

在日常生活中，很多直流电动机都需要正转和反转，如录音机、录像机中的直流电动机，汽车上的车窗、天窗、大灯高度可调等直流电动机。直流电动机的正、反转是很容易实现的。改变电枢绕组电流方向，或者改变定子磁场的方向，都可以改变电动机的转向。但对于永磁式直流电动机来说，则只能通过改变电流方向来实现改变电动机转向的目的。

如图 6-3-13 所示，为 H 桥驱动直流电动机的原理图。电动机由 4 个三极管来驱动，一般由控制器来控制。如图 6-3-13（b）所示，当控制器给 A 端和 B 端送低电位，给 C 端和 D 端送高电位时，TA 和 TD 三极管都饱和导通，TB 和 TC 三极管都截止，电流从电源正极流出来，经过 TA 三极管的发射极和集电极，由左向右流经电动机，再经过 TD 三极管的集电极和发射极后流入电源负极。当需要反向转动时，控制器给 A 端和 B 端送高电位，给 C 端和 D 端送低电位，TA 和 TD 三极管都截止，TB 和 TC 三极管都饱和导通，电流从电源正极流出来，经过 TC 三极管的发射极和集电极，由右向左流经电动机，再经过 TB 三极管的集电极和发射极后流入电源负极。这种电动机的驱动方法比较简单，但由于控制器在改变四个控制端的电位变化时，电动机会断电，电动机的电枢绕组会形成感应电动势，需要释放能量，如果不用保护电路的话很容易将三极管击穿掉，因此经常在四个三极管的集电极和发射极间各并联一只二极管，该二极管也称为消弧二极管、续流二极管或保护二极管。H 桥驱动直流电动机的电路中，用场效应管也可代替三极管。

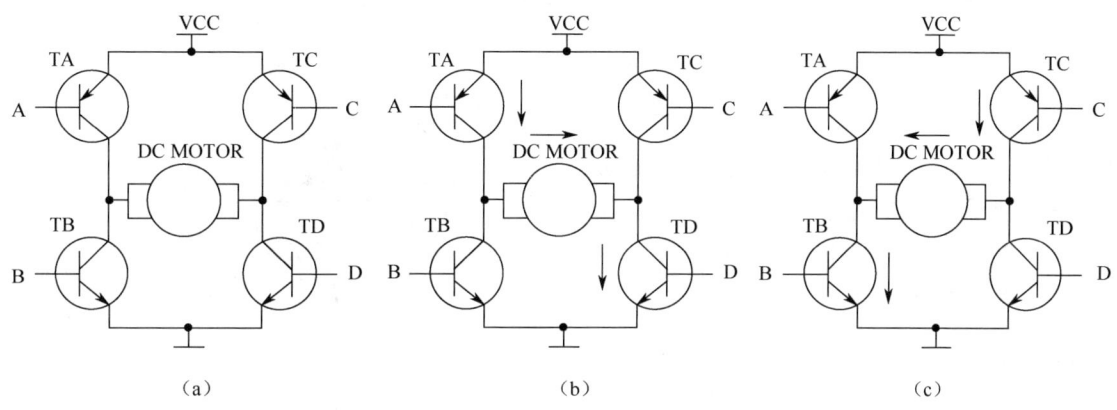

图 6-3-13　H 桥驱动直流电动机的原理图

6.4　步进电动机

在控制系统中，经常利用小功率的电机来测量和传递信号，将这类电机称为控制电机，其最大的特点是功率小、重量轻、能耗低、体积小、精度和可靠性高。步进电动机是一种用电脉冲控制，使电机按一定的角位移或线位移动作的控制电机。如图 6-4-1 所示为 4 相 5 线 5V 直流步进电动机及其驱动板。

汽车怠速控制、自动空调调节随动转向前照灯控制等经常使用步进电动机实现，如图 6-4-2 所示为大众 POLO 轿车仪表电脑内的步进电动机。

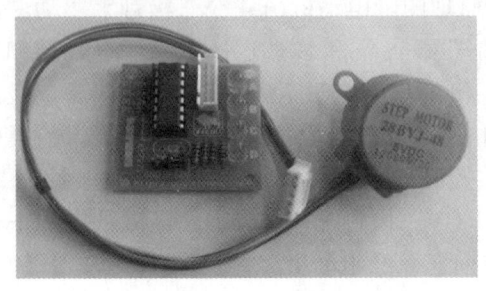 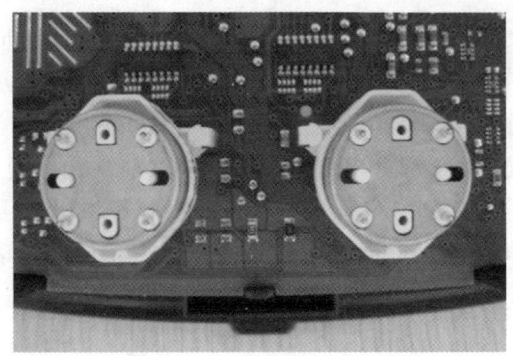

图 6-4-1　4 相 5 线 5V 直流步进电动机及其驱动板　　图 6-4-2　大众 POLO 轿车仪表电脑内的步进电动机

6.4.1　步进电动机的结构

步进电动机通常由定子和转子组成，如图 6-4-3 所示。

1. 定子

定子是用硅钢片或其它软磁材料制成的，定子上分布多个磁极，在径向相对的两个磁极上的线圈串联起来组成一相绕组，三相绕组接成星形。

2. 转子

转子同样也是由硅钢片或其它软磁材料制成的，转子上没有绕组。

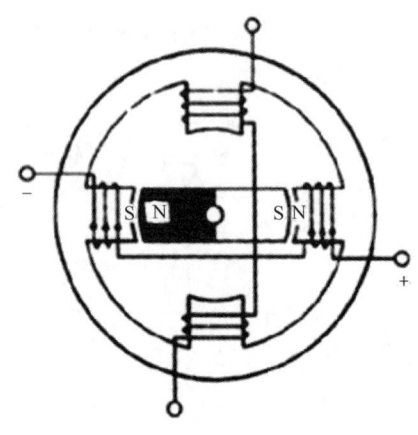

图 6-4-3　步进电动机的结构

如果将转子做成永磁的，就成为永磁式转子，永磁式转子是利用与定子磁极之间的吸引力和排斥力产生转矩的，因此，它的输出转矩较大。

6.4.2　步进电动机的分类

步进电动机的分类方式很多，常见的分类方式有按产生力矩的原理分为反应式和激磁式，按输出力矩的大小分为伺服式和功率式，按定子数分为单定子式、双定子式、三定子式和多定子式，按各项绕组的分布分为径向分布式和轴向分布式。目前，我国使用的步进电动机多为反应式步进电动机。在反应式步进电动机中，有轴向分布和径向分布两种。

6.4.3　步进电动机的工作原理

如图 6-4-4 所示，永磁转子式步进电动机的转子是一个永久磁铁，定子有两相独立的绕组。当电脉冲信号从 B_1 端进，从 B 端出时，B_1B 绕组产生一个磁场，根据右手螺旋定则判断出左侧为 S 极，右侧为 N 极。再根据磁场的同性相斥、异性相吸的原理，转子 S 极在右侧位置，N 极在左侧位置，如图 6-4-4（a）所示。

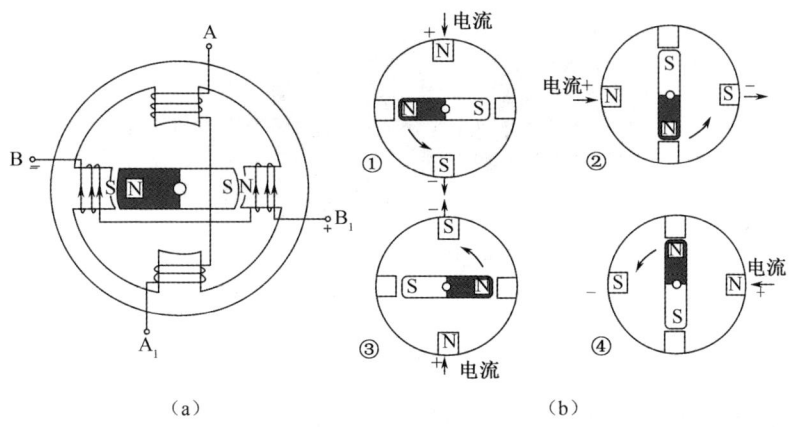

图 6-4-4　永磁转子式步进电动机的基本结构与步进原理

当电脉冲信号从 B₁B 绕组消失后，再给 AA₁ 绕组送入电脉冲信号，电脉冲信号从 A 端进，从 A₁ 端出时，AA₁ 绕组产生一个磁场，根据右手螺旋定则判断出上侧为 N 极，下侧为 S 极。转子 S 极在右侧位置，N 极在左侧位置，根据磁场的同性相斥、异性相吸的原理，转子会逆时针旋转 90°，如图 6-4-4（b）①所示。

当电脉冲信号从 AA₁ 绕组消失后，再给 BB₁ 绕组送入电脉冲信号，电脉冲信号从 B 端进，从 B₁ 端出时，BB₁ 绕组产生一个磁场，根据右手螺旋定则判断出左侧为 N 极，右侧为 S 极。转子 S 极在上侧位置，N 极在下侧位置，根据磁场的同性相斥、异性相吸的原理，转子会逆时针旋转 90°，如图 6-4-4（b）②所示。

当电脉冲信号从 BB₁ 绕组消失后，再给 A₁A 绕组送入电脉冲信号，电脉冲信号从 A₁ 端进，从 A 端出时，A₁A 绕组产生一个磁场，根据右手螺旋定则判断出下侧为 N 极，上侧为 S 极。转子 S 极在左侧位置，N 极在右侧位置，根据磁场的同性相斥、异性相吸的原理，转子会逆时针旋转 90°，如图 6-4-4（c）③所示。

当电脉冲信号从 A₁A 绕组消失后，再给 B₁B 绕组送入电脉冲信号，电脉冲信号从 B₁ 端进，从 B 端出时，B₁B 绕组产生一个磁场，根据右手螺旋定则判断出右侧为 N 极，左侧为 S 极。转子 S 极在下侧位置，N 极在上侧位置，根据磁场的同性相斥、异性相吸的原理，转子会逆时针旋转 90°，如图 6-4-4（b）④所示。

转子此时已经转过一圈，即每改变一次电脉冲信号，转子就会逆时针转动 90°。每输入一个脉冲信号使电动机转动的角度称为步进电动机的步进角，故其步进角为 90°。步进电动机的转速取决于电脉冲信号的频率，频率越高，转速越快。

要改变步进电动机的转动方向，只需要改变电脉冲信号送入两组绕组的顺序即可。步进电动机逆时针旋转时，送入电脉冲信号的顺序是 AA₁，BB₁，A₁A，B₁B。步进电动机顺时针旋转时，送入电脉冲信号的顺序是 A₁A，BB₁，AA₁，B₁B。

如图 6-4-5 所示为汽车怠速控制阀 ISCV 的结构图，主要由定子线圈、转子、阀，阀轴、阀座等组成。

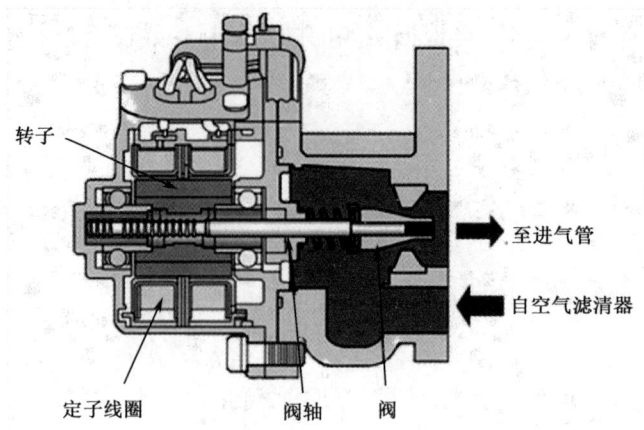

图 6-4-5　怠速控制阀 ISCV 的结构图

发动机怠速时的进气量主要由旁通空气道决定，旁通空气道实际控制怠速的通气量由怠速控制阀来控制，而该阀门的打开程度由电子控制器 ECU 来控制步进电动机实现。ECU 通过控制步进电动机的转动方向和角度来控制螺杆的移动方向和距离，从而达到控制怠速阀开度，调整旁通空气道的进气流量，进而调整怠速转速。

小　　结

汽车交流发电机在汽车正常工作时为全车提供电能，同时为蓄电池补充电能。汽车交流发电机的基本原理是电磁感应现象，转子在外力的作用下旋转产生旋转磁场，定子绕组感应产生三相感应电动势，经过整流器转变为直流电动势，提供给用电设备。

三相异步电动机目前普遍使用与生产生活中，主要由定子和转子组成，根据转子的特点分为鼠笼式和绕线式两类。三相异步电动机在工作时，定子绕组通电产生旋转磁场，转子导条或绕组在旋转磁场中切割磁感线产生感应电动势，并产生感应电流，带电的转子导条或绕组在磁场中受到电磁力的作用而转动起来。

汽车所使用的起动机就是直流电动机，其由定子和转子（电枢）构成。定子绕组通入直流电在主磁极产生恒定磁场，转子的电枢绕组通过换向器和电刷与电源相连，电枢绕组切割磁感线产生电磁转矩，使得电枢转动起来，完成电能向机械能转换的过程。

步进电动机是一种将电脉冲信号转换成角位移或直线位移的执行元件，在数字控制系统中被广泛应用。步进电动机由控制脉冲通过驱动功放线路来控制电机一步一步转动。每一个控制脉冲，都将使电动机转动一个固定角度。汽车怠速系统就采用步进电动机控制怠速进气量。

习　题

6-1　发电机的三相绕组连接成星型时，U 相和 V 相之间的电压 $u = 220\sin\left(\omega t - 30^\circ\right)\text{V}$ ，试写出线电压 u_{UV}、u_{VW}、u_{WU} 的表达式。

6-2　有一三相电动机，每相的等效电阻 $R=6\Omega$，等效电抗 $X=8\Omega$，用 380 V 线电压的电源供电，试求分别用星形连接和三角形连接时电动机的相电流、线电流和总的有功功率。

6-3　三相异步电动机的转向由什么决定，如何改变电动机的转向？

6-4　一台鼠龙式三相异步电动机标有额定电压为 380/220V，当电源电压为 380V 时，能否采用 Y-△降压启动？

6-5　解释三相异步电动机"异步"的意义。

6-6　已知某三相异步电机的磁极对数 $P=6$，电源频率为 50Hz，额定转差率为 0.05，求该电机的额定转速。

6-7　一台异步电机由频率为 50Hz 的电源供电，其额定转速为 730r/m 。求此电机的极对数，同步转速及额定负载时的转差率。

6-8　直流电动机的在起动时，为什么要限制起动电流？

6-9　直流电动机的制动方法有哪几种？各有什么特点？

6-10　直流电动机的调速方法有哪几种？各是什么原理？

6-11　什么叫步进电动机？试简要说明永磁转子式步进电动机的基本结构与步进原理？步进电动机的转速和什么因素有关？

6-12　什么是步进电动机的步进角？

第 7 章

电工安全知识与电工仪表

知识目标

1. 了解安全用电知识。
2. 掌握常用电工工具的使用方法。
3. 掌握常用电工仪表的使用方法。
4. 掌握焊接工艺的基本知识。

电能是生产生活中不可缺少的能源，目前电力系统为社会发展提供重要的能源支持。因此增强安全用电知识，掌握安全用电常识非常必要。对于从事电力系统工作的人员来说，电工工具、电工仪表的使用方法是必须熟悉和掌握的。随着电子技术的发展，电力系统的电路板随处可见，焊接技术也是需要掌握的电工知识之一。

7.1 基本安全用电知识

7.1.1 安全电压和电流

在电力系统中，电压和电流是最基本的参数。交流电是生产生活普遍使用的电能。交流工频安全电压的上限值是指在任何情况下两导体间或任一导体与地之间的电压都不得超过50V。我国安全电压的额定值为 6V、12V、24 V、36 V、42 V，例如手提照明灯或危险环境的携带式电动工具应采用 36V 的安全电压，金属容器内、隧道内、矿井内等工作场合或狭窄行动不便及周围有大面积接地导体的环境中，应采用 12V 或 24V 安全电压，以防止因触电而造成的人身伤害。

人体触电伤害程度与通过人体的电流大小以及触电时间长短有关。通常将人体触电后最大的摆脱电流称为安全电流。我国规定的安全电流为 30mA（触电时间不超过 1s）。研究证明，在触电时间不超过 1s 时，如果流经人体电流不超过 30mA 时，对人体无损伤，但是当

流经人体电流达到 50mA 时对人体有致命危险，当达到 100mA 时通常会致人死亡。

7.1.2 绝缘安全用具

绝缘安全用具是保证作业人员安全操作带电体以及人体与带电体安全距离不够时所采取的绝缘防护工具。绝缘安全用具按使用功能可分为绝缘操作用具和绝缘防护用具。

绝缘操作用具主要用来进行带电操作、测量和其他需要直接接触电气设备的特定工作。常用的绝缘操作用具一般有绝缘操作杆、绝缘夹钳等，如图 7-1-1 所示。

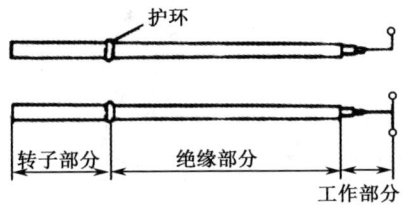 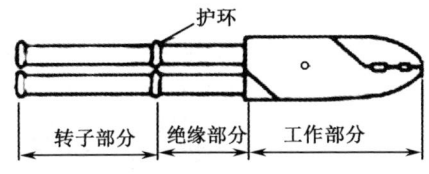

图 7-1-1 绝缘操作杆和绝缘夹钳

绝缘操作用具均由绝缘材料制成，在其正确使用中应注意以下两点：

① 绝缘操作用具本身必须具备合格的绝缘性能和机械强度；

② 只能在和其绝缘性能相适应的电气设备上使用。

绝缘防护用具是对可能发生的有关电气伤害起到防护作用，其主要用于对泄漏电流、接触电压、跨步电压和其他接近电气设备存在的危险等进行防护。常用的绝缘防护用具有绝缘手套、绝缘靴、绝缘隔板、绝缘垫、绝缘站台等，如图 7-1-2 所示。当绝缘防护用具的绝缘强度足以承受设备的运行电压时，才可以用来直接接触运行的电气设备，一般情况下不直接触及带电设备。使用绝缘防护用具时，必须做到使用合格的绝缘用具，并掌握正确的使用方法。

| 绝缘手套 | 绝缘靴 | 绝缘垫 | 绝缘站台 |

图 7-1-2 绝缘防护用具

7.1.3 触电及其防护方法

人体触电时电流流过人体，会对人体内部生理机能产生伤害，触电时轻者感到麻痹、剧痛，严重的往往会造成死亡。造成触电的原因通常有违章操作、缺乏安全用电知识和意外触电。

1. 触电方式

常见的触电类型有单向触电、双向触电和跨步电压触电，此外还有高压电弧触电、接触电压触电、雷电触电、静电触电等。

单相触电是指人体的某一部分接触带电体的同时，另一部分又与大地或中性线相接，电流从带电体流经人体到大地或中性线形成回路，如图 7-1-3 所示。

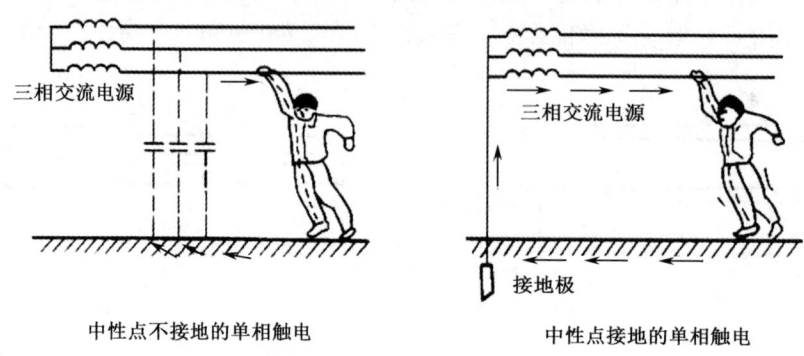

图 7-1-3 单相触电

两相触电是指当人体同时接触两根不同的相线，或者人体同时触及到电气设备的两个不同相的带电部位时，电流由一根相线经过人体到达另一根相线，形成闭合回路，这种触电形式称为两相触电，如图 7-1-4 所示。

跨步电压触电是指当线路的一根带电相线断落地面时，电流通过导线接地点流入大地散发到四周的土壤中，以导线触地点为中心，构成电位分布区域。当人进入这个区域，由于两脚之间有电位差，形成跨步电压，在跨步电压作用下，电流从高电位的脚流进，从低电位的脚流出，从而形成跨步电压触电，如图 7-1-5 所示。

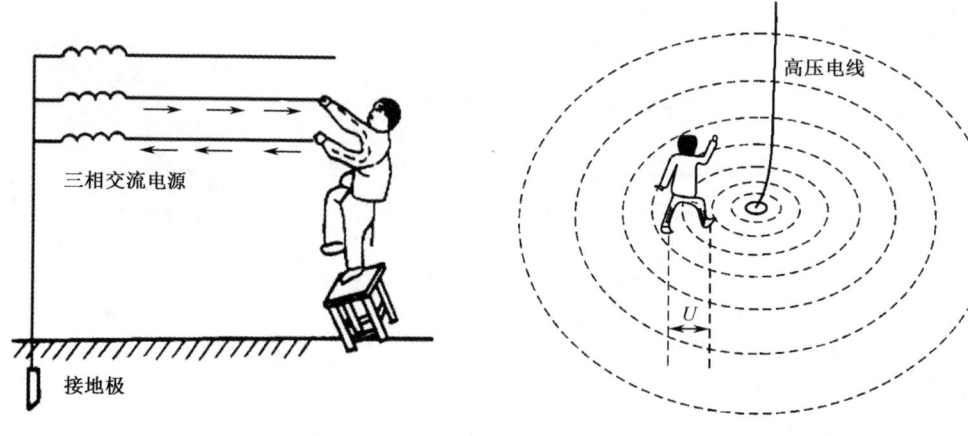

图 7-1-4 两相触电   图 7-1-5 跨步电压触电

2．防止触电的安全措施

为了保证人身和财产安全，在生产生活中必须有安全措施防止触电的发生，通常采用保护接地和接零以及漏电保护的方式。

（1）保护接地和保护接零

在中性线接地系统中，必须采用保护接零。在同一供电线路中，不允许一部分设备采用保护接地而另一部分设备采用保护接零。保护接地和保护接零如图 7-1-6 所示。

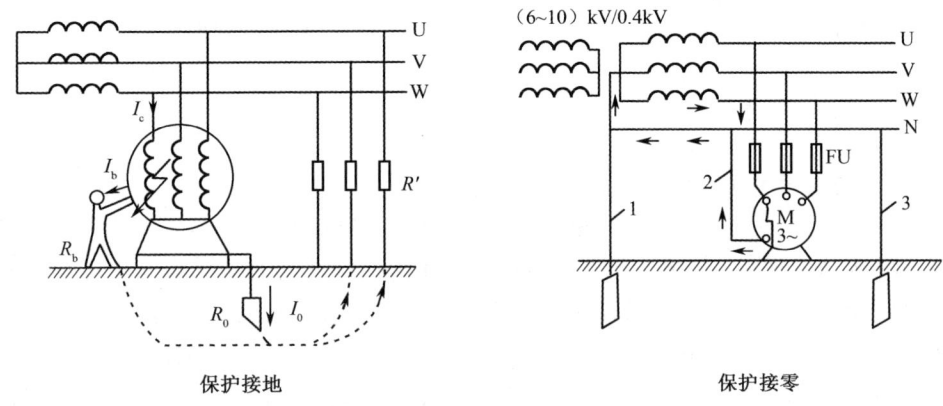

图 7-1-6　保护接地和保护接零

如图 7-1-7 所示为生活中常用的三头插座示意图。

（2）漏电保护

漏电保护时采用的是漏电保护器，如图 7-1-8 所示为漏电保护器的实物图和原理图。安装漏电保护器时，工作零线必须接漏电保护器，而保护零线或保护地线不得接漏电保护器。

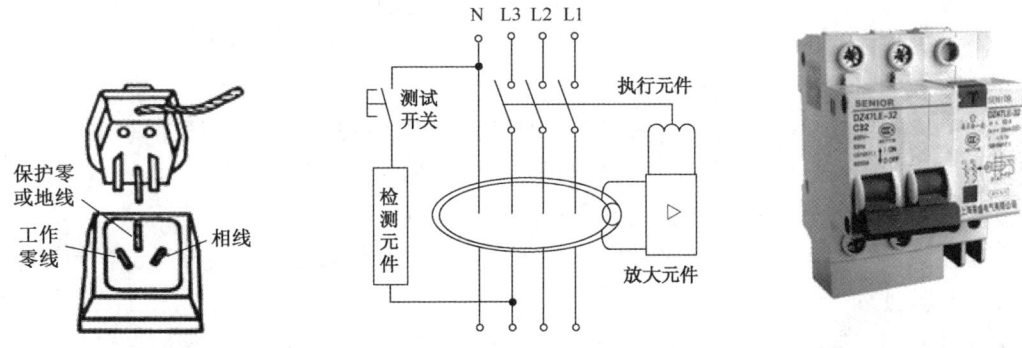

图 7-1-7　三头插座示意图　　　　图 7-1-8　漏电保护器的实物图及原理图

7.1.4　其他防护措施

（1）火线进开关

安装螺口灯座时，火线要与灯座中心的簧片连接，不允许与螺纹相连。

（2）合理选择导线和熔丝

不能选额定电流很大的熔丝来保护小电流电路，更不允许以普通导线代替熔丝。

（3）采用静电防护

消除静电的最基本方法是接地，即将可能带上静电的物体用导线连接起来并接地。

（4）雷电防护

防雷的基本思想是疏导，即设法将雷电流导引入地。

（5）电气防火防爆

排除可燃易爆物资，排除电气火源，加强电气设备自身的防火防爆措施。

7.1.5　其他安全用电知识

电气设备的绝缘电阻要经常检测；移动的电气设备，使用前要查看其绝缘是否良好；遇雷雨天气，不要在大树下躲雨，不要站在高处，不要接听手机，更不应手持金属物件；使用室外天线时，应装避雷器或防雷用的转换开关；任何电气设备在未确认无电以前，应一律视为有电，不要随便触及；尽量避免带电操作，尤其是手潮湿时；使用电热器具时，人不要离开并且防止烫伤；"弱电"线路要与"强电"线路分开敷设，以防"强电"窜入"弱电"；不准乱拉乱接电线；禁止使用"一线一地"的安装方式；不盲目信赖开关或控制装置，只有拔下用电器才是最安全的。

7.1.6　触电急救技术

当发生触电事故时，迅速准确地进行现场抢救是防止人身伤亡的关键。

（1）脱离电源

发现触电者，首先应以最快的速度设法使其脱离电源，然后根据触电者的具体情况进行施救，直至医护人员的到来。

应该采取的正确方法是立即拔掉插头或断开开关，用干燥的木棒或竹竿将带电体从触电者身上移去，用绝缘良好的钢丝钳剪断电源线（应一根一根地剪，不可同时剪两根线，以免造成短路），带上绝缘手套、穿上绝缘鞋将触电者拉离电源。实在没办法时，也可强行将电源短路，以迫使电路上的保护装置动作，从而切断电源。

需要注意的是在触电解救的过程中，切不可赤手空拳去拉还没有脱离电源的触电者。

（2）急救处理

①　如触电者神志清醒，应将其就地躺平，严密观察，切忌立即站立和行走。

②　如果触电者失去知觉，停止呼吸，电脑心脏微有跳动，应迅速采用口对口人工呼吸。

③　如果触电者虽有呼吸，但心脏停止跳动，应迅速采用人工胸外挤压心脏法。

④　如果触电者心跳和呼吸都已停止，则需同时采取口对口人工呼吸和人工胸外挤压两种方法进行。

⑤　在就地抢救的同时，应设法联系医疗部门接替治疗。

7.1.7　汽车安全用电注意事项

（1）汽车在经过了一段时间的使用后，电瓶柱的桩头上通常都会产生不少的氧化物，这些物质会影响电流的通过，在寒冷气候条件下还可能造成启动电力不足，所以需要经常清洗这些氧化物。

（2）对于非免维护的蓄电池而言，需经常关注电池的电解液液面高度，液面过低时需要及时补充专用电解液。

（3）在夜间启动车辆时，为了保证点火电力充足，通常等发动机正常运转后再开启大灯、音响等用电设备。

（4）在车辆停车后，应当尽量减少使用耗电量大的电器设备，例如电动窗、天窗、大灯、音响等。

（5）车内外温差较大，车窗容易结雾影响视线，不利于安全驾车，因此在季节到来之前需要重点检查相关的加热装置是否正常工作，例如空调风挡出风口、侧窗出风口、前后窗的加热丝等。

（6）严禁用湿手触摸电器，使用湿布擦拭电器。

（7）严禁用手或导电物（如铁丝、钉子、别针等金属制品）去接触、探试电源插座内部。

（8）在夏天时，油箱不可过满，由于汽车油箱盖都有通气孔，如果油箱过满，行驶中的颠簸会使汽油溢出，遇上静电就会引发火灾。同时严禁在车内放置打火机，特别是仪表台，强烈的太阳光穿过弯曲的风挡玻璃后，可导致液化气为燃料的打火机发生爆炸或自燃引发火灾。

7.2　常用电工工具的使用

常用电工工具是指一般专业电工都要运用的工具。常用的工具有验电器、电工刀、螺丝刀、活动扳手、钢丝钳、尖嘴钳、断线钳、剥线钳等。常用电工工具的正确使用对于电气操作人员来说是必不可少的基本技能，而电工工具质量的好坏，使用方法的正确与否都将直接影响电气工程的施工质量和工作效率。

7.2.1　常用电工工具

1. 验电器

验电器通常分为低压验电器和高压验电器。

（1）低压验电器

低压验电器又称为验电笔，用来检查低压导体和电气设备的金属外壳是否带电的一种常用工具，我也可直接分辨交流电路中的火线和零线。低压验电器具有体积小、重量轻、携带方便、检验简单等优点。

低压验电器分为笔式和螺丝刀式两种，其中笔式低压验电器由氖管、电阻、弹簧、笔身

和笔尖等组成，如图 7-2-1 所示。如图 7-2-2 所示为电子验电笔，可显示被测电压值。

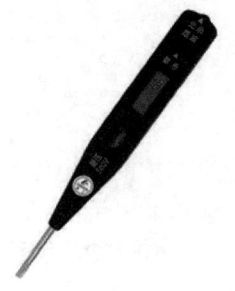

图 7-2-1 笔式低压验电笔   图 7-2-2 电子验电笔

低压验电器使用时的正确使用方法如图 7-2-3 所示，以手指触及笔尾的金属体，氖管小窗背光朝向自己。当使用验电器测试带电体时，带电体经笔尖（金属体）、氖管、电阻、弹簧、笔尾端的金属体，然后经过人体接入大地，形成回路。带电体与大地之间的电压超过 60V 后，氖管便会发光，指示被测带电体有电。

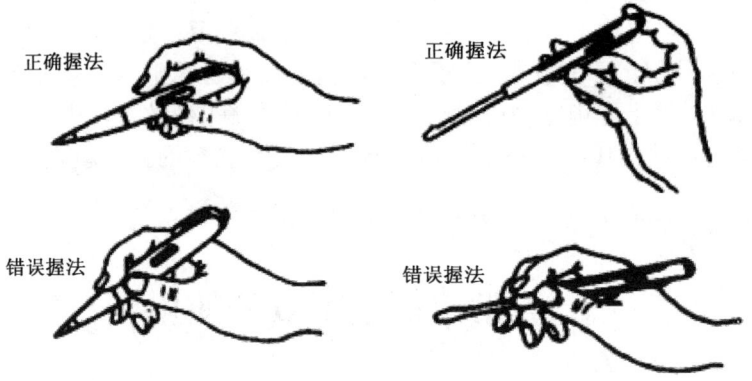

图 7-2-3   低压验电器的使用方法

低压验电器的测量范围在 60～500V 之间，低于 60V 时氖管可能不会发光，高于 500V 的电压不能用普通验电笔，避免造成人身触电，很不安全。切勿用普通验电笔测试超过 500V 的电压。

（2）高压验电器

如图 7-2-4 所示为高压验电器的结构图，其使用方法如图 7-2-5 所示。在使用高压验电器时，通常需要注意以下几方面：

① 符合必须戴上要求的绝缘手套；

② 手握部位不得超过护环；

③ 测试时必须有人在旁监护；

④ 小心操作，以防发生相间或对地短路事故；

⑤ 与带电体保持足够的安全间距（10kV 高压的安全距离应大于 0.7m）；

⑥ 室外操作时，必须天气良好，在雨雪、雾及湿度较大的天气时，不宜进行操作，以免发生危险。

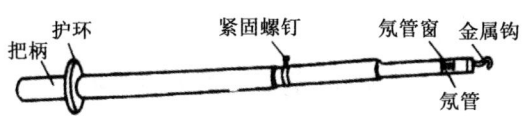

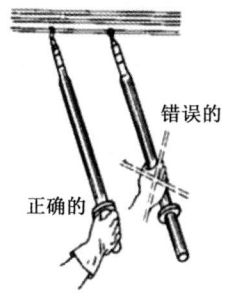

图 7-2-4　10kV 高压验电器图　　　　图 7-2-5　高压验电器的使用方法

2．电工刀

电工刀通常分为普通式和多用式，普通式电工刀有大号和小号两种，多用式电工刀增加了锯片、螺丝刀和锥子等功能，如图 7-2-6 所示为多用式电工刀外形图。

电工刀是用于剖削电线线头、切割木台缺口、削制木样的专用工具，三用电工刀还可以锯削电线槽板和锥钻木螺钉的底孔。

电工刀使用时的注意事项：

① 不得用于带电作业，以免触电；

② 应将刀口朝外剥削，并注意避免伤及手指；

③ 剥削导线绝缘层时，应使刀面与导线成较小的锐角，以免割伤导线；

④ 使用完毕，随即将刀身折进刀柄。

3．尖嘴钳

尖嘴钳的头部尖细，适用于在狭小的工作空间操作。尖嘴钳通常有铁柄和绝缘柄两种，绝缘柄的耐压为 500V，外形如图 7-2-7 所示。

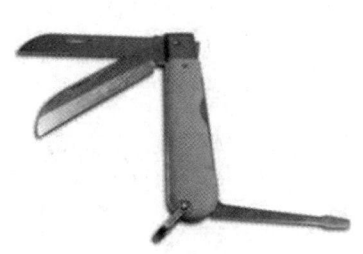

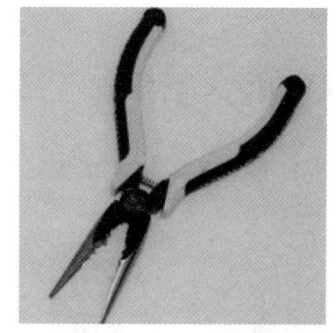

图 7-2-6　多用式电工刀外形图　　　　图 7-2-7　尖嘴钳实物图

尖嘴钳的用途如下：

（1）带有刀口的尖嘴钳能剪断细小金属丝；

（2）尖嘴钳能夹持较小螺钉、垫圈、导线等元件；

（3）在装接控制线路时，尖嘴钳能将单股导线弯成所需的各种形状。

4．断线钳

断线钳又称为斜口钳，钳柄有铁柄、管柄和绝缘柄三种。电工使用的绝缘柄断线钳的外形如图 7-2-8 所示。断线钳是专供剪断较粗的金属丝、线材及导线电缆时使用的。

5．剥线钳

剥线钳是用来剥或削小直径导线绝缘层的专用工具，通常由钳头和手柄两部分组成，钳头部分由切口和剥线口组成。剥线钳通常用于剥除线芯截面为 $6mm^2$ 以下塑料线或橡胶绝缘线的绝缘层，其切口有 0.5～3mm 多个直径切口，以适应不同规格线芯的切削，其手柄是绝缘的，耐压为 500V，如图 7-2-9 所示。使用剥线钳时，左手持导线，右手向内紧握钳柄，导线端部绝缘层被剥断自由飞出，使用时将导线置于大于线芯直径的切口上切削，以免切伤芯线。

图 7-2-8　绝缘柄断线钳实物图

6．网线钳

网线钳现代家庭常备的工具之一，具有剥线、剪线、压水晶头等功能，如图 7-2-10 所示。三用网线钳能制作 RJ45 网络线接头、RJ1 电话线接头和 4P 电话线接头。

图 7-2-9　剥线钳实物图　　　　　　　图 7-2-10　网线钳实物图

7.2.2　网线水晶头的压制

如图 7-2-11 所示为 RJ-45 接头（俗称水晶头），共有 8 个引脚。

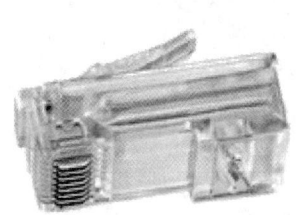
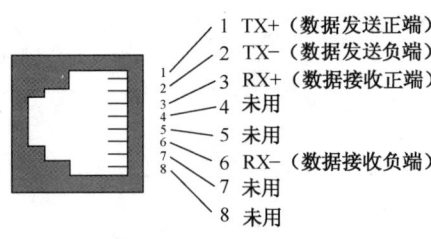

1 TX+（数据发送正端）
2 TX−（数据发送负端）
3 RX+（数据接收正端）
4 未用
5 未用
6 RX−（数据接收负端）
7 未用
8 未用

图 7-2-11　RJ-45 接头实物图及引脚分布

双绞线（Twisted Pair）是由两条相互绝缘的导线按照一定的规格互相缠绕（一般以顺时针缠绕）在一起而制成的一种通用配线，属于信息通信网络的传输介质。

网线所使用的电缆就是四对非屏蔽双绞线电缆，颜色为橙白、橙、绿白、绿、蓝白、蓝、棕白、棕。每条双绞线两头通过安装 RJ-45 连接器与网卡和集线器（或交换机）相连，就可形成网线用于信息传输。

用网线钳将网线剪够需要的长度，再将网线最外层绝缘层剥离，一般为 15mm 左右，将网线里层的四对非屏蔽双绞线电缆按 T568A 或 T568B 的顺序排序后，将前端剪齐插入水晶头中，用网线钳钳口压紧。

T568A 线序为：绿白、绿、橙白、蓝、蓝白、橙、棕白、棕。

T568B 线序为：橙白、橙、绿白、蓝、蓝白、绿、棕白、棕。

网线的适用范围：

（1）直接线互连：网线的两端均按照 T568B 的线序连接，如电脑至 ADSL 猫的连接，ADSL 猫至 ADSL 路由器 WAN 口的连接，电脑至 ADSL 路由器 LAN 口的连接，电脑至集线器或交换机的连接。

（2）交叉互连：网线的一端按照 T568B 的线序连接，另一端按照 T568A 的线序连接，如电脑至电脑的对等网连接，集线器至集线器的连接，交换机至交换机的连接。

7.2.3 视频头的制作

用电工刀剥掉同轴电缆的外层绝缘层，一般为 20mm，将其中的屏蔽线扭成两股，剪掉中间的锡箔纸夹层，用螺丝将同轴电缆的内芯铜丝与视频线接头连接，然后压紧屏蔽线。连接时注意不要将屏蔽线与铜丝连在一起，防止线路短路对信号传输造成干扰，连接过程如图 7-2-12 所示。

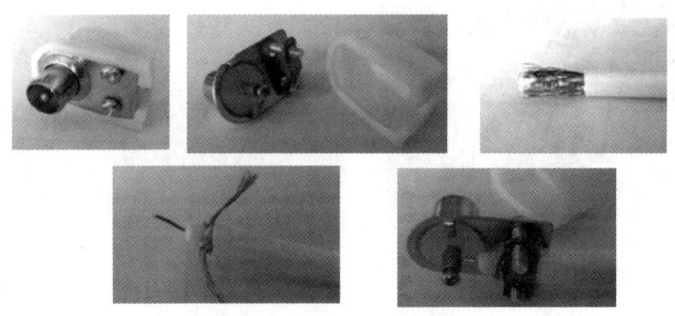

图 7-2-12 视频头的连接过程

7.3 常用电工仪表的使用

7.3.1 万用表

万用表是万用电表的简称，也被称为多用表，可以实现多量程，多种电量的测量，便于携带，因此在电气测量中被广泛应用。万用表通常可测量直流电流、直流电压、交流电压、电阻等，有的万用表还可以测交流电流、电容量、电感量及晶体二极管、三极管的某些参数。对于电学的初学者来说，建议使用指针式万用表，可以更加熟悉测量原理，例如欧姆定律，分流原理，分压原理。

万用表分为指针式万用表（机械万用表）和数字式万用表。

1. 指针式万用表的测量方法及使用注意事项

指针式万用表是一种整流式仪表，由表盘、转换开关、表笔和测量电路（内部）四个部分组成，如图 7-3-1 所示。万用表的基本原理是利用一只灵敏的磁电式直流电流表（微安表）做表头，当微小电流通过表头时，就会有电流指示。由于表头不能通过大电流，因此必须在表头上并联与串联一些电阻进行分流或分压，从而测出电路中的电流、电压和电阻值。

指针式万用表在使用前应检查指针是否指在机械零位上，如果没有指在零位上，可旋转表盖的调零器使指针指示在零位上。将测试笔红黑插头分别插入"+"、"-"插座中，如测量交流电压超出表盘量程，红表笔插入"2500V"插孔；如测量直流电流超出表盘量程，红表笔插入"5A"插孔。

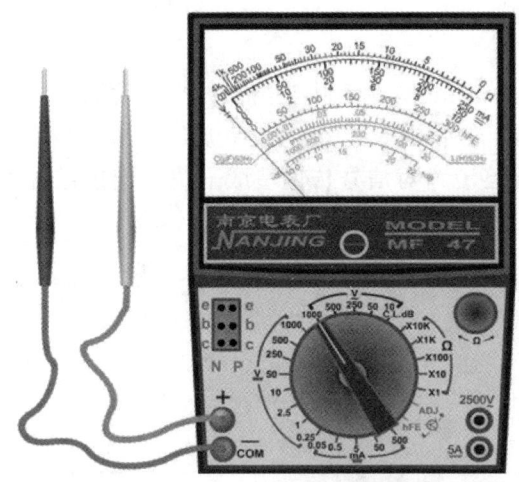

图 7-3-1　机械式万用表实物图

（1）电压测量

测量电压（或电流）时要选择好量程，如果用小量程去测量大电压，会有烧毁万用表的危险；如果用大量程去测量小电压，此时指针偏转太小，读数误差大或无法读数。量程的选择应尽量使指针偏转到满刻度的 2/3 左右。如果事先不清楚被测电压的大小，应先选择最高量程挡，然后逐渐减小到合适的量程。

① 交流电压的测量

将万用表的转换开关置于交流电压挡的合适量程上，万用表两表笔和被测电路或负载并联即可。将两表笔并接在被测电压两端进行测量（交流电不分正负极），如图 7-3-2 所示。

② 直流电压的测量

将万用表的转换开关置于直流电压挡的合适量程上，且红表笔接到高电位处，黑表笔接到低电位处，即让电流从红表笔流入，从黑表笔流出。若表笔接反，表头指针会反方向偏转，容易撞弯指针，如图 7-3-3 所示。

（2）电流测量

测量直流电流时，将万用表的转换开关置于直流电流挡的合适量程上，电流的量程选择和读数方法与电压一样。测量时必须先断开电路，然后按照电流从红表笔到黑表笔的方向，将万用表串联到被测电路中。如果误将万用表与负载并联，则因表头的内阻很小，会造成短路烧毁仪表。

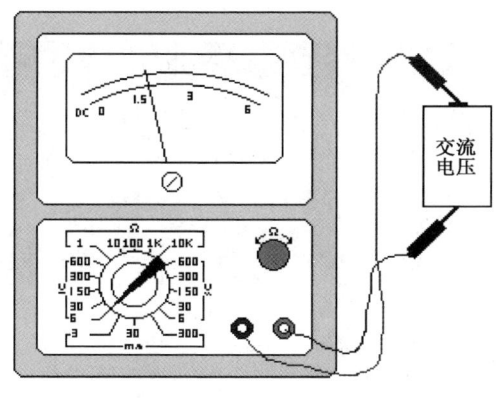

图 7-3-2　交流电压的测量

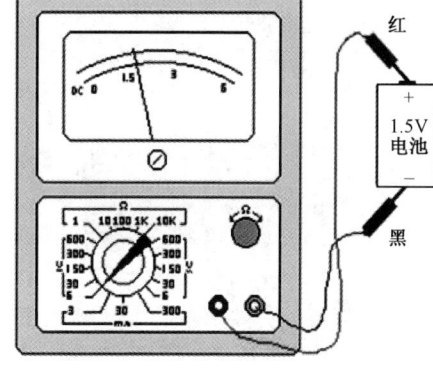

图 7-3-3　直流电压的测量

（3）电阻测量

用万用表测量电阻时，应该按照下列方法操作：

① 机械调零

在使用之前，调节指针定位螺钉使指针在表的左侧零位置处，避免测量误差。

② 选择合适的倍率挡

万用表欧姆挡的测量原理是非线性的，刻度不均匀，一般情况下，倍率挡的选择应使指针停留在刻度线间距大的部分为宜，指针指在刻度尺的 1/3～2/3 间比较合适，如图 7-3-4 所示。

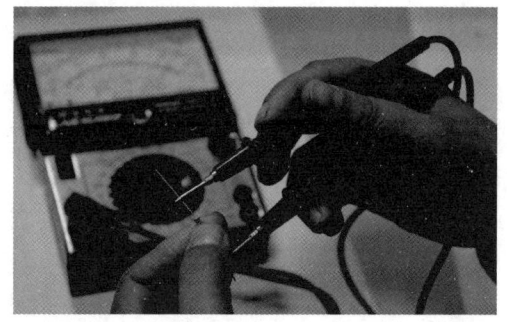
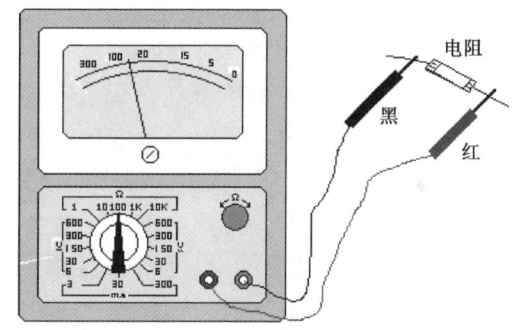

图 7-3-4　万用表测电阻

③ 欧姆调零

测量电阻之前，应将红黑表笔短接，同时调节"调零旋钮"，使指针刚好指在欧姆刻度线右边的零位置处。如果指针不能调到零位，说明电池电压不足或仪表内部有故障。并且每换一次倍率挡，都要再次进行欧姆调零，以保证测量准确。方法如图 7-3-5 所示。

④ 读数

表头的读数乘以倍率，就是所测电阻的电阻值。

$$阻值=刻度值×倍率$$

图 7-3-5　欧姆调零方法

（4）电容测量

测电容主要是测其充放电的过程。将万用表调至欧姆挡，将电容器的两个极短路放电，然后用两个表笔分别接两个极，如果是有极性电容，黑表笔接电容的正极，红表笔接电容的负极，万用表的指针向右偏转，到一定位置后慢慢往左偏转，最后偏至左侧无穷大处，电容正常。若指针向左慢慢偏转至某一位置不再继续向左偏，说明电容有漏电，不宜使用。若指针不偏转，则不能使用。

（5）电感测量

一般测电感线圈主要是测其是否导通，也是采用欧姆挡，表笔接电感线圈的两个引脚，阻值应该很小。测量变压器也是采用相同的方法。

（6）指针式万用表的使用注意事项

① 进行测量前，先检查红、黑表笔连接的位置是否正确。红色表笔接到红色接线柱或标有"+"号的插孔内，黑色表笔接到黑色接线柱或标有"-"号的插孔内，不能接反，否则在测量直流电量时会因正负极的反接而使指针反转，损坏表头部件。

② 在表笔连接被测电路之前，一定要查看所选挡位与测量对象是否相符，误用挡位和量程，不仅得不到测量结果，而且还会损坏万用表。

③ 在使用万用表之前，应先进行"机械调零"，即在没有被测电量时，使万用表指针指在零电压或零电流的位置上。

④ 在使用万用表过程中，不能用手去接触表笔的金属部分，保证测量的准确性及人身安全。

⑤ 在不清楚被测电量大小的情况下选择量程时，要先选大量程，后选小量程，尽量使被测值接近于量程，不能在测量的同时换挡，如需换挡，应先断开表笔，换挡后再去测量。

⑥ 测电阻时，不能带电测量，否则可能损坏表头。注意在欧姆挡改变量程时，每次改变后都要进行欧姆调零。

⑦ 万用表使用完后，应将转换开关置于交流电压的最大挡。如果长期不使用，还应将万用表内部的电池取出来。

⑧ 测量高压时，要站在干燥绝缘板上，并且一只手操作，防止意外事故。

⑨ 电阻各挡所用的干电池应定期检查更换，以保证测量精度。

2．数字式万用表的测量方法及使用注意事项

数字式万用表由转换开关、测量转换电路、模拟/数字量转换电路、显示逻辑电路、显示器等部分组成，通过模/数转换器将被测量值用数字形式显示出来。与指针式万用表相比，数字式万用表灵敏度高，精确度高，显示清晰，过载能力强，便于携带，使用更简单等。数字式万用表如图 7-3-6 所示。

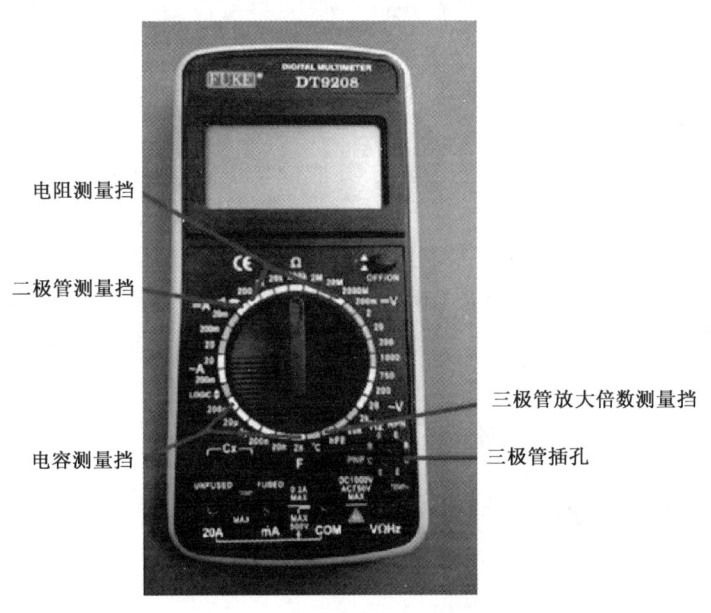

图 7-3-6　数字式万用表的实物图

（1）电压的测量

测量电压时，数字式万用表应与被测电路相并联，仪表具有自动转换并显示极性的功能。在测量电压时，不必考虑表笔接法；测量交流电压时，应用黑表笔接触被测电压的低电位端，以消除仪表输入端对地分布的影响。

① 直流电压的测量，如电池、随身听电源等。首先将黑表笔插进"com"孔，红表笔插进"VΩ"孔。将旋钮选到比估计值大的量程（注意：表盘上的数值均为最大量程，"V—"表示直流电压挡，"V～"表示交流电压挡，"A"是电流挡），然后将表笔接电源或电池两端，保持接触稳定。所测数值可以直接从显示屏上读取，若显示为"1."，则表明量程太小，加大量程后再次测量。如果在数值左边出现"-"，则表明表笔极性与实际电源极性相反，此时红表笔接的是负极。

② 交流电压的测量。表笔插孔与直流电压的测量一样，此时应该将旋钮置于交流挡"V～"处所需的量程即可。交流电压无正负之分，测量方法跟上述方法相同。无论测交流还是直流电压，都要注意人身安全，严禁随便用手触摸表笔的金属部分。

（2）电流的测量

测量电流时，应把数字式万用表串联到被测电路中。当被测电流源的内阻很低时，应尽量选择较高的电流量限，以减小分流电阻上的压降，提高测量的准确度。

（3）电阻的测量

测量电阻时，特别是低电阻，被测试插头与插座之间必须接触良好，否则会引起测量误差或导致读数不稳定。

（4）数字式万用表的使用注意事项

① 在使用数字式万用表之前要仔细阅读使用说明书，以熟悉各部分的作用及使用方法。

② 每次测量前，应选择合适的量程和输入插孔（或专用插口）。如果无法预先估计被测电压或电流的大小，应先拨至最高量程挡测量一次，再根据情况逐渐将量程减小到合适位置。测量完毕后，应将量程开关拨至最高电压挡，并关闭电源。

③ 读数时待显示值稳定后再读数。

④ 若仪表显示的最高位显示数字"1"，其他位均消隐，证明仪表已发生过载，应选择更高的量程。

⑤ 当误用交流电压挡去测量直流电压，或者误用直流电压挡去测量交流电压时，显示屏将显示"000"，或低位上的数字出现跳动。

⑥ 禁止在测量高电压（220V 以上）或大电流（0.5A 以上）时换量程，以防止产生电弧，烧毁开关触点。

⑦ 当显示" "、"BATT"或"LOW BAT"时，表示电池电压低于工作电压。

⑧ 禁止在测量中旋转转换开关。

⑨ 测量完毕，应关闭电源开关。

7.3.2　钳形电流表

钳形电流表是一种用于测量正在运行的电气线路的电流大小的仪表，可在不断电的情况下测量电流，如图 7-3-7 所示。

钳形电流表又称钳形交流电流表，只能测量交流电流，其实质是由一只电流互感器和整流、模数转换等部分所组成，被测载流导线相当于电流互感器的一次线圈，绕在铁心上的线圈相当于电流互感器的二次线圈，当被测载流导线卡入钳口时，二次线圈便感应出电流，经过仪表内部电路转换后送入 LCD 显示器，从而指示出电流值。

图 7-3-7　钳形电流表的实物图

1. 钳形电流表的使用方法

（1）选择合适的量程，在不清楚被测量大小时先选大量程，后选小量程，或看铭牌值估算。

（2）当使用最小量程测量，其读数还不明显时，可将被测导线绕几匝，匝数要以钳口中央的匝数为准，此时的读数＝指示值×量程/满偏×匝数。

（3）测量时，应使被测导线处在钳口的中央，钳口闭合紧密，以减少误差。

（4）测量完毕，要将电源开关关闭。

2．钳形电流表的使用注意事项

（1）被测线路的电压要低于钳形电流表的额定电压。

（2）测高压线路的电流时，要戴绝缘手套，穿绝缘鞋，站在绝缘垫上。

（3）钳口要闭合紧密，不能带电换量程。

7.3.3　兆欧表

兆欧表又称为摇表，专门用于测量被测设备的绝缘电阻和高值电阻的仪表，通常由手摇发电机、表头和三个接线柱（L：线路端，E：接地端，G：屏蔽端）组成，如图 7-3-8 所示。

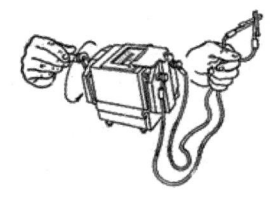

图 7-3-8　兆欧表的实物图

1．兆欧表的选择

（1）额定电压等级的选择。通常额定电压在 500V 以下的设备，应选用 500V 或 1000V 的摇表；额定电压在 500V 以上的设备，选用 1000V~2500V 的摇表。

（2）电阻量程范围的选择。摇表的表盘刻度线上有两个小黑点，小黑点之间的区域为准确测量区域，因此在选表时应使被测设备的绝缘电阻值在准确测量区域内。

2．兆欧表的正确使用与维护

（1）校表。测量前应将摇表进行一次开路和短路试验，检查摇表是否良好。将两连接线开路，摇动手柄，指针应指在"∞"处，再将两连接线短接一下，指针应指在"0"处，符合上述条件者即良好，否则不能使用。

（2）被测设备与线路断开，对于大电容设备还要进行放电。

（3）测量绝缘电阻时，通常只使用"L"和"E"端，但在测量电缆对地的绝缘电阻或被测设备的漏电流较严重时，就要使用"G"端，并将"G"端接屏蔽层或外壳。线路接好后，可按顺时针方向转动摇把，摇动的速度应由慢而快，当转速达到每分钟 120 转左右时（ZC-25 型），保持匀速转动，1 分钟后读数，并且要边摇边读数，不能停下来读数。

（4）拆线放电。读数完毕，一边慢摇，一边拆线，然后将被测设备放电。放电方法是将测量时使用的地线从摇表上取下来与被测设备短接一下即可（不是摇表放电）。

3．兆欧表的使用注意事项

（1）禁止在雷电时或高压设备附近测绝缘电阻，只能在设备不带电，也没有感应电的情况下测量。

（2）摇测过程中，被测设备上不能有人工作。

（3）摇表线不能绞在一起，要分开。

（4）摇表未停止转动之前或被测设备未放电之前，严禁用手触及。拆线时，也不要触及引线的金属部分。

（5）测量结束时，对于大电容设备放电。

（6）要定期校验其准确度。

7.4 焊接工艺

在电工电子的课程学习中，实践是必不可少的部分。电子元器件的焊接技术是必须掌握的基本功。焊接的质量对电路的工作稳定性影响极大。

7.4.1 焊接工具

1．电烙铁

电烙铁是最常用的焊接工具。新电烙铁在使用前，应用细砂纸将烙铁头打光亮，通电烧热，点上松香再给烙铁头上焊，使烙铁头镀上一层锡，便于焊接和防止烙铁头表面氧化。旧的烙铁头如果严重氧化而发黑，可用钢锉锉去表层氧化物，使其露出金属光泽后，重新镀锡。电烙铁的实物如图 7-4-1 所示。

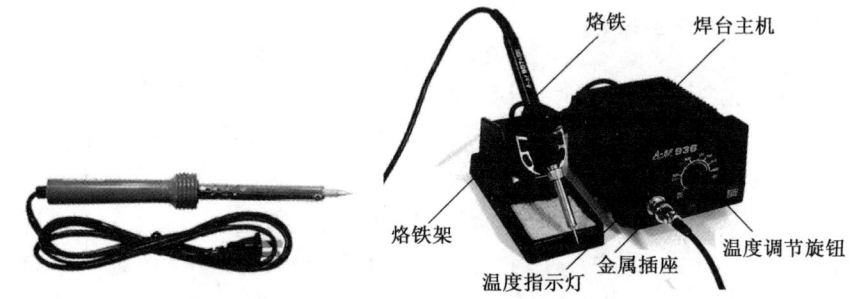

图 7-4-1　电烙铁和防静电恒温焊台电烙铁实物图

电烙铁要用 220V 交流电源，使用时要特别注意安全，应该注意以下几点：

① 电烙铁插头最好使用三极插头，要使外壳良好接地。

② 使用前，应认真检查电源插头、电源线有无损坏，并检查烙铁头是否松动。

③ 电烙铁使用中，不能用力敲击，要防止跌落。烙铁头上焊锡过多时，可用布擦掉，

不可乱甩，以防烫伤他人。

④ 焊接过程中，烙铁不能到处乱放。不进行焊接时，应置于烙铁架上。注意电源线不可搭在烙铁头上，以防烫坏绝缘层而发生事故。

⑤ 使用结束后，应及时切断电源，拔下电源插头。冷却后，再将电烙铁收回工具箱。

2．焊锡和助焊剂

焊接时除了电烙铁外，焊锡和助焊剂也是必不可少的材料。

（1）焊锡：焊接电子元件时，一般采用有松香芯的焊锡丝，这种焊锡丝，熔点较低，而且内含松香助焊剂，使用极为方便，如图 7-4-2 所示。

（2）助焊剂：常用的助焊剂是松香或松香水（将松香溶于酒精中）。使用助焊剂，可以帮助清除金属表面的氧化物，利于焊接，又可保护烙铁头。焊接较大元件或导线时，也可采用焊锡膏。但它有一定腐蚀性，焊接后应及时清除残留物。如图 7-4-3 所示为松香。

图 7-4-2　焊锡

图 7-4-3　松香

3．辅助工具

为了方便焊接，操作时常使用尖嘴钳、斜口钳、镊子和小刀等辅助工具。

7.4.2　焊前处理

焊接前，应对元件引脚或电路板的焊接部位进行焊前处理。

（1）清除焊接部位的氧化层

可用断锯条制成小刀，刮去金属引线表面的氧化层，使引脚露出金属光泽。印刷电路板可用细纱纸将铜箔打光后，涂上一层松香酒精溶液。

（2）元件镀锡

在刮净的引线上镀锡，用热烙铁头压在引线上，接触到焊锡丝后转动引线，即可完成镀锡。导线焊接前，应将绝缘外皮剥去，再经过镀锡处理才能正式焊接。若是多股金属丝的导线，打光后应先拧在一起，然后再镀锡。

7.4.3　焊接技术

1．焊接方法

焊接方法如图 7-4-4 所示。

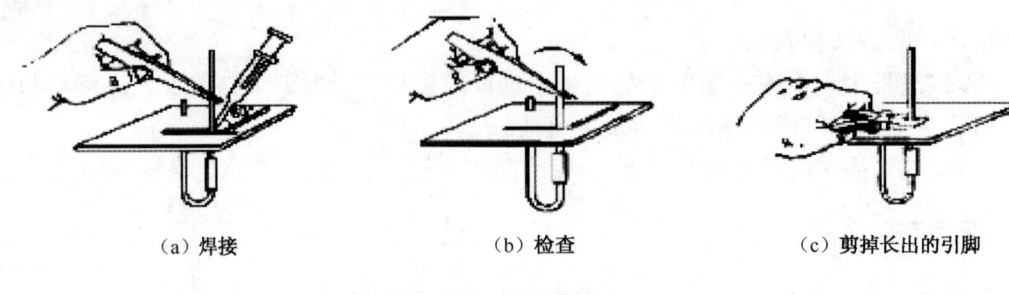

（a）焊接　　　　　　　　　　（b）检查　　　　　　　　（c）剪掉长出的引脚

图 7-4-4　焊接

（1）右手持电烙铁，左手用尖嘴钳或镊子夹持元件或导线。焊接前，电烙铁要充分预热。烙铁头刃面上要吃锡，即带上一定量焊锡。

（2）将烙铁头刃面紧贴在焊点处预热大约 1 秒，电烙铁与水平面大约成 60°角，以便于熔化的锡从烙铁头上流到焊点上，烙铁头在焊点处停留的时间控制在 2 秒左右。

（3）沿着引脚向上抬开烙铁头，左手仍持元件不动，待焊点处的锡冷却凝固后，才可松开左手，焊点围绕元件引脚形成的斜面与电路板成 45°左右。

（4）用镊子转动引线，确认不松动，然后可用偏口钳剪去多余的引线。

2．焊接质量

焊接时，要保证每个焊点焊接牢固、接触良好，保证焊接质量，如图 7-4-5 所示。

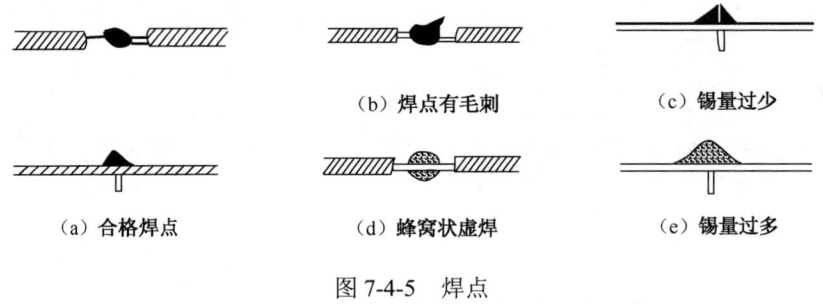

（b）焊点有毛刺　　　　　　（c）锡量过少

（a）合格焊点　　　　　　（d）蜂窝状虚焊　　　　　　（e）锡量过多

图 7-4-5　焊点

3．虚焊和假焊

虚焊是焊点处只有少量锡焊住，造成接触不良，时通时断。假焊是指表面上好像焊住了，但实际上并没有焊上，有时用手一拔，引线就可以从焊点中拔出。这两种情况将给电子制作的调试和检修带来极大的困难。只有经过大量的、认真的焊接实践，才能避免这两种情况。

焊接电路板时，一定要控制好时间，时间太长，电路板将被烧焦，或造成铜箔脱落。从电路板上拆卸元件时，可将电烙铁头贴在焊点上，待焊点上的锡熔化后，将元件拔出，操作时必须注意，否则可能损坏焊盘。

7.4.4　印制电路板的焊接

由于焊接质量的好坏会直接影响整机产品的各种性能，因此在不断提高焊接工艺技能的

同时，还要掌握印制电路板焊接的技术要领。

1. 焊接前的准备工作

（1）焊料与焊剂的选择

焊锡最好选用售品焊锡丝。焊剂用松香或松香水（松香水的配方是：20%的松香粉末和80%的纯酒精），绝对禁止用氯化锌、焊油等酸性焊剂。

（2）元器件的清洁处理

为了防止焊接后或时间一长引起焊点虚焊，因此在焊接前必须对所有的焊接面进行清洁。用小刀或细砂纸擦去焊接面的漆膜、油渍、氧化物，直至露出发亮的金属面为止，随后立即烫上松香，再用烙铁镀一层薄锡。

（3）烙铁的使用

电烙铁一般选用内热式，功率为 20～35W，或者也可选用调温式，电烙铁的温度不宜超过 300℃，并且烙铁头一定要吃锡（表面镀一层锡）。

2. 电子元器件安装工艺要求

（1）安装所有电子元器件时，其文字、数值标记应布置在易观察的位置上以便检查和维修。

（2）注意安装的先后顺序，先焊接体积较小的元件，最后焊接体积较大的元件，先焊接卧装的元件，再焊接立装的元件，同时需要注意元件的位置方向和电极的极性。

（3）安装相邻元器件的，要留有一定空隙。

（4）对于调试中需要更换的元器件，可先采用搭焊的方法加以固定。

（5）在焊接 CMOS 集成电路时，一般使电焊铁接地线与 IC 地线相接后再接地。

（6）集成电路在安装时首先要保证引脚号必须准确。

3. 焊接技术要领

（1）焊剂的用量要适当

使用焊剂时，除了必须选用焊剂的种类外，还必须根据焊接面大小和表面情况选择适量的用量。（目前有些焊料中加了适量的焊剂，这时不再加焊剂）

（2）焊料的选用

焊料的用量应根据焊点大小来确定。对于初次焊接者来讲，一般采用先将焊料放在焊点处，再将电烙铁放在焊点上，待焊点着锡熔化后先拿走焊料，将电烙铁从下向上提，拿起电烙铁，这样能保证焊点光亮、圆滑；若焊接技术已基本掌握也可以采用用电烙铁头蘸取适量焊锡再蘸取焊剂后，直接放在焊点上进行焊接。

（3）焊接的时间与温度的要求

在焊接时，为使被焊接元件达到适当温度，使固体焊料迅速融化，产生湿润，就要有足够的热量和温度。焊接的时间可根据被焊元件的形状大小不同而有差别，但总的原则是看被焊元件是否完全被焊料湿润的情况而定。通常情况下烙铁头与焊接点接触时间是以使焊点光亮、圆滑为宜，如焊点不亮并形成粗糙面，说明温度不够，时间短。

（4）焊接时被焊件要扶稳，否则会造成虚焊。

（5）焊接时烙铁头与引线和印制铜箔同时接触。

（6）焊接完后要将漏在印制电路板面上多余引脚剪去，并检查电路有无漏焊、错焊、虚焊。

小　　结

在生产生活中用电时，需要注意安全电压和安全电流的额定值，正确使用绝缘安全用具。在操作用电设备时，避免触电，若万一出现触电事故应采取正确的应急措施。

电工等相关人员常用的电工工具有验电器、电工刀、断线钳、网线钳等。网线水晶头和视频头的制作需要上述工具的配合。

电力系统中需要检测的电量较多，常见的电工仪表有万用表、钳形电流表、兆欧表。

电子技术持续发展，电路板的焊接技术尤为重要，通常采用的工具有电烙铁、焊锡、松香等，采用正确的焊接方法才能保证电路板的正常工作。

习　　题

7-1　我国规定的安全电压和安全电流的额定值是多少？

7-2　常见的触电方式有哪几种？防止触电的安全措施有什么？

7-3　常用的电工工具有哪些？各自的作用是什么？

7-4　简述网线水晶头的制作过程。

7-5　常用的万用表有几类？分别具有什么特点？

7-6　简述焊接电路元件的焊接过程。

模拟电子技术部分

第 **8** 章

基础知识

知识目标

1. 了解半导体基础知识。
2. 掌握二极管和三极管结构、特性以及测试方法。
3. 了解几种特殊类型的晶体管在汽车中的应用。

8.1 半导体知识简介

电子电路的核心器件是半导体，半导体器件由半导体材料制成。

8.1.1 半导体材料的导电性能

1. 半导体及其导电特性

在自然界中，物质按其导电能力可分为：导体、半导体和绝缘体。其中半导体是一种导电能力介于导体与绝缘体之间的材料。

物质的导电性能取决于原子结构。导体一般为低价元素，原子中最外层轨道上的电子受原子核的束缚力很小，极易挣脱原子核的束缚成为自由电子。当在外电场作用下，自由电子定向运动形成电流，呈现出较好的导电特性。高价元素最外层电子受原子核的束缚力很强，其导电性极差，可作为绝缘材料。而半导体材料最外层电子既不像导体那样极易摆脱原子核的束缚，成为自由电子；也不像绝缘体那样被原子核束缚得那么紧，因此，半导体的导电特性介于二者之间。常用的半导体材料有硅（Si）和锗（Ge）的单晶体。

2. 本征半导体

用半导体材料制作半导体器件时，半导体要高度提纯，使其制成晶体，这种完全纯净的、结构完整的半导体材料称为本征半导体。在本征半导体的晶体结构中，每一个原子的每一个价电子都与相邻原子的价电子组成一个电子对，形成共价键结构。图 8-1-1 所示为硅和锗的原子结构和共价键结构。

共价键结构使原子最外层因具有 8 个电子而处于较稳定的状态。但受到外界条件激发时，例如温度越高，使束缚电子脱离共价键成为自由电子，同时在原来的位置留有一个空位，称此空位为空穴。

在本征半导体中，自由电子和空穴成对出现，数目相同。图 8-1-2 所示为本征激发所产生的电子空穴对。这种能够自由移动的带电粒子，称为载流子。半导体中存在两种载流子，一种是带负电的自由电子，另一种是带正电的空穴，它们都可以运载电荷形成电流。而金属只有一种载流子——电子。

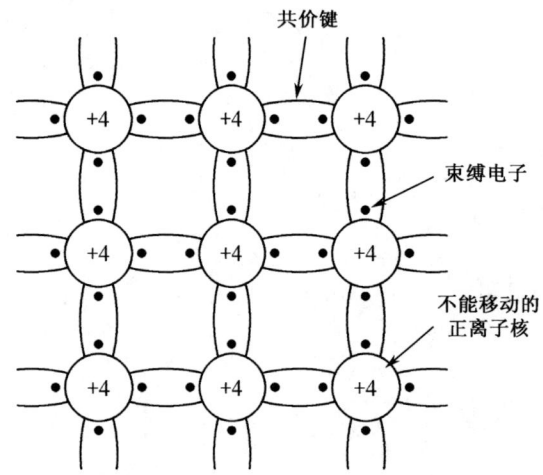

图 8-1-1 硅和锗的原子结构和共价键结构　　图 8-1-2 本征激发所产生的电子空穴对

在外电场的作用下，自由电子可以定向运动形成电子电流；另一方面，电子挣脱束缚后，留下空穴（如图 8-1-3 中位置 1），空穴出现以后，邻近的束缚电子（如图 8-1-3 中位置 2）可能获取足够的能量来填补这个空穴，而在这个束缚电子的位置又出现一个新的空位，另一个束缚电子（如图 8-1-3 中位置 3）又会填补这个新的空位，这样就形成束缚电子填补空穴的运动。空穴运动方向和电子运动方向相反。

一定温度下，本征半导体中电子空穴对的产生与复合相对平衡，电子空穴对的数目相对稳定。温度升高，激发的电子空穴对数目增加，半导体的导电能力增强。

8.1.2 PN 结及其特性

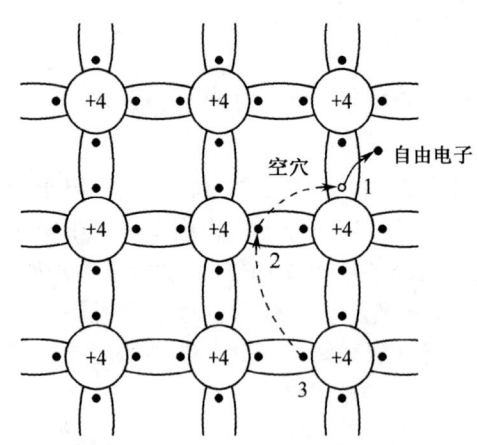

图 8-1-3 束缚电子填补空穴的运动

在本征半导体中，由于热激发而产生的电子和空穴数目很少，导电性能很差。但是在本征半导体中加入微量杂质，可使其导电性能显著改

变。根据掺入杂质的性质不同，杂质半导体分为两类：电子型（N 型）半导体和空穴型（P 型）半导体。

1．N 型半导体

在硅（或锗）半导体晶体中，掺入微量的五价元素，如磷（P）、砷（As）等，则构成 N 型半导体。

由于参杂量很少，所以原子结构不变。只有某些位置上的硅原子被磷原子取代。磷原子的五个价电子中的四个与相邻的硅（或锗）原子组成共价键结构，多一个价电子不受共价键的束缚，成为自由电子。参入一个磷原子就会产生一个自由电子，所以自由电子的浓度远远大于空穴浓度，如图 8-1-4 所示。

N 型半导体中，空穴为少数载流子（少子），自由电子为多数载流子（多子）。N 型半导体主要靠自由电子导电。

2．P 型半导体

在硅（或锗）半导体晶体中，掺入微量的三价元素，如硼（B）、铟（In）等，则构成 P 型半导体。

硼原子有三个价电子，与相邻的硅（或锗）原子组成共价键结构，由于缺少一个价电子，晶体中便产生一个空穴。参入一个硼原子就会产生一个空穴，所以空穴的浓度远远大于自由电子浓度，如图 8-1-5 所示。

P 型半导体中，空穴为多数载流子（多子），自由电子为少数载流子（少子）。P 型半导体主要靠空穴导电。

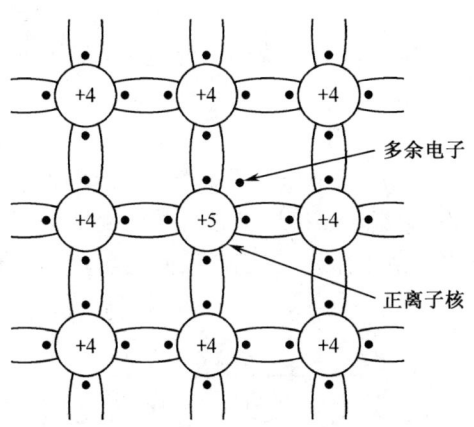

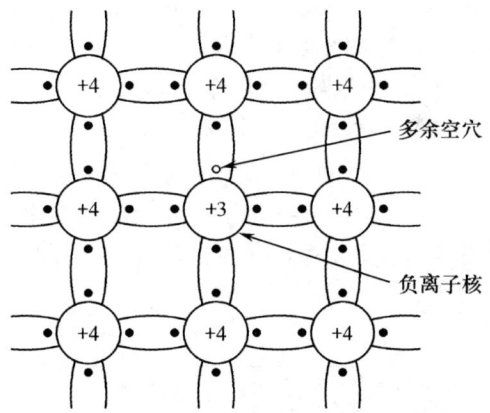

图 8-1-4　N 型半导体的共价键结构　　　　图 8-1-5　P 型半导体共价键结构

3．PN 结的形成与单向导电性

（1）PN 结的形成

在一块单晶半导体中，一部分掺有受主杂质是 P 型半导体，另一部分掺有施主杂质是 N 型半导体时，在 P 型半导体和 N 型半导体的交界面附近的过渡区称为 PN 结。

P 型半导体和 N 型半导体的交界面附近，由于多数载流子的浓度差异，而向对方区域扩散，形成扩散运动，如图 8-1-6 所示。

扩散的结果使 P 区和 N 区原来的电中性被破坏，在交界面的两侧形成一个不能移动的带异性电荷的离子层，称此离子层为空间电荷区，这就是所谓的 PN 结，如图 8-1-7 所示。

由于空间电荷区的出现，而产生的电场称为内电场，方向从 N 区指向 P 区。内电场的方向，会对多数载流子的扩散运动起阻碍作用。同时，内电场可推动少数载流子向对方区域漂移。少数载流子在内电场作用下有规则的运动称为漂移运动。漂移运动和扩散运动的方向相反。

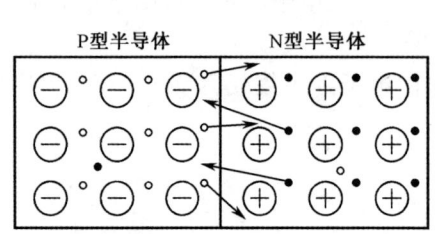

图 8-1-6　P 型和 N 型半导体交界处载流子的扩散

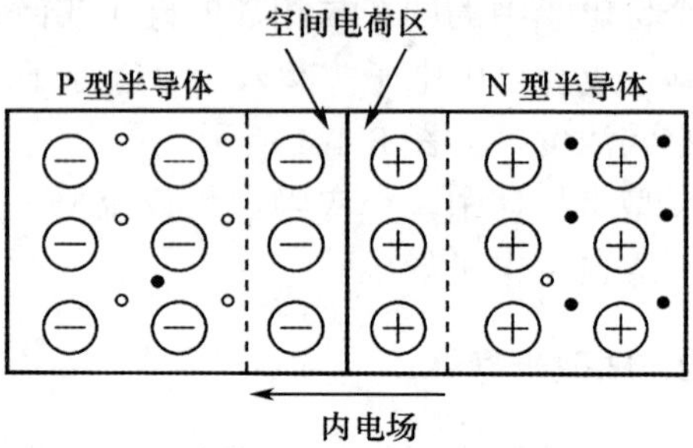

图 8-1-7　PN 结的形成

一开始扩散运动占优势，可是随着内电场的形成，漂移运动逐渐增强，最后扩散运动和漂移运动达到动态的平衡，形成稳定的空间电荷区，即 PN 结。

（2）PN 结的单向导电性

如果在 PN 结两端加上不同极性的电压，PN 结会呈现出不同的导电性能。

① PN 结外加正向电压

PN 结 P 端接高电位，N 端接低电位，称 PN 结外加正向电压，又称 PN 结正向偏置，简称为正偏，如图 8-1-8 所示。外加正向电压时，PN 结变窄，多数载流子通过 PN 结形成正向电流。此时 PN 结处于正向导通状态，正向导通电阻很小，忽略不计。

② PN 结外加反向电压

PN 结 P 端接低电位，N 端接高电位，称 PN 结外加反向电压，又称 PN 结反向偏置，简称为反偏，如图 8-1-9 所示。外加反向电压时，PN 结变宽，漂移运动占优势，少数载流子运动形成反向电流，称为反向饱和电流。此时 PN 结处于反向截止状态，反向电阻可达几百千兆欧以上。

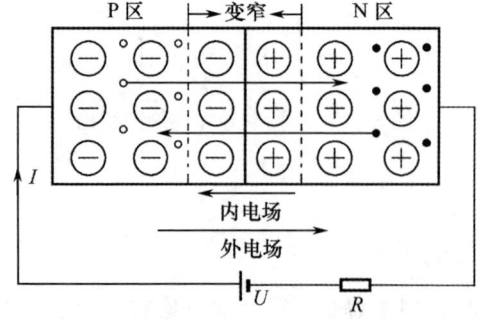

图 8-1-8　PN 结外加正向电压

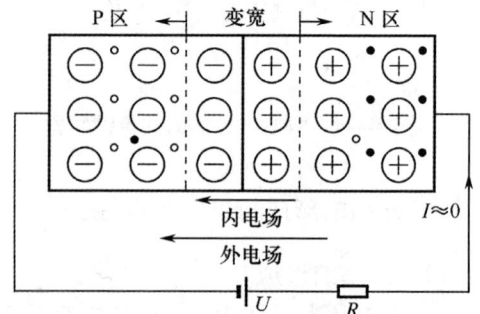

图 8-1-9　PN 结外加反向电压

4．PN 结的击穿

PN 结处于反向偏置时，在一定电压范围内，流过 PN 结的电流是很小的反向饱和电流。但是当反向电压超过某一数值（U_B）后，反向电流急剧增加，这种现象称为反向击穿。

PN 结的击穿分为雪崩击穿和齐纳击穿。对硅材料的 PN 结，击穿电压 U_B 大于 7V 时通常是雪崩击穿，小于 4V 时通常是齐纳击穿；U_B 在 4V 和 7V 之间时两种击穿均有。由于击穿破坏了 PN 结的单向导电特性，因而一般使用时应避免出现击穿现象。

8.2　半导体二极管及其应用

8.2.1　二极管的结构与特性

1．二极管的结构和分类

（1）结构与符号

半导体二极管是将一个 PN 结装入管壳密封并分别从 P 区和 N 区引出电极而成的，因此半导体二极管同 PN 结一样具有单向导电性。图 8-2-1 所示为几种常见的二极管外形。

图 8-2-2 所示为二极管的符号。由 P 端引出的电极是正极，由 N 端引出的电极是负极，箭头的方向表示正向电流的方向，VD 是二极管的文字符号。

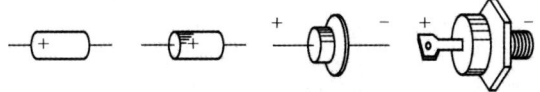

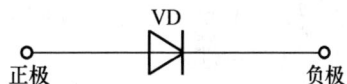

图 8-2-1　常见的二极管外形　　　　图 8-2-2　二极管的符号

（2）分类

二极管按半导体材料的不同可以分为硅二极管、锗二极管和砷化镓二极管等。按 PN 结特点可分为点接触型、面接触型和平面型二极管三类，如图 8-2-3 所示。常见的二极管有金属、塑料和玻璃三种封装形式。按照应用的不同，二极管分为整流、检波、开关、稳压、发光、光电、快恢复和变容二极管等。常见二极管的实物如图 8-2-4 所示。

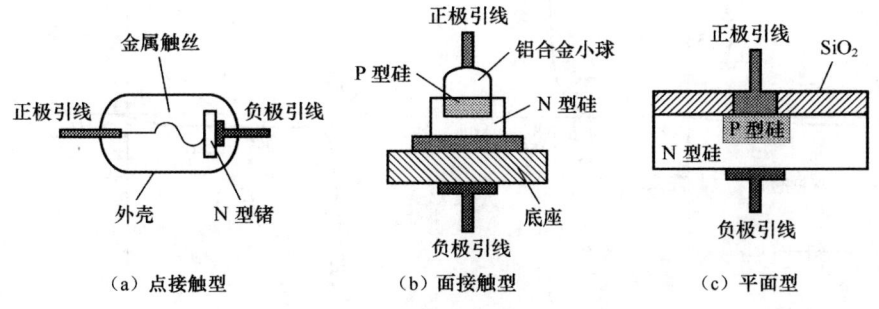

（a）点接触型　　　　（b）面接触型　　　　（c）平面型

图 8-2-3　不同结构的各类二极管

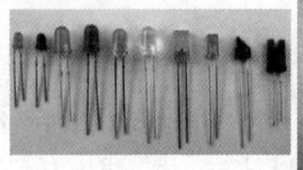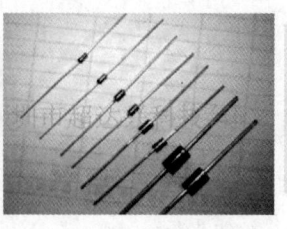

图 8-2-4　常见二极管的实物图

2．二极管的伏安特性

二极管两端的电压 U 与流过二极管的电流 I 之间的关系曲线，称为二极管的伏安特性。

（1）正向特性

二极管外加正向电压时，电流和电压的关系称为二极管的正向特性。如图 8-2-5 所示，当二极管所加正向电压比较小时（$0<U<U_{th}$），二极管上流经的电流为 0，管子处于截止状态，此区域称为死区，U_{th} 称为死区电压（门坎电压）。硅二极管的死区电压约为 0.5V，锗二极管的死区电压约为 0.1V。当二极管正向电压大于死区电压时，二极管正向导通。

（2）反向特性

二极管外加反向电压时，电流和电压的关系称为二极管的反向特性。由图 8-2-5 可见，二极管外加反向电压时，反向电流很小（$I\approx-I_S$），而且在相当宽的反向电压范围内，反向电流几乎不变，因此，称此电流值为二极管的反向饱和电流。

当反向电压的值增大到 U_{BR} 时，反向电压值稍有增大，反向电流就会急剧增大，称此现象为反向击穿，U_{BR} 为反向击穿电压。利用二极管的反向击穿特性，可以做成稳压二极管，一般的二极管不允许工作在反向击穿区。

（3）温度特性

二极管是对温度非常敏感的器件。随温度升高，正向伏安特性左移，反向伏安特性下移。在同一电流下，温度每升高 10℃，反向电流大约增加一倍。图 8-2-6 所示为温度对二极管伏安特性的影响。

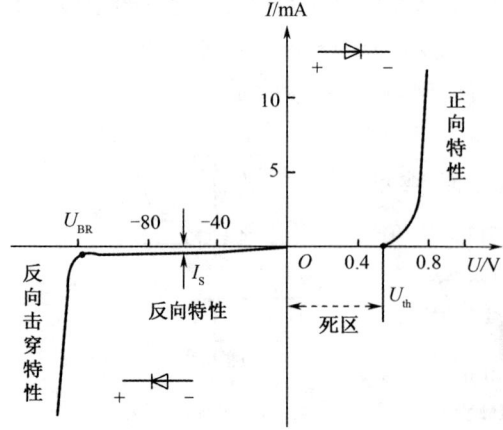

图 8-2-5　二极管的伏安特性曲线

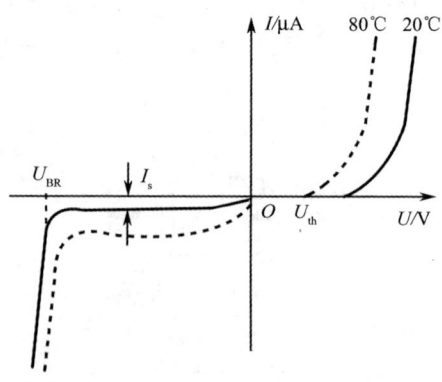

图 8-2-6　温度对二极管伏安特性的影响

8.2.2　二极管的命名（国产命名）

国产二极管的型号命名分为五个部分：

第一部分用数字"2"表示主称为二极管，第二部分用字母表示二极管的材料与极性，第三部分用字母表示二极管的类型，第四部分用数字表示序号，第五部分用字母表示二极管的规格号，如表 8-2-1 所示。

表 8-2-1　二极管的型号命名

第一部分：主称		第二部分：材料与极性		第三部分：类型		第四部分：序号	第五部分：规格号
数字	含义	字母	含义	字母	含义		
2	二极管	A	N 型锗材料	P	小信号管（普通管）	用数字表示同一类型产品序号	用字母表示产品规格、档次
				W	电压调整管和电压基准管（稳压管）		
				L	整流堆		
		B	P 型锗材料	N	阻尼管		
				Z	整流管		
				U	光电管		
		C	N 型硅材料	K	开关管		
				B 或 C	变容管		
				V	混频检波管		
		D	P 型硅材料	JD	激光管		
				S	隧道管		
				CM	磁敏管		
		E	化合物材料	H	恒流管		
				Y	体效应管		
				EF	发光二极管		

例如：2AP9——N 型锗材料普通二极管；2CW56——N 型硅材料稳压二极管。

8.2.3　二极管的主要参数

二极管的特性还可以用参数来描述，实用中一般通过查器件手册，依据参数来合理使用二极管。

1．二极管的特性参数

（1）反向电流 I_R

反向电流是指在室温下，二极管两端加上规定的反向电压时的反向电流。其数值越小，管子的单向导电性越好。它随温度升高而增大。

（2）反向击穿电压 U_{BR}

反向击穿电压是指二极管击穿时的电压值。

（3）反向饱和电流 I_S

反向饱和电流是指管子没有击穿时的反向电流值。其值越小，说明二极管的单向导电性越好。

2．二极管的极限参数

（1）最大整流电流 I_F

最大整流电流 I_F 是指二极管长期连续工作时，允许通过二极管的最大正向电流的平均值。

（2）最高反向工作电压 U_{RM}

U_{RM} 是指二极管不击穿所允许加的最高反向电压。超过此值二极管就有被反向击穿的危险。U_{RM} 通常为反向击穿电压的 1/2～2/3，以确保二极管安全工作。

（3）最大反向电流 I_{RM}

I_{RM} 是指二极管在常温下承受最高反向工作电压 U_{RM} 时的反向漏电流，一般很小，但其受温度影响较大。当温度升高时，I_{RM} 显著增大。

（4）最高工作频率 f_M

f_M 是指保持二极管单向导通性能时，外加电压允许的最高频率。二极管工作频率与 PN 结的极间电容大小有关，容量越小，工作频率越高。

二极管的参数很多，除上述参数外，还有结电容、正向压降等，实际应用时，可查阅有关器件手册。

8.2.4　二极管的检测

1．二极管极性的判定

将指针式万用表打至欧姆 1kΩ 挡，用红、黑表笔分别接二极管的两个电极，若测得的电阻值很小（几千欧以下），则黑表笔所接电极为二极管正极，红表笔所接电极为二极管的负极；若测得的阻值很大（几百千欧以上），则黑表笔所接电极为二极管负极，红表笔所接电极为二极管的正极，如图 8-2-7 所示。

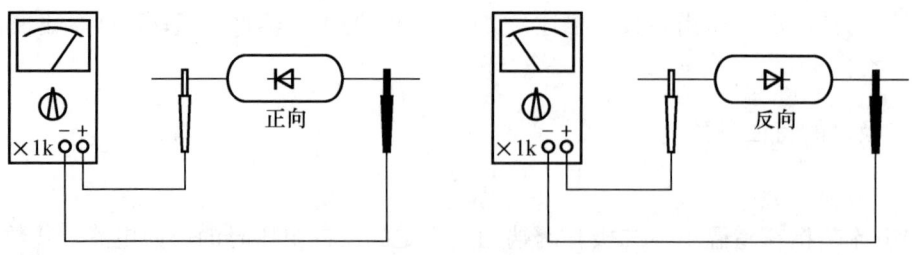

图 8-2-7　二极管极性的测试

2．二极管好坏的判定

（1）若测得的反向电阻很大（几百千欧以上），正向电阻很小（几千欧以下），表明二极管性能良好。

（2）若测得的反向电阻和正向电阻都很小，表明二极管短路，已损坏。

（3）若测得的反向电阻和正向电阻都很大，表明二极管断路，已损坏。

8.2.5　特殊二极管

1．稳压二极管

稳压二极管（稳压管），是一种用特殊工艺制作的面接触型硅半导体二极管。稳压管的伏安特性和符号如图 8-2-8 所示。

稳压二极管的正向特性与普通二极管相似。在加反向电压时，由于杂质浓度比较大，容易发生击穿，其击穿时的电压基本上不随电流的变化而变化，从而达到稳压的目的。稳压管工作于反向击穿区。

稳压管的主要参数有：

① 稳定电压 U_Z。它是指当稳压管中的电流为规定值时，稳压管在电路中其两端产生的稳定电压值。

② 稳定电流 I_Z。它是指稳压管工作在稳压状态时，稳压管中流过的电流，有最小稳定电流 I_{Zmin} 和最大稳定电流 I_{Zmax} 之分。

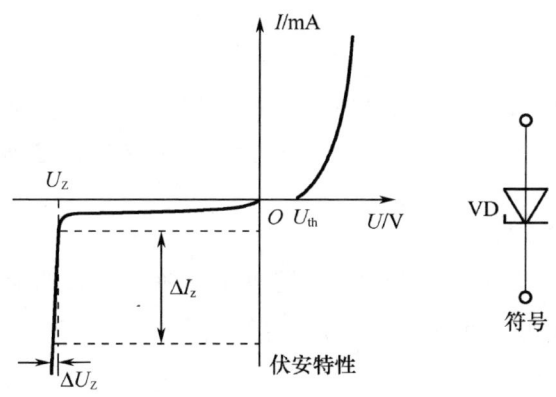

图 8-2-8　稳压管的伏安特性和符号

③ 耗散功率 P_M。它是指稳压管正常工作时，管子上允许的最大耗散功率。

应用稳压管应注意以下几个问题

① 稳压管稳压时，一定要外加反向电压，保证管子工作在反向击穿区。当外加的反向电压值大于或等于 U_Z 时，才能起到稳压作用；若外加的电压值小于 U_Z，稳压二极管相当于普通的二极管使用。

② 在稳压管稳压电路中，一定要配合限流电阻的使用，保证稳压管中流过的电流在规

定的范围之内。

2. 发光二极管

发光二极管是一种光发射器件，英文是 Light-Emitting Diode，缩写为 LED。此类管子通常由镓（Ga）、砷（As）、磷（P）等元素的化合物制成，管子正向导通，当导通电流足够大时，能把电能直接转换为光能。目前，发光二极管的颜色有红、黄、橙、绿、白和蓝 6 种，所发光的颜色主要取决于制作管子的材料。发光二极管的符号、外形和实物图如图 8-2-9 所示。

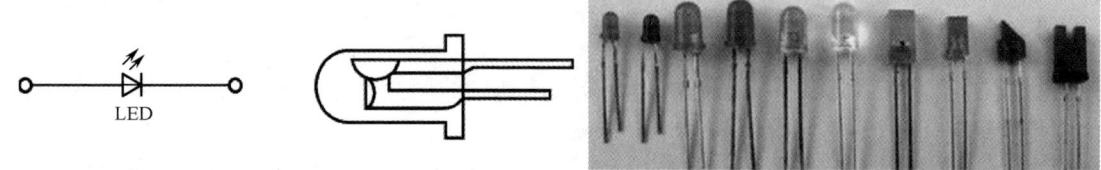

图 8-2-9　普通发光二极管的符号、外形和实物图

3. 光电二极管

光电二极管又称为光敏二极管，它是一种光接收器件，其 PN 结工作在反偏状态，可以将光能转换为电能，实现光电转换。即当有光照射光电二极管时，光电二极管导通，电路中有电流；当无光照射发光二极管时，光电二极管截止，电路中无电流。光电二极管的基本应用电路及图形符号如图 8-2-10 所示。

4. 变容二极管

如图 8-2-11 所示为变容二极管的符号。此种管子是利用 PN 结的电容效应进行工作的，它工作在反向偏置状态，当外加的反偏电压变化时，其电容量也随着改变。

5. 激光二极管

激光二极管是在发光二极管的 PN 结间安置一层具有光活性的半导体，构成一个光谐振腔。工作时接正向电压，可发射出激光。

图 8-2-10　光电二极管的基本应用电路和图形符号　　　　图 8-2-11　变容二极管的符号

激光二极管的应用非常广泛，在计算机的光盘驱动器、激光打印机中的打印头、激光唱机、激光影碟机等都有激光二极管的应用。

8.2.6　二极管在汽车上的应用

二极管在汽车上的应用有很多，在此主要介绍交流发电机应用二极管的整流原理。

以六管整流电路为例，如图 8-2-12（a）所示。交流发电机定子的三相绕组中，利用三相桥式整流电路，将交流电变为直流电的。整个过程，其实利用了二极管的单向导电性。二极管的导通原则如下：当三只二极管负极端相连时，正极端电位最高者导通，当三只二极管正极端相连时，负极端电位最低者导通。三相桥式整流电路中二极管依次循环导通，使得负载 R_L 两端得到一个比较平稳的脉动直流电压。六管整流电路和脉动直流电压波形如图 8-2-12（b）所示。

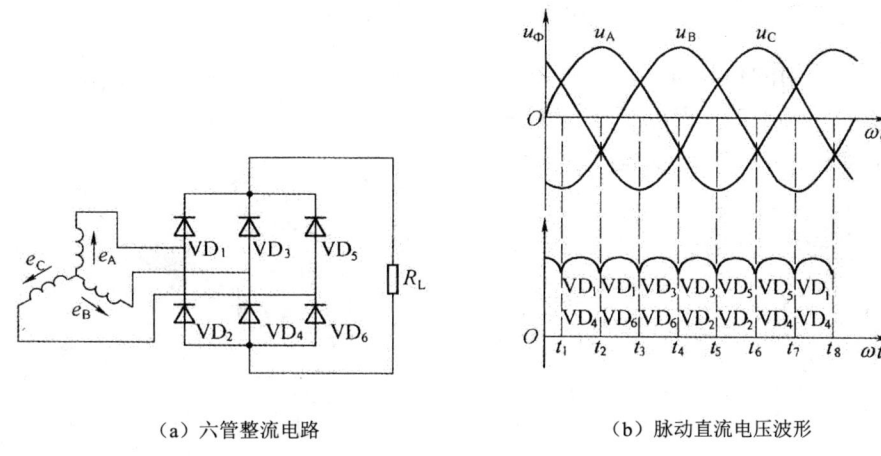

（a）六管整流电路　　　　　　　　（b）脉动直流电压波形

图 8-2-12　六管整流电路及脉动直流电压波形图

8.3　半导体三极管及其应用

8.3.1　三极管的结构与分类

半导体三极管，也称双极型晶体管、晶体三极管，是一种电流控制电流的半导体器件，其作用是把微弱信号放大成幅度值较大的电信号， 也用作无触点开关。三极管是在一块半导体基片上制作两个相距很近的 PN 结，两个 PN 结把整块半导体分成三部分，中间部分是基区，两侧部分是发射区和集电区，排列方式有 PNP 和 NPN 两种，如图 8-3-1 所示。

三极管制作时，通常它们的基区做得很薄（几微米到几十微米），且掺杂浓度低；发射区的杂质浓度则比较高；集电区的面积则比发射区做得大，这是三极管实现电流放大的内部条件。

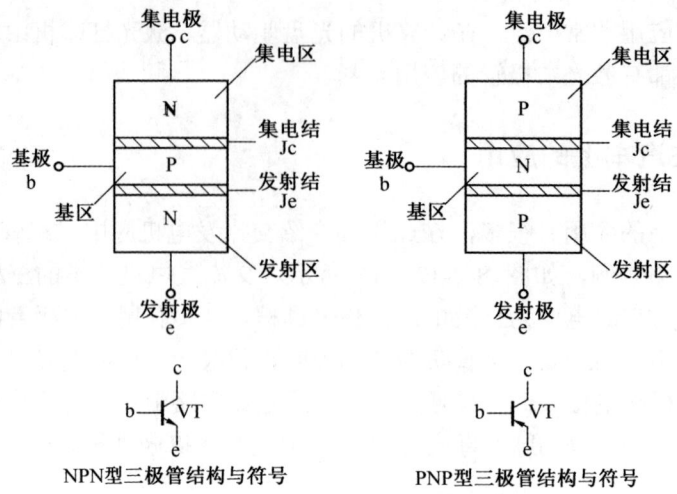

NPN型三极管结构与符号　　　　　PNP型三极管结构与符号

图 8-3-1　三极管的结构示意图和符号

三极管从应用的角度讲，种类很多。根据材料的不同硅管和锗管；根据工作频率分为高频管、低频管和开关管；根据工作功率分为大功率管、中功率管和小功率管。常见的三极管外形和实物如图 8-3-2 和图 8-3-3 所示。

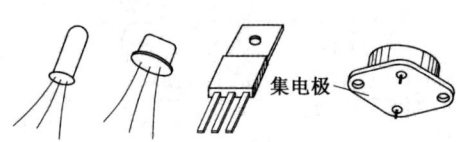

图 8-3-2　常见的三极管外形

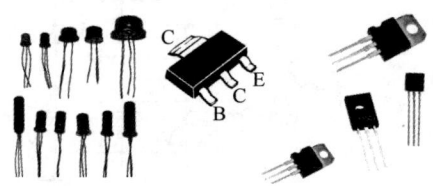

图 8-3-3　常见的三极管实物图

8.3.2　三极管的电流放大作用

三极管实现放大的外部条件是：其发射结必须加正向电压（正偏），而集电结必须加反向电压（反偏）。

1. 三极管的放大原理

上述结论可以用载流子在三极管内部的运动规律来解释，如图 8-3-4 所示。

（1）发射区向基区发射电子

发射结正偏，发射区的多数载流子（自由电子）不断地越过发射结进入基区，形成发射极电流 I_E。同时基区多数载流子也向发射区扩散，但由于多数载流子浓度远低于发射区载流子浓度，可以不考虑这个电流，因此可以认为发射结主要是电子流。

（2）基区中电子的扩散与复合

电子进入基区后，先在靠近发射结的附近密集，渐渐形成电子浓度差，在浓度差的作用下，促使电子流在基区中向集电结扩散，被集电结电场拉入集电区形成集电极电流 I_C。也有很小一部分电子（因为基区很薄）与基区的空穴复合，扩散的电子流与复合电子流的比例决定了三极管的放大能力。

（3）集电区收集电子

由于集电结外加反向电压很大，这个反向电压产生的电场力将阻止集电区电子向基区扩散，同时将扩散到集电结附近的电子拉入集电区从而形成集电极主电流 I_C。另外集电区的少数载流子（空穴）也会产生漂移运动，流向基区形成反向饱和电流，用 I_{CBO} 来表示，其数值很小，但对温度却异常敏感。

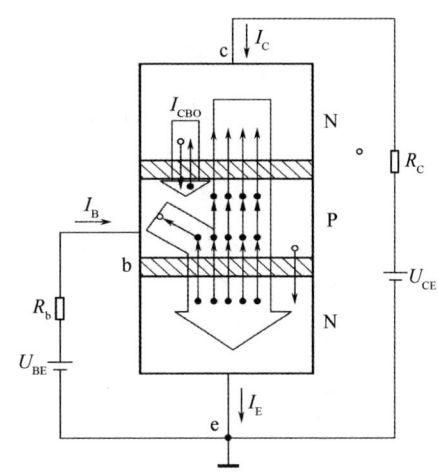

图 8-3-4　三极管内部载流子的传输与电流分配示意图

2．三极管的电流分配关系

三极管的电流分配及放大关系式为：

$$I_E=I_C+I_B \tag{8-3-1}$$

$$I_C=\beta I_B \tag{8-3-2}$$

注意

① 要使三极管具有放大作用，发射结必须正向偏置，而集电结必须反向偏置；

② 一般有 $\beta \gg 1$。

8.3.3　三极管的伏安特性曲线

三极管的特性曲线是指三极管的各电极电压与电流之间的关系曲线，它反映出三极管的特性。以 NPN 型硅三极管为例，加以说明。

1．输入特性曲线

它是指一定集电极和发射极电压 U_{CE} 下，三极管的基极电流 I_B 与发射结电压 U_{BE} 之间的关系曲线。实验测得三极管的输入特性曲线如图 8-3-5 所示。

2．输出特性曲线

它是指一定基极电流 I_B 下，三极管的集电极电流 I_C 与集电结电压 U_{CE} 之间的关系曲线。实验测得三极管的输出特性曲线如图 8-3-6 所示。

（1）截止区

习惯上将 $I_B=0$ 曲线以下的区域称为截止区。要求发射结和集电结均反向偏置。此时，若不计穿透电流 I_{CEO}，I_B、I_C 近似为 0。三极管的集电极和发射极之间电阻很大，三极管相当于一个开关断开。

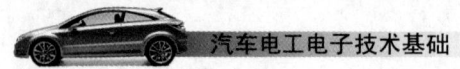

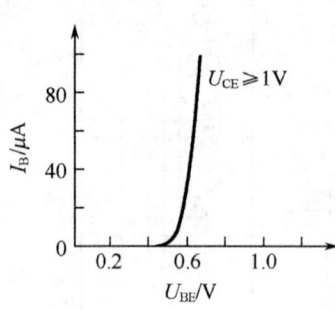

图 8-3-5　三极管的输入特性曲线

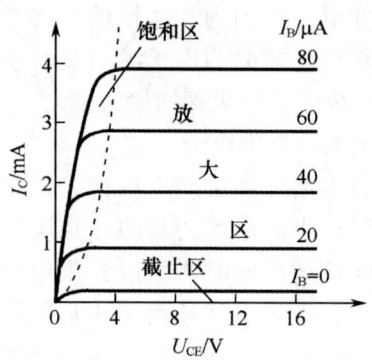

图 8-3-6　三极管的输出特性曲线

（2）放大区

图 8-3-6 中，输出特性曲线近似平坦的区域称为放大区。要求三极管的发射结正向偏置，集电结反向偏置。对 NPN 型的三极管，有电位关系：$U_C>U_B>U_E$；基极电流 I_B 微小的变化会引起集电极电流 I_C 较大的变化，有电流关系式：$I_C=\beta I_B$；

工作在放大区时，对 NPN 型硅三极管，有发射结电压 $U_{BE}\approx0.7V$；对 NPN 型锗三极管，有 $U_{BE}\approx0.2V$。

（3）饱和区

当三极管的发射结和集电结均正向偏置时，三极管工作在饱和区。此时三极管的电流放大能力下降，通常有 $I_C<\beta I_B$；U_{CE} 的值很小，称此时的电压 U_{CE} 为三极管的饱和压降，用 U_{CES} 表示。一般硅三极管的 U_{CES} 约为 0.3V，锗三极管的 U_{CES} 约为 0.1V；三极管的集电极和发射极近似短接，三极管类似于一个开关导通。

三极管作为开关使用时，通常工作在截止和饱和导通状态；作为放大元件使用时，一般要工作在放大状态。

8.3.4　三极管的主要参数

三极管的参数可以通过查半导体手册来得到。三极管的参数是正确选用三极管的重要依据，下面介绍三极管的几个主要参数。

（1）共发射极电流放大系数 β

它是指从基极输入信号，从集电极输出信号时的电流放大系数。

（2）极间反向电流

集电极与基极间的反向饱和电流 I_{CBO}。

集电极与发射极间的穿透电流 I_{CEO}。

（3）极限参数

① 集电极最大允许电流 I_{CM}；

② 集电极最大允许功率损耗 P_{CM}；

③ 反向击穿电压 $U_{(BR)CEO}$，$U_{(BR)CBO}$，$U_{(BR)EBO}$。

三极管的安全工作区如图 8-3-7 所示。

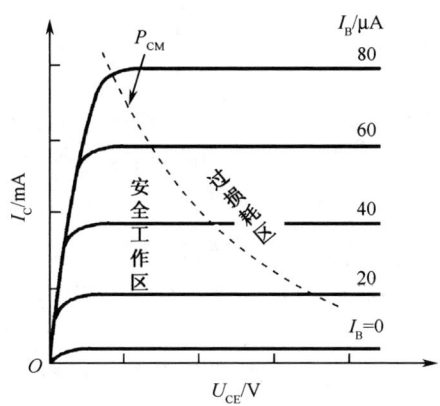

图 8-3-7　三极管的安全工作区

8.3.5　温度对三极管特性的影响

与二极管一样，三极管也是一种对温度十分敏感的器件，随温度的变化，三极管的性能参数也会改变，图 8-3-8 和图 8-3-9 所示为三极管的特性曲线受温度的影响情况。

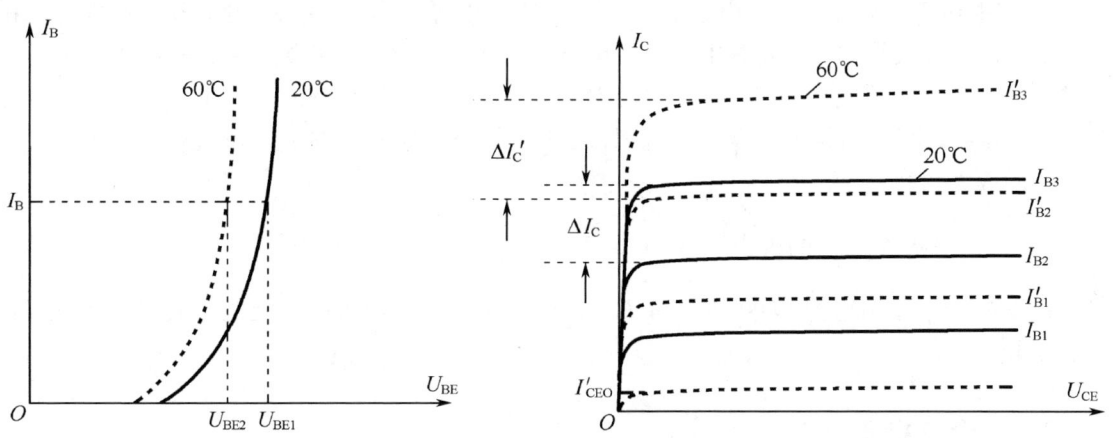

图 8-3-8　温度对三极管输入特性的影响　　　　图 8-3-9　温度对三极管输出特性的影响

8.3.6　三极管的检测

1. 用万用表判别三极管的引型和引脚

测试时，先测定管子的基极。将万用表选挡开关置于 R×100 或 R×1k 挡，用黑表笔和任一引脚相连，红表笔分别和另外两个引脚相连接，测量其阻值，如果阻值一个很大，另一个很小，则应将黑表笔所接的引脚调换一个，再按上述方法测量，直至两个阻值都很小，则黑笔所接的就是基极，而且该测定管的管型为 NPN 型。由于万用表的黑表笔与表内电池的正极相接，红表笔与表内电池的负极相连，上面测得的是三极管两个 PN 结的正向电阻，所以很小。

如果按上述方法测试的结果两次阻值都很大，则黑表笔所接的是 PNP 管的基极。

当基极确定后，其余两引脚可任意设为集电极和发射极。如果是 NPN 型管，可将万用表的黑表笔接假设的集电极，红表笔接假设的发射极，然后用手指捏住基极和假设的集电极（但不能使两极相碰），观察表针摆动幅度。再将假设的集电极和发射极互换，按上述方法重测一次，比较两次表针摆幅，摆幅较大的一次黑表笔所接的引脚为集电极，红表笔所接的引脚为发射极。

若为 PNP 型管，上述方法中只要将红表笔和黑表笔对换测试即可。

2．判断三极管的好坏

测试时用万用表的 R×100 或 R×1k 挡，分别测试三极管集电结与发射结的正向电阻和反向电阻，若两个 PN 结正、反向电阻正常，则三极管是好的；只要有一个 PN 结的正、反向电阻异常，就可判断三极管已损坏。

3．判断三极管β的大小

测试时用万用表的 R×100 或 R×1k 挡，以 NPN 型为例，将三极管的基极和黑表笔相接，发射极和红表笔相接，同时用手扭住黑表笔和集电极，观察测量的阻值，按上述测量方法观察另一个三极管测得的结果，显示阻值小的，则该三极管的β大。万用表有三极管放大倍数的测量孔，只要将挡位打至正确位置，三极管插入相应的测量孔，可直接从表盘上读出三极管的放大倍数。

4．判别三极管 I_{CEO} 的大小

以 NPN 型管为例，用万用表测试 C、E 间的阻值，万用表所示阻值越大，表示三极管的 I_{CEO} 越小。

8.3.7　复合三极管

复合三极管是将两个三极管适当地连接在一起，使其构成一个等效的三极管，如图 8-3-10 所示。

组成复合三极管的基本原则是串联点电流必须连续，且并联点电流必须保持一致。复合三极管的管型取决于第一个三极管的管型，电流放大倍数近似等于两个管子的电流放大倍数的乘积。

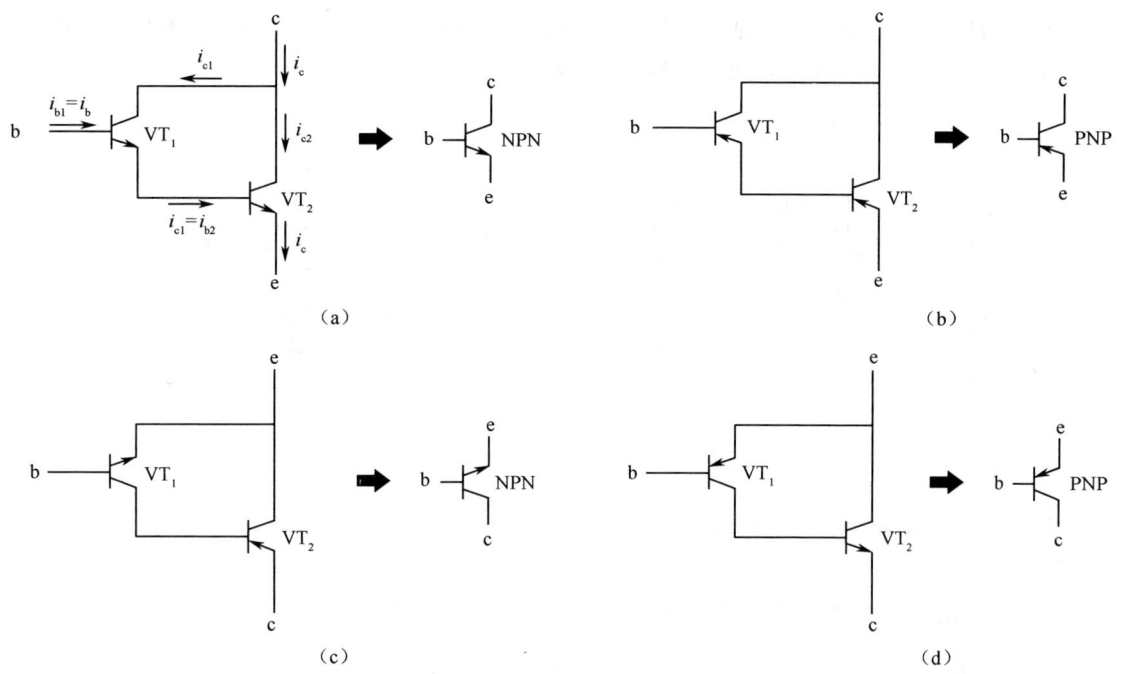

图 8-3-10 复合三极管

8.3.8 三极管在汽车上的应用

三极管在现在轿车中使用很多，如电压调节器、电子闪光器、电磁式信号发生器等，具体应用在后续模块中介绍。

8.4 场效应管

场效应管是一种电压控制器件，它是利用电场效应来控制其电流的大小，从而实现放大。场效应管工作时，内部参与导电的只有多子一种载流子，因此又称为单极性器件。根据结构不同，场效应管分为两大类，结型场效应管和绝缘栅场效应管。

8.4.1 结型场效应管

结型场效应管分为 N 沟道结型管和 P 沟道结型管，它们都具有 3 个电极：栅极、源极和漏极，分别与三极管的基极、发射极和集电极相对应。

1. 结型场效应管的结构与符号

图 8-4-1 所示为 N 沟道结型场效应管的结构与符号，结型场效应管符号中的箭头，表示由 P 区指向 N 区。

P 沟道结型场效应管的构成与 N 沟道类似，只是所用杂质半导体的类型要反过来。图 8-4-2 所示为 P 沟道结型场效应管的结构与符号。

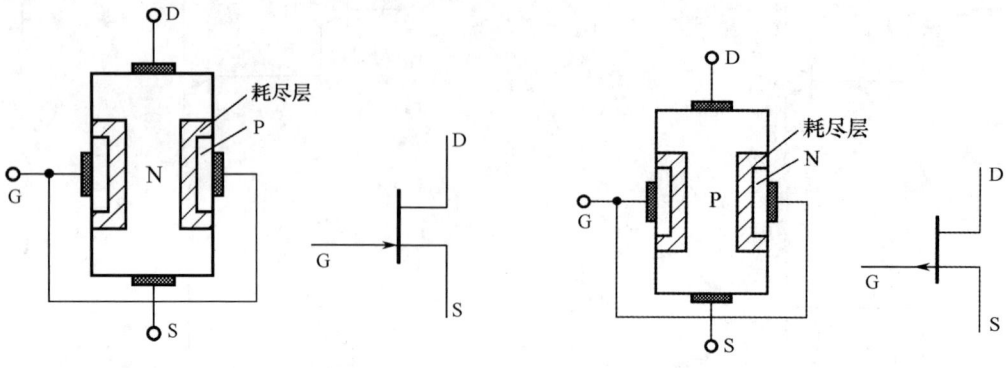

图 8-4-1   N 沟道结型场效应管的结构与符号   图 8-4-2   P 沟道结型场效应管的结构与符号

2．N 沟道结型场效应管的工作原理

（1）当栅源电压 U_{GS}=0 时，两个 PN 结的耗尽层比较窄，中间的 N 型导电沟道比较宽，沟道电阻小，如图 8-4-3 所示。

（2）当 U_{GS}<0 时，两个 PN 结反向偏置，PN 结的耗尽层变宽，中间的 N 型导电沟道相应变窄，沟道导通电阻增大，如图 8-4-4 所示。而且栅源电压 U_{GS} 越负，导电沟道越窄，沟道电阻越大。

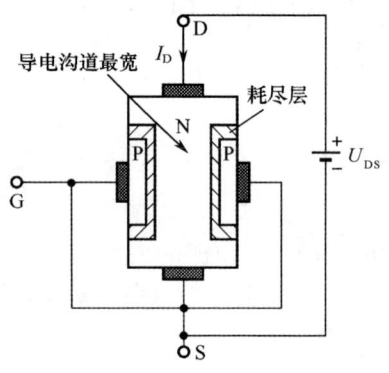

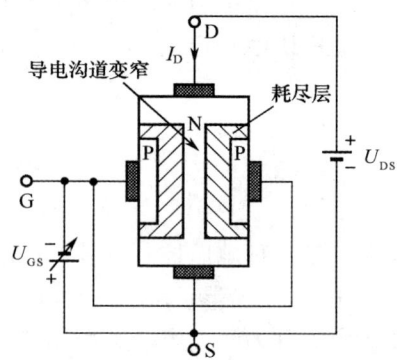

图 8-4-3 U_{GS}=0 时的导电沟道   图 8-4-4 U_{GS}<0 时的导电沟道

（3）当 U_P<U_{GS}≤0 且 U_{DS}>0 时，即栅源电压 U_{GS} 负到某一值时，两边的耗尽层近于碰上，仿佛沟道被夹断，沟道电阻趋于无穷大，可产生漏极电流 I_D。I_D 的大小将随栅源电压 U_{GS} 的变化而变化，从而实现电压对漏极电流的控制作用。

U_{DS} 的存在，使得漏极附近的电位高，而源极附近的电位低，即沿 N 型导电沟道从漏极到源极形成一定的电位梯度，这样靠近漏极附近的 PN 结所加的反向偏置电压大，耗尽层宽；靠近源极附近的 PN 结反偏电压小，耗尽层窄，导电沟道成为一个楔形，如图 8-4-5 所示。

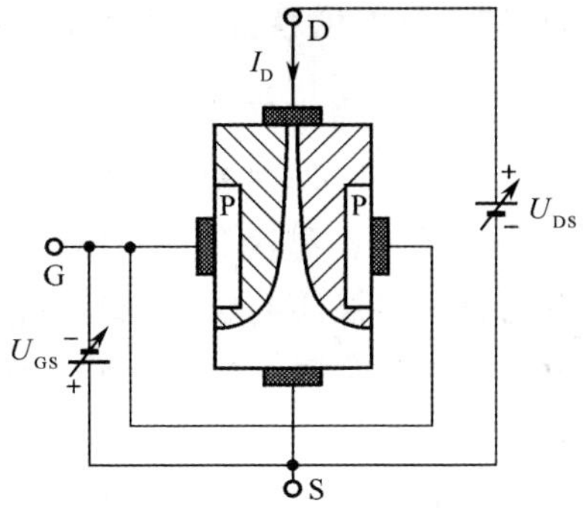

为实现场效应管栅源电压对漏极电流的控制作用，结型场效应管在工作时，栅极和源极之间的 PN 结必须反向偏置。

3. 结型场效应管的特性曲线及主要参数

（1）输出特性曲线

输出特性曲线是指栅源电压 U_{GS} 一定时，漏极电流 I_D 与漏源电压 U_{DS} 之间的关系曲线，如图 8-4-6 所示。

场效应管的输出特性曲线可分为四个区域：可变电阻区、恒流区、截止区（夹断区）和击穿区。

图 8-4-5 U_{GS} 和 U_{DS} 共同作用的情况

（2）转移特性曲线

在场效应管的 U_{DS} 一定时，I_D 与 U_{GS} 之间的关系曲线称为场效应管的转移特性曲线，如图 8-4-7 所示。它反映了场效应管栅源电压对漏极电流的控制作用。

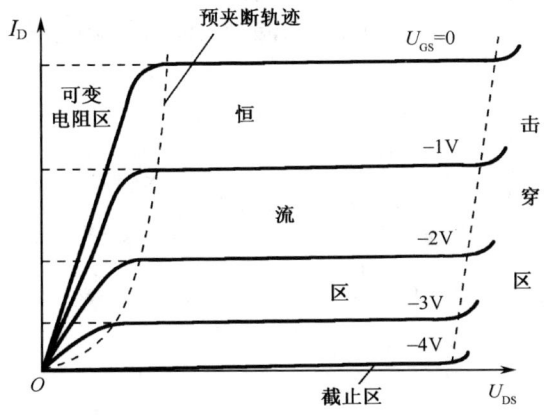

图 8-4-6 N 沟道结型场效应管的输出特性曲线 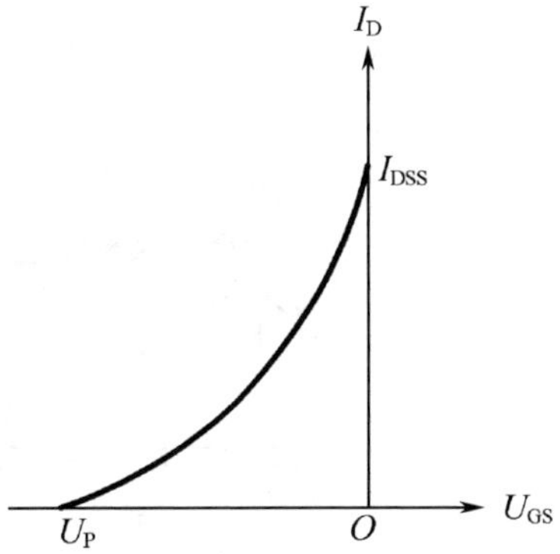　　图 8-4-7 N 沟道结型场效应管的转移特性曲线

当 $U_{GS}=0$ 时，导电沟道电阻最小，I_D 最大，称此电流为场效应管的饱和漏极电流 I_{DSS}。

当 $U_{GS}=U_P$ 时，导电沟道被完全夹断，沟道电阻最大，此时 $I_D=0$，称 U_P 为夹断电压。

（3）主要参数

① 夹断电压（U_P）：当 U_{DS} 当固定时，使 I_D 为某一微小电流所需的 U_{GS}。

② 最大耗散功率（P_{DM}）：$P_D=I_D U_{DS} < P_{DM}$。P_D 不能超过 P_{DM}，否则会烧坏场效应管。

③ 低频跨导（g_m）：当 U_{DS} 固定时，漏极电流 I_D 变化量 ΔI_D 与引起这个变化的栅源电压 U_{GS} 的变化量 ΔU_{GS} 的比值。

8.4.2 绝缘栅型场效应管

绝缘栅场效应管是由金属（Metal）、氧化物（Oxide）和半导体（Semiconductor）材料构成的，因此又叫 MOS 管。

绝缘栅场效应管分为增强型和耗尽型两种，每一种又包括 N 沟道和 P 沟道两种类型。

1．N 沟道增强型绝缘栅场效应管

（1）结构与符号

N 沟道增强型 MOS 管以 P 型半导体作为衬底，用半导体工艺技术制作两个高浓度的 N 型区，两个 N 型区分别引出一个金属电极，作为 MOS 管的源极 S 和漏极 D；在 P 形衬底的表面有一层很薄的 SiO2 绝缘层，绝缘层上引出一个金属电极称为 MOS 管的栅极 G。B 为从衬底引出的金属电极，一般工作时衬底与源极相连。图 8-4-8 所示为 N 沟道增强型 MOS 管的结构与符号。图号中的箭头表示从 P 区（衬底）指向 N 区（N 沟道），虚线表示增强型。

（2）工作原理

如图 8-4-9 所示，在栅极 G 和源极 S 之间加电压 U_{GS}，漏极 D 和源极 S 之间加电压 U_{DS}，衬底 B 与源极 S 相连。形成导电沟道所需要的最小栅源电压 U_{GS}，称为开启电压 U_T。

由于 U_{GS} 的存在，使介质中产生垂直于 P 型衬底的由栅极指向衬底的电场，将衬底里的电子感应到表面上来。当 U_{GS} 较小时，感应到衬底表面上的电子数很少，被表层的大量空穴复合掉，直到 U_{GS} 超过临界电压，在衬底表面才有"剩余"电子。于是在 P 型衬底面形成一个 N 型层，也称为反型层。反型层与 N 区之间没有 PN 结的阻碍，给漏极与源极加上电压就会产生 I_D。反型层构成了源极与漏极的 N 型导电沟道。

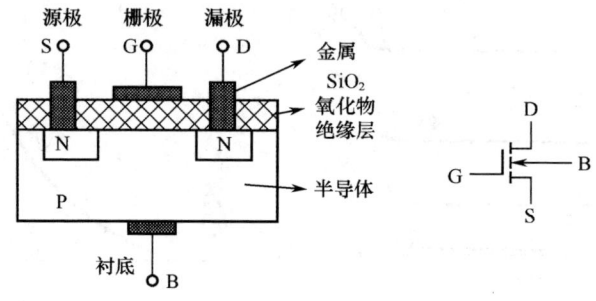

图 8-4-8　N 沟道增强型 MOS 管的结构与符号

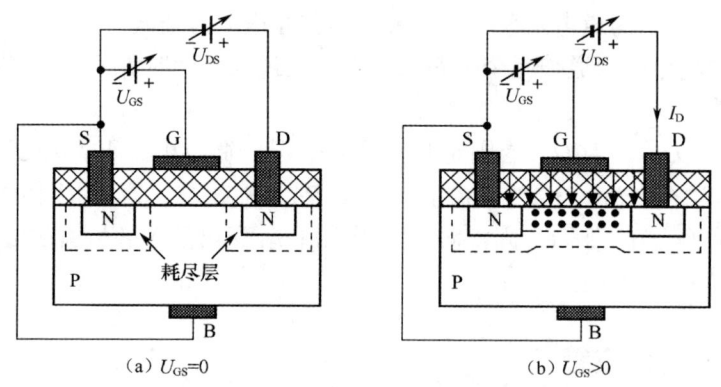

（a）$U_{GS}=0$　　　　　　　　（b）$U_{GS}>0$

图 8-4-9　N 沟道增强型 MOS 管加栅源电压 U_{GS}

（3）特性曲线

① 输出特性（漏极特性）曲线

N 沟道增强型 MOS 管的输出特性曲线如图 8-4-10 所示。

② 转移特性曲线

N 沟道增强型 MOS 管的转移特性曲线如图 8-4-11 所示。

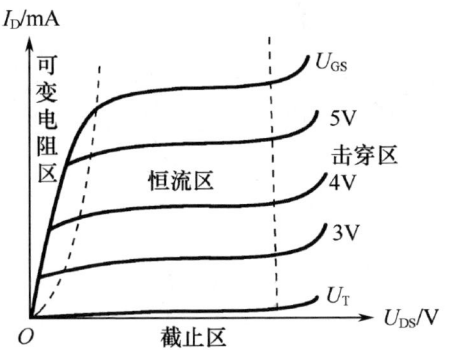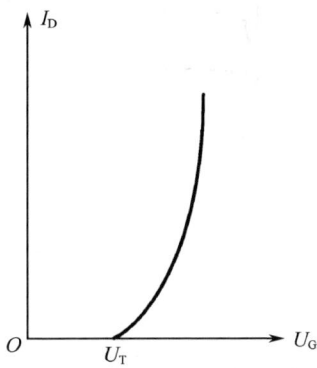

图 8-4-10　N 沟道增强型 MOS 管的输出特性曲线　　　图 8-4-11　N 沟道增强型 MOS 管的转移特性曲线

$U_{GS}=0$ 时没有导电沟道，必须在栅源正电压的作用下才能形成导电沟道，因此把这种场效应管称为增强型场效应管。

2. N 沟道耗尽型绝缘栅场效应管

（1）结构、符号与工作原理

N 沟道耗尽型 MOS 管的结构与符号如图 8-4-12 所示。在制造这种管子时在二氧化硅绝缘层中掺入正离子（$U_{GS}=0$ 时，在正离子作用下在 P 型衬底表面形成感生沟道），在栅源极加上 U_{DS} 电压，产生漏极电流 I_D。

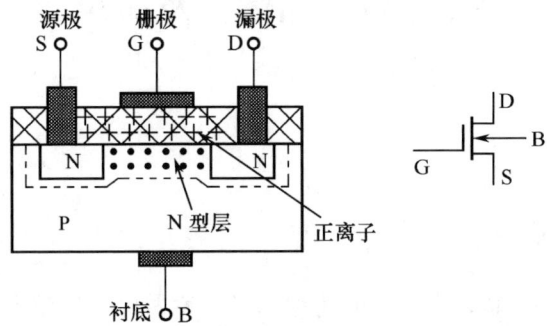

图 8-4-12　N 沟道耗尽型 MOS 管的结构与符号

（2）特性曲线

N 沟道耗尽型 MOS 管的输出特性曲线和转移特性曲线如图 8-4-13 所示。

耗尽型 MOS 管工作时，其栅源电压 U_{GS} 可以为 0，也可以取正值或负值，这个特点使其在应用中具有更大的灵活性。

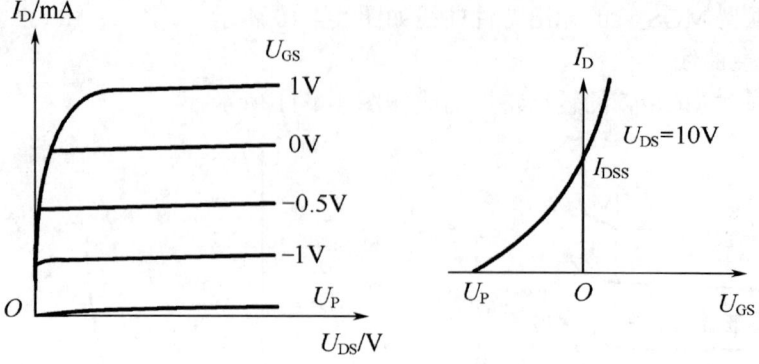

图 8-4-13　N 沟道耗尽型 MOS 管的输出特性曲线和转移特性曲线

8.4.3　应用注意事项

在使用场效应管时，应注意以下几点。

① 场效应管是电压控制器件，而三极管是电流控制器件，但都可获得较大的电压放大倍数。

② 场效应管温度稳定性好，三极管受温度影响较大。

③ 场效应管制造工艺简单，便于集成化，适合制造大规模集成电路。

④ 场效应管存放时，各个电极要短接在一起，防止外界静电感应电压过高时击穿绝缘层使其损坏。焊接时电烙铁应有良好的接地线，防止感应电压对管子的损坏。

8.5　特殊晶体管及应用

8.5.1　晶闸管

1. 晶闸管的结构及符号

晶闸管（Thyristor）是晶体闸流管的简称，又可称做可控硅整流器，以前被简称为可控硅。由四层半导体 P1、N1、P2、N2 制成，形成三个 PN 结 J1、J2、J3，如图 8-5-1（a）所示。由最外的 P1 层引出的电极为阳极 A，最外的 N2 层引出的电极为阴极 K，由中间的 P2 层引出的电极为控制极 G，然后用外壳封装起来，图 8-5-1（b）为示意图，图 8-5-1（c）是晶闸管的表示符号。

普通型晶闸管有螺栓式和平板式两种。图 8-5-2（a）是螺栓式晶闸管，图中带有螺栓的是阳极引出端，同时可以利用它固定散热片，另一端较粗的一根是阴极引出线，较细的另一根是控制极引出线。图 8-5-2（b）是平板式晶闸管，中间金属环是控制极，用一根导线引出，靠近控制极的平面是阴极，另一面则为阳极。

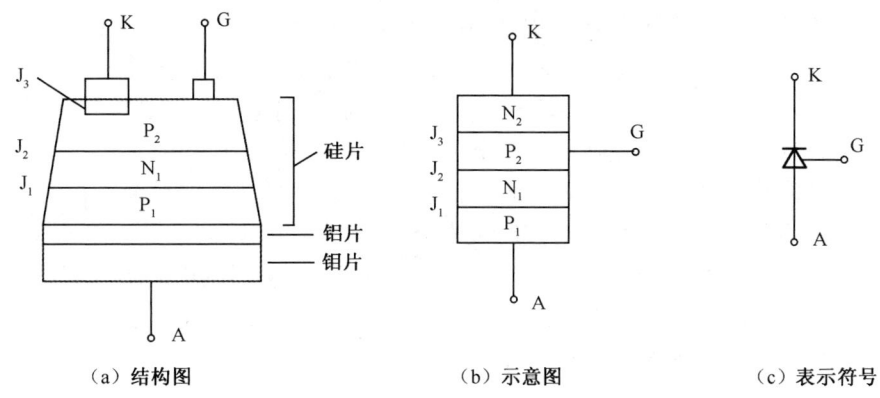

（a）结构图　　　　　　　　　（b）示意图　　　　　　　　（c）表示符号

图 8-5-1　晶闸管的结构图、示意图和符号

2．工作原理

为了说明晶闸管的工作原理，把晶闸管看成由一个 NPN 型的晶体管 VT1 和一个 PNP 型晶体管 VT2 联接而成，阴极 K 相当于 VT_1 的发射极，阳极 A 相当于 VT_2 的发射极，中间的 P_2 层和 N_1 层为两管共用，第一个晶体管的基极与另一个晶体管的集电极相联接，如图 8-5-3 所示。

（1）控制极不加电压（开路），当阳极 A 和阴极 K 之间加正向电压（A 为高电位，K 为低电位）时，

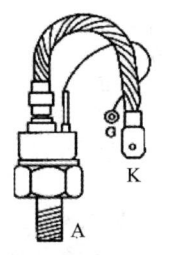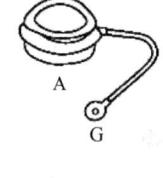

（a）螺栓式晶闸管　　　　（b）平板式晶闸管

图 8-5-2　晶闸管

由图 8-5-3 可知，PN 结 J_1 和 J_3 处于正向偏置，J_2 处于反向偏置，且 $I_G=0$，故 VT_1 不能导通，晶闸管处于截止状态（称阻断状态）。

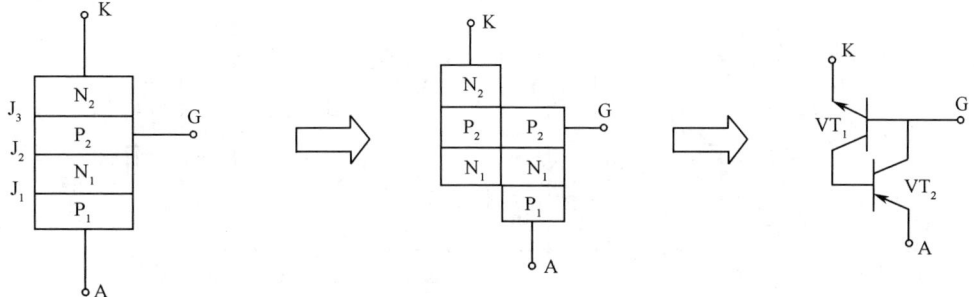

图 8-5-3　晶闸管等效为晶体管示意图

当阳极 A 和阴极 K 之间加反向电压时，则 J_2 处于正向偏置， 而 J_1 和 J_3 处于反向偏置，VT_1 仍不能导通，故晶闸管还是处于阻断状态。

（2）当控制极 G 和阴极 K 之间加正向电压（G 为高电位，K 为低电位），阳极和阴极之间加正向电压，如图 8-5-4 所示，当控制极电流 I_G 达到一定数值时，VT_1 导通，而三极管 VT_2

也达到导通条件，VT_2 基极电流是 I_G 的 β_1 倍，VT_2 集电极电流是 I_G 的 $\beta_1\beta_2$ 倍，此电流又从 VT_1 的基极流入，最终 VT_1 和 VT_2 饱和导通，晶闸管的阳极和阴极导通。

综上所述，晶闸管导通条件是：阳极和阴极之间加正向电压，控制极和阴极之间加正向电压，阳极电流大于擎住电流。满足这三个条件晶闸管才能导通，否则，呈阻断状态。所以晶闸管是一个可控的导电开关。它与二极管相比，不同之处是其正向导通受控制极电流控制；与三极管相比，不同之处是晶闸管对控制极电流没有放大作用。

晶闸管的导通和阻断这两个工作状态是由阳极电压 U_{AK}、阳极电流 I_A 及控制极电流 I_G 等决定的，这几个量又是互相有联系的，在实际应用时常用实验曲线来表示它们之间的关系，晶闸管的伏安特性曲线，如图 8-5-5 所示。

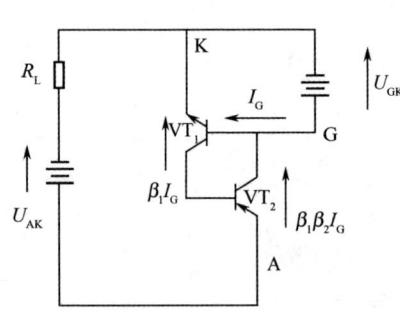

图 8-5-4　晶闸管工作原理电路

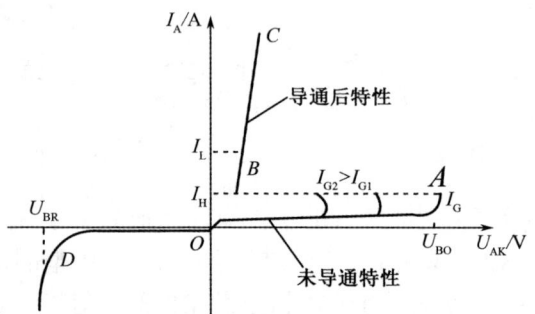

图 8-5-5　晶闸管的伏安特性曲线

3．晶闸管的应用

晶闸管在电路中主要用来作电子开关，如图 8-5-6 所示，楼道的声光控灯电路中就应用了晶闸管。

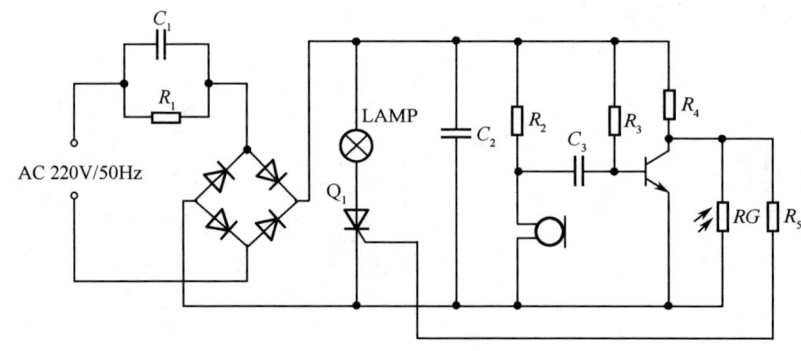

图 8-5-6　声光控灯电路

8.5.2　光电三极管与光电耦合器

1．光电三极管

光电三极管是在光电二极管的基础上发展起来的光电器件，它本身具有放大功能。从结

构上讲，此类管子基区面积比发射区面积大很多，光照面积大，光电灵敏度比较高，因为具有电流放大作用，在集电极可以输出很大的光电流。

光电三极管有塑封、金属封装（顶部为玻璃镜窗口）、陶瓷、树脂等多种封装结构，如图 8-5-7 所示。

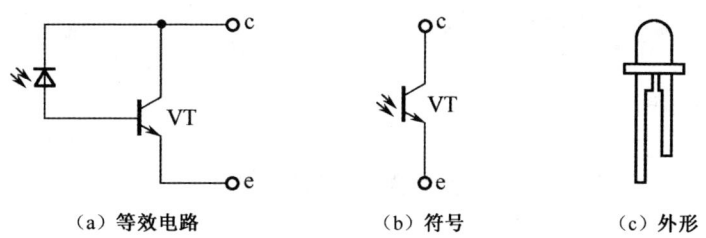

（a）等效电路　　　　（b）符号　　　　（c）外形

图 8-5-7　光电三极管的符号、等效电路和外形

2．光耦合器

光耦合器（optical coupler，英文缩写为 OC）也称光电隔离器，简称光耦，图 8-5-8 所示。光耦合器以光为媒介传输电信号。它对输入、输出电信号有良好的隔离作用，所以，它在各种电路中得到广泛的应用。光耦合器一般由三部分组成：光的发射、光的接收及信号放大。输入的电信号驱动发光二极管（LED），使之发出一定波长的光，被光探测器接收而产生光电流，再经过进一步放大后输出。

图 8-5-8　光耦合器的一般符号和实物图

8.5.3　特殊三极管在汽车上的应用

在车用传感器中，曲轴和凸轮轴位置传感器用于检测发动机曲轴和凸轮轴的转速与转角信号，分为光电式、磁感应式和霍尔式三种。其中光电式就利用了发光二极管和光电三极管的工作特性。以凸轮轴位置传感器为例加以说明，如图 8-5-9 所示。

其工作原理是：发光二极管发出光束，在信号盘（遮光盘）旋转的过程中，若光束被叶片挡住，光电三极管接收不到光束，则光电三极管截止;若旋转到齿缺部位，光电三极管接受到光束，则光电三极管导通。光电三极管输出一组数字脉冲信号，用以产生判缸信号，控制发动机的点火过程。

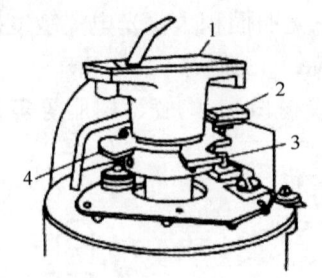
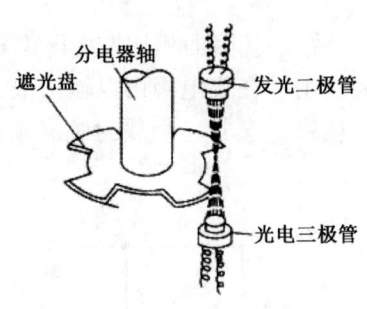

1-分火头；2-发光二极管；3-光电三极管；4-遮光盘

（a）结构 　　　　　　　　　　　　　　　（b）工作原理

图 8-5-9　凸轮轴位置传感器的结构与工作原理

小　　结

　　自然界中的物质，按其导电能力可分为三大类：导体、半导体和绝缘体。其中半导体是一种其导电能力介于导体与绝缘体之间的材料，常用的半导体材料有硅（Si）和锗（Ge）的单晶体。半导体导电能力取决于其内部载流子的多少，由空穴和自由电子两种载流子参与导电。二极管的结构二极管按半导体材料的不同可以分为硅二极管、锗二极管和砷化镓二极管等，按 PN 结特点可分为点接触型、面接触型和平面型二极管三类等。

　　二极管的单向导电性，即加正向电压时处于导通状态，外加反向电压时处于截止状态。

　　三极管的结构、类型以及特性。要实现三极管的电流放大作用，首先要给三极管各电极加上正确的电压。三极管实现放大的外部条件是：其发射结必须加正向电压（正偏），而集电结必须加反向电压（反偏）。

　　场效应管是一种电压控制器件，它利用电场效应来控制其电流的大小，从而实现放大。

　　晶闸管导通条件是：阳极和阴极之间加正向电压，控制极和阴极之间加正向电压，阳极电流大于擎住电流。满足这三个条件晶闸管才能导通，否则，呈阻断状态。所以晶闸管是一个可控的导电开关。

　　光电三极管又叫光敏三极管，是一种相当于在三极管的基极和集电极之间接入一只光电二极管的三极管，光电二极管的电流相当于三极管的基极电流。

　　光耦合器是把发光二极管和光电三极管组合在一起的光—电转换器件。

习　　题

　　8-1　什么是本征半导体？什么是杂质半导体？各有什么特点？

　　8-2　P 型半导体是在本征半导体中掺_____价元素，其多数载流子是_____；N 型半导体是在本征半导体中掺_____价元素，其多数载流子是_____。

　　8-3　PN 结是怎么形成的？

8-4　PN 结未加外部电压时，扩散电流_____漂移电流，加正向电压时扩散电流_____漂移电流，加反向电流时扩散电流_____漂移电流。

8-5　二极管特性是_____，稳压二极管是利用二极管的_____特性进行稳压的。

8-6　在习题 8-6 图所示电路中，设二极管正向压降可忽略不计，在下列情况下，试求输出端电压 U_F。

（1） U_A=3V， U_B=0V；

（2） U_A=U_B=3V；

（3） U_A=U_B=0V。

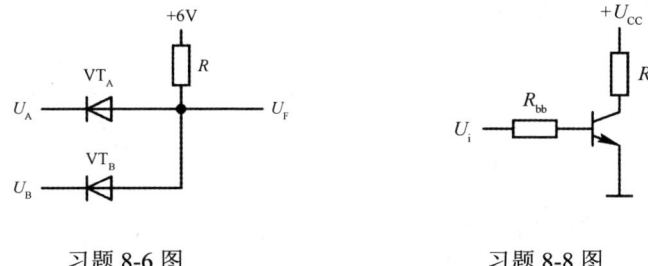

习题 8-6 图　　　　　　　　　习题 8-8 图

8-7　测得三极管三个电极 U_B、U_C、U_E 的电压分别为下列各组数据,试确定哪几组数据对应的三极管处在放大状态？

（1） 0.7V，　6V，　0V；　　　　　　（2） 0.7V，　0.6V，　0V；

（3） 1.7V，　6V，　1.0V；　　　　　 （4） −0.3V，　−3V，　0V；

（5） 4.8V，5V，　5V；　　　　　　　 （6） 0V，　　0V，　6V。

8-8　在习题图 8-8 中，已知： R_b=10kΩ， R_c=1kΩ， U_{CC}=10V，三极管的 β=50， U_{BE}=0.7V，试分析在下列情况时，三极管工作在何种工作状态？

（1） U_i =0V；

（2） U_i =2V；

（3） U_i =3V。

第**9**章

放大电路

知识目标

1. 熟悉基本放大电路的组成结构、工作原理及分析方法。
2. 掌握放大电路反馈类型、反馈的判断方法及负反馈对放大电路的影响。
3. 了解功率放大电路的工作原理及常用功率放大器的工况。
4. 掌握差动放大器的工作原理及实际应用。
5. 了解集成运放的组成、工作条件、参数及实际应用。

9.1 基本放大电路的组成及工作原理

9.1.1 放大电路的组成

1. 放大电路的组成

放大电路可由输入信号源 U_s，三极管 VT，输出负载 R_L 及电源偏置电路（U_{BB}、R_b、U_{CC}、R_c）组成，如图 9-1-1 所示。

放大电路有共发射极（简称共射极）、共基极、共集电极三种组态的放大电路。图 9-1-1 所示为最基本的共射极放大电路。为保证工作在放大状态，要求发射结正偏，集电结反偏。图中各组成元件的作用如下：

（1）三极管（NPN 型硅管）VT。起电流放大作用，用 I_B 控制 I_C，使 $I_C = \beta I_B$。

（2）电源 U_{BB} 和 U_{CC}。使三极管发射结正偏，集电结反偏，三极管处在放大状态。

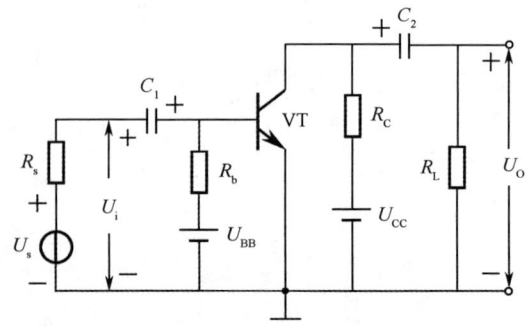

图 9-1-1　最基本的共射极放大电路

（3）基极电阻 R_b。又称偏流电阻或偏置电阻，用来调节基极直流电流 I_B，使三极管能工作在特性曲线的线性部分。

（4）集电极负载电阻 R_C。将受基极电流 I_B 控制而发生变化的集电极电流 I_C 转换成变化的电压 U_{CE}（$I_C R_C$），这个变化的电压 U_{CE} 就是输出电压 U_o，假设 $R_C=0$，则 $U_{CE}=U_{CC}$，当 I_C 变化时 U_{CE} 无法变化，因而就没有交流电压传送给负载 R_L。

（5）耦合电容 C_1、C_2。起"隔直通交"的作用，使放大电路与外电路之间没有直流联系。耦合电容一般多采用电解电容器，在使用时，正极接高电位，负极接低电位。

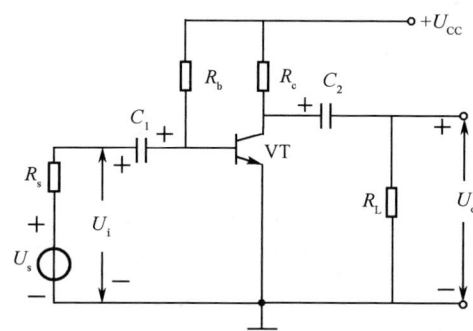

2. 放大电路的习惯画法

在实际画法中，往往省略电源符号，只标出电压的端点，这样就得到如图 9-1-2 所示的习惯画法。

图 9-1-2　共射极放大电路的习惯画法

9.1.2　放大电路的工作原理

当有交流信号输入时，交流信号电压 u_i 通过耦合电容 C_1 被送到三极管的基极和发射极之间，与基极电压 U_{BEQ} 叠加，且要求 U_{BEQ} 的数值大于 u_i 的峰值，从而保证叠加后的总电压为正值，并大于发射结死区电压，使三极管发射结正偏导通。

此时基极总电压应为：

$$u_{BE}=U_{BEQ} + u_i \tag{9-1-1}$$

基极总电流为：

$$i_B=I_{BQ} + i_b \tag{9-1-2}$$

由于 $I_{CQ}\approx\beta I_{BQ}$，因此有：

$$i_C=\beta i_B=\beta（I_{BQ} + i_b）=\beta I_{BQ}+ \beta i_b=I_{CQ} + i_c \tag{9-1-3}$$

集电极总的电压为：

$$u_{CE}=U_{CEQ} + （-i_c R_C）=U_{CEQ} -u_{ce} \tag{9-1-4}$$

由于电容器 C_2 的隔直流作用，因此放大电路的输出端只有交流分量电压 $-u_{ce}$ 输出。输出电压为：

$$u_o=-u_{ce}=-i_c R_C \tag{9-1-5}$$

式中，负号表示输出交流电压 u_o 与输入电压相位相反。

综上所述，对共射极放大电路的工作原理总结如下：

（1）放大电路工作在动态时，u_{BE}、i_B、u_{CE}、i_C 都是由直流分量和交流分量组成的。

（2）在共发射极放大电路中，u_i、i_b、i_c 是同相位的；输出电压 u_o 的波形幅度远比输入信号幅度大，频率相同，相位相反。因此将该放大电路称为倒相放大电路或反相放大电路。

9.2 放大电路的分析方法

对放大电路的分析，其实是对放大电路静态工作点的设置、放大倍数、输入电阻和输出电阻等进行分析，从而理解放大电路的工作特性。放大电路的基本分析方法有近似估算法和图解分析法两种。放大电路中既有直流分量又有交流分量，通常利用交、直流通路，将两种信号分开分析。

9.2.1 直流通路和交流通路

在整个放大过程中，电路中既有直流通路又有交流通路。所以分析之前要分清交、直流通路。以共发射极基本放大电路为例，如图 9-2-1（a）所示。

1．直流通路

直流通路是指静态（无交流信号输入）时，放大电路的直流等效电路，用于计算放大电路的静态工作点（如 I_{BQ}、I_{CQ}、U_{CEQ} 等）。

在画直流通路时，将电容器视为开路，信号源去掉，其他不变，如图 9-2-1（b）所示。

2．交流通路

交流通路是指动态（有交流信号输入）时，放大电路的交流等效电路，用于计算放大电路的放大倍数、输入电阻、输出电阻（i_b、i_c、u_o 等）等值。

在画交流通路时，电容器和电源视为短路，如图 9-2-1（c）所示。

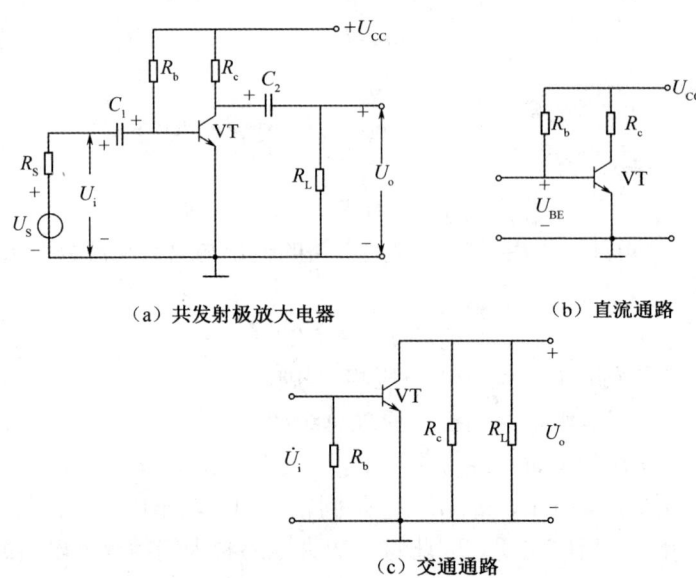

（a）共发射极放大电器　　　　（b）直流通路

（c）交通通路

图 9-2-1　共发射极放大电路的直流通路和交流通路

9.2.2　放大电路的分析

1．静态分析

在图 9-2-1 所示电路中，当输入信号 $U_i=0$ 时，放大电路的工作状态称为直流工作状态，简称静态。此时电路中各极电流和电压数值将表现在晶体管特性曲线上确切的一点，称为静态工作点，用 Q 表示，如图 9-2-2 所示。

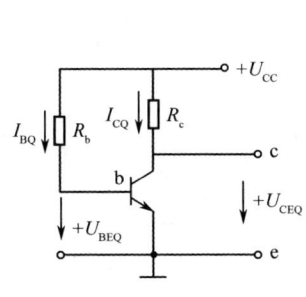

（a）直流通路

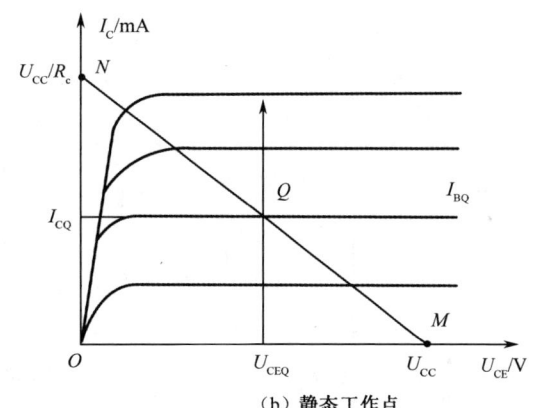

（b）静态工作点

图 9-2-2　静态分析

（1）静态工作点的估算法

在已知电流放大倍数的条件下，利用直流通路可以估算出 Q 点。

计算基极电流：

$$I_{BQ} = \frac{U_{CC} - U_{BE}}{R_b} \approx \frac{U_{CC}}{R_b} \tag{9-2-1}$$

由于 $U_{BE}=0.7\,V$（硅管）可忽略不计，所以有

$$I_{CQ} \approx \beta I_{BQ} \tag{9-2-2}$$

$$U_{CEQ} \approx U_{cc} - I_{CQ}R_c \tag{9-2-3}$$

一般所说分析静态工作点即用这三个公式计算与静态工作点相关的参数值，即 I_{BQ}、I_{CQ} 和 U_{CEQ}。

（2）图解法

由于晶体管是非线性器件，可以利用输出特性曲线，通过作图的方法求静态值，称为图解法，如图 9-2-2（b）所示。

图解法确定静态工作点的步骤如下：

① 用估算法求出基极电流 I_{BQ}。

② 根据 I_{BQ} 值在输出特性曲线中找到对应的一条曲线，如图 9-2-2（b）所示。

③ 作直流负载线。在三极管的输出特性曲线中作出式（9-2-3）的直线，即当 $I_C=0$ 时，$U_{CE}=U_{CC}$，当 $U_{CE}=0$ 时，$I_C=U_{CC}/R_c$，在输出特性曲线中找出该直线与横纵坐标线的两个特

殊交点：$M(U_{CC}, 0)$，$N\left(0, \dfrac{U_{CC}}{R_c}\right)$。将 M、N 连线，把这条直线叫做直流负载线，如图 9-2-2（b）所示。

④ 确定静态工作点 Q 及 U_{CEQ} 和 I_{CQ} 值。

由 $I_B=I_{BQ}$ 对应的一条曲线与直流负载线 MN 的交点 Q 就是静态工作点。Q 点所对应的坐标就是要求的静态值 I_{CQ} 和 U_{CEQ}。

例 9-2-1 求图 9-2-3（a）所示电路的静态工作点，电路中各参数如图中所示，三极管为硅管，$\beta=50$。

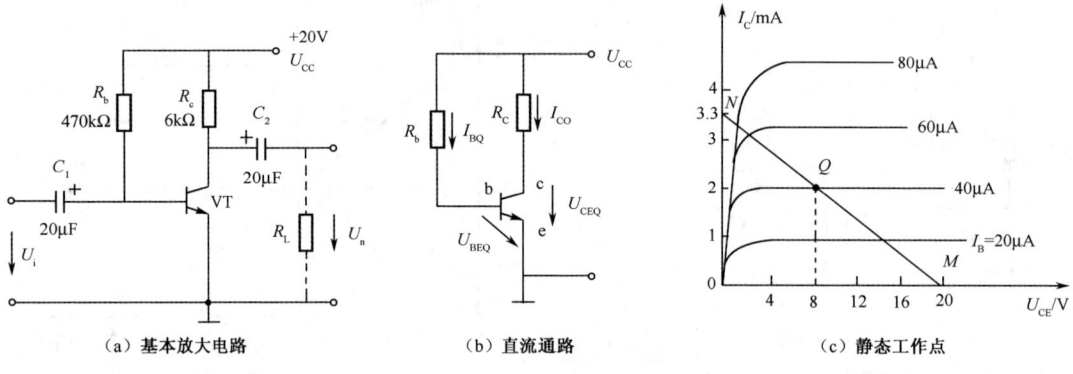

（a）基本放大电路　　　（b）直流通路　　　（c）静态工作点

图 9-2-3　例 9-2-1 题图

解：（1）估算法。由式（9-2-6）、式（9-2-7）和式（9-2-8）可得：

$$I_{BQ} = \frac{U_{CC} - U_{BEQ}}{R_b} = \frac{(20-0.7)\text{V}}{470\text{k}\Omega} \approx 0.04\text{mA} = 40\mu\text{A}$$

$$I_{CQ} = \beta I_{BQ} = 50 \times 40 = 2\text{mA}$$

$$U_{CEQ} \approx U_{CC} - I_{CQ}R_c = 20 - (2 \times 10^{-3} \times 6 \times 10^3) = 8\text{V}$$

（2）图解法

在图 9-2-3（c）中，根据 $I_C=U_{cc}/R_c=3.3\text{mA}$，$U_{cc}=20\text{V}$ 作直流负载线 MN，与 $I_B=I_{BQ}=40\mu\text{A}$ 的曲线相交得静态工作点 Q，根据 Q 点所对应的坐标得 $I_{CQ}=2\text{mA}$，$U_{CEQ}=8\text{V}$。

2．动态分析

动态分析就是在有交流信号输入时，确定电路的放大倍数、输入阻抗、输出阻抗等参数。常用的分析方法有图解法和微变等效法。

（1）放大电路的交流通路

根据共发射极放大电路画出交流通路，如图 9-2-4 所示。

所谓交流通路就是交流电流流通的途径，在画法上遵循两条原则：将原理图中的耦合电容 C_1、C_2 视为短路；电源 U_{CC} 的内阻很小，对交流信号视为短路。

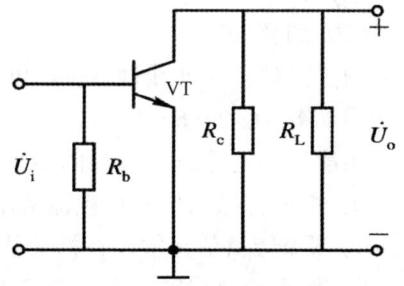

图 9-2-4　放大电路的交流通路

（2）图解法确定电压放大倍数（见图 9-2-5）

根据直流负载线 MN 的 Q 和交流等效负载确定交流负载线。交流负载为 $R'_L = R_c // R_L$。

将斜率为 k'、过 Q 点的直线称为交流负载线，通过交流负载线可求得带负载时的放大倍数。$k' = \tan\alpha' = \dfrac{-1}{R'_L}$。

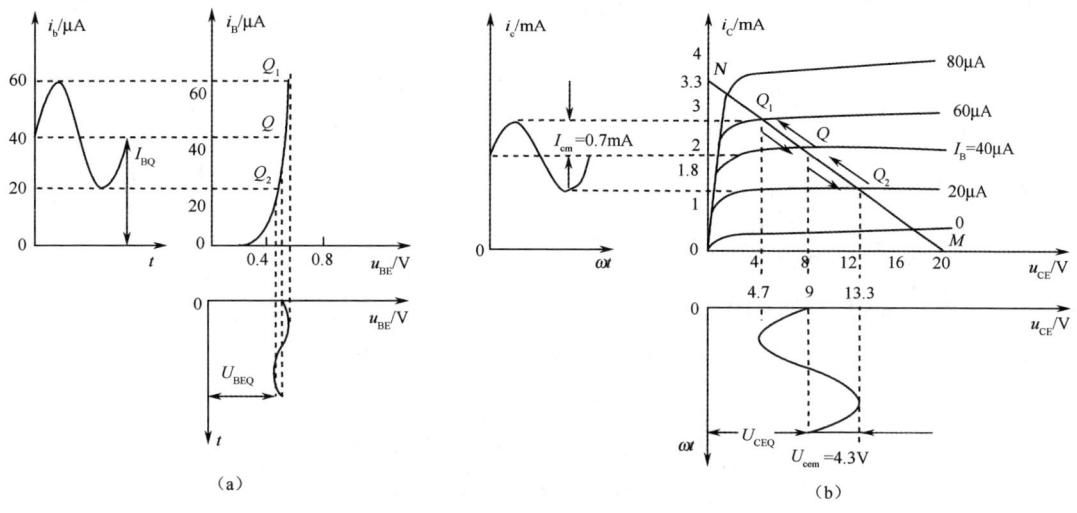

（a）

（b）

图 9-2-5　空载图解分析法

（3）微变等效电路法

微变等效电路法是把非线性元件晶体管所构成的放大电路等效成一个线性电路。由于三极管是在小信号下工作的，因此 Q 点附近的小范围特性曲线可以用直线替代。三极管输入回路可以等效成一个电阻，用 r_{be} 表示。

$$r_{be} = 300 + \frac{(\beta+1)26(mV)}{I_{EQ}}$$

式中，I_{EQ} 为射极静态电流。

输出回路可以用一个大小为 $i_C = \beta i_B$ 的理想电流源来等效。三极管的微变等效电路如图 9-2-6 所示。

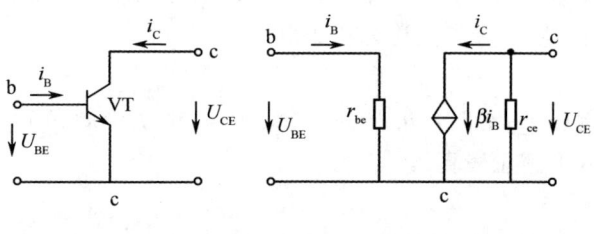

（a）晶体三极管　　　　　（b）晶体三极管的微变等效

图 9-2-6　晶体三极管及微变等效

微变等效电路法分析过程如下：

① 画出放大电路的交流通路。

② 画出微变等效电路。

③ 根据微变等效电路列方程，计算电路的

A_u、r_i、r_o。

例 9-2-2 在图 9-2-7 所示电路中，β=50，U_{BE}=0.7V，试求：

（1）静态工作点（I_{BQ}、I_{CQ}、U_{CEQ}）；

（2）计算动态指标 $\dot{A}_u$、r_i 和 r_o 的值。

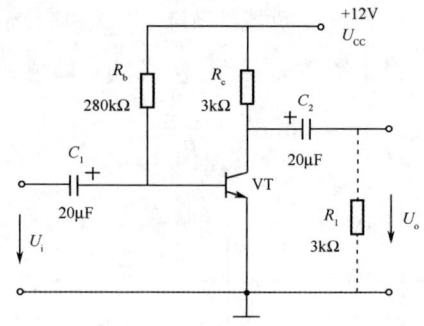

图 9-2-7 例 9-2-2 题图

解：（1）求静态工作点

$$I_{BQ} = \frac{U_{CC} - 0.7}{R_b} = \frac{12 - 0.7}{280 \times 10^3} \approx 0.04\text{mA} = 40\mu\text{A}$$

$$I_{CQ} = \beta I_{BQ} = 50 \times 0.04 \times 10^{-3} = 2\text{mA}$$

$$U_{CEQ} = U_{CC} - I_{CQ}R_c = 12 - 2 \times 10^{-3} \times 3 \times 10^3 = 6\text{V}$$

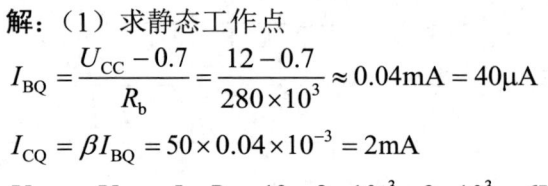

（2）计算动态指标

$$\dot{A}_u = \frac{-\beta R'_L}{r_{be}} = \frac{-50 \times (3 // 3)\text{k}\Omega}{0.96\text{k}\Omega} = -78.1$$

$$r_i = R_b // r_{be} \approx r_{be} = 0.96\text{k}\Omega$$

$$r_o \approx R_c = 3\text{k}\Omega$$

9.2.3 静态工作点对输出波形失真的影响

放大电路的基本要求是其输出波形的失真应尽可能地小。如果静态工作点设置不当，晶体管工作在特性曲线的非线性区，将出现严重的非线性失真。适当调整电路参数使 Q 点选择合适，可降低非线性失真程度或消除非线性失真，图 9-2-8 所示。

（1）饱和失真

静态工作点设置在 Q_1 点，由于 Q 点过高，使其动态工作进入饱和区而引起 i_C 的正半周和 u_{CE} 的负半周出现失真，这种失真称为"饱和失真"。

（2）截止失真

当静态工作点设置在 Q_2 点时，i_B 严重失真，使 i_C 的负半周和 u_{CE} 的正半周进入截止区而造成失真，因此称为"截止失真"。

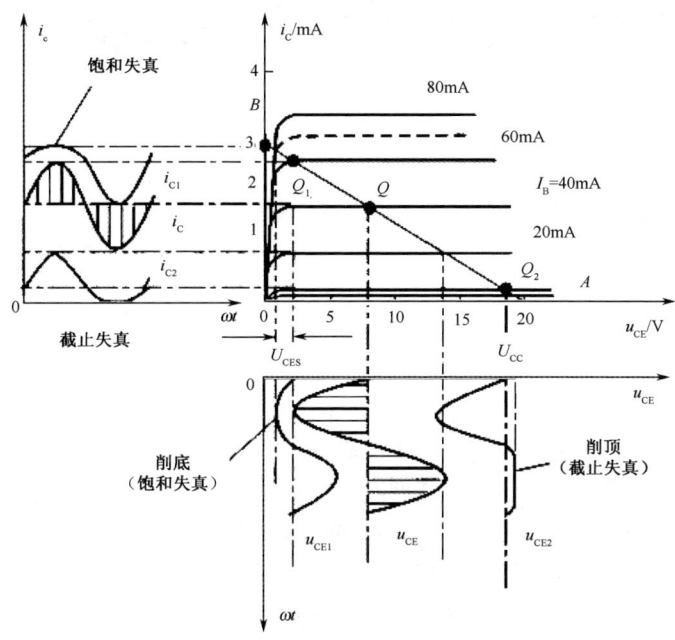

图 9-2-8 静态工作点对输出波形失真的影响

9.3 工作点稳定的偏置电路

静态工作点不稳定的因素很多，如电压波动，元件老化，温度变化均会造成工作点的不稳定，其中温度是影响晶体管参数最主要的因素。静态工作点决定是否会产生失真，还会影响电压放大倍数，输入电阻、输出电阻等。因此设计放大电路时要充分考虑其静态工作点的稳定问题。

温度升高，三极管的 U_{BE} 降低，β、I_{CBO} 和 I_{CEO} 增大，输出特性曲线簇上移，集电极电流 I_C 增大，静态工作点上移，放大电路必然会出现饱和失真，如图 9-3-1 所示。为了使放大电路在温度发生变化时，仍然能基本保持 Q 点的稳定，这就要在电路上改变偏置方式或利用热敏器件等方法抵消由温度变化带来的影响。下面介绍两种常用的稳定 Q 点的偏置电路。

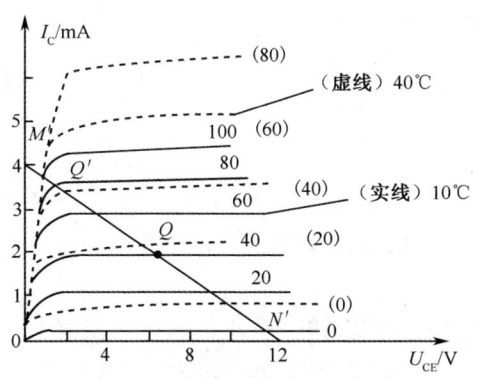

图 9-3-1 温度对静态工作点的影响

9.3.1 固定偏置电路

基本放大电路如图 9-3-2 所示，当基极偏置电阻 R_b 确定后，基极偏置电流 I_{BQ} 也就固定了，这种电路叫固定偏置放大电路。优点是元

器件少，电路简单，放大倍数高；最大缺点是稳定性差。

如图 9-3-2 所示电路为固定偏置电路，设置的静态工作点参数为：

$$I_{BQ} = \frac{U_{CC} - U_{BE}}{R_b} \approx \frac{U_{CC}}{R_b} \tag{9-3-1a}$$

$$I_{CQ} = \beta I_{BQ} + (1 + \beta)I_{CBO} \tag{9-3-1b}$$

$$U_{CEQ} = U_{CC} - I_{CQ}R_c \tag{9-3-1c}$$

9.3.2　分压式偏置电路

当输入信号不变时，三极管的放大倍数会随着温度的变化而变化，从而使 I_{CQ} 发生变化。为了稳定 Q 点，可以通过减小 I_{BQ} 即可抑制 I_{CQ} 的变化，使放大电路的 Q 点基本稳定。分压式偏置电路正是基于此而设计的，其电路如图 9-3-3 所示。

分压式偏置电路的基极有两个电阻，分别称为上偏置电阻 R_{b1} 和下偏置电阻 R_{b2}，三极管的发射极对地串接了反馈电阻 R_e 和旁路电容器 C_e。

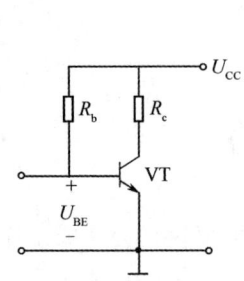

图 9-3-2　固定偏置电路

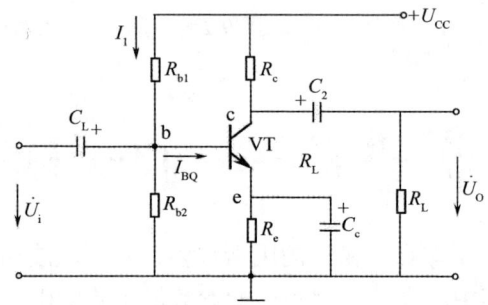

图 9-3-3　分压式偏置电路

在分压式偏置电路中，利用电阻分压原理，三极管基极电位固定不变。如图 9-3-3 所示，流过 R_{b1} 的电流为 I_1，流过 R_{b2} 的电流为 I_2，根据 KCL 定律有 $I_1 = I_2 + I_{BQ}$。因为 $I_2 \gg I_{BQ}$，于是 $I_1 \approx I_2$。这时三极管的基极电位为 R_{b2} 上的分压，即

$$U_{BQ} \approx \frac{R_{b2}}{R_{b1} + R_{b2}} \cdot U_{CC} \tag{9-3-2}$$

三极管的发射结电压为

$$U_{BEQ} = U_{BQ} - U_{EQ} \tag{9-3-3}$$

在 $I_2 \gg I_{BQ}$ 的条件下，三极管的基极电位 U_{BQ} 与三极管的参数无关，不受温度影响，仅由电源 U_{CC} 以及 R_{b1} 和 R_{b2} 的分压电路决定。

分压式偏置电路稳定静态工作点的工作原理如下：如果温度 T 升高，则 I_{CQ} 增大，I_{EQ} 增大，造成 R_e 上的电压降 $U_{EQ} = I_{EQ}R_e$ 增大。由于 U_{BQ} 基本不变，根据式（9-3-3），U_{BEQ} 减小，又根据三极管输入特性，基极电流 I_{BQ} 减小，从而使 $I_{CQ}(I_{CQ} \approx \beta I_{BQ})$ 减小，使 Q 点回到原来设定的位置。上述变化过程可以表示为

$$T\uparrow \rightarrow I_{CQ}\uparrow \rightarrow I_{EQ}\uparrow \rightarrow U_{EQ}\uparrow \rightarrow I_{BQ}\downarrow \rightarrow I_{CQ}\downarrow$$

发射极电阻 R_e 有抑制 I_{CQ} 的作用，既抑制直流信号又抑制交流信号。为了稳定 Q 点又不削弱交流信号，常常在发射极电阻 R_e 两端并联一个大容量的电容器 C_e，其对 Q 点没有影响，又可以使交流信号顺利通过，通常称它为发射极旁路电容。

三极管放大电路的偏置电路还有集电极—基极偏置电路、具有温度补偿的偏置电路等类型，工作原理较为简单，读者可查阅相关资料，在此不再赘述。

9.4 多级放大电路

多级放大电路由输入级、中间级及输出级组成，如图 9-4-1 所示。多级放大电路可以提高信号的放大倍数，也可以改变放大电路的输入电阻和输出电阻值。

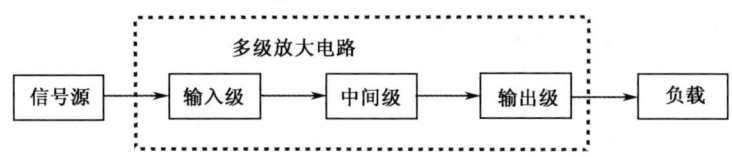

图 9-4-1 多级放大电路框图

9.4.1 级间耦合方式

在多级放大电路中，我们把多级放大电路内部若干个单级放大电路之间的连接方式称为级间耦合。常见的耦合方式有三种：阻容耦合、变压器耦合和直接耦合。

每种耦合方式都必须保证：前级的输出信号能顺利地传递到后一级的输入端；各级放大电路都应该有合适的静态工作点；信号传递过程中不能失真，信号损失要小。

1. 阻容耦合

阻容耦合是利用电容器作为耦合元件将前级和后级连接起来，如图 9-4-2 所示，第一级的输出信号通过电容器 C_2 和第二级的输入端相连接。

阻容耦合的优点是前级和后级直流通路彼此隔开，每一级的静态工作点相互独立，互不影响。缺点是信号在通过耦合电容加到下一级时会大幅衰减，对直流信号（或变化缓慢的信号）很难传输。阻容耦合只适用于分立元件组成的电路，因为电容不容易集成。

2. 变压器耦合

变压器耦合是利用变压器将前级的输出端与后级的输入端连接起来，如图 9-4-3 所示。将 VT_1 的输出信号经过变压器 T_1 送到 VT_2 的基极和发射极之间。VT_2 的输出信号经 T_2 耦合到负载 R_L 上。R_{b11}、R_{b12} 和 R_{b21}、R_{b22} 分别为 VT_1 和 VT_2 的偏置电阻，C_{e1}、C_{e2} 是 R_{e1}、R_{e2} 的旁路电容，用于防止信号被偏置电阻所衰减。

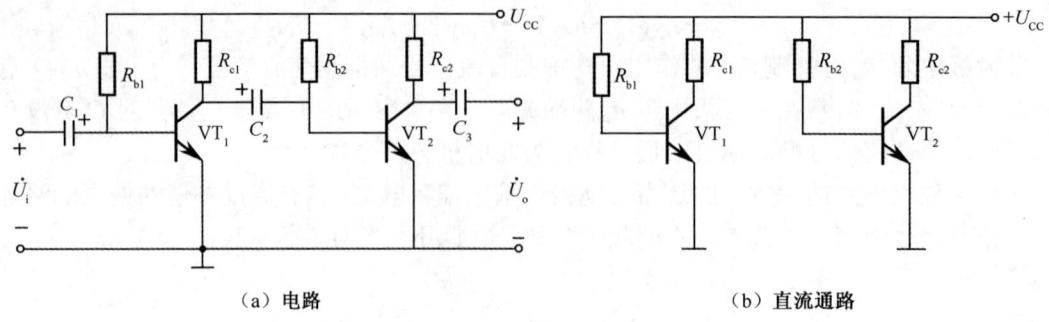

|（a）电路| |（b）直流通路|

图 9-4-2　阻容耦合两级放大电路

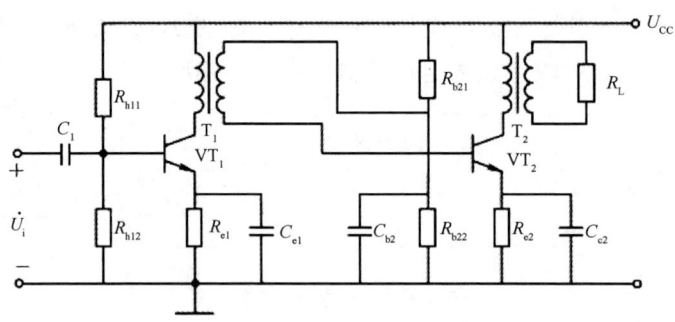

图 9-4-3　变压器耦合两级放大电路

变压器耦合的优点是，由于变压器不能传输直流信号，因此各级静态工作点相互独立，互不影响。由于其有变阻抗的能力，所以传输功率较大，适合用于低频功率放大电路。缺点是成本高、体积大、笨重等，不利于集成，而且高频频响较差。

3．直接耦合

直接耦合是将前级放大电路和后级放大电路直接相连的耦合方式，这种耦合方式称为直接耦合，如图 9-4-4 所示。

直接耦合的优点是所用元件少，体积小，低频特性好，便于集成化。缺点是由于没有隔离元件，前级和后级的直流通路相通，静态电位会相互牵制，使得各级静态工作点相互影响。同时还存在零点漂移现象。

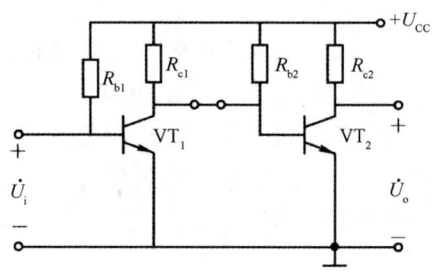

图 9-4-4　直接耦合放大电路

零点漂移是指由于温度变化等原因，使放大电路在输入信号为零时输出信号不为零的现象，主要原因是由于温度变化而引起的。

9.4.2　耦合对信号传输的影响

1．信号源和输入级之间的关系

信号源接放大电路的输入级，输入级的输入电阻就是它的负载，因此可归结为信号源与负载的关系。如图 9-4-5 所示，放大电路的输入电压和输入电流可用式（9-4-1）和式（9-4-2）计算。

$$\dot{U}_i = \dot{U}_S \frac{R_i}{R_S + R_i} \tag{9-4-1}$$

$$\dot{I}_i = \dot{I}_S \frac{R_S}{R_S + R_i} \tag{9-4-2}$$

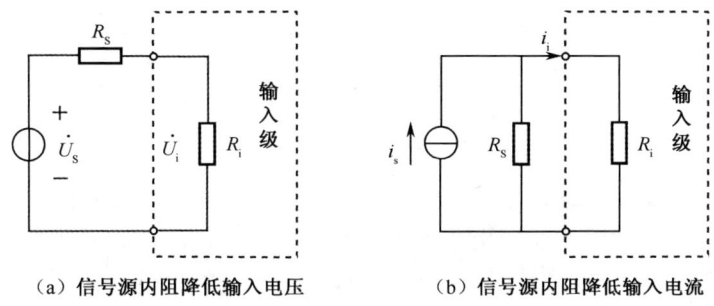

（a）信号源内阻降低输入电压　　（b）信号源内阻降低输入电流

图 9-4-5　信号源内阻、放大电路输入电阻对输入信号的影响

2．各级间关系

多级放大电路前级的输出信号为后级的信号源，其输出电阻为信号源内阻，后级的输入电阻为前级的负载电阻，如图 9-4-6 所示。

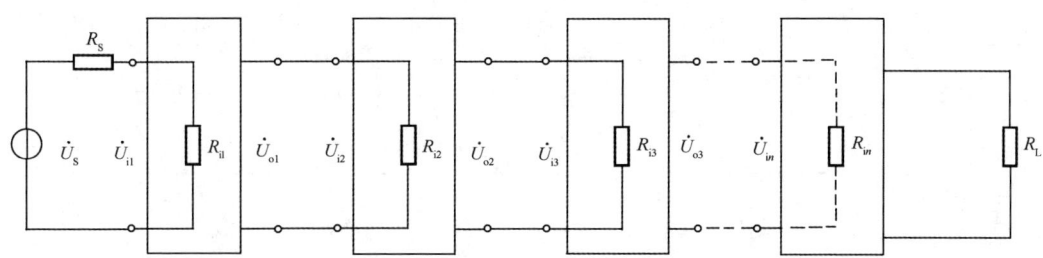

图 9-4-6　多级放大器级间关系

3．多级放大电路的动态分析

（1）多级放大电路电压放大倍数

对于有 n 级放大电路的多级放大电路，每一级的电压放大倍数为

$$\dot{A}_{u1} = \frac{\dot{U}_{o1}}{\dot{U}_{i1}}, \ \dot{A}_{u2} = \frac{\dot{U}_{o2}}{\dot{U}_{i2}}, \cdots, \dot{A}_{un} = \frac{\dot{U}_{on}}{\dot{U}_{in}} \qquad (9\text{-}4\text{-}3)$$

多级放大电路每一级是级联的，即前一级的输出端接后一级的输入端，那么后一级的输入信号即是前一级的输出信号，因此有

$$\dot{U}_{o1} = \dot{U}_{i2}, \dot{U}_{o2} = \dot{U}_{i3}, \cdots, \dot{U}_{on} = \dot{U}_{i(n+1)} \qquad (9\text{-}4\text{-}4)$$

所以总的电压放大倍数为

$$\dot{A}_{u} = \frac{\dot{U}_{on}}{\dot{U}_{i1}} = \dot{A}_{u1} \cdot \dot{A}_{u2} \cdots \dot{A}_{un} \qquad (9\text{-}4\text{-}5)$$

多级放大电路总的电压放大倍数为各级放大倍数的乘积。

（2）多级放大电路的输入、输出电阻

多级放大电路的输入电阻就是第一级放大电路的输入电阻，其输出电阻就是最后一级放大电路的输出电阻。

9.5　放大电路负反馈

在电子电路中，反馈现象是普遍存在的。引入负反馈可以改善电路的性能。在现代汽车控制技术中，反馈也得到了普遍应用。例如发动机的闭环控制，通过在排气管上安装氧传感器来检测尾气排放，进而控制发动机空燃比来提高发动机的燃油经济性和排放性。例如汽车巡航控制，如图 9-5-1 所示。发动机 ECU（电子控制单元）给节气门执行器控制信号，节气门的开度决定发动机的功率输出，发动机驱动变速器带动车轮转动，车速传感器采集车速信号，将此信号反馈给发动机 ECU 来实现巡航控制。

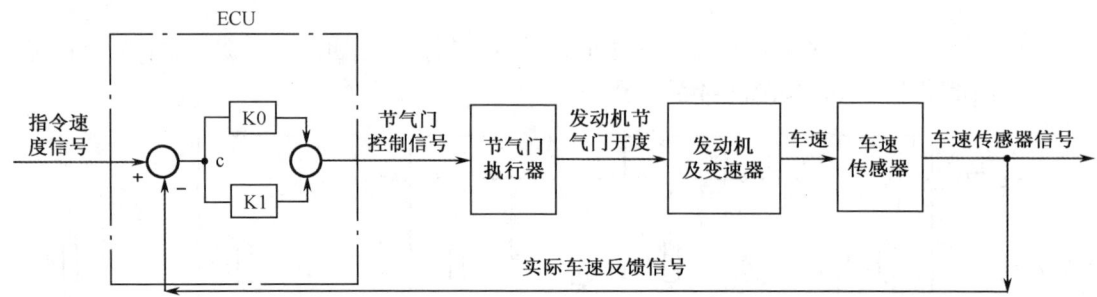

图 9-5-1　巡航控制系统基本工作原理

9.5.1　反馈的基本概念

将放大电路输出量（电压或电流）的一部分或全部，通过一定的方式，返回到输入端，与输入量相叠加，以改善放大电路性能的方法称为反馈。

为了把放大电路的输出信号送回到输入端，通常采用外接电阻或电容器等元件组成引导反馈信号的电路，这个电路叫反馈电路，如图 9-5-2 所示。图 9-5-2 中，$\dot{X}_o$ 表示输出信号，$\dot{X}_i$ 表示输入信号，$\dot{X}_f$ 表示反馈信号，而 $\dot{X}_d$ 则表示输入信号 $\dot{X}_i$ 和反馈信号 $\dot{X}_f$ 合成后的净输入信号（信号量均用复数表示）。箭头表示信号的传输方向。由此可见，反馈放大电路是由基本放大电路与反馈电路（网络）组成的。

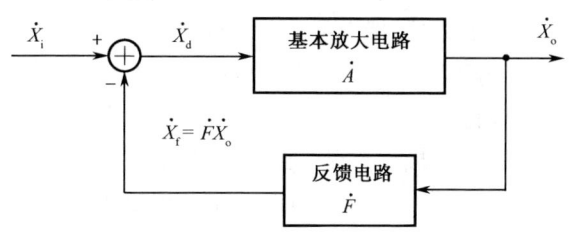

图 9-5-2　负反馈放大电路的原理框图

9.5.2　反馈的类型

根据反馈的极性不同，反馈信号的取样对象不同，以及反馈电路在放大电路的连接方式不同，大致可分为以下几类。

（1）正反馈和负反馈

若反馈信号削弱原来的输入信号，使净输入信号减小，则为负反馈；反之为正反馈。正反馈一般应用在某些振荡电路中。负反馈用来改善放大电路性能。

（2）直流反馈和交流反馈

直流反馈：将直流量反馈至输入端称为直流反馈。

交流反馈：将交流量反馈至输入端称为交流反馈。

（3）电压反馈和电流反馈

电压反馈：根据反馈信号从放大电路输出端取出的方式不同，凡是反馈信号与输出电压成正比的，叫电压反馈。在电压反馈中，信号源、基本放大器和反馈网络三者互相并联。

电流反馈：凡是反馈信号与输出电流成正比的，叫电流反馈。在电流反馈中，信号源、基本放大器和反馈网络三者串联。

（4）串联反馈和并联反馈

串联反馈：根据反馈电路和放大电路输入端连接的方式不同，放大电路的净输入信号由原输入信号和反馈信号串联而成的，叫串联反馈。

并联反馈：放大电路的净输入信号由原输入信号和反馈信号并联而成的，叫并联反馈。

反馈信号在输入端以何种形式反馈出来，取决于源输入信号与反馈信号的连接方式。例如输入端为串联反馈时，反馈信号在输入端以电压形式出现；输入端是并联反馈时，反馈信号以电流形式出现。

9.5.3　反馈的判断

（1）电压反馈和电流反馈的判别

把放大电路的输出端短路，使输出电压为零时，如果反馈信号也为零，那么这是电压反

馈；如果反馈信号不为零，那么这是电流反馈。

（2）正反馈和负反馈的判别

一般采用瞬时极性来判别：首先假设在原输入信号作用下，三极管的基极电位在某一瞬时的极性。瞬时极性为"＋"，意思是指电位在升高；瞬时极性为"－"，则指电位在降低。然后逐级进行极性判断，最后确定反馈到输入端的反馈信号的极性。若反馈到输入端基极的极性和原假设极性相同为正反馈，相反为负反馈。

注意：三极管集电极瞬时极性与基极的瞬时极性相反，而发射极的瞬时极性与基极的瞬即极性相同。电容、电阻等反馈元件不会改变瞬时极性的关系。

3. 并联反馈和串联反馈的判别

把放大电路的输入端短路，如果此时反馈信号同样被短路，使净输入信号为零，那么这是并联反馈；如果此时反馈信号没有消失，那么这是串联反馈。

例 9-5-1 判断图 9-5-3 和图 9-5-4 两个电路中，反馈元件 R_f 是引进的哪一种反馈类型？

分析：

（1）判别是电压反馈还是电流反馈。图 9-5-3 中，反馈信号取自放大电路的输出端，图 9-5-4 中反馈信号取自三极管 VT_2 的发射极电阻 R_{e2} 上的电压。当输出端短路后，显然图 9-5-3 中反馈信号消失，而图 9-5-4 中发射极电阻 R_{e2} 中仍有电流，反馈信号不为零。因此图 9-5-3 是电压反馈，图 9-5-4 是电流反馈。

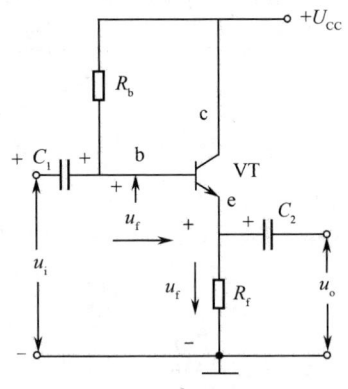

图 9-5-3　例 1 题图（1）　　　　　　　　图 9-5-4　例 1 题图（2）

（2）判别是正反馈还是负反馈。根据瞬时极性法，三极管 VT 的基极瞬时极性为"＋"时，其余各三极管的集电极、基极、发射极在该瞬时的极性都在图上标出。可见，图 9-5-3 中三极管发射极是"＋"极性，相当于向三极管 VT 的基极反馈负极性信号，从三极管输入端来看，反馈信号起到削弱输入信号的作用，因此是负反馈。图 9-5-4 中，反馈到基极的信号也是负极性的（用"－"表示），与输入信号的瞬时极性相反，也起着削弱输入信号的作用，因此也是负反馈。

（3）判断是串联反馈还是并联反馈。当输入端短路后，图 9-5-3 中反馈信号并没有消失，

净输入信号是由输入信号 u_i 和反馈信号 u_f 串联而成，因此图 9-5-3 是串联负反馈。当输入端短路后，图 9-5-4 中反馈信号引入消失了，因此是并联负反馈。

所以，图 9-5-3 中 R_f 引进的是电压串联负反馈，而图 9-5-4 中 R_f 引进的是电流并联负反馈。

9.5.4　负反馈的四种基本形式

由于输入端和输出端的连接方式各有两种，故反馈类型共有四种，即电压串联负反馈、电压并联负反馈、电流串联负反馈和电流并联负反馈。

1．电压并联负反馈

如图 9-5-5 所示的电路，图中 R_f 是基极偏置电阻，为放大电路提供合适的静态工作点，同时还引进交流负反馈来改善放大电路性能。下面我们来判别反馈的类型。

当输出端短路后，输出电压 u_o 消失，反馈信号也消失，因此是电压反馈。用瞬时极性法判别，当输入信号 u_i 瞬时为"+"时，三极管基极和集电极瞬时极性如图 9-5-5 所示。可见反馈到输入端为"−"，削弱了输入信号 u_i，因此是负反馈。由于基极上瞬时极性为"+"，集电极瞬时极性为"−"，所以 $i_b = i_i - i_f$，是并联负反馈，因此图 9-5-5 是电压并联负反馈放大电路。

2．电压串联负反馈

如图 9-5-6 所示的两级放大电路中，反馈信号由输入电压 u_o 经过反馈元件 R_f，送回到第一级三极管的发射极 e 与"地"之间。当输出端短路时，输出电压为零，反馈信号也消失，因此是电压反馈。再用瞬时极性法判断，假设第一级三极管的基极瞬时极性为"+"时，其余各电极的极性如图 9-5-6 所示。可见，反馈到第一级三极管输入端来看，反馈信号起着削弱输入信号的作用，是负反馈。所以图 9-5-6 是电压串联负反馈放大电路。顺便指出，图中 R_4 不仅和 R_f 共同起着电压串联负反馈作用，而且还起着第一级放大电路本身的电流串联负反馈作用。

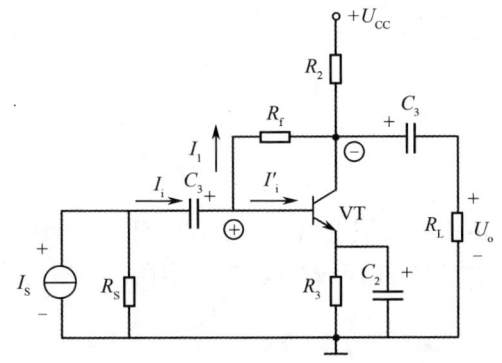

图 9-5-5　电压并联负反馈电路

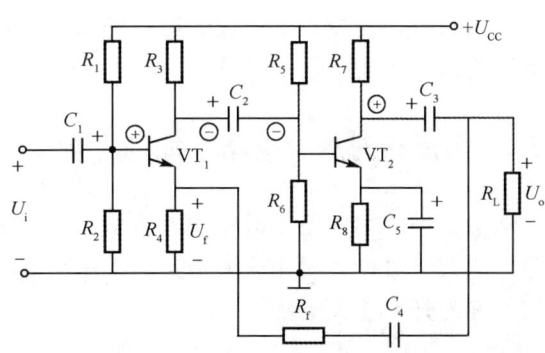

图 9-5-6　电压串联负反馈电路

3．电流并联负反馈

如图 9-5-7 所示的两级放大电路中，反馈信号取自三极管 VT_2 发射极电阻 R_{e2} 上的电压，而 R_{e2} 两端的电压又正比于输出电流 i_{c2}（因为 i'_{e2} 是 i_{e2} 的一部分，而 $i_{e2} \approx i_{c2}$），因此它是电流反馈。用瞬时极性法标出各处信号的瞬时极性后，可知，反馈到输入端的极性与输入信号极性相反，因此是负反馈。根据图中标出的电流方向，从输入端可知，净输入电流 i_{b1} 是由源输入电流 i_i 和反馈电流 i_f 并联合成的，并使净输入电流减少，属于并联负反馈，所以图 9-5-7 是电流并联负反馈。

4．电流串联负反馈

如图 9-5-8 所示的电路，其中偏置电路是我们讲过的分压式偏置电路，R_E 不仅通过直流电流，还通过交流电流，它既在输出回路又在输入回路，输出回路的电流流经 R_E，并在 R_E 上产生一个与输出电流成正比的电压，从输入回路看，这个电压与输入信号 u_i 串联后加到三极管的发射结，因而 R_E 实现了将输出信号的一部分反馈到放大电路的输入端，因此 R_E 是反馈元件，u_f 就是反馈电压，属于电流反馈。

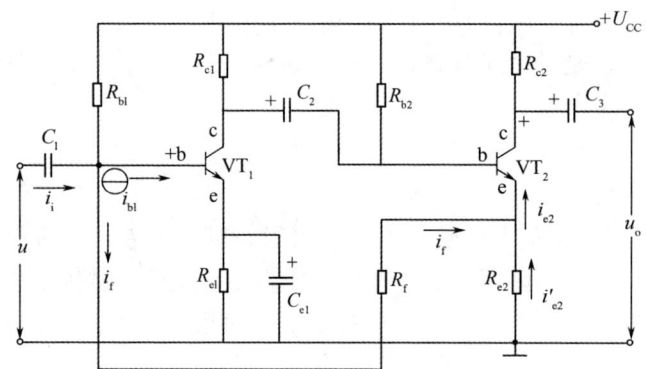

图 9-5-7　电流并联负反馈　　　　图 9-5-8　电流串联负反馈电路

在输入回路有，$u_{be} = u_i - u_f$，即反馈电压 u_f 和原输入电压 u_i 串联合成后，使净输入电压减小，削弱了输入信号，因此是串联负反馈，所以图 9-5-8 是电流串联负反馈。

电压负反馈的特点是使放大电路的输出电压趋向于维持恒定。电流负反馈的特点是使放大电路的输出电流趋向于维持恒定。

9.5.5　负反馈对放大电路性能的影响

从负反馈放大电路方框图中，我们把基本放大电路和反馈电路组成的反馈环称为闭环，对应的放大倍数称为闭环放大倍数。断开反馈电路的放大电路叫做开环放大电路，对应的放大倍数称为开环放大倍数。

1．负反馈对放大倍数的影响

在图 9-5-2 中，开环放大倍数的一般表达式为

$$\dot{A} = \frac{\dot{X}_o}{\dot{X}_i} \tag{9-5-1}$$

当基本放大电路引入负反馈后，反馈信号 $\dot{X}_f$ 与放大电路的输出信号 $\dot{X}_o$ 之比，称为反馈系数

$$\dot{F} = \frac{\dot{X}_f}{\dot{X}_o} \tag{9-5-2}$$

在负反馈放大电路中，放大电路的净输入信号 $\dot{X}_d$ 为

$$\dot{X}_d = \dot{X}_i - \dot{X}_f = \dot{X}_i - \dot{F}\dot{X}_o \tag{9-5-3}$$

或

$$\dot{X}_i = \dot{X}_d + \dot{F}\dot{X}_o \tag{9-5-4}$$

当放大电路引入负反馈后，其闭环放大倍数应该是

$$\dot{A}_f = \frac{\dot{X}_o}{\dot{X}_i} \tag{9-5-5}$$

由式（9-5-1）～式（9-5-5）可求得：

$$\dot{A}_f = \frac{\dot{X}_o}{\dot{X}_i} = \frac{\dot{X}_o}{\dot{X}_d + \dot{F}\dot{X}_o} = \frac{\dfrac{\dot{X}_o}{\dot{X}_d}}{1 + \dfrac{\dot{X}_o}{\dot{X}_d}F} = \frac{\dot{A}}{1 + \dot{A}\dot{F}} \tag{9-5-6}$$

从式（9-5-6）可看出，$\dot{A}$ 是 $\dot{A}_f$ 的 $\left|(1 + \dot{A}\dot{F})\right|$ 倍，若 $\left|(1 + \dot{A}\dot{F})\right|$ 越大，$\dot{A}_f$ 比 $\dot{A}$ 就小得越多，因此 $\left|(1 + \dot{A}\dot{F})\right|$ 的值是衡量负反馈程度的一个重要指标，称为反馈深度。由此可见，放大电路引入负反馈后，放大倍数会下降。

2. 负反馈使放大倍数的稳定性得到提高

由于周围环境温度的变化、元器件的老化或者更换，以及负载的变化等原因，往往使放大器件的特性参数等发生变化，从而导致放大电路放大倍数的改变。当输入信号一定时，引入电压负反馈，能使输出电压基本维持恒定。事实上，从式 $\left|(1 + \dot{A}\dot{F})\right|$ 来看，如果反馈很深，即 $\left|(1 + \dot{A}\dot{F})\right| \gg 1$ 时，则有

$$\dot{A}_f = \frac{\dot{A}}{1 + \dot{A}\dot{F}} \approx \frac{\dot{A}}{\dot{A}\dot{F}} = \frac{1}{\dot{F}} \tag{9-5-7}$$

式（9-5-7）说明反馈深度大时，放大电路的闭环放大倍数只是决定于反馈系数，而与基本放大电路的放大倍数几乎无关。因此，引入反馈后放大倍数的稳定性获得提高。当然，这种放大倍数稳定性的提高是以降低放大倍数作为代价来获得的。

由于放大电路中存在着三极管等非线性器件，所以，即使输入的是正弦波，输出也不是正弦波，产生了波形失真，如图 9-5-9（a）所示。输入的正弦波在输出端输出时，变成了正半周幅度大、负半周幅度小的失真波形。

引入负反馈后，输出端的失真波形反馈到输入端，与输入信号相减，使净输入信号幅度成为正半周小负半周大的波形。这个波形被放大输出后，正负半周幅度的不对称程度减小，非线性失真得到减小，如图 9-5-9（b）所示。

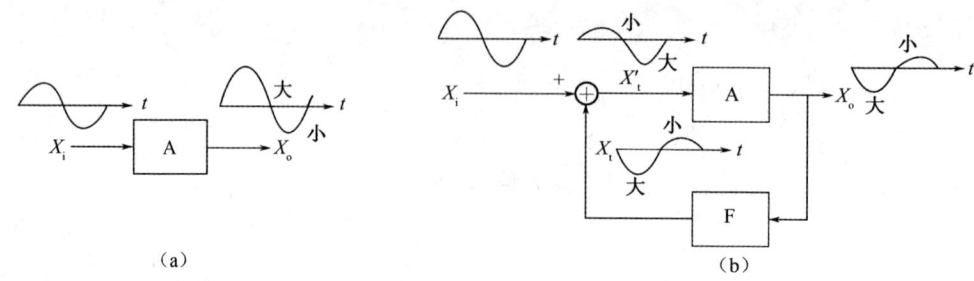

图 9-5-9　非线性失真的产生及抑制示意图

3. 负反馈对输入电阻和输出电阻的影响

（1）对输入电阻的影响

a. 串联负反馈使输入电阻增大

由于负反馈网络与基本放大器串联，故使放大器的输入电阻增大。根据推算，串联负反馈时，$r_{if} = (1+AF) r_i$。

b. 并联负反馈使输入电阻减小

由于负反馈网络与基本放大器并联，使得放大器的输入电阻减小。根据推算，并联负反馈时，$r_{if} = \dfrac{r_i}{1+AF}$。

（2）对输出电阻的影响

a. 电压负反馈使输出电阻减小

由于负反馈网络与基本放大器并联，使得放大器的输出电阻减小。根据推算，并联负反馈时，$r_{of} = r_o/(1+AF)$。

b. 电流负反馈使输出电阻增大

由于负反馈网络与基本放大器串联，使得放大器的输出电阻增大。增大情况与具体电路有关。

因此串联负反馈使放大电路的输入电阻增大，并联负反馈使放大电路的输入电阻减小；电压负反馈使放大电路的输出电阻减小，电流负反馈使放大电路的输出电阻增大，如表 9-5-1所示。

表 9-5-1 负反馈对输入、输出电阻的影响

反馈类型	输入电阻	输出电阻
电压并联负反馈	减小	减小
电压串联负反馈	增大	减小
电流并联负反馈	减小	增大
电流串联负反馈	增大	增大

此外，放大电路引入负反馈后，还能提高电路的抗干扰能力，降低噪声，改善放大电路的频率响应等。实质上，这些方面性能的改善都是以牺牲放大电路放大倍数为代价的。

9.6 功率放大器

一般情况下，多级放大电路的末级是功率放大电路，它要求能输出一定的功率去控制执行机构工作。如电机的转动、仪表的指示、继电器的动作、扬声器等。家庭影院、汽车音响系统等都有最常见的音频功率放大器，如图 9-6-1 所示为汽车音响原理示意图，用到了音频功放模块。很多喜欢音乐的车主对音响系统的音效要求比较高，因此汽车音响系统也是经常改装的部分，选用合适的功率放大器是非常重要的，如图 9-6-2 所示为某车音响改装视觉效果图。功率放大器不仅要有较大的电压输出，还要有较大的电流输出，即功放管工作时的电压和电流都较大。

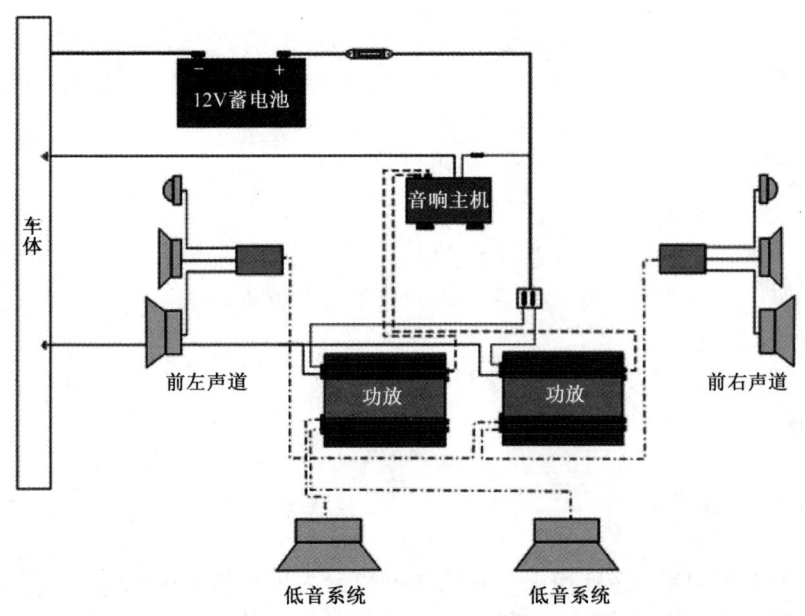

图 9-6-1 汽车音响原理示意图

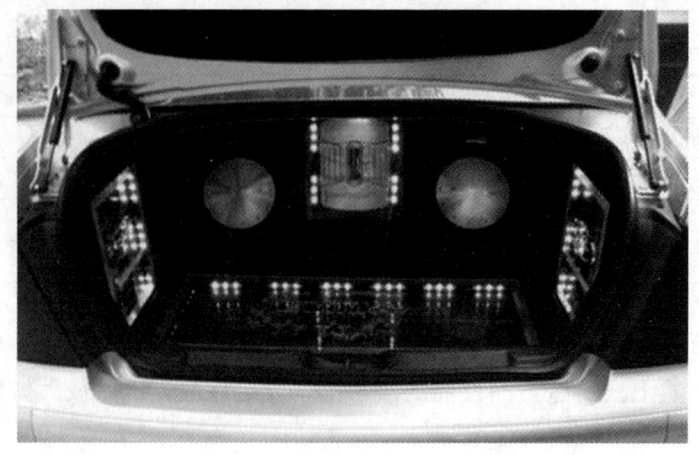

图 9-6-2　某车音响改装视觉效果图

9.6.1　功率放大器的技术要求

（1）具有足够大的输出功率

为了得到足够的输出功率，应使三极管集电极电流 i_c 和集电极电压 u_{ce} 尽可能有大的幅度变化，应使三极管可能接近极限状态时的参数，即其集电极电流的最大值要小于三极管的集电极最大允许电流 I_{CM}，集电极电压的最大值要小于三极管的集电极—发射极击穿电压 $U_{(BR)CEO}$，集电极的功率损耗小于三极管的允许耗散功率 P_{CM}，使三极管仍然要工作在安全区。

（2）效率要高

在功率放大器中，三极管的作用实质上是将直流电源的直流功率转换为受输入信号控制的交流功率输出。因此，我们总希望尽量提高其转换效率。功率放大器的功率转换效率表示为

$$\eta = \frac{\text{集电极输出的交流功率}}{\text{电源供出的直流功率}} = \frac{P_o}{P_{GB}} \tag{9-6-1}$$

（3）非线性失真要小

由于功率放大管处于大信号工作状态，u_{ce} 和 i_c 的变化幅度较大，有可能超出特性曲线的线性范围，所以容易产生非线性失真。我们要求功率放大器的非线性失真尽量小。

（4）功放管的散热问题

经常用三极管散热的方式来提高三极管的输出功率，常用的散热方式是加装金属散热片，加大三极管的散热面积。

9.6.2　功率放大器的类型

功率放大器类型很多，按照电路形式的不同可分为单管功率放大器，变压器耦合推挽功率放大器，无变压器功率放大器；按照功率放大管的工作状态不同可分为甲类功率放大器、乙类功率放大器及甲乙类功率放大器等，其工作状态特性如图 9-6-3 所示。

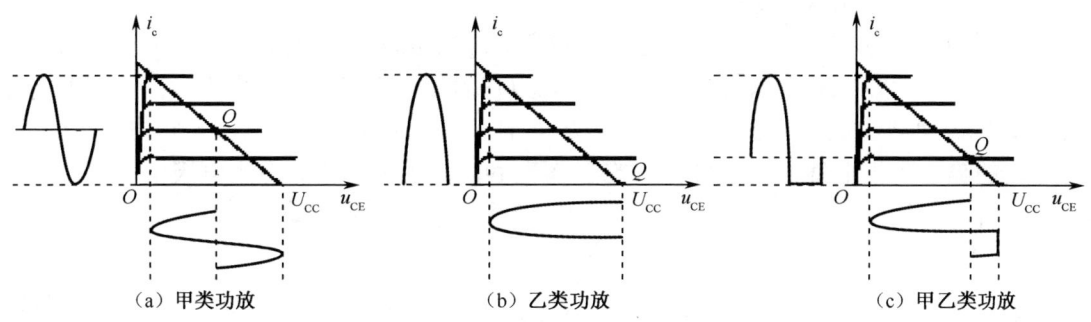

（a）甲类功放　　　　（b）乙类功放　　　　（c）甲乙类功放

图 9-6-3　功率放大器的分类

1．单管甲类功率放大器

单管功率放大电路如图 9-6-4 所示，它的静态工作点设在交流负载线中点，在信号的整个周期内集电极电路都有电流通过，这种工作状态叫甲类。甲类功率放大器失真较小，但静态功耗大，效率低，一般小于 50%。

T_1 是输入变压器，其主要作用是变换阻抗（使前级得到一个合适的负载）和传输交流信号；T_2 是输出变压器，也主要起阻抗变换作用（负载 R_L 与功放管的输出电阻相匹配）和传输功率。R_{b1}、R_{b2}、R_e 构成功放管的带直流负反馈的分压式偏置电路；C_b 和 C_e 分别为基极和发射极的交流旁路电容，C_b 将 R_{b1} 和 R_{b2} 交流短路，避免了输入信号在偏置电阻上产生功率损耗。

输入信号电压 u_i 经输入变压器 T_1 耦合到功放管 VT 的输入端，产生信号电流 i_b，经放大后集电极有相应的信号电流 i_c，i_c 经输出变压器将信号耦合到负载 R_L 上。一般情况下，负载 R_L 阻值较低（如扬声器的阻抗为 4Ω，8Ω，16Ω等），用 T_2 变压器进行阻抗匹配，可以使 R_L 得到较大的功率。

下面具体分析图 9-6-4 所示电路的工作过程。

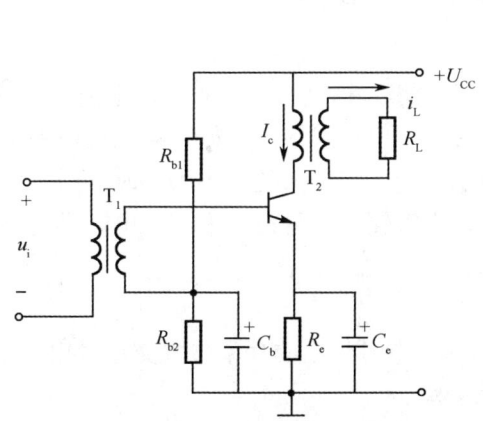

图 9-6-4　单管甲类功率放大电路

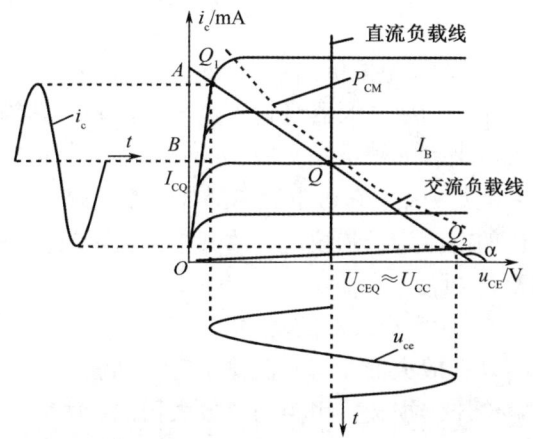

图 9-6-5　单管甲类功率放大电路的特性曲线

（1）静态工作点 Q 和直流负载线

对于图 9-6-4 的电路，在一般情况下，变压器 T_2 初级绕阻的直流电阻很小，为了有效地利用电源电压，发射极电阻 R_e 也很小，所以功放管的集电极直流负载电阻（上述两项之和）也很小，直流负载线是一条通过点 $U_{CEQ} \approx U_{CC}$，且几乎与 i_c 轴平行的直线，它与基极偏置电流为 I_{BQ} 的输出特性曲线的交点即为静态工作点 Q，与之对应的静态集电极电流为 I_{CQ}，如图 9-6-5 所示。

（2）交流负载线

交流负载线是通过 Q 的斜率为 $-\dfrac{1}{R'_L}$ 的直线。作出交流负载线后，就可以描述集电极电压 u_{ce} 和集电极电流 i_c 的波形。为了保证既能安全工作又能充分利用三极管，静态工作点和交流负载线应该在允许管耗曲线的左下方，并靠近管耗曲线。只要交流负载线的斜率选择适当，工作点又在它的中点，就可以获得最大输出功率。图 9-6-5 中画出了满足上述要求的工作点 Q，u_{ce} 及 i_c 的波形。

从波形图上可以看出：功率管集电极电压 u_{ce} 的幅值几乎是 U_{CC} 的两倍，这是因为当输入信号为负半周时，变压器初级绕组上的感应电动势与电源电压相互叠加的结果。这时功率管集电极承受的电压很大（接近 $2U_{CC}$）。所以在选择功放管时，为防止管被击穿，功放管的 $U_{(BR)CEO}$ 应大于 U_{cem}。另外，由于功放管承受的电压高也使 U_{CE} 变化的范围加大，从而增大了输出功率。

（3）理想情况下放大器的输出功率、直流电源供出功率和效率

① 输出功率

为分析方便，把晶体管输出特性曲线理想化，即忽略 I_{CEO} 及 U_{CES}，且功放管在极限状态运行，则此时集电极电流 $I_{CQ} \approx \dfrac{1}{2} I_{CM}$，集电极电流中交流信号电流 i_c 的幅值 $I_{cm} \approx I_{CQ} \approx \dfrac{1}{2} I_{CM}$，集电极输出的最大交流信号电压的幅值 $U_{cem} \approx U_{CC}$，这时甲类功率放大器的最大输出功率是

$$P_{om} = \frac{I_{cm}}{\sqrt{2}} \frac{U_{cem}}{\sqrt{2}} = \frac{1}{2} I_{cm} U_{cem} \approx \frac{1}{2} I_{CQ} U_{CC} \qquad （9\text{-}6\text{-}2）$$

② 直流电源供出功率

甲类功率放大器当输入信号为零时，其输出功率为零。但功放管仍有静态电流 I_{CQ}，直流电源供给的功率 $P_{GB} = I_{CQ} U_{GB}$ 全部消耗在功放管内部，使管发热，功放管集电极最大耗散功率就是 P_{GB}，它对电源和晶体管来说是完全无用的损耗。当输入信号不为零时，由于电源供出的电流为正弦波形，故其平均值仍为 I_{CQ}，所以不管输入信号是否为零，电源供出的功率都是 P_{GB}。

③ 功率放大器的功率

功率放大器在有交流输出时，功放管消耗的功率为电源供出的功率减去交流输出功率，忽略变压器损耗，甲类功率放大器的最大功率转换效率为

$$\eta = \frac{P_{\text{om}}}{P_{\text{GB}}} = \frac{\frac{1}{2}I_{\text{CQ}}U_{\text{GB}}}{I_{\text{CQ}}U_{\text{GB}}} = 50\% \tag{9-6-3}$$

式（9-6-3）表明，在理想状况下，电源供给的功率有一半输出给负载，另一半消耗在功放管上。

2．乙类推挽功率放大电路

如图 9-6-6 所示为乙类推挽功率放大电路。它是由两个同型号的特性相同的 VT_1 和 VT_2 管连接组成的一种对称电路，两管公用电源 U_{GB}。T_1 为输入变压器，它的次级绕组采用带中心抽头的对称形式，以供给两管的基极大小相等相位相反的输入信号，T_2 为输出变压器，它的初级绕组采用带中心抽头的对称形式，以便将 VT_1、VT_2 的集电极合成一个完整的波形，并耦合到次级负载上。下面具体分析它的工作过程。

（1）乙类推挽功率放大器工作原理

从图 9-6-6 所示电路可以看出，在静态时，两管基极都处于零偏置，基极电流都为零，两管都截止。集电极只有穿透电流 I_{CEO}，而且它们流经输出变压器 T_2 的初级绕组时方向相反。它们产生的磁通相互抵消，铁芯中磁通为零，输出电压为零。

当输入信号 u_i 加到输入变压器 T_1 的初级绕组时，T_1 的次级就感应出两大小相等相位相反的信号电压 u_{b1} 和 u_{b2}，在 u_i 的正半周，u_{b1} 使 VT_1 的基极电位对地为正，VT_1 导通；u_{b2} 使 VT_2 的基极电位对地为负，VT_2 截止。在 u_i 的负半周里，情形正好相反，VT_1 截止，VT_2 导通。两管的集电极电流波形如图中 i_{c1} 和 i_{c2} 所示。最后通过变压器 T_2 的作用，把两管交替出现的集电极电流耦合到次级负载上，负载上得到一个完整的信号波形。两个功放管在正负半周交替工作，很像两个人拉锯，一推一拉，所以将上述功率放大电路称为推挽放大器。

（2）乙类推挽功率放大器的交越失真

上面分析的推挽功率放大电路的工作点 Q 设在 $I_B=0$ 处，功放管只在输入信号的正半周才导通，负半周时截止，这种工作状态通常称为乙类放大状态。

由于乙类功率放大器的工作点在 $I_B=0$ 处，在输出变压器次级加到发射结上的信号电压 u_{b1} 的起始阶段，i_{b1} 基本为零，直到 u_{b1} 超过死区电压时，i_{b1} 才迅速增加。这样正弦信号加到功放管输入端时，得到的基极电流的波形如图 9-6-7 所示。集电极电流 $i_c=\beta i_b$，i_c 的波形也就是下边部分增长较慢的钟波形。当两只功放管交替工作时，输出变压器 T_2 次级获得的合成波形在过零处出现了失真，这种失真称为交越失真，信号幅度越小，交越失真越严重。

如果给功放管加上适当的正向偏压，使基极存在微小的正向偏流（即让功放管处在弱导通），这样输入信号不工作在功放管输入特性曲线的起始弯曲部分，从而消除交越失真。

正向偏置电压不能加的太大，否则功放管的静态功耗增大，不能发挥乙类放大器高效率的优点。

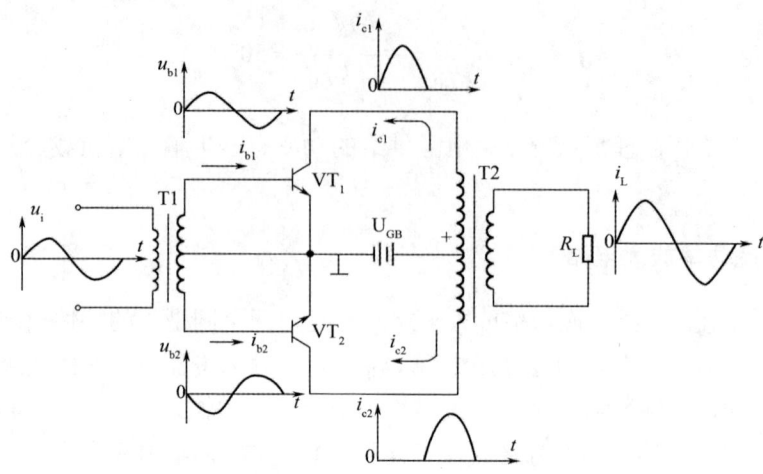

图 9-6-6　乙类推挽功率放大电路

（3）乙类推挽功率放大器的输出功率，直流电源供出功率

由于推挽功放电路是对称的，两功放管特性一致，所以可用一个推挽管的电路来分析在理想条件它的最大输出功率。

① 输出功率

单只功放管的特性曲线及电流电压波形如图 9-6-8 所示。

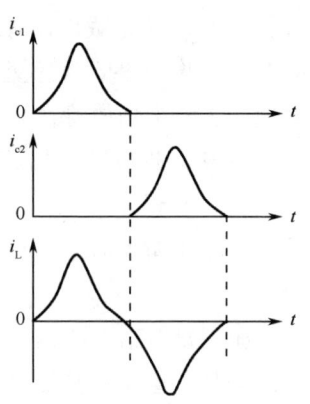

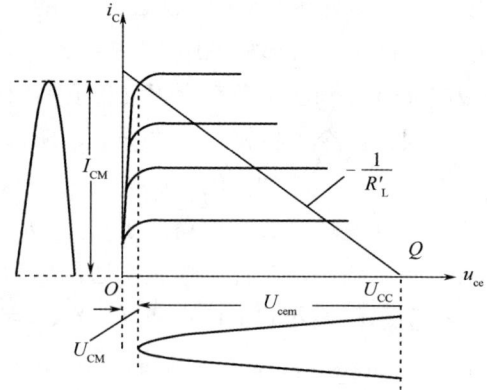

图 9-6-7　交越失真波形图　　　　图 9-6-8　一个推挽管的工作波形

由图中 i_c 及 u_{ce} 的波形可以看出：集电极电流 i_c 的幅值 I_{cm} 接近集电极最大允许电流 I_{CM}，u_{ce} 的幅值 U_{cem} 接近电源电压 U_{cc}，这时乙类推挽功率放大器输出最大功率是

$$P_{om} = \frac{1}{2}U_{CEM}I_{CM} = \frac{1}{2}U_{CC}I_{CM} \tag{9-6-4}$$

② 直流电源供出功率

在推挽放大器中，功放管集电极电流的幅值为 I_{cm} 的半个正弦波，因此电源供出的电流波形为双半波形，这种电流的平均值为 $I_{G(AV)} = \dfrac{2}{\pi}I_{cm}$，这时电源供出的功率为

$$P_{\mathrm{o}} = U_{\mathrm{o}}I_{\mathrm{o}} = \frac{U_{\mathrm{om}}}{\sqrt{2}} \times \frac{U_{\mathrm{om}}}{\sqrt{2}R_{\mathrm{L}}} = \frac{1}{2} \times \frac{U_{\mathrm{om}}^2}{R_{\mathrm{L}}} = \frac{1}{2} \times \frac{U_{\mathrm{cem}}^2}{R_{\mathrm{L}}} \qquad (9\text{-}6\text{-}5)$$

当输入信号为零时，$I_{\mathrm{cm}}=0$，$P_{\mathrm{GB}}=0$，电源不消耗功率。当有输入信号时，信号越大，$I_{\mathrm{G(AV)}}$ 和 P_{GB} 越大。即电源供出的功率决定信号大小，在极限运用时，输出功率达最大值 $P_{\mathrm{om}} = \dfrac{U_{\mathrm{cc}}^2}{2R_{\mathrm{L}}'}$ 时，电源供出功率为

$$P_{\mathrm{GM}} = \frac{2}{\pi}U_{\mathrm{CC}}I_{\mathrm{cm}} \qquad (9\text{-}6\text{-}6)$$

注：本文用 U_{GB} 表示电源电压；P_{GB} 表示电源发出的功率。

9.6.3 集成功率放大器

近些年，集成功率放大器的产品越来越多，成本低廉、搭接方便，被广泛使用于收音机、电视机、小音箱、儿童玩具等的功率放大部分，本小节主要介绍两种集成功率放大器。

1. LM386

LM386 是双列直插封装的集成功放芯片，1 脚和 8 脚是增益设定端，2 脚是反相输入端，3 脚是同相输入端，4 脚接电源负端，5 脚是输出端，6 脚接电源正端，7 脚是旁路端。LM386 的实物图和典型应用电路如图 9-6-9 所示。

（a）实物图　　　　　　　　（b）典型应用电路

图 9-6-9　LM386 的实物图和典型应用电路

1、8 脚断开，电压放大倍数为 20 倍；电容为 10μF 时，电压放大倍数为 200 倍；图中的接法对应的电压放大倍数是 50。

2. TDA2030

TDA2030 的音频质量较高，而且只有 5 个引脚，接线方便，稳定可靠，并且有过热保护电路，常被用来做立体声音箱中的音频功放。如图 9-6-10 所示为 TDA2030 的实物图、引脚说明和典型应用电路。图中，C_1 为 1μF/16V，C_2 为 22μF/16V，$C_3 = C_4$ 为 100nF/50V，$C_5 = C_6$

为 100μF/50V，C_7 为 220nF/50V，VD_1 和 VD_2 为 1N4001，R_1 为 680Ω，R_2 为 22kΩ。

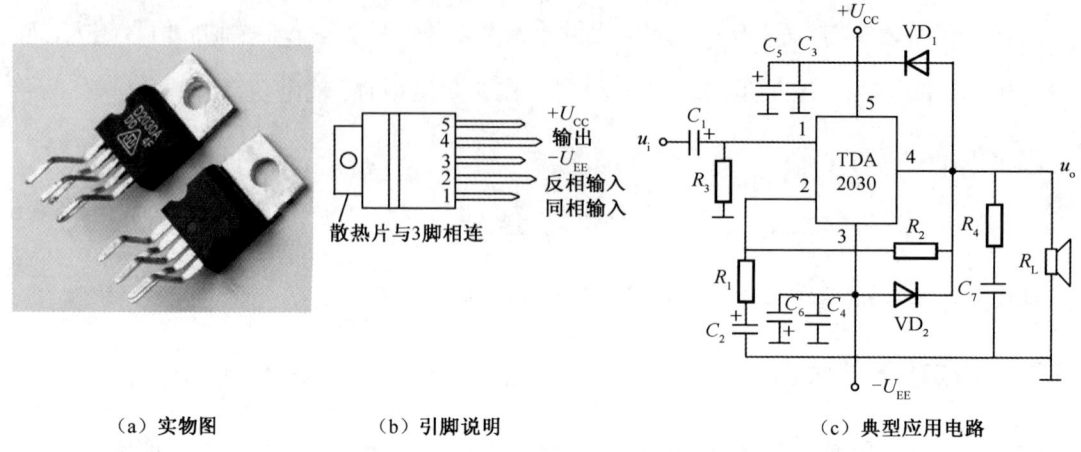

（a）实物图　　　　　（b）引脚说明　　　　　　　（c）典型应用电路

图 9-6-10　TDA2030 的实物图、引脚说明和典型应用电路

9.7　差动放大器

9.7.1　直流放大器及直接耦合放大中存在的问题

电子控制设备中自动控制和检测系统经常需要放大随时间缓慢变化的非周期微弱信号，用来放大这种缓慢变化的信号或某个直流量变化的放大电路就是直流放大器。直流放大器不能采用阻容耦合或变压器耦合的方式，因为这两种耦合方式都不能传递直流信号，只能使用直接耦合方式。

直接耦合就是指放大电路前级输出端与后级输入端以及放大器与信号源或负载直接连接起来。多级放大电路中采用直接耦合方式会有两个问题必须解决，一是级间静态工作点相互影响的问题，二是零点漂移问题。

零点漂移问题通常采用性能良好的差动放大器来解决。

9.7.2　基本差动放大器

1．工作原理

如图 9-7-1 所示为基本差动放大器，它由两个完全相同的单管放大电路组成。由于两个三极管 VT_1、VT_2 的特性几乎完全一样，外接电阻也是完全对称的，因此两边电路是完全对称的。输入信号从两管的基极输入，输出信号则从两管的集电极之间输出，即以二者电位差的形式输出。

（1）静态

静态时 $U_{i1}=U_{i2}=0$，由于电路左右对称，输入信号为零时，输出电压为：$U_o=U_{o1}-U_{o2}$ 也为零，可见没有信号输出。

（2）动态

当无信号输入时，温度若有变化，两个单管放大电路的工作点都要发生变动，因而产生漂移 ΔU_{o1} 和 ΔU_{o2}，但是，由于电路是对称的，所以 $\Delta U_{o1}=\Delta U_{o2}$，差动放大电路的输出漂移 $\Delta U_{od}=\Delta U_{o1}-\Delta U_{o2}=0$，两管产生的零漂在输出端恰好相互抵消，使得输出端不出现零点漂移，即消除了零点漂移。这就是差动放大器抑制零漂的基本原理。

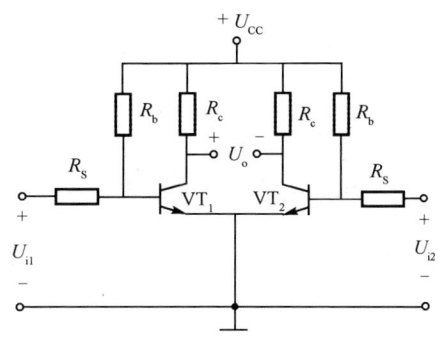

图 9-7-1　基本差动放大电路

2．差动放大器对信号的放大作用

差动放大器的输入信号可以分为两种，即共模输入信号和差模输入信号。

（1）共模输入

在差动式放大电路的两个输入端加上一对大小相等极性相同的信号，即 $U_{i1}=U_{i2}=\frac{1}{2}U_{id}$，这种输入方式称为共模输入。共模输入信号用 U_{ic} 表示。共模输入时的输出电压为

$$U_{oc1}=U_{oc2}=A_uU_{ic}$$
$$U_{oc}=U_{oc1}-U_{oc2}=0$$

共模电压放大倍数

$$A_{uc}=\frac{U_{oc}}{U_{ic}}=0 \qquad (9\text{-}7\text{-}1)$$

（2）差模输入

当加在两个输入端之间的输入信号 U_{id} 被输入端对地的电阻分压，它们各分得 U_{id} 的一半，但极性相反。即

$$U_{i1}=\frac{1}{2}U_{id}, \quad U_{i2}=-\frac{1}{2}U_{id}$$

这相当于在两个输入端加上一对大小相等极性相反的信号，这样的信号称为差模信号。差模输入信号用 U_{id} 表示。因两侧电路对称，故放大倍数相等，则

$$U_{o1}=A_uU_{i1}$$
$$U_{o2}=A_uU_{i2}$$

差模输出电压

$$U_{od}=U_{o1}-U_{o2}=A_u(U_{i1}-U_{i2})=A_uU_{id} \qquad (9\text{-}7\text{-}2)$$

差模电压放大倍数

$$A_{ud} = \frac{U_{od}}{U_{id}} = A_{u1} = A_{u2} \tag{9-7-3}$$

可见，差模电压放大倍数等于单管共射极放大电路的电压放大倍数。

$$A_{ud} = A_{u1} = -\beta \frac{R_c}{r_{be} + R_s} \tag{9-7-4}$$

由于 $R_b \gg r_{be}$，如果接上 R_L，则

$$A_{ud} = -\beta \frac{R_L'}{r_{be} + R_s} \tag{9-7-5}$$

式中，$R_L' = R_c // \left(\frac{1}{2} R_L \right)$

由于两管对称，R_L 电位不变，相当于交流的地电位，对于单管来说负载是 R_L 的一半，输入电阻为

$$r_i = 2 (R_s + r_{be}) \tag{9-7-6}$$

输入回路经过两个管的发射极和两个 R_s，则输出电阻为

$$r_o = 2R_c \tag{9-7-7}$$

从上述分析可以看出，差动式放大电路用多一倍的元件为代价，换来了对零点漂移的抑制的能力。

（3）共模抑制比

在理想状态下，即电路完全对称时差动式放大电路对共模信号有完全的抑制作用。实际电路中，差动式放大电路不可能做到绝对对称，这时 $U_{oc} \neq 0$，$A_{uc} \neq 0$，即共模输出电压不等于零，共模电压放大倍数不等于零。为了衡量差动式电路对共模信号的抑制能力，将 A_{ud} 与 A_{uc} 之比称为共模抑制比，用 K_{CMRR} 表示，即

$$K_{CMRR} = \frac{A_{ud}}{A_{uc}} \tag{9-7-8}$$

或用对数形式表示

$$K_{CMRR} = 20 \lg \frac{A_{ud}}{A_{uc}} (dB) \tag{9-7-9}$$

当电路完全对称时，$A_{uc} = 0$，$K_{CMRR} \rightarrow \infty$，这是理想情形，实际上电路完全对称是不存在的，共模抑制比也不可能趋于无穷大。但一般情形下 K_{CMRR} 是远大于 1 的数。电路对称性越差 K_{CMRR} 就越小，抑制共模干扰的能力也就越差。因此 K_{CMRR} 是衡量差动放大器的性能的一项重要指标。

9.7.3 典型的差动放大电路

1. 带射极公共电阻的差动放大器

上面分析的差动放大电路所以能抑制零点漂移，是由于电路的对称性。实际上完全对称的理想情况并不存在，所以单靠提高电路的对称性来抑制零点漂移是有限度的，还必须从改

进电路着手,减少每只三极管本身的零点漂移,如图 9-7-2 就是一种常用的典型电路,这个电路中增加了发射极电阻 R_e 和辅助电源-U_{EE}。

当温度上升时,两个三极管射极电流同时增大,流过射极电阻 R_e 的电流增加,射极电位升高,使两管发射结压降同时减小,基极电流也减小,从而阻止了两管集电极电流随温度升高而增大。这就稳定了两个单管放大电路的工作点,也就是减小了差动式放大电路的零点漂移。而在差模信号输入时,由于两个单管放大电路的输入信号大小相等而极性相反,若输入信号使一个三极管射极电流增加多少,则必然

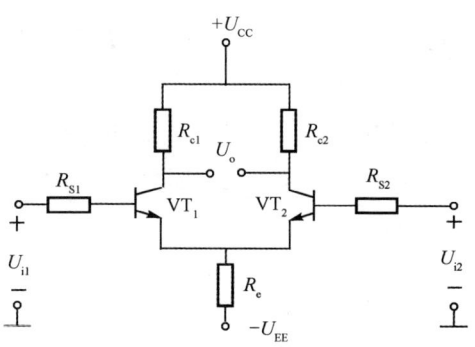

图 9-7-2　典型差动放大电路

会使另一个三极管射极电流减小多少。因此,流过射极电阻的电流保持不变,使射极电位恒定,射极电阻 R_e 对差模信号而言相当于短路,并不影响差模电压放大倍数。由于零点漂移等效于共模输入,所以,射极电阻 R_e 对于共模信号有很强的抑制能力。

可见由于 R_e 的电流负反馈作用,使每只三极管的漂移又得到了一定程度的抑制,R_e 的阻值取得大些,电流负反馈作用强些,稳流效果会更好。

R_e 对放大信号不存在负反馈。因为电路对称,输入差模信号时,VT_1、VT_2 的集电极电流呈现反向变化,只要电路对称足够好,两管的电流一增一减,其变化量相等,使通过 R_e 的总电流不变,即 R_e 对输入信号不起负反馈作用,R_e 基本上不影响差模信号的放大效果。

2．具有恒流源的差动放大电路

如图 9-7-3 所示是具有恒流源的差动放大电路。这里用三极管恒流源来代替 Re。此电路正是利用恒流源电路具有很高的恒流内阻,对共模信号引入了极深的负反馈,使共模信号得以有效抑制,对差膜信号几乎不引入反馈,从而保持了放大电路具有较高的差模增益。

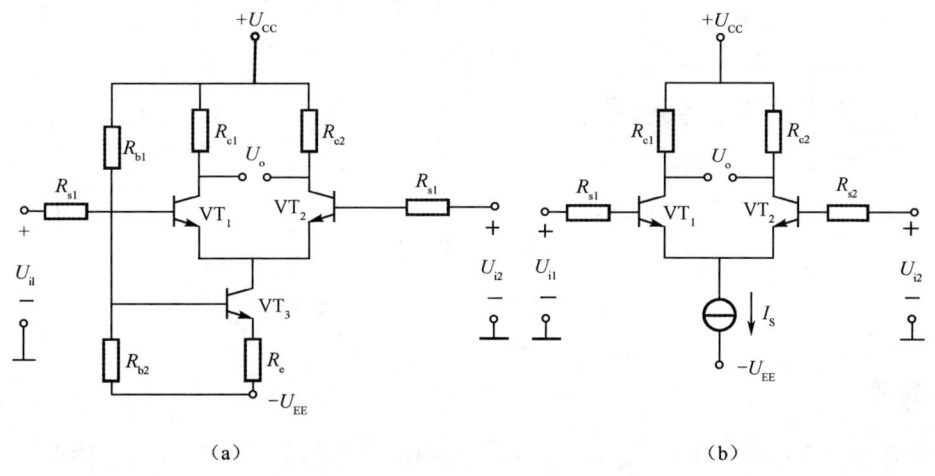

（a）　　　　　　　　　　　　　　（b）

图 9-7-3　具有恒流源的差动放大电路

9.8　集成运算放大器

集成运算放大器简称为集成运放，它实质上是一种具有很高放大倍数的多级直接耦合放大器，是利用集成工艺将运算放大电路的所有元件集成制作在一块硅片上，再采用合适的材料封装就构成集成运算放大电路。随着电子技术的飞速发展，集成运算放大电路的各项性能指标不断提高。目前它的应用已经大大超出了计算机中数学运算的范畴，逐渐成为了模拟电子技术中的核心器件之一。

9.8.1　集成运放的外形结构及符号

1. 集成运算放大器件外形图

常见的集成运算放大器有圆形、扁平形、双列直插式等，按引脚个数分类有 8 引脚、14 引脚等，其外形如图 9-8-1 所示。

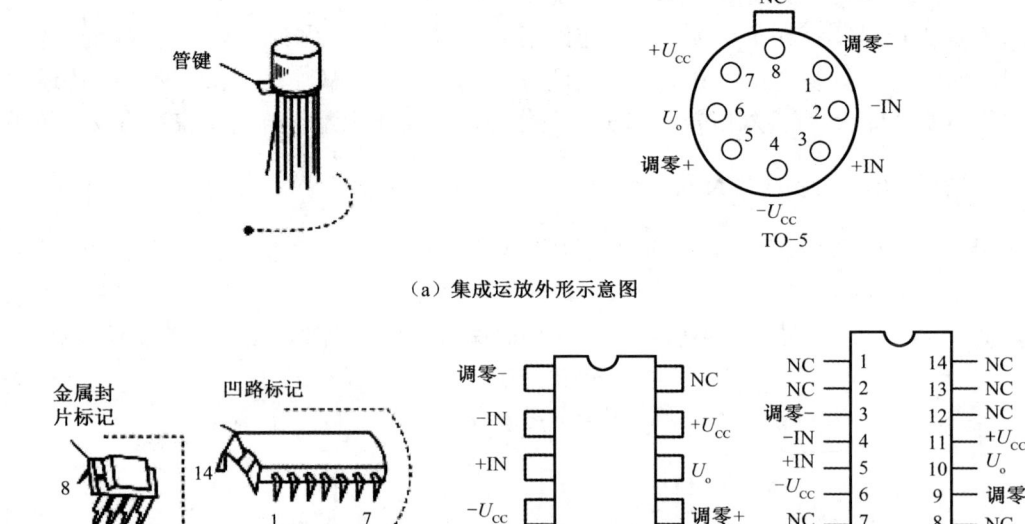

（a）集成运放外形示意图

（b）扁平形、双列直插式结构

图 9-8-1　集成运放外形结构示意图

2. 符号

集成运放的符号图如图 9-8-2（a）所示，图中标"-"号的一端称为反相输入端，标"+"号的一端称为同相输入端，另外一端为输出端。图 9-8-2（b）为 F007 的引脚排列图。

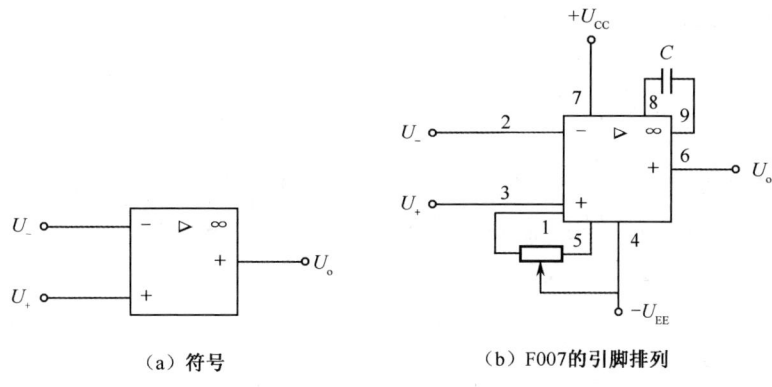

（a）符号　　　　　　　　　（b）F007的引脚排列

图 9-8-2　集成运放的符号图

9.8.2　集成运算放大器内部组成原理

集成运算放大器内部组成原理框图如图 9-8-3 所示。

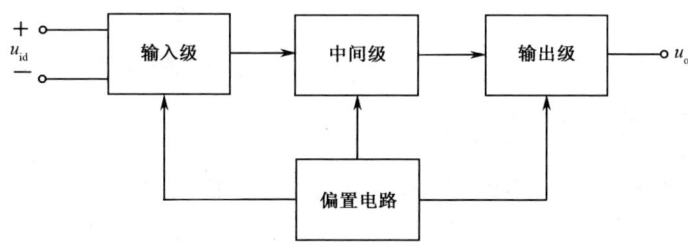

图 9-8-3　集成运算放大器内部组成原理框图

（1）输入级

输入级是提高运算放大器质量的关键部分，要求其输入电阻高，为了能减小零点漂移和抑制共模干扰信号，输入级都采用具有恒流源的差动式放大电路，故也称为差动输入级。

（2）中间级

中间级的主要作用是提供足够大的电压放大倍数，故又称为电压放大级。要求中间级本身具有较高的电压增益。还应具有较高的输入电阻来减小前级的影响。另外，中间级还应向输出级提供较大的驱动电流，并能根据需要实现单端输入、双端差动输出，或双端差动输入、单端输出。

（3）输出级

输出级的主要作用是输出足够的电流以满足负载的需要，同时还需要有较高的输入电阻和较低的输出电阻，以起到将放大级和负载隔离的作用。输出级一般由射级输出器组成，以降低输出电阻，从而提高电路的带负载能力。

（4）偏置电路

偏置电路的作用是为各级提供合适的静态工作点，一般由各种恒流源电路组成。

9.8.3 集成运放的主要参数

（1）电源电压

能够施加于运放电源端子的最大直流电压值称为电源电压。一般有两种表示方法：用正、负两种电压 U_{CC}、U_{EE} 表示或用它们的差值表示。

（2）最大差模输入电压 U_{idmax}

U_{idmax} 是运放同相端和反相端之间所能承受的最大电压值。输入差模电压超过 U_{idmax} 时，可能会使输入级的管子反向击穿。

（3）最大共模输入电压 U_{icmax}

U_{icmax} 是在线性工作范围内集成运放所能承受的最大共模输入电压。超过此值，集成运放的共模抑制比、差模放大倍数等会显著下降。

（4）开环差模电压放大倍数 A_{ud}

集成运放开环时输出电压与输入差模信号电压之比称为开环差模电压放大倍数 A_{ud}。A_{ud} 越高，运放组成电路的精度越高，性能越稳定。

（5）输入偏置电流 I_B

I_B 是输出电压为零时，流入运放两输入端静态基极电流的平均值，即 $I_B=(I_{B1}-I_{B2})/2$。I_B 越小越好，一般为 $1\sim100\mu A$。

（6）共模抑制比 K_{CMRR}

K_{CMRR} 是差模电压放大倍数和共模电压放大倍数之比，即 $K_{CMRR}=|A_{ud}/A_{uc}|$。K_{CMRR} 越高越好。

（7）差模输入电阻 r_{id}

r_{id} 是开环时输入电压变化量与它引起的输入电流的变化量之比，即从输入端看进去的动态电阻。r_{id} 一般为兆欧级。

（8）输出电阻 r_o

r_o 是开环时输入电压变化量与它引起的输入电流的变化量之比，即从输入端看进去的电阻。r_o 越小，运放的带负载能力越强。

近年来，各种专用集成运放不断问世，可以满足各种要求，有关具体资料，可参看产品说明。

9.8.4 集成运放的应用

集成运放的工作区可分为：线性区和非线性区。因此集成运放的应用也就分为两部分，即工作在线性区通常可以做成：比例运算电路、加法运算电路、减法运算电路、微分运算电路、积分运算电路等；工作在非线性区通常可做成：电压比较器、非正弦波发生器等，在各种电子电路中应用极为广泛。本小节只介绍电压比较器，其他应用不再赘述。

电压比较器的功能是将一个输入电压和另一个输入电压或基准电压进行比较，判断它们之间的相对大小，比较结果由输出状态反映出来。集成运放用作电压比较器时，只要两端输入电压有差别，输出端就立即饱和。

电压比较器分为单限比较器和滞回比较器，本部分主要介绍单限比较器。如图 9-8-4 所示，为简单的单限比较器。图中运放的同相输入端接基准电位（还可称为参考电位）U_R，被比较信号由反相输入端输入。当 $u_i > U_R$ 时，输出电压为负饱和值 $-U_{om}$；当 $u_i < U_R$ 时，输出电压为正饱和值 $+U_{om}$。其传输特性如图 9-8-4（b）所示。只要输入电压在基准电压 U_R 处稍有正负变化，输出电压 u_o 就在负最大值到正最大值处变化。

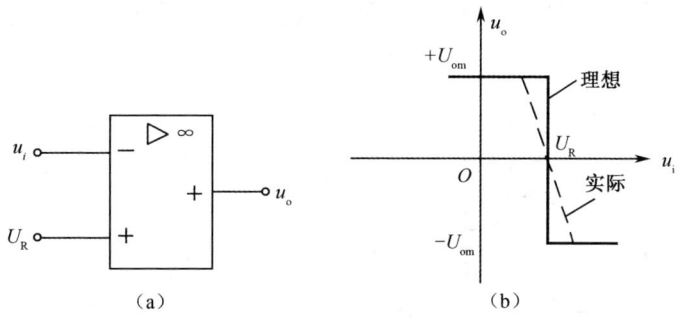

（a）　　　　　　　　　（b）

图 9-8-4　简单的单限比较器

若图 9-8-4 中 $U_R=0$，即集成运放的同相输入端接地，则基准电压为 0V，这时的比较器称为过零比较器。当过零比较器的输入信号 u_i 为正弦波时，输出电压 u_o 为正负宽度相同的矩形波，如图 9-8-5 所示。

9.8.5　集成运放在汽车上的应用——电子燃油表

汽车电子燃油表电路原理图，如图 9-8-6 所示。

电子燃油表用来显示油箱内可用的剩余燃油量。图中 R_X 为油量传感器的可变电阻，油箱无油时，其电阻值约为 100Ω，满油时约为 5Ω。电阻 R_{15} 和二极管 VD8 组成稳压电路，其稳定电压作为电路的标准电压，通过 R_8 至 R_{14} 接到由集成运放 IC_1 和 IC_2 组成的电压比较器的反相输入端，传感器的可变电阻 R_X 由 A 端输出电压信号，经电容 C 和电阻 R_{16} 组成的缓冲器后，接到电压比较器的同向输入端，电压比较器将此电压信号与反向输入端的标准电压进行比较、放大，然后控制各自对应的发光二极管，以显示油箱内燃油量的多少。

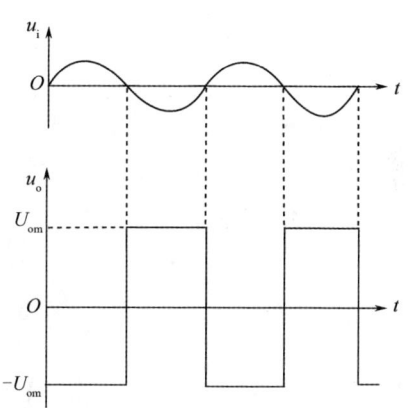

图 9-8-5　过零比较器波形图

当油箱内燃油加满时，传感器可变电阻 R_X 阻值最小，A 点电位最低，各电压比较器输出为低电平，此时六只绿色发光二极管 VD_2 至 VD_7 全部点亮，而红色发光二极管 VD_1 因其正极电位变低而熄灭，这表明油箱已满。随着汽车运行，燃油渐少，绿色发光二极管按 VD_7、VD_6、VD_5 至 VD_2 依次熄灭。燃油量越少，绿色发光二极管亮的个数越少。当燃油用完时，R_X 的阻值最大，A 点电位最高，集成块 IC_2 第 5 脚电位

高于第 6 脚的标准电位，第 7 脚可输出高电位，此时红色发光二极管亮，其余六只绿色发光二极管全部熄灭，表示燃油量过少，必须给油箱补加燃油。

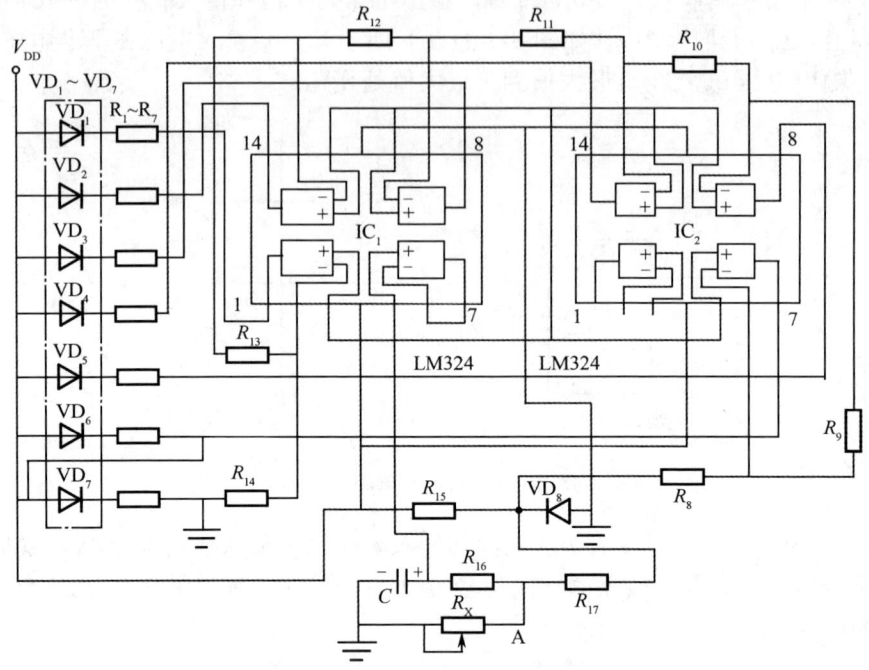

图 9-8-6　汽车电子燃油表电路原理图

小　结

本章主要介绍放大电路的基本组成和分析方法；放大电路的反馈类型和判断方法；以及常用放大电路。

习　题

9-1　分析习题 9-1 图所示四个电路有无电压放大作用，为什么？

9-2　习题 9-2 图所示电路中，已知 $U_{CC}=24V$，$R_b=800k\Omega$，$R_c=6k\Omega$，$R_L=3k\Omega$，三极管的输出特性曲线如图中所示。试用估算法和图解法求静态工作点（I_{BQ}，I_{CQ}，U_{CEQ}）。

9-3　习题 9-2 图所示电路中，若 $\beta=50$，$R_b=680k\Omega$，$U_{CC}=20V$，$R_c=6.2k\Omega$，求静态管压降 U_{CEQ}。若要求使 $U_{CEQ}=6.8V$，应将 R_b 调到多大阻值。

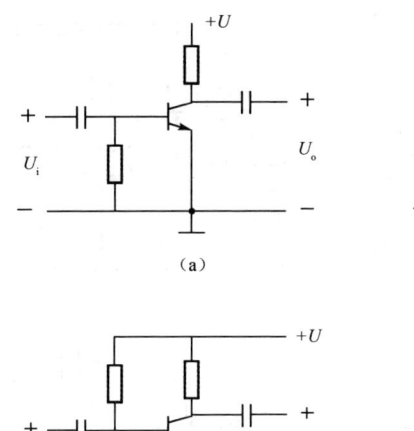

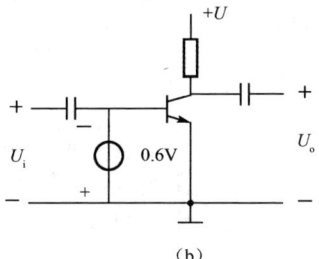

（a）　　　　　　　　　　　　　　（b）

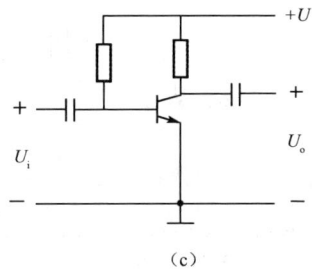

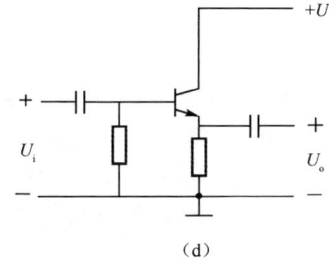

（c）　　　　　　　　　　　　　　（d）

习题 9-1 图

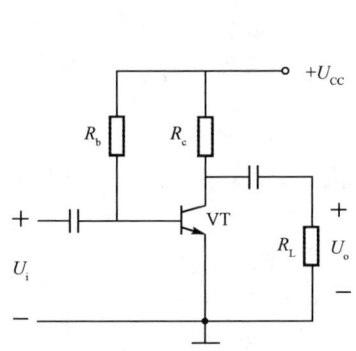

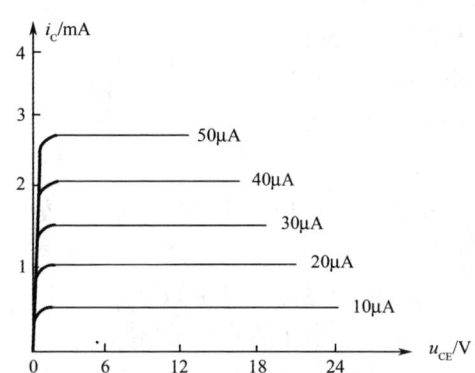

习题 9-2 图

9-4　习题 9-4 图所示放大电路中，调整电位器来改变 R_b 的阻值就能调整放大器的静态工作点。试估算：

（1）如果要求 $I_{CQ}=2\text{mA}$，R_b 值应多大？

（2）如果要求 $U_{CEQ}=4.5\text{V}$，R_b 值又应多大？

9-5　求习题 9-4 图所示放大器的电压放大倍数（设 $\beta=50$，$r_{be}=930\Omega$）。

9-6　基本放大电路如习题 9-6 图所示，三极管为 3DG100，$\beta=100$，试求：

（1）估算放大器的电压放大倍数。

（2）若 β 改为 120，则电压放大倍数变为多大。

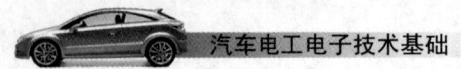
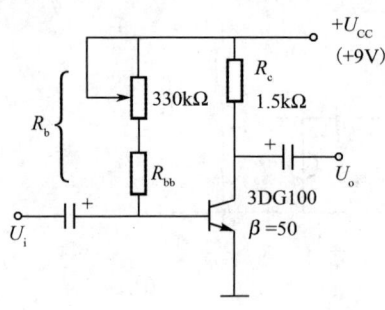

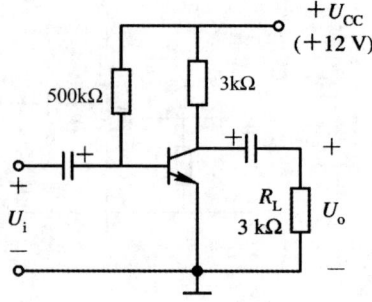

习题 9-4 图　　　　　　　　　习题 9-6 图

9-7　某放大电器若 R_L 从 6kΩ 变为 3kΩ，输出电压 U_O 从 3V 变为 2.4V，求输出电阻。如果 R_L 断开，求输出电压值。

9-8　习题 9-8 图中，三极管的 $\beta=100$，$r_{be}=1kΩ$，试估算 A_u 和 r_i。

9-9　NPN 型三极管单级共射极放大器输出电压 u_o 波形的正半周出现了平顶，试说明失真的原因。

9-10　习题 9-2 图所示放大器中，设 $U_{CC}=12V$，$R_c=R_L=8.2kΩ$，试计算在下述情况下电压放大倍数和输入电阻。

（1）$\beta=25$，$R_b=500kΩ$；

（2）$\beta=50$，$R_b=1MΩ$；

（3）$\beta=25$，$R_b=250kΩ$

并总结结果。

9-11　习题 9-11 图所示电路中，已知 $U_{CC}=12V$，$R_b=280kΩ$，$R_c=R_e=2kΩ$，$r_{be}=1.4kΩ$，$\beta=100$，试求：

（1）A 端输出的电压放大倍数 A_{u1}。

（2）B 端输出的电压放大倍数 A_{u2}。

（3）若 $u_i=\sqrt{2}\sin\omega t$ mV，写出 u_{o1} 和 u_{o2} 的表达式。

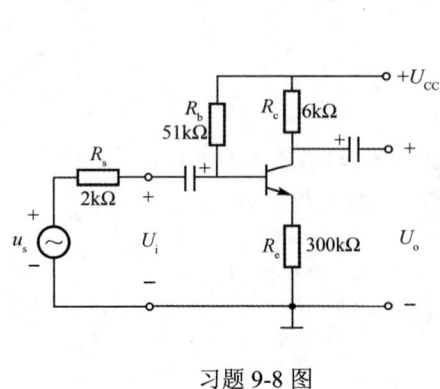

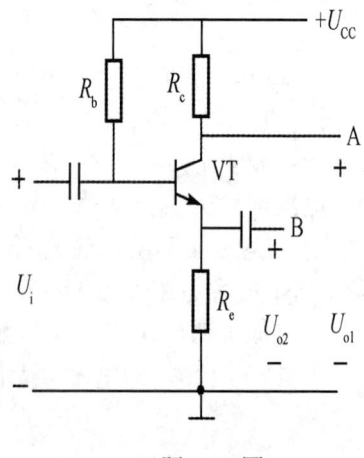

习题 9-8 图　　　　　　　　　习题 9-11 图

第 *10* 章

· ·

振荡电路

知识目标

1. 理解自激振荡产生的条件。
2. 理解 RC 振荡电路、LC 振荡电路和石英晶体振荡电路的基本工作原理。
3. 掌握 RC 振荡电路、LC 振荡电路和石英晶体振荡电路的工作特点。

  振荡电路是指将电源的直流电能变成一定频率的交流信号的电路，其作用是产生交流电振荡，实际是在放大器上加上正反馈电路组成的，通常在电子技术实验中使用的低频信号发生器就是一种正弦波振荡电路。振荡电路作为信号源可以是 LC 回路，也可以是 RC 回路。中、高频振荡器采用 LC 振荡电路，频率高，所选 LC 元件的参数较小，体积也小，有良好的选频特性，输出波形比较稳定；而在低频振荡电路中，频率低，所选 LC 元件参数较大，电感线圈体积大，铁芯线圈的性能较差，此时适合采用 RC 振荡电路。在要求频率稳定的振荡电路中，一般采用石英晶体振荡器。振荡电路在测量设备、数字系统、自动控制系统中的应用十分广泛。在农业生产、生物医学等领域中，高频感应加热、超声波焊接、超声探伤、核磁共振成像等，都利用了功率或大或小，频率或高或低的振荡器。在无线电通信、广播电视系统中，射频发射发送音频、视频信号或脉冲信号均采用高频的正弦波振荡电路。

  汽车前照灯自动变光器、汽车水箱水位报警电路、汽车转向闪光器电路、汽车发动机转速表等都体现了振荡电路在汽车上的应用。汽车前照灯自动变光器的作用是汽车在夜间会车时在相距 100～150m 内把远光灯自动转换成近光灯，会车后又自动恢复到远光灯照明，避免或减少夜间会车时造成的交通事故，提高汽车行驶的安全性。

10.1 振荡的基本概念

  引入负反馈能够改善放大电路的性能指标，并且改善的程度取决于反馈深度|1+AF|的大小，反馈越深，放大电路的性能越优良。然而，反馈太深，有时放大电路就不再稳定工作，而产生自激振荡现象。此时，输入端即使不加任何信号，放大器也有一定频率和幅度的信号

输出。这样，输出信号不受输入信号控制，放大电路将不能正常工作。

10.1.1 自激振荡条件

作为一个稳态振荡电路，相位平衡条件和振幅平衡条件必须同时得到满足。在图 10-1-1 所示电路中，若将开关 S 合在 2 端，就是一个交流电压的放大电路，当输入信号电压为 $\dot{U}_i$，输出电压为 $\dot{U}_o$，其放大倍数为 $\dot{A}$，则

$$\dot{U}_o = \dot{A}\dot{U}_i \tag{10-1-1}$$

1. 幅值条件

因为

$$\dot{U}_f = \dot{F}\dot{U}_o \ , \quad \dot{U}_i = \frac{\dot{U}_o}{\dot{A}}$$

所以

$$|\dot{A}\dot{F}| = 1 \tag{10-1-2}$$

式中，$\dot{U}_f$ 为反馈电压；$\dot{U}_o$ 为输出电压；$\dot{A}$ 为放大倍数；$\dot{F}$ 为反馈系数。

例如，放大电路的放大倍数 $A=200$，则反馈系数就应为 $F \geqslant 0.02$，这样才能满足振荡的幅值条件。

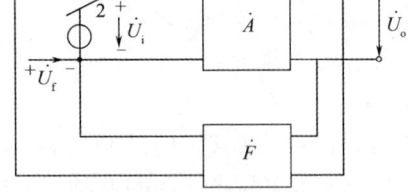

图 10-1-1 自激振荡产生

2. 相位条件

因为 $\dot{U}_f$ 与 $\dot{U}_i$ 同相位，所以

$$\varphi_a + \varphi_f = 2n\pi \quad (n = 0, 1, 2, \cdots) \tag{10-1-3}$$

若放大器将输入信号 $\dot{U}_i$ 相移了 $\pm 180°$，那么反馈支路必须将输出信号 $\dot{U}_o$ 相移 $\pm 180°$，也就是说为正反馈时，才能满足振荡的相位条件。这是正弦波振荡电路产生持续振荡的两个条件。

3. 自激振荡的建立及稳幅问题

凡是振荡电路，均没有外加输入信号，那么，电路接通电源后是如何产生自激振荡的呢？这是由于在电路中存在着各种电的扰动（如通电时的瞬变过程、无线电干扰、工业干扰及各种噪声等），使输入端有一个扰动信号。这个不规则的扰动信号可用傅氏级数展开成一个直流和多次谐波的正弦波叠加。如果电路本身具有选频、放大及正反馈能力，电路会自动从扰动信号中选出适当的振荡频率分量，经正反馈，再放大，再正反馈，使 $\dot{U}_f > \dot{U}_i$，即 $|\dot{A}\dot{F}| > 1$，从而使微弱的振荡信号不断增大，自激振荡就逐步建立起来，如图 10-1-2 所示。

当振荡建立起来之后，这个振荡电压会不会无限增大呢？由于基本放大电路中三极管本身的非线性或反馈支路自身输出与输入关系的非线性，当振荡幅度增大到一定程度时 $\dot{A}$ 或 $\dot{F}$ 便会降低，使 $|\dot{A}\dot{F}| > 1$ 自动转变成 $|\dot{A}\dot{F}| = 1$，振荡电路就会稳定在某一振荡幅度，而不会无限增大。

10.1.2　正弦波振荡电路的组成

　　自激振荡电路一般包括放大电路、反馈网络、选频网络和稳幅环节四个组成部分。

　　（1）放大电路：使电路有足够的电压放大倍数 $\dot{A}$，完成信号放大功能，从而满足自激振荡的幅值条件。

　　（2）正反馈网络：它将输出信号以正反馈形式引回到输入端，以满足相位条件。

　　（3）选频网络：为使振荡电路仅对某个特定频率的信号产生谐振，保证输出单一频率的正弦波信号，这就要求在环路中包含一个具有选频特性的网络，简称选频网络。选频网络通常和反馈网络为一体。

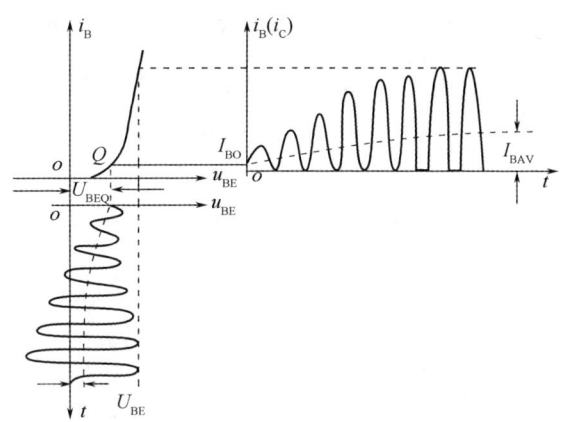

图 10-1-2　振荡电压的建立

　　（4）稳幅环节：保证输出信号稳定。一般利用放大电路中三极管本身的非线性，可将输出波形稳定在某一幅值，但若出现振荡波形失真，可采用一些稳幅措施，通常采用适当的负反馈网络来改善波形。

　　在判断正弦振荡器能否正常工作时，除了看其组成是否包含以上几个部分外，还要注意放大电路静态工作点的选择是否合适。根据选频网络不同，振荡电路可以分为 RC 振荡电路，LC 振荡电路和石英晶体振荡电路等几种类型。

10.2　RC 振荡器

　　振荡电路中的频率选择部分可以只用电阻和电容构成。这种只用电阻和电容构成的振荡器称为 RC 振荡器。RC 振荡器用于产生低频正弦信号，它的振荡频率为 1Hz～1MHz。RC 振荡器又分为 RC 桥式振荡器和 RC 移相式振荡器。

10.2.1　RC 桥式振荡器

　　RC 桥式振荡器又叫文氏电桥振荡器，放大器由两级共发射极负反馈电路级联而成,输出与输入同相，是最常见的一种 RC 振荡器。在介绍其工作原理之前，先说明文氏电桥的选频特性。

1. RC 串并联网络的频率特性

RC 串并联电路（文氏电桥）如图 10-2-1（a）所示，R_1、C_1 和 R_2、C_2 分别为电桥的两臂。其中 $R_1=R_2$，$C_1=C_2$。在信号频率很低时，可等效成图 10-2-1（b）所示电路。在低频等效电路中，$Z_1=-jX_{c1}$，$Z_2=R_2$。低频时，由于 $X_{c1}\gg R_2$，所以 $\left|\dot{U}_f\right|\ll\left|\dot{U}_o\right|$。

当信号频率很高时，其等效电路如图 10-2-1（c）所示。在高频等效电路中，$Z_1=R_1$，$Z_2=-jX_{c2}$。高频时，由于 $R_1\gg X_{c2}$，所以 $\left|\dot{U}_f\right|\ll\left|\dot{U}_o\right|$。

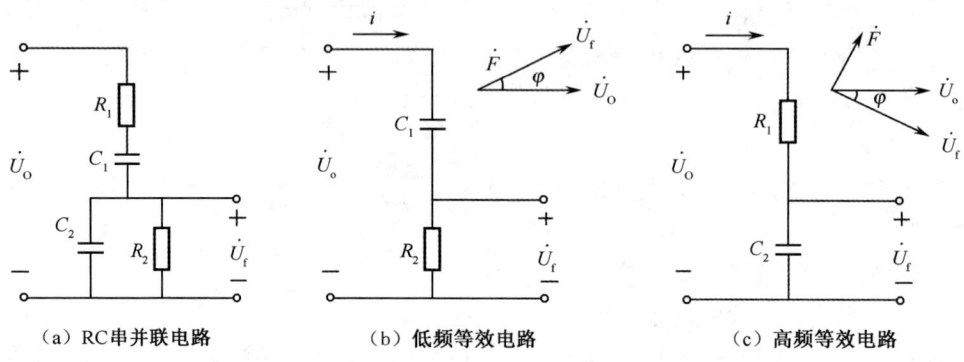

（a）RC 串并联电路　　　　（b）低频等效电路　　　　（c）高频等效电路

图 10-2-1　RC 串并联网络及低、高频率等效电路

在高低频两端，$\dot{U}_f$ 都很小，说明在中间某一频率上会出现 $\dot{U}_f$ 最大值，即 $F=\dfrac{\dot{U}_f}{\dot{U}_o}$ 为最大。又由于高频时 $\dot{U}_o$ 相位滞后 $\dot{U}_f$，而低频时 $\dot{U}_f$ 相位超前 $\dot{U}_o$，说明当频率由低到高变化时，$\dot{U}_f$ 的相位由超前变到滞后，必然有一频率 f_o 使 U_f 与 U_o 同相，即 $\varphi_f=0°$。如图 10-2-1（b）可以表述为：

$$Z_1 = R_1 + \frac{1}{j\omega C_1}$$

$$Z_2 = R_2 \mathbin{/\mkern-5mu/} \frac{1}{j\omega C_2} = \frac{R_2}{1 + j\omega R_2 C_2}$$

输入电压加在 Z_1 和 Z_2 的串联电路上，输出电压从 Z_2 两端引出，输出电压与输入电压的比值为：

$$\dot{F} = \frac{\dot{U}_f}{\dot{U}_o} = \frac{Z_2}{Z_1 + Z_2} = \frac{\dfrac{R_2}{1 + j\omega R_2 C_2}}{R_1 + \dfrac{1}{j\omega C_1} + \dfrac{R_2}{1 + j\omega R_2 C_2}}$$

$$= \frac{1}{\left(1 + \dfrac{C_2}{C_1} + \dfrac{R_1}{R_2}\right) + j\left(\omega R_1 C_2 - \dfrac{1}{\omega R_1 C_2}\right)} \tag{10-2-1}$$

取 $R_1=R_2=R$，$C_1=C_2=C$，则

$$\dot{F} = \frac{\dot{U}_f}{\dot{U}_o} = \frac{1}{3 + j\left(\omega RC - \dfrac{1}{\omega RC}\right)} \qquad (10\text{-}2\text{-}2)$$

式中： $\omega_o = \dfrac{1}{RC}$, $f_o = \dfrac{1}{2\pi RC}$

当虚部为零，即 $\omega R_1 C_2 = 1/(\omega R_2 C_1)$ 时，$F = \dfrac{1}{3}$。

由以上分析可知，当输入电压大小一定时，F 的数值和幅角均为角频率 ω 的函数，当 $\omega = \omega_o$ 时，$F = \left|\dfrac{\dot{U}_f}{\dot{U}_o}\right| = \dfrac{1}{3}$，$F$ 达到最大值，且相角 $\varphi_f = 0$，即 $\dot{U}_f$ 与 $\dot{U}_o$ 同相位。正是利用 RC 串并联网络的这一特点，作为选频网络，起到正反馈作用，其频率特性如图 10-2-2 所示。

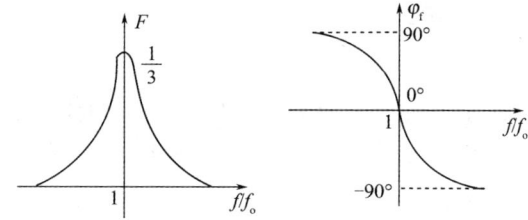

图 10-2-2　RC 串并联网络的频率特性

RC 振荡电路一般用于产生低频振荡信号。而要产生更高频的信号，则应采用 LC 正弦波振荡器。

2．RC 桥式振荡电路分析

RC 桥式振荡电路如图 10-2-3（a）所示。RC 串并联网络作为反馈电路，同相输入集成运放为放大环节，根据自激振荡的条件 $\varphi = \varphi_a + \varphi_f = 2n\pi$，当 $f = f_0$ 时，$\varphi_f = 0°$，放大器的相移为 $\varphi_a = 0°$。当 $f = f_0$ 时，$F = \dfrac{1}{3}$，放大电路的放大倍数 $A \geqslant 3$。RC 桥式振荡电路引入负反馈电路以保证运放工作在线性放大区。RC 串并联网络振荡电路中，只要达到 $|\dot{A}| > 3$，即可满足正弦波振荡的起振条件。如果 $|\dot{A}|$ 的值过大，振荡幅度进入非线性区，输出波形会产生失真。因此，我们引入负反馈，提高放大倍数的稳定性，改善振荡电路的输出波形。其负反馈类型为电压串联负反馈，还能提高放大电路的输入电阻，降低输出电阻，减小放大电路对 RC 串并联网络选频特性的影响，提高振荡电路带负载的能力。电路的振荡频率由 RC 串并联网络决定，$f_o = \dfrac{1}{2\pi RC}$。图 10-2-3（b）为 RC 桥式振荡电路的桥式画法。

10.2.2　RC 移相式振荡器

RC 移相式振荡器，具有电路简单，经济方便等优点，但选频作用较差，振幅不够稳定，频率调节不便，因此一般用于频率固定、稳定性要求不高的场合，其频率范围在几十赫兹到

几十千赫兹。RC 电路分为超前移相或滞后移相两种。

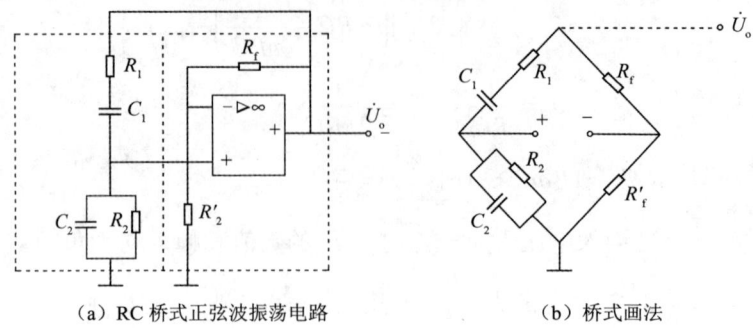

（a）RC 桥式正弦波振荡电路　　　　（b）桥式画法

图 10-2-3　RC 桥式正弦波振荡电路

1. RC 移相选频原理

如图 10-2-4 所示。在移相电路中，一节 RC 电路最大相移不超过 90°，所以用其中一种移相电路作为反馈网络，至少需三节 RC 超前或滞后电路串接，才能相移 180°。

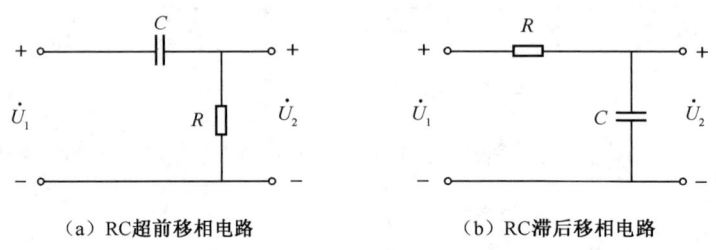

（a）RC 超前移相电路　　　　　　　（b）RC 滞后移相电路

图 10-2-4　　RC 移相电路

2. RC 移相式振荡电路分析

图 10-2-5 所示的放大电路为一共射极分压式偏置放大电路，其输出电压与输入电压倒相，即：$\varphi_a = -180°$。

（1）用三级 RC 超前移相电路，使 $\varphi_f = +180°$，则 $\varphi = \varphi_a + \varphi_f = 0°$，满足振荡的相位条件。

（2）用三级 RC 滞后移相电路，使 $\varphi_f = -180°$，则 $\varphi = \varphi_a + \varphi_f = -360°$，同样满足振荡的相位条件。调整放大倍数即可满足振荡的幅值条件。

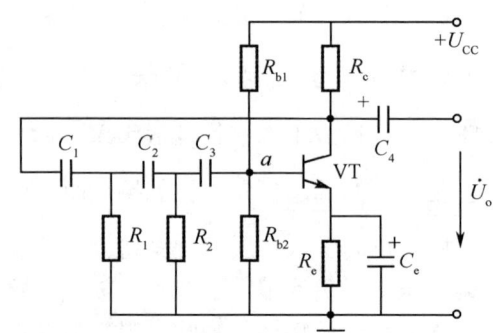

图 10-2-5　RC 移相式振荡电路

RC 移相式振荡器的振荡频率为：

$$f_o = \frac{1}{2\sqrt{6}\pi RC}$$

（10-2-3）

10.3　LC 振荡器

由LC 谐振回路作反馈电路的反馈型正弦波振荡器，其放大电路主要由晶体管或电子管构成，自振频率基本上决定于谐振回路的电感 L 和电容 C，振荡幅度主要受制于有源电子器件的非线性和电源电压的幅度。

LC 振荡器因谐振回路具有很高的选择性，即使放大器工作在非线性区，振荡电压仍非常接近正弦形。但因它的谐振元件 LC 之值限于体积不宜过大，振荡频率不宜太低，一般为几百千赫到几百兆赫。频率稳定度略优于RC 振荡器，但比石英晶体振荡器要低几个数量级。由于集成运放的频带较窄，所以 LC 振荡器一般用分立元件组成。谐振元件 L 或 C 的数值调节方便，可借以改变振荡频率，因而为广播、通信、电子仪器等电子设备所广泛采用。

根据反馈环节的不同，LC 振荡器可以分为变压器反馈式（又叫调集振荡器）、电感三点式（又叫哈特莱振荡器）、电容三点式（又叫科皮兹振荡器）等不同的类型。它们共同的特点是以 LC 并联谐振回路做选频网络。

10.3.1　LC 并联谐振的选频特性

图 10-3-1（a）所示是一个 LC 并联回路，R 为回路的等效损耗电阻。

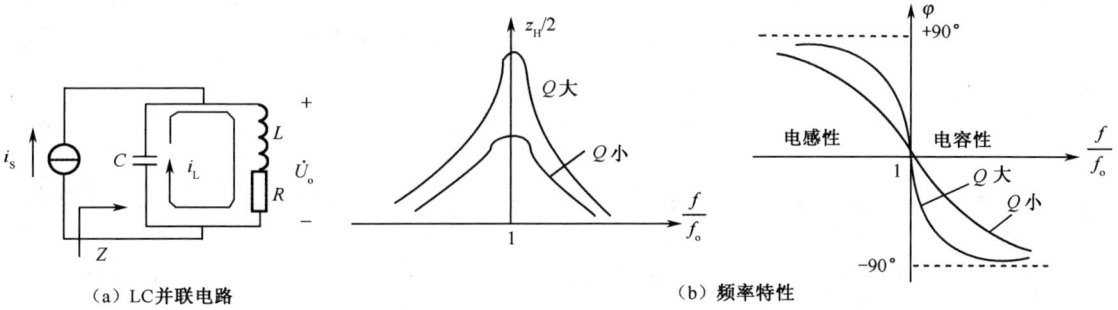

（a）LC并联电路　　　　　　　　　　　　（b）频率特性

图 10-3-1　LC 并联电路及频率特性

在图 10-3-1（a）所示电路中，

$$Z = \frac{1}{j\omega C} // (R + j\omega L) = \frac{\dfrac{1}{j\omega C}(R + j\omega L)}{\dfrac{1}{j\omega C} + R + j\omega L} \tag{10-3-1}$$

通常 $R \ll \omega L$，所以

$$Z = \frac{L/C}{R + j\left(\omega L - \dfrac{1}{\omega C}\right)} \tag{10-3-2}$$

当 $\omega_o = 1/\sqrt{LC}$ 时

$$f_o = \frac{1}{2\pi\sqrt{LC}} \tag{10-3-3}$$

$$Z_o = \frac{L}{RC} = Q\omega_o = \frac{Q}{\omega_o C} \tag{10-3-4}$$

Q 为品质因数。LC 并联电路的频率特性如图 10-3-1（b）所示。幅频特性越尖锐，选频性能越好。若用品质因数来表示，则 Q 值越大，R 值越小，谐振时阻抗值越大，相角随频率变化的程度越急剧，选频效果越好。

10.3.2　变压器反馈式 LC 振荡电路

1．电路组成

变压器反馈式 LC 振荡电路由放大电路、反馈网络和选频网络三部分组成，如图 10-3-2 所示。其中，LC 并联回路作为振荡电路的选频网络。电路中三个线圈作变压器耦合。线圈 L 与电容 C 组成选频电路，其中 L_2 是反馈线圈，L_3 为输出线圈。

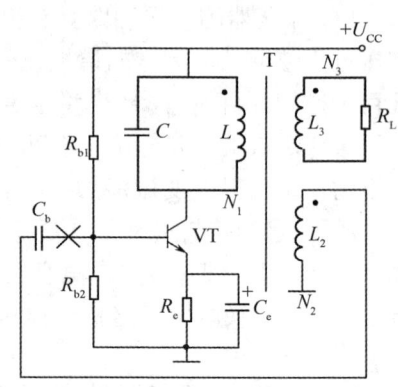

图 10-3-2　变压反馈式振荡电路

2．振荡条件及振荡频率

集电极输出信号与基极的相位差为 180°，通过变压器的适当连接，使 L_2 两端的反馈交流电压又产生 180° 相移，即可满足振荡的相位条件。自激振荡的频率基本上由 LC 并联谐振回路决定。即

$$f_o \approx \frac{1}{2\pi\sqrt{LC}} \tag{10-3-5}$$

在接通电源瞬间，选频电路中会激起一个微弱的电流变化信号。选频电路只对谐振频率为 f_o 的电流，呈现很大阻抗，在回路两端产生的电压降，形成反馈；对非谐振频率的电流，LC 谐振回路呈现的阻抗很小，回路两端几乎不产生电压降，没有反馈。谐振信号经不断反馈和放大，形成振荡。振荡频率的改变可以通过改变 L 或 C 的参数的实现。

3．电路特点

变压器反馈式振荡电路易于产生振荡，输出电压的失真不大，但是电能损耗较大，振荡频率的稳定性不高。振荡频率几十千赫兹到几兆赫兹。它由于采用互感耦合方式而容易实现阻抗匹配。

10.3.3　电感三点式 LC 振荡器

1．电路结构

图 10-3-3 所示为电感三点式 LC 振荡器，其中图（a）是用晶体管作放大电路；图（b）是用运放作放大电路。

2．振荡条件及频率

在图 10-3-3（a）中，电路引入正反馈，满足振荡的相位条件（用瞬时极性法判断，给基极一个正极性信号，1 端对"地"为负，3 端对"地"为正，故为正反馈）。振荡的幅值条件可以通过调整放大电路的放大倍数 A_u 和 L_2 上的反馈量来实现。振荡频率由 LC 并联谐振回路决定。

$$f_o \approx \frac{1}{2\pi\sqrt{LC}} \tag{10-3-6}$$

式中，$L=L_1+L_2+2M$，M 为互感。

3．电路特点

电感三点式 LC 振荡电路，线路简单，容易起振，也易于改变频率，并且振荡幅度和调频范围大。但是高次谐波反馈较多，输出波形质量较差，其振荡频率可从数百千赫到数十兆赫。

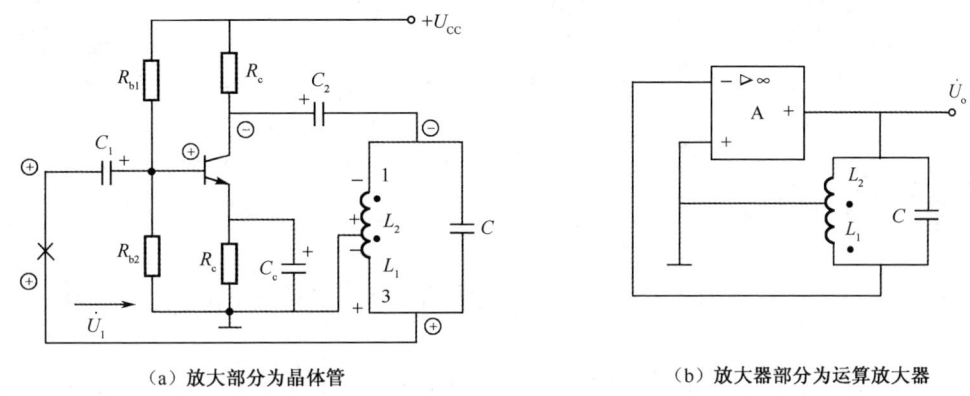

（a）放大部分为晶体管　　　　　　　（b）放大器部分为运算放大器

图 10-3-3　电感三点式 LC 振荡器

10.3.4　电容三点式 LC 振荡器

1．电路组成

图 10-3-4 所示为电容三点式 LC 振荡器。电容 C_1、C_2 与电感 L 组成选频网络，该网络的端点分别与三极管的三个电极或与运放输入、输出端相连接。

2．振荡条件和振荡频率

在图 10-3-4（b）所示电路中，电路引入正反馈，满足相位条件（用瞬时极性法判断，若反相输入端为正极性信号，LC 网络的 1 端点产生负极性信号；3 端点相应为正极性信号，从而构成正反馈形式）。其振荡频率为

$$f_o \approx \frac{1}{2\pi\sqrt{LC}} \tag{10-3-7}$$

式中，$C=C_1 \cdot C_2/(C_1+C_2)$。

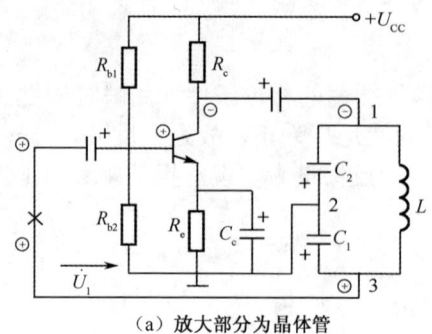

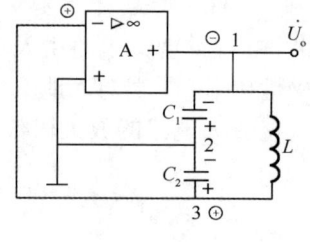

（a）放大部分为晶体管　　　　　　　　（b）放大部分为运算放大器

图 10-3-4　电容三点式 LC 振荡器

3．电路特点

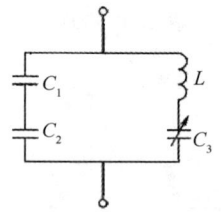

图 10-3-5　改进型 LC 选频网络

电容三点式 LC 振荡器的特点是输出波形好，振荡频率高，工作时一般可达数百兆赫。但由于反馈电压取自 C_2，极间电容变化对频率稳定度的影响较大，频率调整比较困难。容易停振。为了克服上述缺点，通常在电感上串联一个小可调电容，如图 10-3-5 所示。其中所示电路的振荡频率为

$$f_o \approx \frac{1}{2\pi\sqrt{LC'}} \tag{10-3-8}$$

式中，C' 为 C_1、C_2 与 C_3 相串联后的等效电路，但一般情况 $C_1 \gg C'$，$C_2 \gg C'$，所以 $C' \approx C_3$。

此时，仅改变电容 C 就可以基本达到改变谐振频率的目的，且反馈量的大小不变，从而克服了容易停振的缺点。

10.4　石英晶体振荡电路

石英晶体振荡器简称为晶振，它是利用具有压电效应的石英晶体片制成的。这种石英晶体薄片受到外加交变电场的作用时会产生机械振动，当交变电场的频率与石英晶体的固有频率相同时，振动便变得很强烈，这就是晶体谐振特性的反应。利用这种特性，就可以用石英谐振器取代 LC（线圈和电容）谐振回路、滤波器等。由于石英谐振器具有体积小、重量轻、可靠性高、频率稳定度高等优点，被应用于家用电器和通信设备中。

在实际应用中，对一些电路振荡频率的稳定性要求非常高，其 $\Delta f / f_0$ 达 $10^{-8} \sim 10^{-10}$ 数量级，用前面所讨论的电路很难实现这种要求，为了满足稳定性要求，可以采用石英晶体振荡器。石英晶体振荡器就是用石英晶体取代 LC 振荡电路中的电感 L 和电容 C 组成的正弦波振荡电路，其结构和实物如图 10-4-1 所示。

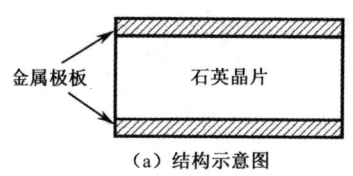
（a）结构示意图

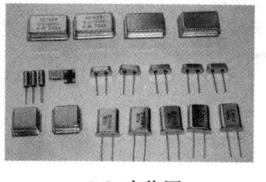
（b）实物图

图 10-4-1　石英晶体结构示意图和实物图

10.4.1　石英晶体的谐振特性

石英晶体的基本特性是压电效应。当晶片（弹性体）受到机械形变时，两极板上产生感应电荷；或者当两极板上外加电压时，晶片产生机械形变。此过程是可逆的。在给晶片的两极加上交变电压时，晶片会产生机械变形振动，同时机械变形振动又会产生交变电场。一般情况下，晶片机械振动的振幅和交变电场的振幅都非常微小，但当外加交变电压的频率与晶片的固有振动频率相等时，机械振动的幅度和感应电荷量均将急剧增加，这种现象称为压电谐振效应。这和 LC 回路的谐振现象十分相似，因此，石英晶体又称为石英谐振器。石英谐振器因具有极高的频率稳定性，故主要用在要求频率十分稳定的振荡电路中作谐振元件，如彩电的色副载波振荡器、电子钟表的时基振荡器及游戏机中的时钟脉冲振荡器等，石英晶体成本较高，故在要求不太高的电路中一般采用陶瓷谐振元件。

石英谐振器的符号如图 10-4-2（a）所示，等效电路如图 10-4-2（b）所示。C_P 为静电电容，约为几皮法到几十皮法；L 为晶片的等效电感，一般为 $10^{-3} \sim 10^{-2}$H；C_S 为等效电容，为 $10^{-2} \sim 10^{-1}$pF；r_S 为振动时摩擦损耗的等效电阻，约为 $10^2 \Omega$。由于晶片的 L 值很大，而 C_S 值很小，电阻 r_S 也小，所以回路的 Q 很大，可达 $10^4 \sim 10^6$。

石英谐振器的频率特性曲线如图 10-4-3 所示，谐振频率包括两个，一个是串联谐振频率 f_s：

$$f_s = \frac{1}{2\pi\sqrt{LC_S}} \tag{10-4-1}$$

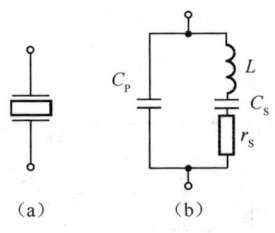

（a）　　　　（b）

图 10-4-2　石英谐振器的符号和等效电路

图 10-4-3　石英谐振器的频率特性曲线

在这个频率上，晶体电抗趋于零。

另一个是并联谐振频率 f_P：

$$f_P = \frac{1}{2\pi\sqrt{L\dfrac{C_S C_P}{C_S + C_P}}} \tag{10-4-2}$$

在这个频率上，晶体电抗趋于无穷大。

10.4.2 石英晶体振荡电路

1. 并联型晶体振荡器

图 10-4-4 所示是并联型晶体振荡电路，晶体在电路中起电感作用，它与电容 C_1、C_2 组成电容三点式振荡电路。R_{B1}、R_{B2} 为偏流电阻，C_B 为高频旁路电容，L_C 为高频扼流圈。其振荡频率可表示为：

$$f_0 \approx \frac{1}{2\pi\sqrt{L\dfrac{C_S(C_P+C')}{C_S+C_P+C'}}} \qquad (10\text{-}4\text{-}3)$$

式中

$$C' = \frac{C_1 C_2}{C_1 + C_2}$$

f_0 在 f_s 和 f_P 之间，石英晶体的阻抗呈感抗，此时 $C_S \ll C_P + C'$，回路中起决定作用的是电容 C_S，谐振频率近似为：

$$f_0 \approx \frac{1}{2\pi\sqrt{LC_S}} = f_S \qquad (10\text{-}4\text{-}4)$$

谐振频率基本上由晶体的固有频率 f_s 决定，而与 C' 的关系很小，振荡频率的稳定度很高。

2. 串联型晶体振荡器

串联型晶体振荡器如图 10-4-5 所示。石英晶体接在 VT_1、VT_2 组成的两级放大器的正反馈网络中，起到选频和正反馈作用。电路的振荡频率 f_0 是由石英晶体的串联谐振频率 f_s 所决定的，即：$f_0 = f_s$ 时产生振荡，而不取决于振荡回路。

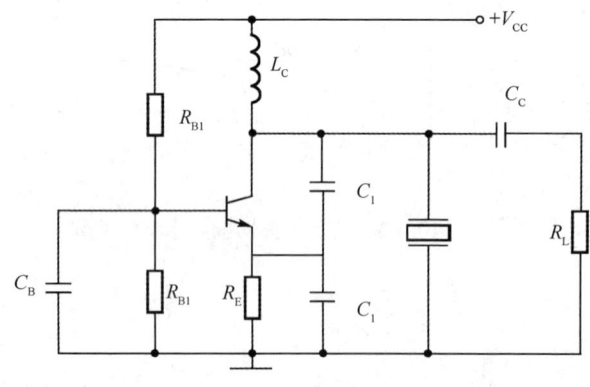

图 10-4-4　并联型晶体振荡器

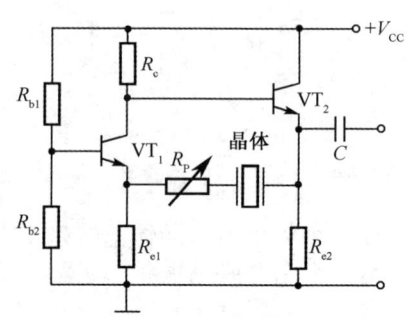

图 10-4-5　串联型晶体振荡器

10.5　振荡电路在汽车上的应用

振荡电路在汽车上使用非常广泛，主要用在各个 ECU 的内部。如果汽车 ECU 出现故障也只是更换 ECU，因此这一部分并不是重点掌握的内容。下面以汽车轮胎监测系统为例，简单介绍振荡电路的应用。

如图 10-5-1 所示为某车的仪表盘 LCD 显示器显示的四轮轮胎压力，如图 10-5-2 所示为大众车显示在仪表盘中的胎压报警灯。

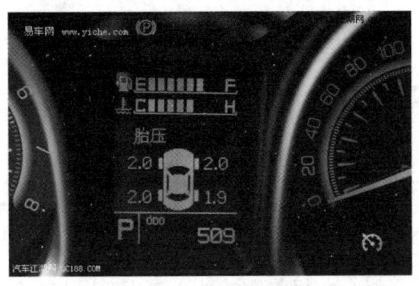

图 10-5-1　某车仪表盘显示四轮胎压图

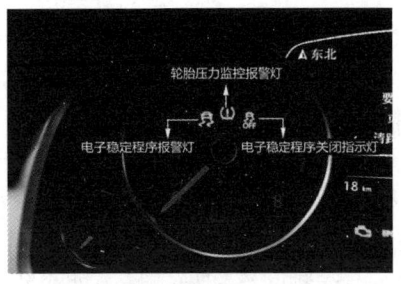

图 10-5-2　大众车胎压报警灯

汽车轮胎压力监测系统的种类比较多，大众车普遍利用轮速传感器采集到的轮速来判别轮胎的压力变化，系统简单，但灵敏度稍差，存在误报现象，报警灯亮后驾驶员无法判断是哪个车轮出现故障，只能下车检查。

有些车出厂没有轮胎压力监测系统，所以为了安全，很多驾驶员都会加装汽车轮胎压力监测系统。常见的系统包括一个监视器，四个监测模块。如图 10-5-3 所示为一套某品牌的轮胎压力监测系统。监视器内部有无线接收器，将四个监测模块的无线信号收集后显示在 LCD 上，四个监测模块分别安装在四个车轮的轮胎内来检测轮胎的气压和温度。还有一种轮胎压力检查系统，四个车轮的监测模块是拧在气门嘴上的，读者可以从网络上获取相关信息，在此不再赘述。

在汽车轮胎监测系统中，通过监视器模块监测轮胎压力变化，监视器模块示意图如图 10-5-4 所示。监视器模块由接收芯片（如图 10-5-5 所示）、微处理器、LCD 显示器和按钮组成。其中在接收芯片中就运用了晶振电路产生振荡信号。TPMS 能实时监测轮胎的压力及温度，并分别在压力过高、过低、轮胎被扎和温度过高时发出警示，从而起到保障行车安全，延长轮胎使用寿命的作用。在车载计算机上，晶振电路的使用率非常高。

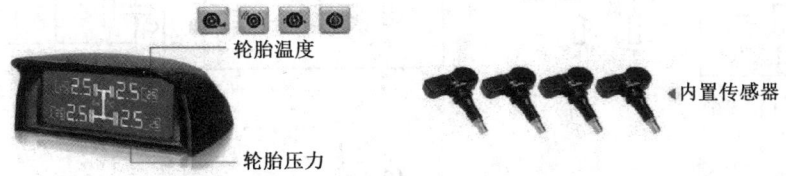

图 10-5-3　某品牌轮胎压力监测系统实物图

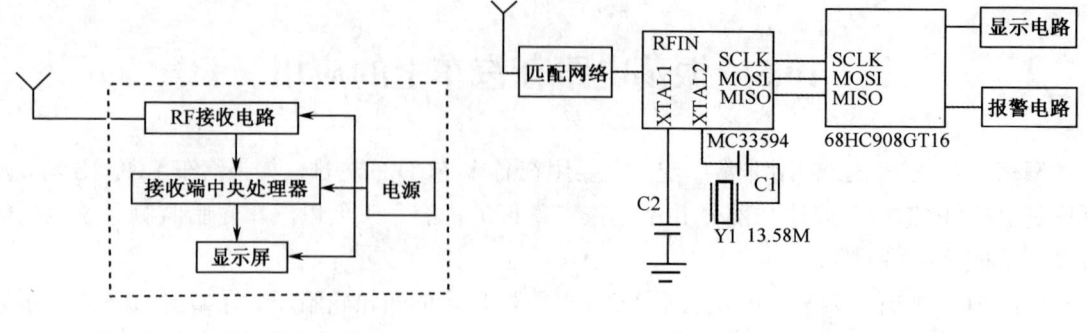

图 10-5-4　监视模块示意图　　　　　　图 10-5-5　MC33594 UHF 接收芯片

小　结

从能量的观点来看，各类信号发生器是将直流电转变成各种周期信号输出的电路，与放大电路主要的区别是：信号发生器没有输入信号就有信号输出。自激振荡电路包括放大电路、反馈网络、选频网络和稳幅环节四个组成部分。RC 振荡器频率较低，常采用的是 RC 桥式振荡器；LC 正弦波振荡器可产生很高的振荡频率，常采用的是 LC 变压器反馈式、电感三点式、电容三点式振荡器，其振荡频率由谐振回路决定。石英晶体振荡器是用石英晶体作为选频装置的一种振荡器，其优点是振荡频率十分稳定。

习　题

10-1　有一正弦波振荡器，它的反馈系数 $F=0.05$，放大电路的放大倍数为多少时才能满足振荡的幅值条件？

10-2　检查习题 10-2 图所示电路是否有错误，如果有，请改正。

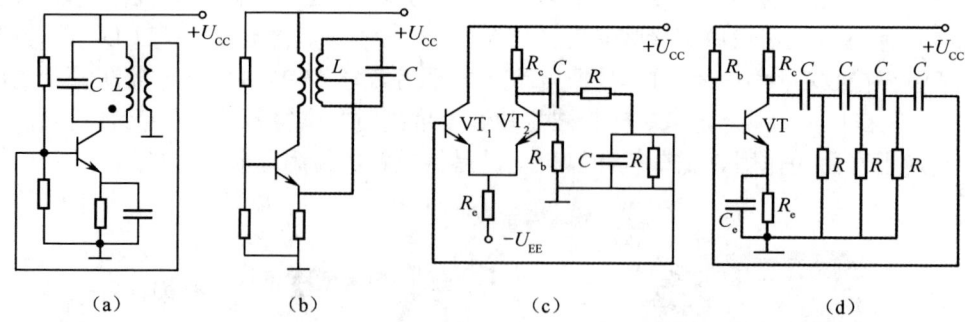

（a）　　　　　　　（b）　　　　　　　（c）　　　　　　　（d）

习题 10-2 图

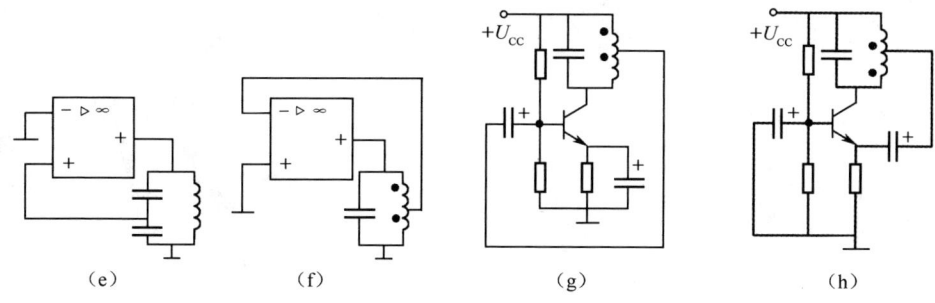

习题 10-2 图（续）

10-3　在习题 10-3 图中，$R_1=R_2=10k\Omega$，$C_1=C_2=0.2\mu F$，试求振荡频率。

10-4　习题 10-4 图所示电路为 ZXB-1 型低频薄膜石英晶体振荡器，它的振荡频率为 50Hz～130 kHz，试分析其振荡原理。

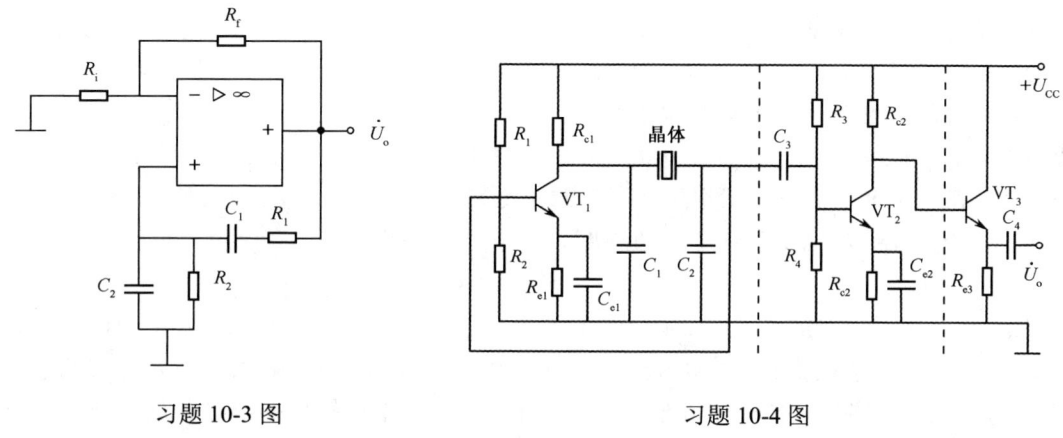

习题 10-3 图　　　　　　　　　　　　　　　习题 10-4 图

10-5　标出习题 10-5 图所示电路中的同名端，并使其满足振荡的相位条件。

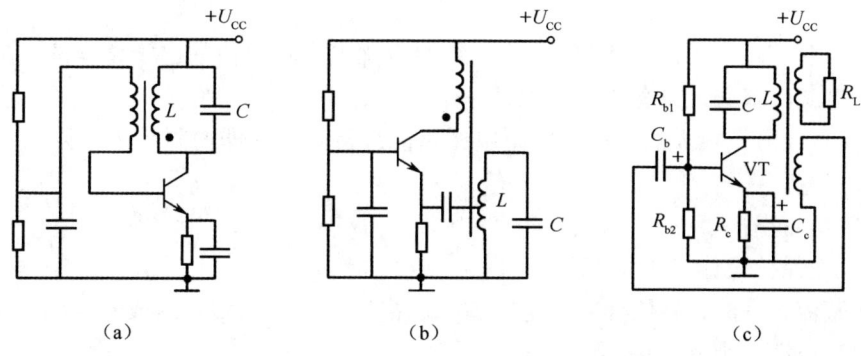

习题 10-5 图

第 *11* 章

∙∙∙

直流稳压电源

知识目标

1. 了解直流稳压电源的功能和分类。
2. 理解二极管、三极管整流电路的组成及其工作原理。
3. 理解滤波电路的组成及工作原理。
4. 掌握并联型直流稳压电路的电路形式、稳压原理。
5. 熟悉常见的集成稳压器引脚排列及应用电路。
6. 掌握直流稳压电源在汽车上的应用。

　　凡是具有电子控制的装置，都必须要有直流电源作为动力。对一辆汽车来说，全车所有的负载，其电能的消耗都靠着汽车电源——蓄电池、发电机所提供。蓄电池属于直流电源，发电机属于交流电源。以传统的汽车电子电路来看，蓄电池所提供的已可算是一种相当稳定的电源。然而，随着汽车上出现越来越多的电子控制模块，高密度集成电路，电子元件也越来越小型化、高性能化以及高速化，若要使电子电路的功能充分发挥，首先就一定要有设计良好的电源。

　　汽车是一台随时在动的"机器"，所受到的干扰也会较室内的电子设备多。因此，作为一个良好的电源，就必须具备以下条件：

　　① 即使负载需要很大的电流，输出电压仍能维持定值（即内阻等于零）；

　　② 波动小；

　　③ 干扰噪声小；

　　④ 有过载保护设计。

　　本章从整流、滤波、稳压等电源电路的概念出发，分别介绍各组成部分的工作过程，最后简单介绍其在汽车上的应用。

11.1　整流电路

除了一次电池如水银电池、锂氢电池，以及二次电池如铅蓄电池等的"独立电源"之外，一般所用的电源都是将电力公司所供给的交流电源（市电），通过稳压器转换成直流电压供给电路使用。

整流电路的作用是将交流降压电路输出的电压较低的交流电转换成单向脉动性直流电，这就是交流电的整流过程，整流电路主要由整流二极管组成。经过整流电路之后的电压已经不是交流电压，而是一种含有直流电压和交流电压的混合电压。习惯上称单向脉动性直流电压，如图 11-1-1 所示。要完成整流的工作，只需一具有单向导通特性的电子元件即可。最常使用的元件为 PN 型二极管。

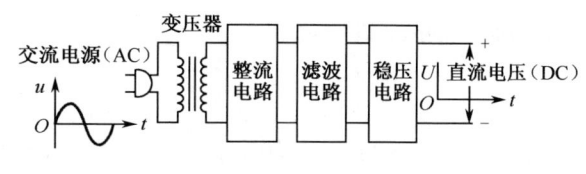

图 11-1-1　稳压器框图

按电路的输出波形可分为半波电路和桥式全波电路。

（1）半波电路。它的特点是所有整流元件的阴极（或阳极）都接到一个公共接点，向直流负载供电，负载的另一根线接到交流电源的零点。

（2）桥式全波电路实际上是由两个半波电路串联而成的，故又称全波电路。

按组成器件可分为不可控电路、半控电路、全控电路三种。

（1）不可控整流电路完全由不可控二极管组成，电路结构确定之后其直流整流电压和交流电源电压值的比是固定不变的。

（2）半控整流电路由可控元件和二极管混合组成，在这种电路中，负载电源极性不能改变，但平均值可以调节。

（3）全控整流电路中，所有的整流元件都是可控的（SCR、GTR、GTO 等），其输出直流电压的平均值及极性可以通过控制元件的导通状况而得到调节，在这种电路中，功率既可以由电源向负载传送，也可以由负载反馈给电源，即所谓的有源逆变。

按电网交流输入相数分为单相电路、三相电路和多相电路。

整流电路根据不同的方法可以分为不同的类型，本节主要介绍最常见的两类：半波整流电路和桥式全波整流电路。

11.1.1　半波整流电路

半波整流是指交流输入电压信号只有在正半周或负半周时才有输出，即输出波形只有输入波形的一半，变压器的次级绕组与负载相接，中间串联一个整流二极管，利用二极管的单向导电性，只有半个周期内有电流流过负载，另半个周期被二极管所阻，没有电流，因此被称作"半波整流"。这种电路，简单、元件少，变压器中有直流分量流过，降低了变压器的

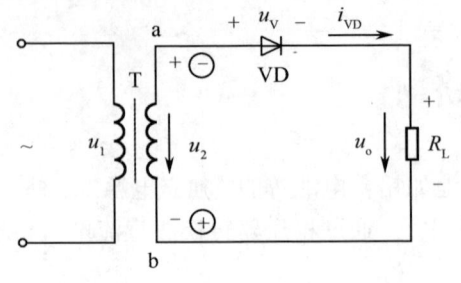

图 11-1-2　单相半波整流电路

效率；整流电流的脉动成分太大，对滤波电路的要求高。只适用于输出电流小、允许脉动程度大、要求较低的场合。单相半波态流电路如图 11-1-2 所示。

在 u_2 的负半周 $\omega t = (\pi \sim 2\pi)$，二极管 VD 因加反向电压而截止，$R_L$ 上无电流流过，R_L 上的电压 $U_L = 0$。可见，由于二极管的单向导电作用，使流过负载电阻的电流为脉动电流，电压也为一单向脉动电压，其电压的平均值（输出直流分量）为

$$U_L = \frac{1}{2\pi}\int_0^{2\pi}\sqrt{2}U_2\mathrm{Sin}\omega t\mathrm{d}(\omega t) = \frac{\sqrt{2}}{\pi}U_2 = 0.45U_2 \tag{11-1-1}$$

流过负载的平均电流为

$$I_L = \frac{U_L}{R_L} = 0.45\frac{U_2}{R_L} \tag{11-1-2}$$

流过二极管 VD 的平均电流（即正向电流）为

$$I_{VD} = I_L = \frac{U_L}{R_L} = 0.45\frac{U_2}{R_L} \tag{11-1-3}$$

加在二极管两端的最高反向电压为

$$U_{RM} = \sqrt{2}U_2 \tag{11-1-4}$$

在此电路中，选择二极管时，其击穿电压值，也就是二极管所能承受重复产生的峰值反向电压必须大于输入电压，否则将使二极管烧毁。依此结论，可以画出半波整流的输入与输出电压波形，如图 11-1-3 所示。

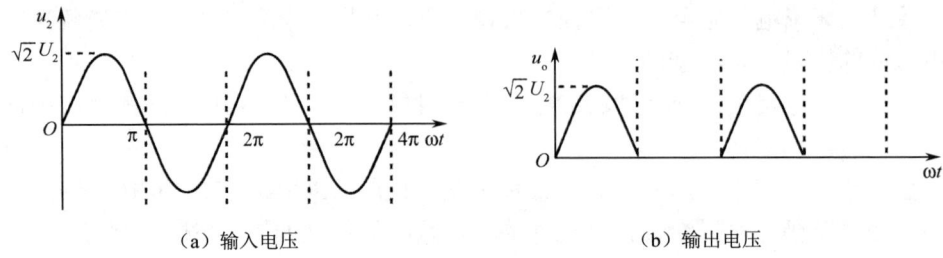

（a）输入电压　　　　　　　　　　（b）输出电压

图 11-1-3　半波整流

11.1.2　桥式全波整流电路

桥式全波整流是对二极管半波整流的一种改进。半波整流利用二极管单向导通特性，在输入为标准正弦波的情况下，输出获得正弦波的正半部分，负半部分则损失掉。桥式整流器利用四个二极管，两两对接。输入正弦波的正半部分时两只管导通，得到正的输出；输入正弦波的负半部分时，另两只管导通，由于这两只管是反接的，所以输出还是得到正弦波的正半部分。　桥式整流器对输入正弦波的利用效率比半波整流高一倍。桥式整流是交流电转换成直流电的第一个步骤。桥式全波整流电路如图 11-1-4 所示。

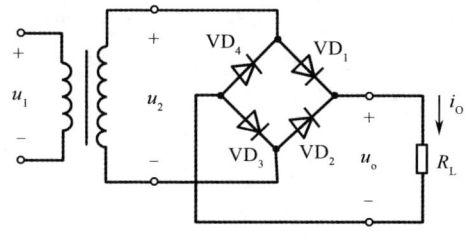
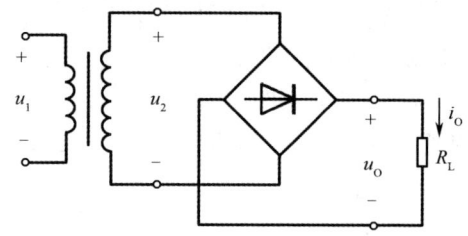

图 11-1-4 桥式整流电路

由此可以画出桥式全波整流的输入输出电压波形，如图 11-1-5 所示。

桥式整流电路虽然比中间抽头式整流电路多用了两个二极管，但却具有下列优点：

（1）不需利用中间抽头即可获得次级线圈全部的负载电压($V_R = V_m$)，故变压器的体积可缩小。

（2）每一个二极管的 PIV 值为中间抽头式的一半。

（3）不需要使用中间抽头的变压器，故输出波形的不对称性减少。

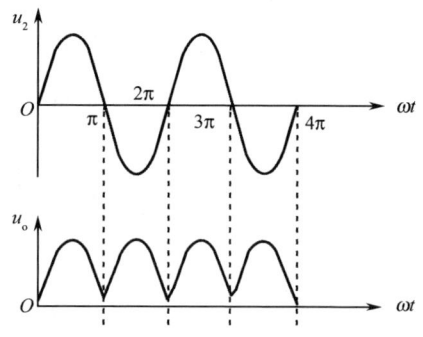

图 11-1-5 桥式全波整流电路

由以上分析可知，桥式整流电路的整流电压平均值 U_o 比半波整流时增加一倍，即

$$U_o = 2 \times 0.45 U_2 = 0.9 U_2 \tag{11-1-5}$$

桥式整流电路通过负载电阻的直流电流也增加一倍，即

$$I_o = \frac{U_o}{R_L} = 0.9 \frac{U_2}{R_L} \tag{11-1-6}$$

因为每两个二极管串联轮换导通半个周期，因此，每个二极管中流过的平均电流只有负载电流的一半，即

$$I_{VD} = \frac{1}{2} I_o = 0.45 \frac{U_o}{R_L} \tag{11-1-7}$$

二极管承受的最高反向电压 U_{RM} 为

$$U_{RM} = \sqrt{2} U_2 \tag{11-1-8}$$

由以上分析可知，单相桥式整流电路，在变压器次级电压相同的情况下，输出电压平均值高、脉动系数小，管子承受的反向电压和半波整流电路一样。虽然用了四只二极管，但小功率二极管体积小，价格低廉，因此桥式全波整流电路得到了广泛的应用。

11.2 滤波电路

整流电路的主要目的是将交流电转变成为脉动直流电。此脉动直流电虽然已是单方向的直流电，但其电压值却仍一直在变化，而不是一个平直稳定的直流电。这种跳动的电压不适合直接作为电子电路的电源，故需通过一个滤波电路或滤波器来将脉动直流中的纹波成分滤除，使其成为理想的平稳直流电。如图 11-2-1 所示。滤波电路常用于滤去整流输出电压中的纹波，一般由电抗元件组成，如在负载电阻两端并联电容器 C，或与负载串联电感器L，以及由电容、电感组合而成的各种复式滤波电路。

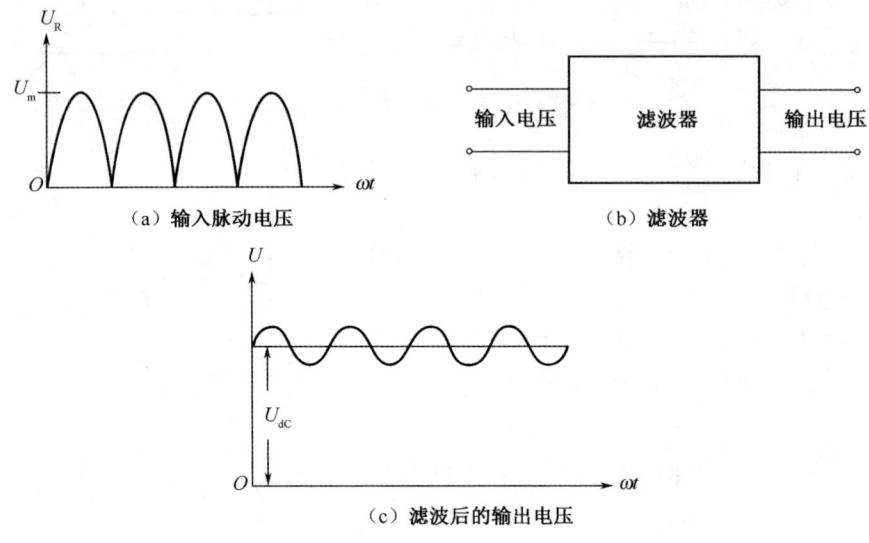

（a）输入脉动电压　　　　　　　　　（b）滤波器

（c）滤波后的输出电压

图 11-2-1　滤波电路的功用

滤波的方法一般采用无源元件电容或电感，利用其对电压，电流的储能特性达到滤波的目的。由于电抗元件在电路中有储能作用，并联的电容器 C 在电源供给的电压升高时，能把部分能量储存起来，而当电源电压降低时，再把能量释放出来，使负载电压比较平滑，即电容 C 具有平波的作用；与负载串联的电感 L，当电源供给的电流增加（由电源电压增加引起）时，它把能量储存起来，而当电流减小时，又把能量释放出来，使负载电流比较平滑，即电感 L 也有平波作用。前一种滤波电路多用于小功率电源中，而后一种滤波电路多用于较大功率电源中（而且当电流很大时，仅用一个电感器与负载串联）。

实际上，任何一个电子系统都具有自己的频带宽度（对信号最高频率的限制），频率特性反映出了电子系统的这个基本特点。而滤波器，则是根据电路参数对电路频带宽度的影响而设计出来的工程应用电路。用模拟电子电路对模拟信号进行滤波，其基本原理就是利用电路的频率特性实现对信号中频率成分的选择。当允许信号中较高频率的成分通过滤波器时，这种滤波器叫做高通滤波器；当允许信号中较低频率的成分通过滤波器时，这种滤波器叫做低通滤波器；当只允许信号中某个频率范围内的成分通过滤波器时，这种滤波器叫做带通滤波器。

一般来说，全波整流对滤波电路能提供较佳的输入信号。因此，如果想在滤波电路输出上得到较佳的直流电压，宜采用全波整流。

11.2.1　电容（输入式）滤波器

由于在输入端有一电容器和负载并联，故称为电容（输入式）滤波器。电容（输入式）

滤波器是一种最简单的滤波电路，如图 11-2-2 所示，滤波电路是在整流电路的输出端，将滤波电容 C 与负载并联。由于电容器为一储能元件，当与负载并联时，在二极管导通期间，电容器会同时充电并储存电荷；在二极管不导通，或电压降低时，电容器便会向负载放电，使负载上电流流过的时间延长，减缓电压下降，从而减少了纹波对电路的影响，获得平稳的直流电压输出，如图 11-2-3 所示。

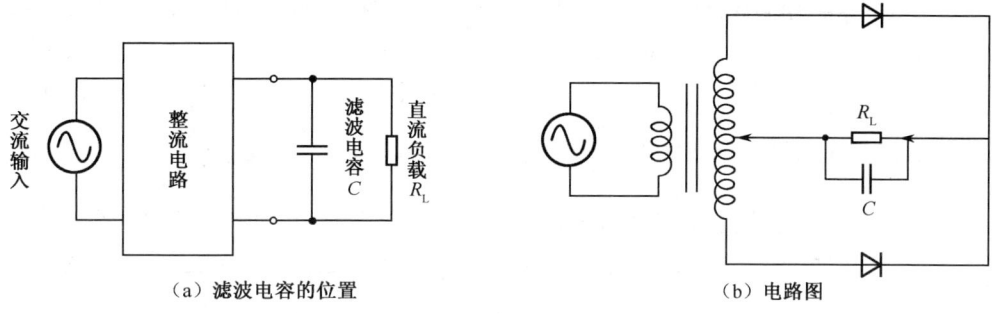

（a）滤波电容的位置　　　　　　　　　　　　　（b）电路图

图 11-2-2　电容输入式滤波器

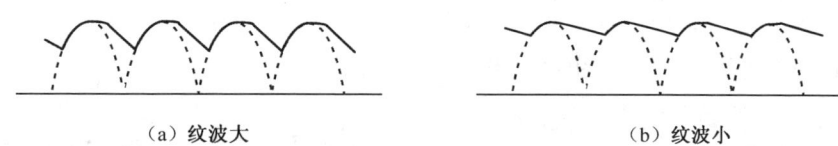

（a）纹波大　　　　　　　　　　　　　　　（b）纹波小

图 11-2-3　纹波

下面以图 11-2-4 来说明电容（输入式）滤波器的工作情形：

（1）当输入交流电压为正半波时，只要变压后的输出电压大于 VD$_1$ 导通电压，电流同时流入负载 R$_L$ 以及滤波电容器 C，并且对电容 C 充电，如图 11-2-4（a）所示。当输入电压达到峰值 U$_m$ 时，电容 C 也被充电到峰值电压，即 U$_c$ = U$_m$。

（2）当输入电压自峰值下降后，输入电压使逐渐低于电容器的储存电压。因此，在二极管 VD$_1$ 的两端形成反向偏压，使 VD$_1$ 不导通。与此同时，电容器上的电压 U$_c$ 会向负载 R$_L$ 放电，其电压也从 U$_m$ 值缓慢下降，如图 11-2-4（b）所示。

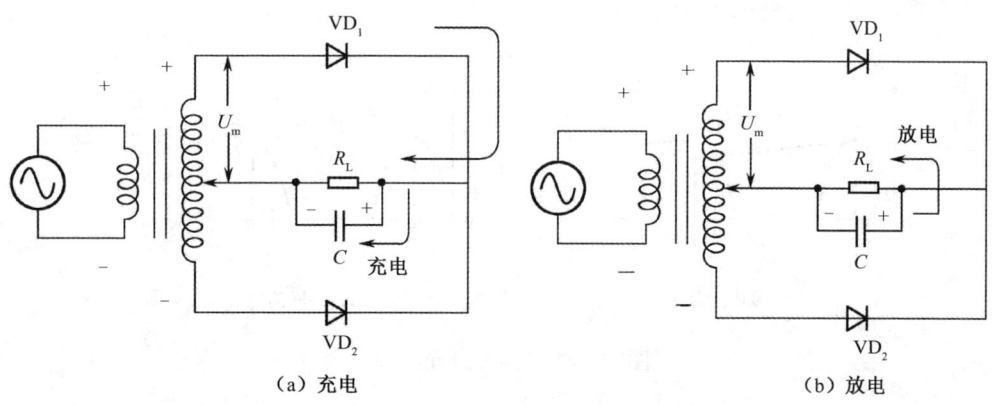

（a）充电　　　　　　　　　　　　　　　（b）放电

图 11-2-4　电容输入式滤波器工作情形

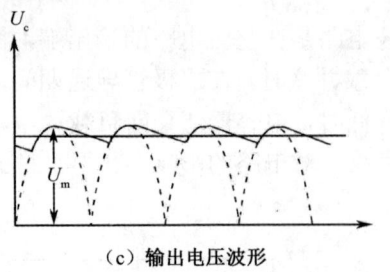

（c）输出电压波形

图 11-2-4　电容输入式滤波器工作情形（续）

（3）此放电状态会持续到下半周（负半波）来临且电压高于 U_c 时为止。在负半波时，二极管 VD_2 导通，电流向电容器 C 再充电，情形与正半波时相同，当输入电压自负半波峰值逐渐下降时，VD_2 不导通，电容器又向负载放电，并持续到下一正半波出现且输入电压高于 U_c 时为止。

（4）如此反复让整流后的脉动直流输出过滤成只有极小纹波成分的平稳电压，如图 11-2-5 所示。

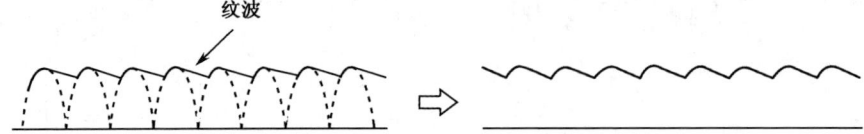

图 11-2-5　滤波后的直流电压

电容（输入式）滤波器在接上负载后，电容器实际的输出波形如图 11-2-6 所示。其平均值会略低于峰值电压 U_m。如果负载电阻 R_L 增加的话，流经负载的电流便会减少，于是，电容的放电时间可以延长，放电越慢，电压下降得也越少，则此时输出电压平均值会接近 U_m 值。

对于同一频率的输入信号，影响电容器输出电压有三个因素：

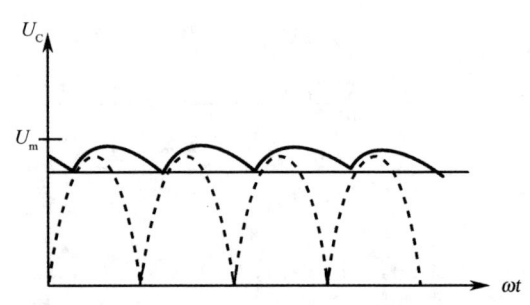

图 11-2-6　实际输出电压波形

（1）负载的电阻值：如图 11-2-7（a）所示，当负载电阻值较大时，流过的电流较小，电容放电时间较长，放电较慢，电压下降较小，使其平均输出电压较高，纹波也较小；反之，当负载电阻较小，电流较大，电容放电期间，放电较快，电压下降也较大，以致输出电压平均值较低且纹波较大。所以，负载的电流越大，输出电压越低，电压调整也越差。

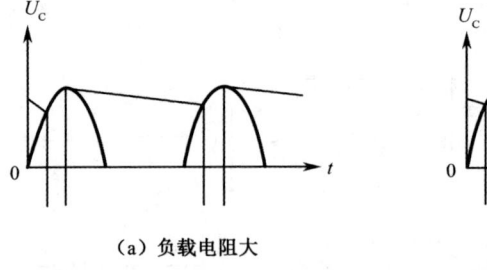

（a）负载电阻大　　　　　　　（b）不同的电容量

图 11-2-7　影响波形的因素

（2）滤波电容量：滤波电容器的电容量越大，其储存的电荷也越多。因此，在向负载放

电时，其放电时间可以较长，电压的下降较小，使得输出的电压较高且纹波较小。反之，滤波电容量越小，则输出电压越低且纹波也较大，如图 11-2-7（b）所示。

（3）整流的形式：在半波整流形式中，滤波电容的放电时间较长，使输出电压纹波较大，平均值也较全波整流形式为低，如图 11-2-8 所示。

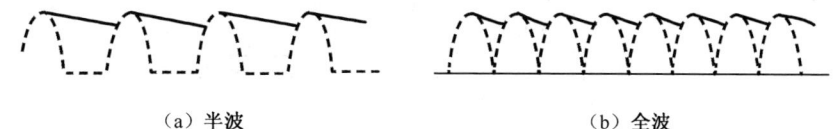

（a）半波　　　　　　　　　　　　　　　（b）全波

图 11-2-8　整流形式对同一滤波电路的影响

电容（输入式）滤波器结构简单、使用方便、应用较广，但在使用时需要注意以下几点：

（1）加了电容滤波之后，输出电压的直流成分提高了，而脉动成分降低了。这是由于电容的储能作用造成的。电容在二极管导通时充电（储能），截止时放电（将能量释放给负载），不但使输出电压的平均值增大，而且使其变得比较平滑了。

（2）电容的放电时间常数（$\tau = R_L C$）愈大，放电愈慢，输出电压愈高，脉动成分也愈少，即滤波效果愈好。故一般 C 取值较大，R_L 也要求较大。

（3）电容滤波电路中整流二极管的导电时间缩短了，即导通角小于 180°。而且，放电时间常数越大，导通角越小。因此，整流二极管流过的是一个很大的冲激电流，对管子的寿命不利，选择二极管时，必须留有较大余量。

（4）在滤波电容容量较大的情况下，电路刚接通的瞬间，整流二极管将承受很大的浪涌电流，很可能因过流而烧毁，因此，在选用二极管时，应注意挑选电流大一点的，最好采用比锗管更经得起电流冲击的硅管。还可以采取一些保护整流二极管的措施，使通过整流二极管的最大电流不超过规定的浪涌电流。

（5）电容滤波电路的外特性和脉动特性比较差，所以，电容滤波一般适用于负载电流变化不大的场合。

11.2.2　电感（输入式）滤波器

（1）电感滤波电路

由于通过电感的电流不能突变，用一个大电感与负载串联，流过负载的电流也就不能突变，电流平滑，输出电压的波形也就平稳了。其实质是因为电感对交流呈现很大的阻抗，频率愈高，感抗越大，则交流成分绝大部分降到了电感上，若忽略导线电阻，电感对直流没有压降，即直流均落在负载上，达到了滤波目的。电感滤波电路如 11-2-9 所示。在这种电路中，输出电压的交流成分是整流电路输出电压的交流成分经 X_L 和 R_L 分压的结果，只有 $\omega L >> R_L$ 时，滤波效果才好，如图 11-2-9 所示。

（2）输出电压平均值 U_o

一般小于全波整流电路输出电压的平均值，如果忽略电感线圈的铜阻，则 $U_o \approx 0.9 U_2$。

要注意电感滤波电路的电流必须要足够大，由于电感的直流电阻小，交流阻抗很大，因

此直流分量经过电感后的损失很小，但是对于交流分量，在 ωL 上分压后，很大一部分交流分量降落在电感上，因而降低了输出电压中的脉动成分。电感滤波适用于负载电流比较大且变化较大的场合。采用电感滤波以后，延长了整流管的导电角，从而避免了过大的冲击电流。

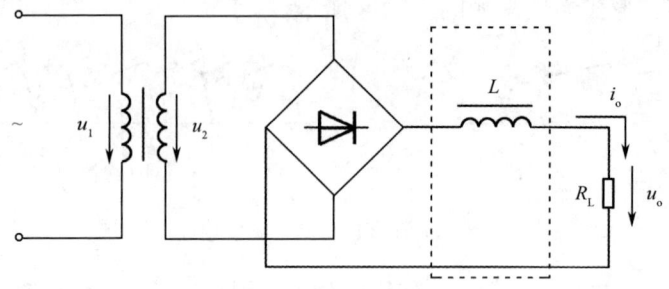

图 11-2-9　电感输入式滤波器

电感滤波电路的输出波形较为平滑，因此能够得到较好的滤波效果而直流损失小，但体积大、笨重、成本高且输出电压的平均值 U_o 较低。

11.2.3　RC 滤波器与 LC 滤波器

为了把纹波电压降低，可以在电容和负载之间再加入一个滤波器，这样就形成了 LC 滤波器或 RC 滤波器。

在 RC 滤波器中，滤波电容 C_1 的后面又接上滤波电阻 R 以产生电压降，因此，当 C_1 放电到一额定值时，C_2 紧接其后也进行放电，如此将使负载 R_L 上的输出直流电压 U_{DC} 增加，并使纹波电压 U_r 降低，而获得较单一电容的滤波器更佳的平稳电压波形，电路如图 11-2-10 所示。

如果一段 RC 滤波器还不能把纹波降到理想范围，则可采用多段式 RC 滤波，如图 11-2-11 所示。如果每一段可将纹波衰减 10 倍，则两段就可以衰减达 $10 \times 10 = 100$ 倍。

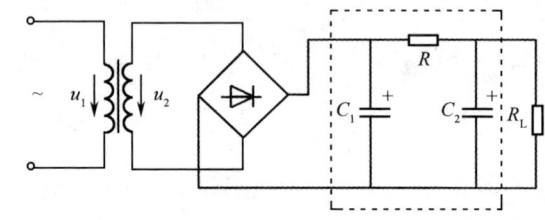

图 11-2-10　RC 滤波器

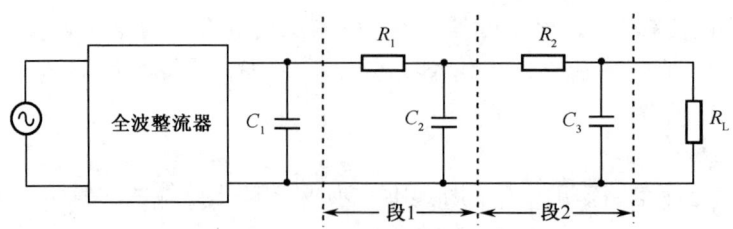

图 11-2-11　两段式 RC 滤波器

在 RC 滤波器中，为了提高直流电压的输出，都会尽量减小滤波电阻 R 的值以便能减少电阻两端的电压降。

如图 11-2-12 所示，在滤波器的输入端再加一线圈 L，可使纹波减小。由于在输入端有一电感器，故称为电感电容（输入式）滤波器，简称 LC 滤波器。LC 滤波器正好可以克服上述 RC 滤波器的缺点。

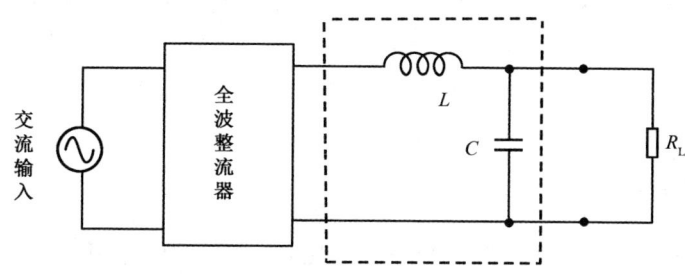

图 11-2-12　LC 滤波器

由于电感器本身的特性，因此 LC 滤波器能够提高直流输出电压，同时也能降低输出端的纹波电压。在 LC 滤波器电路中，L 对直流而言只有很低的导线电阻，因此在电感器两端的电压降很低。

在交流等效电路中，X_L 很大，而 X_C 很小，因此大部分的纹波电压都降在 X_L 两端，而 X_C 两端（即输出端）的纹波电压降则很小。如果 X_L 越大，X_C 越小，其输出的纹波也会越小，滤波性能越好。

全波整流波形会比半波整流容易滤波，这是因为全波整流的纹波频率比较大，因而可以选用规格小一点的电感与电容。至于电感输入式滤波器则多不用于大电流的场合，因为线圈在通过大电流时会产生磁饱和，使滤波效果变差。另外，由于电感器的体积庞大，成本也高，故现今多采用电容输入式滤波器。

11.2.4　电子滤波器

滤波器按照所采用的元器件也分为有源滤波器和无源滤波器。LC、RC 滤波器统称为无源滤波器。LC 滤波器电路具有较好的低通滤波特性。但当要求通带截止频率很低时，为了保证滤波性能，势必要求电感量很大，导致电感的质量和体积过大，既不易制作（特别是不利于集成化），成本又高，有时还要加磁屏蔽，制造和安装都很麻烦。RC 滤波器电路避免了LC 电路的缺点，但是电阻在消耗噪声能量的同时也消耗信号的能量。对于每一种器件来说，都有它自身的优点和缺点。

无源滤波器是一种仅由无源元件（R、L 和 C)组成的滤波器，利用电容和电感元件的电抗随频率的变化而变化的原理构成的。

无源滤波器的优点是：电路比较简单，不需要直流电源供电，可靠性高。缺点是：通带内的信号有能量损耗，负载效应比较明显，使用电感元件时容易引起电磁感应，当电感 L 较大时滤波器的体积和重量都比较大，在低频域不适用。源滤波器是由无源元件（一般用 R 和

C）和有源器件（如集成运算放大器）组成的。

有源滤波器的优点是：通带内的信号不仅没有能量损耗，而且还可以放大，负载效应不明显，多级相联时相互影响很小，利用级联的简单方法很容易构成高阶滤波器，并且滤波器的体积小、重量轻、不需要磁屏蔽(由于不使用电感元件)，有源滤波电路中的运算放大器可加电压串联负反馈，可以获得高输入阻抗和低输出阻抗，从而可在输入与输出之间进行很好的隔离。这样可以通过级联的形式得到高阶的滤波器，不必像 LC 滤波电路那样需要考虑级间的影响，而且可在滤波的同时实现信号放大。缺点是：通带范围受有源器件(如集成运算放大器）的带宽限制，需要直流电源供电，可靠性不如无源滤波器高，在高压、高频、大功率的场合不适用。

1. 晶体管电子滤波器

在很多电子电路中，特别是一些小信号放大电路，其电源往往会加入一级晶体管电子滤波器，其电路结构如图 11-2-13 所示，图示右边是一个与电子滤波效果一样的普通 RC 虑波电路，电子滤波器所需的电容 C_1 比一般 RC 滤波器所需电容少 β 倍。假设晶体管的直流放大系数 $\beta = 100$，如果用一般 RC 滤波器所需电容容量为 1000 μF，采用电子滤波器时电容只需要 10μF 即可满足要求。

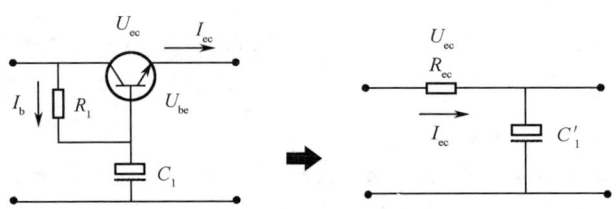

图 11-2-13　晶体管电子滤波器

2. 开关电容滤波器

开关电容滤波器是一种利用开关电容网络构成的滤波器，它的出现使有源滤波器的集成化成为现实。开关电容滤波器的基本组件是由开关电容网络组成的电阻、反相积分器、同相积分器。这种滤波器的通带增益和通带截止频率都与电路中的电容之比有关。随着现代集成工艺进展，pF 级电容的相对精度可以做到 0.1%，而且这些电容都制在同一个芯片上可以有比较好的温度补偿作用，因此通带增益和截止频率都可以做到十分精确、稳定。此外，只要改变时钟频率就能方便地改变中心/截止频率。例如用开关电容滤波器电路制成带通滤波器时，通过改变时钟频率可以使中心频率跟踪信号的频率，从而可以将滤波器的带宽做得很窄。

必须指出的是，开关电容滤波器实质上是将时间上离散的模拟信号离散化，因此输出波形不是光滑的。其次时钟信号的频率必须大于信号中最高频率的两倍，否则会出现混叠现象。开关电容滤波器主要用于通信系统和数字系统，例如可用于多选一开关和 A/D 之间，以消除混叠效应，抑制输入信号频谱中的杂散分量和串模干扰。

11.3　稳压电路

稳压在许多时候又被称作电压调整，所谓稳压是指不论输入电压、负载电流或温度如何变化，输出电压或电流依然能够保持在一额定值。若单就稳压电路本身来看，其电路图是非常简单的，尽管如此，稳压器（或称调压器，简称 VR）在电源电路中仍是非常重要的一个部分。稳压电源的分类方法繁多，按输出电源的类型分有直流稳压电源和交流稳压电源；按稳压电路与负载的连接方式分有串联稳压电源和并联稳压电源；按调整管的工作状态分有线性稳压电源和开关稳压电源；按电路类型分有简单稳压电源和反馈型稳压电源，等等。

在汽车已逐步迈向全电脑化的时代后，新型的电子设备（如 GPS 等）一一应用于车上，电子控制模块（ECM）中的电路都必须靠稳定的电压源来供给才能正常发挥作用。因此有必要来了解这种电路——稳压电路。

11.3.1　硅稳压管稳压电路

由于电压在送到负载时仍会随负载上所流过的电流的增减而呈现反比的变化，如图 11-3-1 所示，因此，经滤波后的输出电压仍需要由"稳压电路"（或称电压调整）来产生固定电压供应给电路或负载用。稳压电路所输出的电压经由其内部电路的调整，不受负载电流、输入电压及周围环境的影响。通常稳压器（VR）在工作时会散发热量，所以要与主电路隔离，做成独立的电路。

根据稳压电路有无反馈设计可以分成两类，如图 11-3-2 所示。

（1）无反馈的简易型稳压电路

此类稳压电路的输出不再送回输入端进行修正，利用齐纳二极管定电压特性制成。优点是成本低，但对负载变化易产生电压的变动，并且其电压的变换效率低。常用在不需精密控制的设备，如动力转向系统或车门中控锁的 ECM 上。

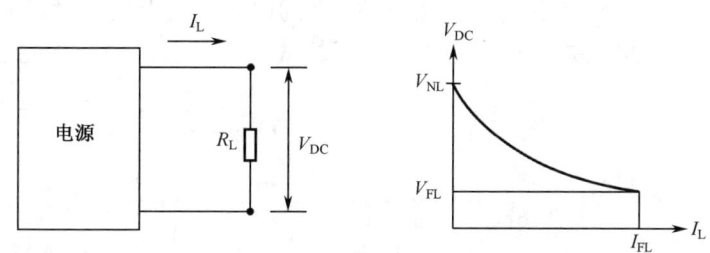

图 11-3-1　输出电压与负载电流的关系

该型稳压电路包括有：齐纳二极管稳压电路和射极跟随型稳压电路两种。

（2）具有反馈型的稳压电路

利用运算放大器将负载电压的变动作反馈以增加输出电压的安定性。目前车用 ECM 多采用这种电路，如发动机系统、ABS 系统等。

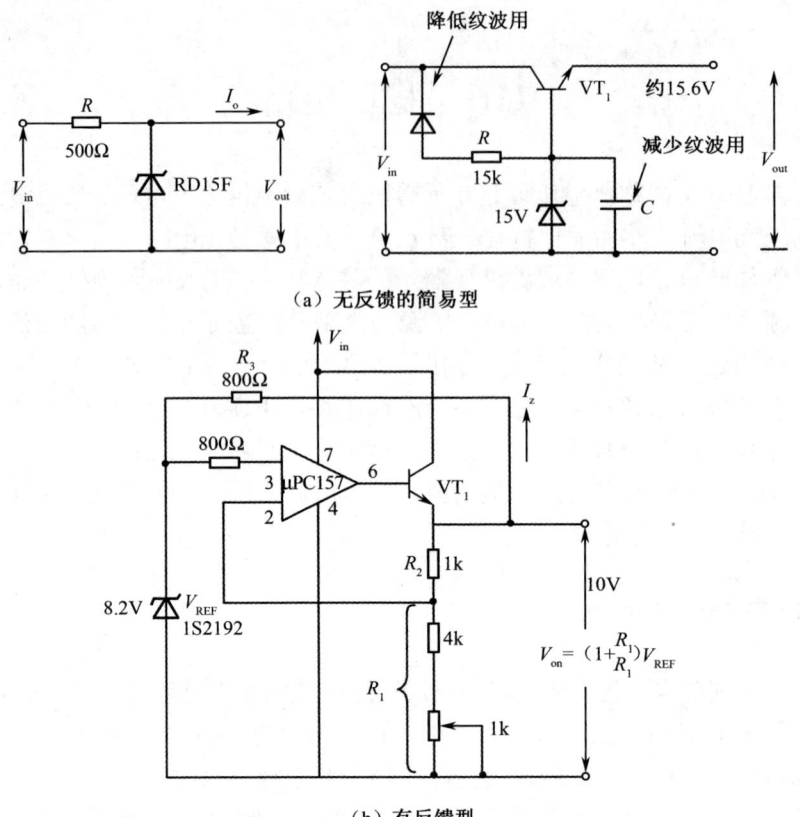

（a）无反馈的简易型

（b）有反馈型

图 11-3-2　稳压电路的形式

　　理想的稳压器近似于理想的电压源，它的输出完全不受输出电流或负载阻抗的影响，但事实上现存的稳压器和电压源的输出电压都会随负载或输出电流的改变呈现或多或少的变化。至于如何判断一个电源的性能优劣，一般采用稳压百分比的方法。当电压源接上负载后，其输出电压都会下降，并且负载的耗电流越大，输出电压降得越多。因此，电压源在有无负载时的变化量，对一个电源来说是很重要的。优良的电源在接上负载时，电压的降低量要越小越好。最简单的稳压电路是运用稳压二极管所构成的稳压器，如图 11-3-3 所示。

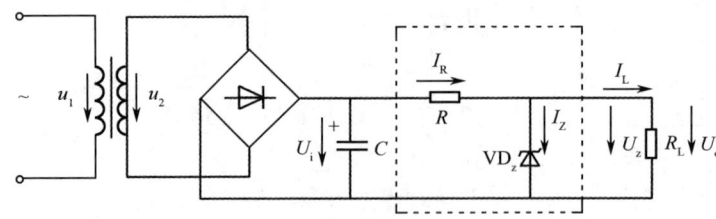

图 11-3-3　稳压管稳压的直流电源电路

　　在这种电路中，不论是电网电压波动还是负载电阻 R_L 的变化，稳压管稳压电路都能起到稳压作用，因为 U_Z 基本恒定，而 $U_o = U_Z$。下面以图 11-3-3 从两个方面来分析其稳压原理：

（1）设 R_L 不变，电网电压升高使 U_i 升高，导致 U_o 升高，而 $U_o = U_Z$。根据稳压管的特性，当 U_Z 升高一点时，I_Z 将会显著增加，这样必然使电阻 R 上的压降增大，吸收了 U_i 的增加部分，从而保持 U_o 不变。 反之亦然。

$$U_i \uparrow \xrightarrow{U_o = U_i - U_R} U_o \uparrow = U_Z \uparrow \to I_Z \uparrow \xrightarrow{I_R = I_L + I_Z} I_R \uparrow \to U_R \uparrow$$

（2）设电网电压不变，当负载电阻 R_L 阻值增大时，I_L 减小，限流电阻 R 上压降 U_R 将会减小。由于 $U_o = U_Z = U_i - U_R$，所以导致 U_o 升高，即 U_Z 升高，这样必然使 I_Z 显著增加。由于流过限流电阻 R 的电流为 $I_R = I_Z + I_L$，这样可以使流过 R 上的电流基本不变，导致压降 U_R 基本不变，则 U_o 也就保持不变。反之亦然。

$$R_L \uparrow \to I_L \downarrow \xrightarrow{I_R = I_L + I_Z} I_R \downarrow \to U_R \downarrow \xrightarrow{U_Z = U_i - U_R} U_Z \uparrow (U_o) \to I_Z \uparrow$$

还有利用二极管的反向特性实现稳压的，现以图 11-3-4 为例说明其工作情形。二极管的输入电压 U_i 是从一只未经调整的电源所送出的。只要 U_i 大于 U_z，二极管就可以在击穿区工作，使输出电压维持在 U_z。串联电阻 R 为一限流电阻，目的是使二极管所流过的电流不会超过最大额定值。理想的二极管应像一个电池一样，使负载电压能够保持固定。若 U_i 出现变化（在限制范围内），则只要 U_i 值仍大于 U_z 值，二极管便可以一直停留在击穿状态（反向导通），使负载电压仍可维持于 U_z 固定值。

假设图中二极管的最小和最大反向电流 I_z 分别是 4mA 和 40mA，其电流值也为其可调整的范围值，则稳压电路所能调整的输入电压上下限分别为：

（1）先以最小电流 4mA 来看，限流电阻 R 的电压降为 U_R= 4mA×1k=4V，又，
$$U_R = U_i - U_Z，即$$
$$U_i = U_R + U_Z = 4 + 10 = 14V$$

（2）再看最大电流 40mA，U_R=40mA×1k=40V，故
$$U_i = U_R + U_Z = 40 + 10 = 50V$$

（3）因此，当输入电压在 14V 到 50V 之间变化时，二极管稳压电路都可使其输出电压维持在 10V（忽略阻抗）。

如图 11-3-5 所示，稳压电路要能正常作用，维持固定的输出电压 U_o，就必须让二极管一直停留在击穿区内。换句话说，不论输入电压 U_i 和负载电流 I_L 如何变化，电流都不可以等于零。假若最坏的状况是当 U_i 降到最小值，且负载电流 I_L 又在最大值时，此时如果限流电阻 R 太大。则二极管便无电流流过(I_Z=0)，因此也将失去其电压调整的功能。限流电阻 R 值不可过大。可以运用前述的概念，即 $U_i(min)$、$I_L(max)$ 及 I_z=0 的条件，求得最大限流电阻值 $R(max)$：

$$R(max) = (U_i(min) - U_o)/I_L(max) \qquad (11\text{-}3\text{-}1)$$

式中，$R(max)$——最大限流电阻；$U_i(min)$——最小输入电压（其值须大于 U_Z）；U_o——负载上的输出电压；$I_L(max)$——最大负载电流。

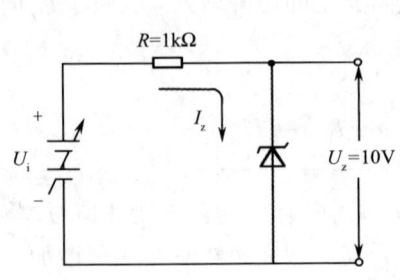

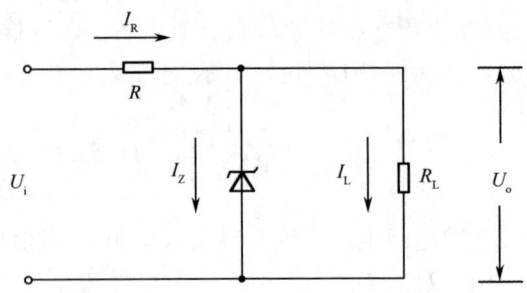

图 11-3-4　输入电压变动时的调整作用　　　　图 11-3-5　限流电阻的影响

由式（11-3-1）可以看出，如果电路中采用了比 $R(\max)$ 大的限流电阻，则当遇到 U_i 小而 I_L 大时，二极管将无法产生 U_o 值，电路将失去稳压功能。

11.3.2　三极管稳压电路（带有直流负反馈）

1. 串联型三极管稳压电路

图 11-3-6 所示是串联型三极管稳压电路。在基极电路中，VD_Z 与 R 组成参数稳压器。

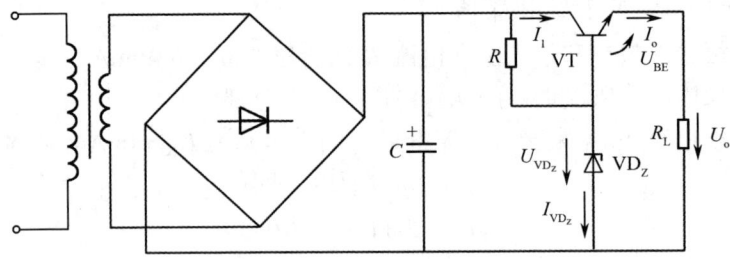

图 11-3-6　串联型三极管稳压电路

该电路稳压过程如下：

（1）当输入电压不变，而负载电压变化时，其稳压过程如下：

$$I_o \uparrow \longrightarrow U_o \uparrow \longrightarrow U_{BE} \downarrow \longrightarrow I_B \downarrow \longrightarrow I_C \downarrow \longrightarrow U_{CE} \uparrow$$
$$U_o \downarrow$$

（2）当负载不变，输入电压 U_i 增加时，其稳压过程如下：

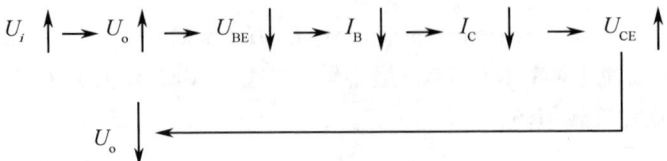

（3）当 U_i 增加时，输出电压 U_o 有升高趋势，由于三极管 VT 基极电位被稳压管 VD_Z 固定，故 U_o 的增加将使三极管发射结上正向偏置电压降低，基极电流减小，从而使三极管的集射极间的电阻增大，U_{CE} 增加，于是，抵消了 U_o 的增加，使 U_o 基本保持不变。

上述电路虽然对输出电压具有稳压作用，但此电路控制灵敏度不高，稳压性能不理想。

2. 带有放大环节的串联型稳压电路

（1）电路组成

在图 11-3-7 电路中加放大环节，可使输出电压更加稳定。

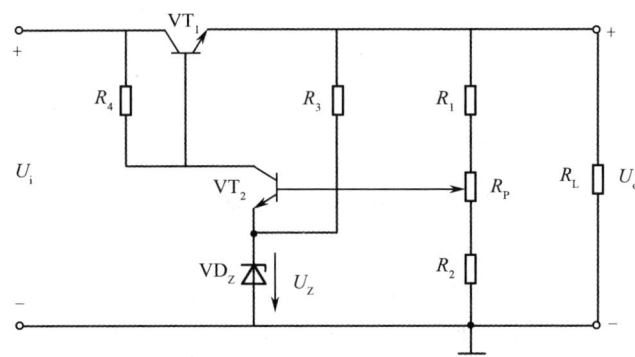

图 11-3-7　带放大电路的串联型稳压电路

取样电路：由 R_1、R_P、R_2 组成，当输出电压变大时，取样电阻将其变化量的一部分送到比较放大管的基极，基极电压能反映出电压的变化，称为取样电压；取样电压不宜太大，也不宜太小，若太大，控制的灵敏度下降；若太小，带负载能力减弱。

基准电路：由 R_3、VD_Z 组成，给 VT_2 发射极提供一个基准电压，R_3 为限流电阻，保证 VD_Z 有一个合适的工作电流。

比较放大管 VT_2：R_4 既是 VT_2 的集电极负载电阻，又是 VT_1 的基极偏置电阻，比较放大管的作用是将输出电压的变化量，先放大，然后加到调整管的基极，控制调整管工作，提高控制的灵敏度和输出电压的稳定性。

调整管 VT_1：它与负载串联，故称此电路为串联型稳压电路，调整管 VT_1 受比较放大管控制，集射极间相当于一个可变电阻，用来抵消输出电压的波动。

（2）工作原理

① 当负载 R_L 不变，输入电压 U_i 减小时，输出电压 U_o 有下降趋势，通过取样电阻的分压使比较放大管的基极电位 U_{B2} 下降，而比较放大管的发射极电压不变（$U_{E2}=U_Z$），因此 U_{BE2} 也下降，于是比较放大管导通能力减弱，U_{C2} 升高，调整管导通能力增强，调整管 VT_1 集射之间的电阻 R_{CE1} 减小，管压降 U_{CE1} 下降，使输出电压 U_o 上升，保证了 U_o 基本不变。其过程表示如下：

$$U_i \downarrow \rightarrow U_o \downarrow \rightarrow U_{B2} \downarrow \xrightarrow{U_{E2}\text{不变}} U_{BE2} \downarrow \rightarrow U_{C2} \uparrow U_{B1} \uparrow \rightarrow R_{CE1} \downarrow \rightarrow U_{CE1} \downarrow$$

$$U_o \leftarrow \boxed{\quad U_o = U_i - U_{CE1} \quad}$$

② 当输入电压不变，负载增大时，引起输出电压有增长趋势，则电路将产生下列调整过程：

$$R_L \uparrow \rightarrow U_o \uparrow \rightarrow U_{BE2} \uparrow \rightarrow U_{C2} \downarrow (U_{B1} \downarrow) \rightarrow R_{CE1} \uparrow \rightarrow U_{CE1} \uparrow$$

$$U_o \downarrow \leftarrow \boxed{\quad U_o = U_i - U_{CE1} \quad}$$

当负载 R_L 减小时，稳压过程相反。

可见，稳压过程实质上是通过负反馈使输出电压维持稳定的过程。

3. 提高稳压性能的措施和保护电路

为提高稳压电源的稳压性能，稳压电源的比较放大器可采用其他相应形式的电路，如图 11-3-8 所示电路，即具有恒流源负载的稳压电路。图中稳压管 VD_{Z2} 和 R_5 确定 VT_3 的静态工作点的偏置电路，因为 VT_3 的基极电位稳定在 U_{VDZ2} 上，加上 R_4 的负反馈作用，VT_3 的集电极电流 I_{C3} 恒定不变。另外，VT_3 又是比较放大器的 VT_2 负载，所以称恒流源负载，由于调整管 VT_1 和比较放大管 VT_2 都有是 NPN 管，为了使恒流源电流方向与 VT_2 的负载电流方向一致，所以 VT_3 必须采用 PNP 管，因为恒流源具有很高的输出阻抗，使得比较放大器具有很高的电压放大倍数，从而可以提高电源的稳定性能。其次，由于 I_{C3} 恒定不变，输入电压 U_i 的变化不能直接加到调整管基极，从而大大削弱了 U_i 的变化对输出的影响，有利于输出电压稳定。

对于串联型晶体管稳压电路，由于负载和调整电路很容易串联，所以随着负载电流的增加，调整管的电流也要增加，从而使管子的功耗增加；如果在使用中，使输出电路短路，则电流不断增加，且管压降也增加，很可能引起调整管损坏。调整管的损坏可以在非常短的时间内发生，用一般保险丝不能起作用。因此，通常用速度高的过载保护电路来代替保险丝。过载保护电路的形式很多。

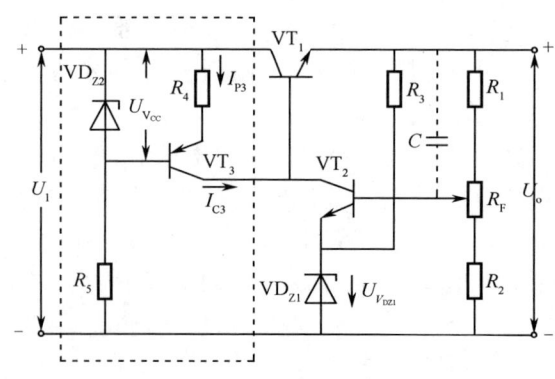

图 11-3-8 具有恒流源负载的稳压电源

如图 11-3-9（a）所示，晶体管 VT_3 和电阻 R_5、R_6 组成过载保护电路。当稳压电路正常工作时，VT_3 发射极电位比基极电位高，发射结受反向电压作用，使 VT_3 处于截止状态，对稳压电路的工作无影响；当负载短路时，VT_3 因发射极电位降低而导通，相当于使 VT_1 的基、射极间被 VT_3 短路，从而只有少量电流流过调整管，达到保护调整管的目的，而且可以避免整流元件因过电流而损坏。

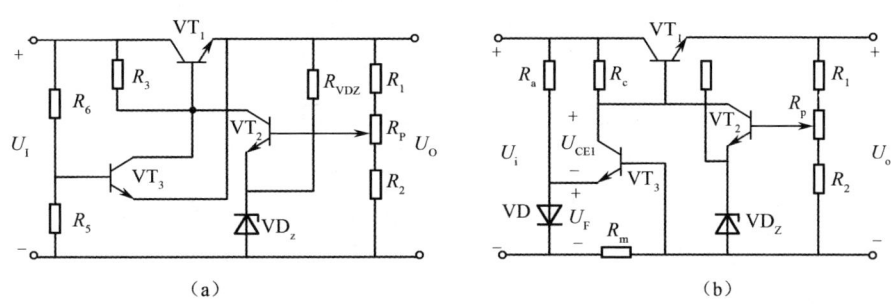

图 11-3-9　过载保护电路

如图 11-3-9（b）由晶体管 VT_3、二极管 VD 和电阻 R_5、R_m 组成过载保护电路。在二极管 VD 中流过电流，二极管 VD 的正向电压 U_F 基本恒定。正常负载时，负载电流流过 R_m 产生的压降较小，VT_3 的发射结处于反向偏置而截止，对稳压电路无影响；当 I_L 增大到某一值时，R_m 上的压降增大，VT_3 发射结转变为正偏，VT_3 导通，R_C 上的压降增大，U_{CE3} 减小，即调整管的基极电位降低，调整管的 U_{CE1} 增加，输出电压 U_o 下降，I_L 被限制。从图可以写出 VT_3 导通时的发射结电压方程为：

$$U_{CE1} = I_L R_m - U_F R_m = \frac{U_F + U_{CE1}}{I_L} \tag{11-3-2}$$

用被限制的电流 I_L 代入上式，即可求出 R_m 来，R_m 称为过载信号检测电阻或电流取样电阻。

11.4　单片式、三端集成稳压电路

集成稳压器是将调整电路、取样电路、基准电路、启动电路及保护电路集成在一块硅片上构成的芯片。它完整的功能体系、健全的保护电路、安全可靠的工作性能，给稳压电源的制作带来了极大的方便。集成电路稳压器的型号很多，按单片的引出端子分类，有三端固定式、三端可调式和多端可调式等。三端集成稳压器只有三个端子，安装和使用都很方便。下面以三端固定式集成稳压器为例进行介绍。

1. 三端固定式集成稳压器外形及引脚排列

三端固定式集成电路稳压器的外形和引脚排如图 11-4-1 所示。

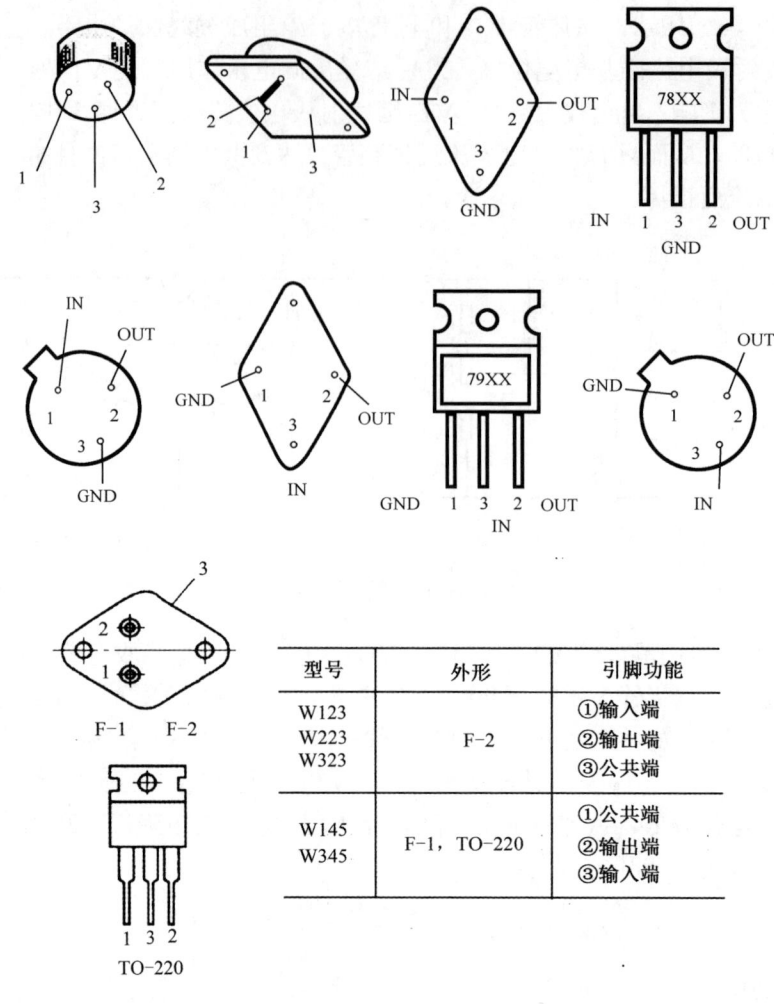

图 11-4-1　三端固定式集成稳压器的外形和引脚排列

型号	外形	引脚功能
W123 W223 W323	F-2	①输入端 ②输出端 ③公共端
W145 W345	F-1，TO-220	①公共端 ②输出端 ③输入端

2. 三端固定式稳压器的型号组成及其意义

三端固定式集成稳压器的型号组成及其意义如图 11-4-2 所示。

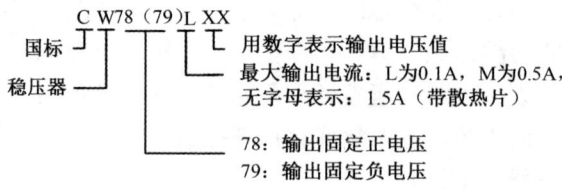

图 11-4-2　三端固定式集成稳压器型号组成及意义

国产三端固定式集成稳压器有 CW78XX 系列（正电压输出）和 CW79XX 系列（负电压输出），其输出电压有 5V、6V、8V、9V、12V、15V、18V、24V，最大输出电流有 0.1A、0.5A、1A、1.5A、2.0A 等。

3．三端固定式集成稳压器的应用

（1）固定输出稳压器

在实际工作中，可根据不同的需要，选取符合要求的 CW78XX、CW79XX 系列产品，电路组成如图 11-4-3 所示。图中 C_1 可以防止由于输入引线较长时产生的电感而引起的自激，C_2 用来减小由于负载电流瞬时变化而引起的高频干扰。

（2）扩压、扩流和可调电路

如果需要输出电压高于三端稳压器输出电压时，可采用图 11-4-4 所示电路。

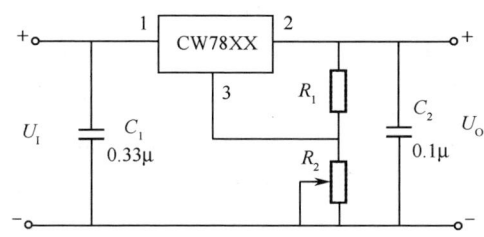

图 11-4-3　三端集成稳压器的典型接法

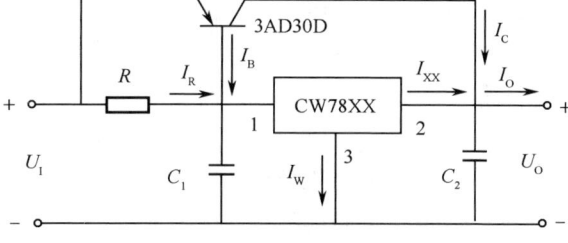

图 11-4-4　提高输出电压接线图

4．在汽车上的应用

在汽车上充电系统的发电机中，都可以看见这类 IC 稳压器元件，如图 11-4-5 所示。

一般只要将未稳压的 DC 电压输入后，便可获得定值的输出电压（如 5V 参考电压）。此类稳压器可提供约 150mA 的负载电流，若需要更大电流的话，则须在三端稳压器外部再加上功率晶体管。使用三端稳压器最大的好处就是外部线路简洁，只需加上很少的外部零件。实际上，在许多的应用例中，根本不需再外加任何零件。

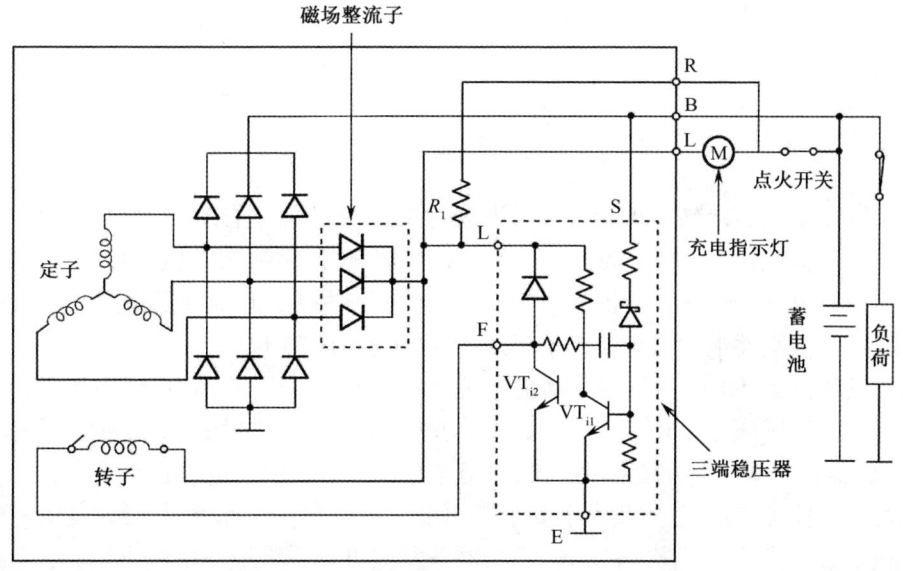

图 11-4-5　汽车充电系统的三端稳压器

11.5　稳压电路在汽车上的应用

汽车工作期间除了直流电源蓄电池提供部分电能外，更多的是依靠交流发电机提供电能。由于交流发电机的转子是由发动机通过传动带驱动旋转的，且发动机和交流发电机的转速比为1.7～3，因此，交流发电机转子的转速变化范围非常大，这样将引起发电机的输出电压发生较大变化，无法满足汽车用电设备的工作要求。为了满足用电设备恒定电压的要求，交流发电机必须配用电压调节器，使其输出电压在发动机所有工况下保持恒定。

汽车上一般有两组电源，一组是化学电源，另一组是机械磁电（发电机）电源，两组电源并联后给同一负载供电，平时发动机不运转的时候车上用电就由化学电源供电，发动机运转后发电机就给负载供电，同时也给蓄电池充电。如图11-5-1所示，汽车发电机一般都是励磁转子，三相绕组交流发电机，经过整流后通过 B+接线柱直接输出电压。发电机的稳压是通过改变励磁绕组的电流大小来获得良好的电压稳定度。

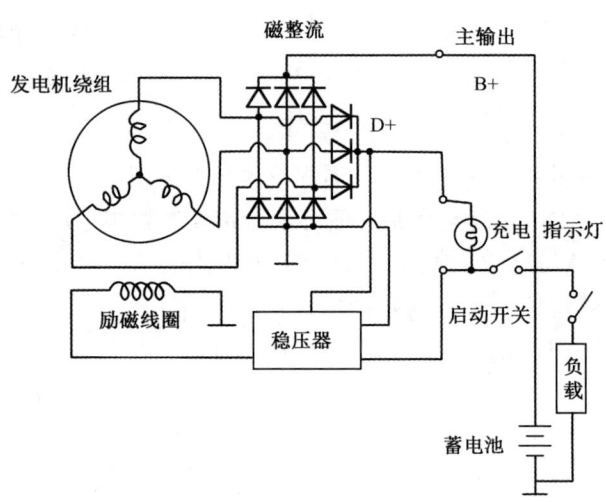

图 11-5-1　汽车发电机

静态（发动机没有运转）的时候，驾驶员打开点火开关（启动开关），负载开关闭合，蓄电池一方面向负载供电，另一方面给发电机的励磁绕组供电。其励磁电路为：蓄电池正极→启动开关→充电指示灯→稳压器→发电机励磁绕组→搭铁。此励磁回路为他励回路，这时，充电指示灯亮，表明蓄电池放电，发电机未工作，无电压输出。

动态（发动机运转）的时候：发动机运转后，发电机电压高于蓄电池电压时，励磁绕组运转发电绕组立即感应出三相交流电压，经过整流后从 B+接线柱和 D+接线柱同时输出，而且 B+和 D+的点位相等，指示灯因两端电位相等而熄灭，表明发电机正常发电。一方面，发电机的相线接线柱 B+向全车负载供电并给蓄电池充电；另一方面通过 D+为发电机的励磁绕组提供励磁电流。其励磁电路为：D+→稳压器→发电机励磁绕组→搭铁。此励磁回路为自励回路。

此电路还具有诊断功能：当发动机熄火时，充电指示灯亮，说明蓄电池在放电，提醒驾驶员关闭点火开关；当车辆运行时，若充说明充电系统有故障，提醒驾驶员及时维修。

发电机运转后稳压器对发电机输出电压进行取样，通过稳压器调节励磁绕组的电流强度，进一步改变磁极的磁通量，使发电机电压稳定输出在 14V（12V 制电压系统）左右。

1．电压调节器的工作原理

交流发电机的三相绕组产生的三相电动势的有效值

$$E_\Phi = 4.44 KfN\Phi \tag{11-5-1}$$

则交流发电机每相绕组电动势有效值可写成

$$E_\Phi = Cn\Phi \tag{11-5-2}$$

式中，C 为发电机的结构常数，n 为转子的转速，Φ 为转子的磁极通量。也就是说，交流发电机所产生的感应电动势 E 与转速 n 和磁极磁通量 Φ 成正比。当转速 n 升高时，要想使发电机的输出电压保持恒定，只能通过减少磁极通量 Φ 来实现。又因为磁极磁通量 Φ 与励磁电流 I 成正比，减小磁极磁通量也就是减少励磁电流 I。

所以，交流发电机调节器的工作原理是：当交流发电机的转速 n 升高时，调节器通过减小发电机的励磁电流 I 来减小磁极磁通量 Φ，使发电机的输出电压保持变不变。

2．晶体管调节器

晶体管式调节器与内或外搭铁形式的发电机配套使用，也有内、外搭铁的区别，使用前一定要判断其搭铁形式，并与发电机相应的接柱正确连接。图 11-5-2 所示为内搭铁式晶体管调节器的基本电路。

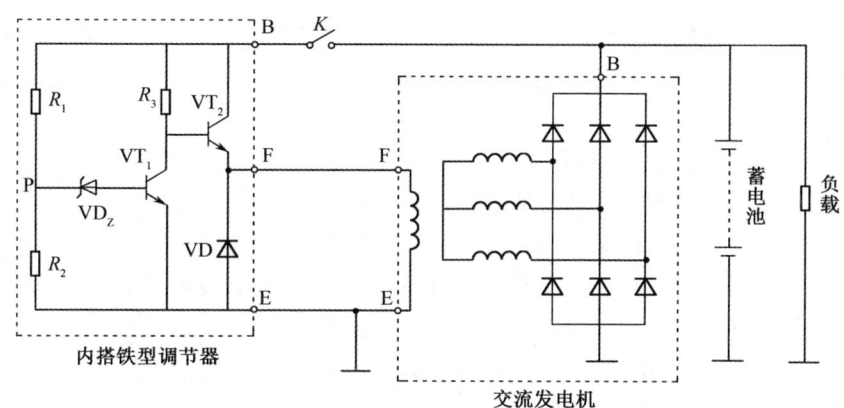

图 11-5-2　内搭铁晶体管调节器

电路由三个电阻 R_1、R_2、R_3，两个晶体管 VT_1、VT_2，一个稳压管 VD_Z 和一个二极管 VD 组成。电阻 R_1 和 R_2 串联组成一个分压器，接在发电机输出端 B+ 与搭铁端 E 之间，直接监测发电机的输出电压 U_B，分压电阻 R 两端的电压 U_P 为：

$$U_P = \frac{R_2}{R_1 + R_2} U_B \tag{11-5-3}$$

由上式可见，当发电机电压 U_B 升高时，分压电阻 R_2 上的电压 U_P 也升高；反之 U_B 下降，U_P 也下降。也就是说，电阻 R_2 两端的电压可完全反映发电机输出电压 U_B 的变化。当发电机输出电压 U_B 达到规定的调节值时（13.5～14.5 V），U_P 正好等于稳压管 VS 的反向击穿电压。

VT$_2$ 为大功率晶体管，起开关作用，用来接通与切断发电机的励磁电路。VT$_1$ 为小功率晶体管，用来放大控制信号。稳压管 VD$_Z$ 是感受元件，串联在 VT$_1$ 的基极电路中，并通过 VT$_1$ 的发射极并联于分压电阻 R_2 的两端，以感受发电机输出电压 U_B 的变化。

电路设计思路是当发电机输出电压 U_B 升高到调节电压上限时，分压电阻 R_2 两端的电压 U_P 加在稳压管 VD$_Z$ 和 VT$_1$ 的基极上，恰好能使稳压管 VD$_Z$ 反向击穿，为 VT$_1$ 提供基极电流，使 VT$_1$ 导通。当发电机输出电压 U_B 下降到调节电压下限时，U_P 不能使稳压管 VS 反向击穿，而使 VT$_1$ 无基极电流而截止。

VD 是续流二极管，励磁绕组由接通变为断开状态时，产生的自感电动势（E 端高电位，B 端低点位）经二极管 VD 构成放电回路，防止晶体管 VT$_2$ 被击穿损坏。

晶体管调节器的工作原理如下：

（1）点火开关 K 刚接通时，发动机不转，发电机不发电，蓄电池电压加在分压器 R_1、R_2 上，因 U_P 较低不能使稳压管 VD$_Z$ 反向击穿，VT$_1$ 截止。此时，由于 R_3 的分压作用，使得 VT$_2$ 导通，发电机磁场电路接通(他励)，由蓄电池供给磁场电流，电路为蓄电池正极→点火开关 K→调节器 B 接柱→晶体管 VT$_2$→调节器 F 接柱→发电机 F 接柱→励磁绕组→发电机 E 接柱→搭铁→蓄电池负极。随着发动机的起动，发电机转速升高，发电机他励发电，电压上升。

（2）当发电机电压升高到稍高于蓄电池电压时（发电机转速大约在 900r/min 左右时），发电机自励发电并开始对蓄电池充电，如果，此时发电机输出电压 U_B 小于调节器调节电压上限，VT$_1$ 继续截止，VT$_2$ 继续导通，但此时的磁场电流由发电机供给，通路为发电机正极→点火开关 K→调节器 B 接柱→晶体管 VT$_2$→调节器 F 接柱→发电机 F 接柱→励磁绕组→发电机 E 接柱→搭铁→发电机负极。由于磁场电路一直导通，发电机电压随转速升高而迅速升高。

（3）当发电机输出电压升高到等于调节上限时，调节器对电压的调节开始。此时，电阻 R_1、R_2 上的分压 U_P 达到 VD$_Z$ 反向击穿电压，VD$_Z$ 导通，VT$_1$ 导通，VT$_2$ 截止，发电机磁场电路被切断，由于没有励磁电流，磁通下降，发电机输出电压下降。

（4）当发电机电压下降到等于调整下限时，电阻 R_1、R_2 分压减小，U_P 下降到 VD$_Z$ 截止电压，VD$_Z$ 截止，VT$_1$ 截止，VT$_2$ 重新导通，励磁电路重新被接通，发电机电压上升。

重复（3），（4），如此周而复始，发电机输出电压总被控制在一定范围内。这就是内搭铁型晶体管调节器的工作原理。

以上分析的基本电路与实际应用的晶体管调节器工作电路相比有很大缺点，如在 VT$_2$ 导通变为截止的瞬间，会由于励磁电流的突变，在励磁绕组中产生很大的自感电动势，这个瞬间高压电动势将会损坏调节器的其他电子元件。所以在实际应用的调解器电路中，会对上面的基本电路作必要的补充和完善。

3. 集成电路电压调节器

集成电路电压调节器又称 IC 电压调节器，是根据使用要求，将电路中若干元件集成在同一基片上，制成一个独立的电子芯片。集成电路调节器装在发电机内部，构成整体式交流发电机。

集成电路调节器的工作原理与晶体管调节器的工作原理完全一样，也是根据发电机的输出电压信号，利用晶体管的开关特性控制发电机的励磁电流，使发电机的输出电压保持恒定。

集成电路电压调节器的基本电路根据电压检测方法的不同可分为发电机电压检测法电路和蓄电池电压检测法电路两种，如图 11-5-3 所示。

（1）发电机电压检侧法电路

发电机电压检测法的原理电路如图 11-5-3（a）所示。加在分压器 R_1、R_2 上的电压是发电机励磁输出端 L 的电压 U_L，而发电机输出电压为 U_B。因为 $U_L=U_B$，所以调节器检测点 P 的电压加到稳压管 DW 上，其电压 U_P 与发电机的端电压 U_B 成正比，所以该线路称为发电机电压检测法线路。

（2）蓄电池电压检测法电路

蓄电池电压检测法的原理电路如图 11-5-3（b）所示。加在分压器 R_1、R_2 上的电压为蓄电池端电压，由于通过检测点 P 加到稳压管 DW 上的反向电压与蓄电池端电压成正比，所以该线路称为蓄电池电压检测法线路。

相比而言，采用发电机电压检侧法线路，发电机的引出线可以少一根。不足之处在于，发电机电压检测原理电路中 B 点到蓄电池正极之间的电压降较大时，蓄电池的充电电压将会偏低，使蓄电池充电不足。因此，一般大功率发电机多采用蓄电池电压检测法，使蓄电池的电压得以保证。若采用蓄电池电压检测法电路，当发电机电压输出线或信号输人线断路时，由于无法检测发电机的工作情况，可造成发电机失控现象。故在多数车型的应用中，都对具体电路做了相应改进。

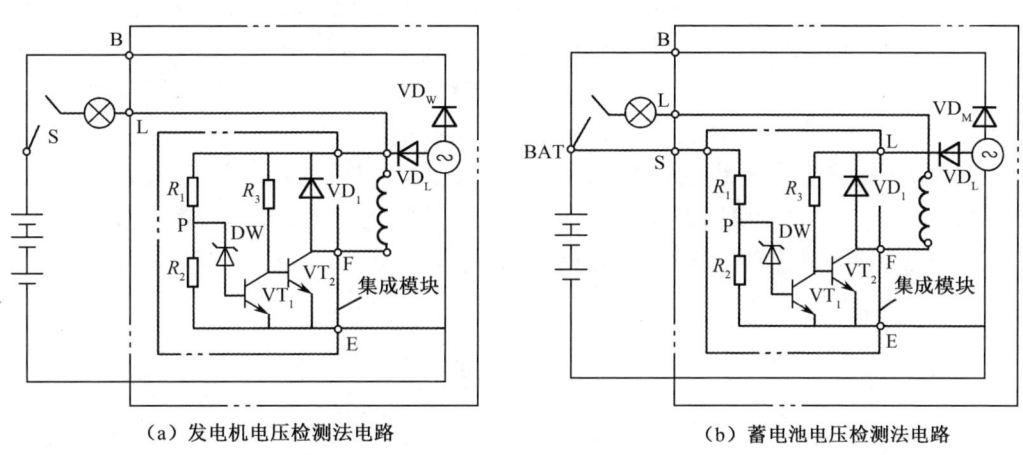

（a）发电机电压检测法电路　　　　　（b）蓄电池电压检测法电路

图 11-5-3　集成电路电压调节器的基本电路

如图 11-5-4 所示，采用的蓄电池电压检测法的线路中，在调节器的分压器与发电机 B 点之间增加了一个电阻 R_4 和一个二极管 VD_2，这样，当 B 点与蓄电池正极之间或 S 点与蓄电池正极之间出现断路时，由于 R_4 的存在，仍能检测出发电机的端电压 U_B，使调节器正常

工作，可以防止发电机电压过高的现象。

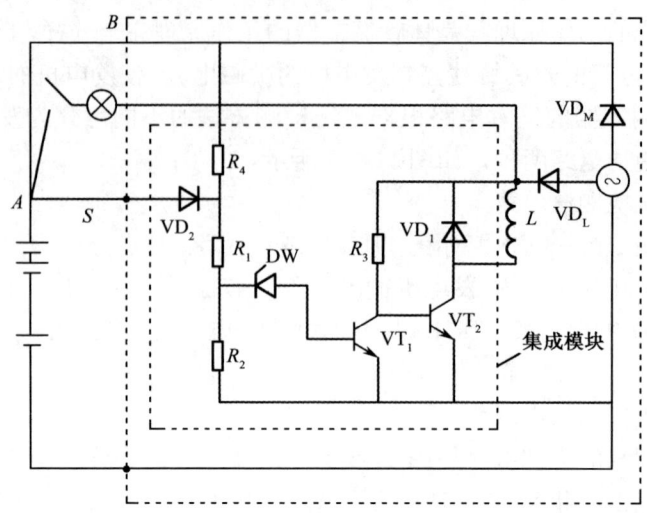

图 11-5-4　蓄电池电压检测法电路

小　　结

直流稳压电源一般由降压、整流、滤波、稳压四部分组成。其中整流电路的作用是将交流降压电路输出的电压较低的交流电转换成单向脉动性直流电，这就是交流电的整流过程，整流电路主要由整流二极管组成。经过整流电路之后的电压已经不是交流电压，而是一种含有直流电压和交流电压的混合电压。习惯上称单向脉动性直流电压。滤波电路常用于滤去整流输出电压中的纹波，一般由电抗元件组成，如在负载电阻两端并联电容器 C，或与负载串联电感器L，以及由电容，电感组成而成的各种复式滤波电路。稳压电路种类繁多，并联型稳压电路输出电压不可调，串联型稳压电路功耗大、效率低。为了提高效率，节省能源，可采用开关型稳压电源。目前应用较多的是集成稳压电源。

习　　题

11-1　在单相桥式整流电容滤波电路中，若发生下列情况之一时，对电路正常工作有什么影响？

（1）负载开路；（2）滤波电容短路；（3）滤波电容断路；（4）整流桥中一只二极管断路；（5）整流桥中一只二极管极性接反。

11-2　如习题 11-2 图所示是一组多输出的整流电路，$R_{L1}=R_{L2}=900\ \Omega$。

试求：（1）负载 R_{L1} 和 R_{L2} 上的整流电压平均值 U_{o1} 和 U_{o2} 并标出极性；

（2）二极管 VD_1、VD_2 和 VD_3 中的平均电流 I_{V1}、I_{V2}、I_{V3} 及各管所承受的最高反向电压 U_{RM1}、U_{RM2}、U_{RM3}。

11-3　整流电路如习题 11-3 图所示。已知输入正弦信号 $u=220\sqrt{2}\sin\omega t$ V。

（1）试说明电路为哪种形式的整流电路？　有何特点？

（2）当图中电流表满量程为 $100\ \mu A$ 时，R 取值应为多大？（计算时可忽略电流表和二极管上的压降。）

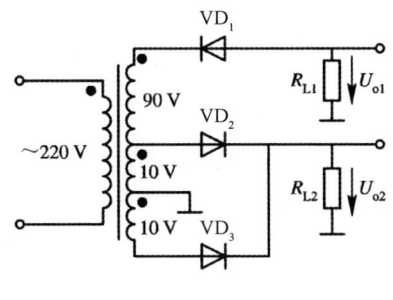
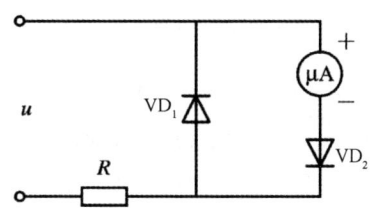

习题 11-2 图　　　　　　　　　　　习题 11-3 图

11-4　桥式全波整流电路如习题 11-4 图所示。试分析说明:

（1）R_{L1}、R_{L2} 两端为何种整流波形？

（2）若 $U_{21}=U_{22}=25$ V，则 U_{o1}、U_{o2} 各为多少？

（3）若二极管 VD_2 虚焊，则 U_{o1}、U_{o2} 会发生什么变化？

11-5　电容滤波和电感滤波电路的特性有什么区别？各使用于什么场合？

11-6　桥式整流电容滤波电路如习题 11-6 图所示。已知 $u_2=20\sqrt{2}\sin\omega t$ V，在下列不同情况下，计算输出平均电压 U_o 的值。

（1）电容 C 虚焊；

（2）焊接正常，但 $R_L=\infty$（负载 R_L 开路）；

（3）整流桥中有一个二极管因虚焊开路，有电容 C，$R_L=\infty$；

（4）有电容 C，但 $R_L\neq\infty$；

（5）同上述（3），但 $R_L\neq\infty$，即一般负载情况下。

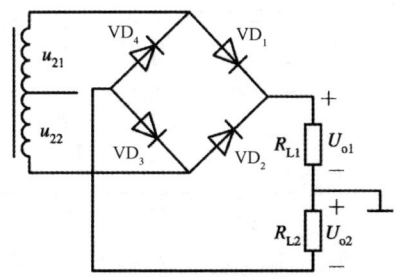
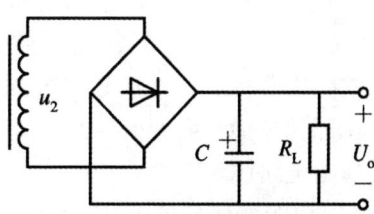

习题 11-4 图　　　　　　　　　　　习题 11-6 图

11-7　稳压管 VD_Z 组成习题 11-7 图电路，已知 $U_Z=6$ V，$P_{ZM}=300$ mW，VD_Z 中电流不宜低于 10μA，当 $U_i=9V$ 时，试确定电阻 R 的范围。

11-8　稳压管稳压电路如习题 11-8 图所示。已知 $U_{Z1}=6$ V，$U_{Z2}=7$ V，试确定 U_i 分别为 24V 和 12V 时，电路输出 U_o 的值。

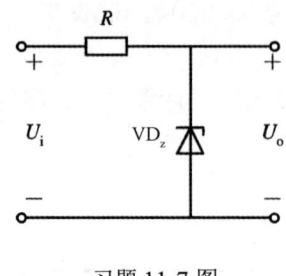

习题 11-7 图

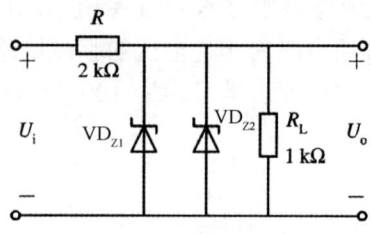

习题 11-8 图

11-9　三端稳压器 W7815 和 W7915 组成的直流稳压电路如习题 11-9 图所示，已知副边电压 $u_{21}=u_{22}=20\sqrt{2}\sin\omega t$ V。7900 系列稳压器为负电压输出。

（1）在图中标明电容的极性。

（2）确定 U_{o1}、U_{o2} 的值。

（3）当负载 R_{L1}，R_{L2} 上电流 I_{L1}，I_{L2} 均为 1A 时，估算稳压器上的功耗 P_{CM} 值。

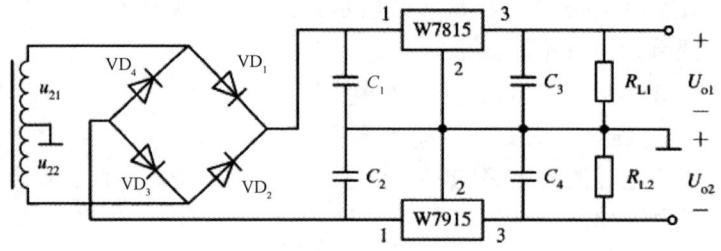

习题 11-9 图

11-10　W7805 组成的恒流源电路如习题 11-10 图所示，已知 $I_W=5mA$，$R=200\Omega$，R_L 范围为 100 Ω～200Ω，试计算：

（1）负载 R_L 上的电流 I_o 值。

（2）输出电压 U_o 的大小。

11-11　试设计一台直流稳压电源，其输入为 220V、50Hz 交流电源，输出电压为 12 V，最大输出电流为 500mA，试采用桥式整流电路和三端集成稳压器构成，并加有电容滤波电路（设三端稳压器的压差为 5V），要求：

（1）画出电路图。

（2）确定电源变压器的变比，整流二极管、滤波电容的参数，三端稳压器的型号。

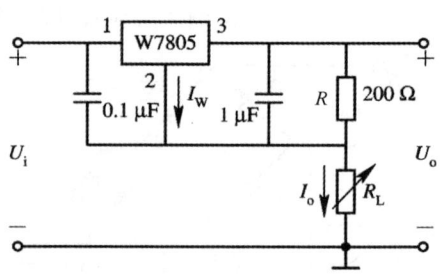

习题 11-10 图

数字电子技术部分

第 *12* 章

数字电路的基础知识

知识目标

1. 了解数字电路的发展过程、分类、特点和应用。
2. 掌握数字信号和数字信号的主要参数，能区别模拟信号和数字信号。
3. 掌握常见数制的表示和数制间的相互转换方法。
4. 了解常见几种编码方式，会用 8421BCD 码。

12.1　数字电路概述

12.1.1　数字电路的发展

如今人类已经进入了数字化时代。在现代应用非常广泛的电子信息及其相关领域内，处处离不开处理数字信息的数字电路。如数字计算机、通信系统、工业控制系统、交通控制系统及家电洗衣机、电视机等，无一不在设计过程中用到电子技术中的数字电路和模拟电路。

1946 年诞生的世界上第一台电子计算机为人类进入信息社会奠定了基础。实际上，数字系统的历史可追溯到 17 世纪，1624 年 Blaise Pascal 设计了一台机械的数值加法器，1671 年，德国数学家 Gorge Boole 发明了一台可进行乘法与除法的机器；19 世纪用于计算航行时间表的计算机问世；20 世纪 30 年代，贝尔实验室的 Claude Shannon 提出了现在用于数字逻辑设计的现代交换代数等，都表明了数字时代的到来。

随着电子学的发展，从 1947 年半导体三极管的发明及真空管的诞生，到 20 世纪 60 年代集成电路的发明，都推动了数字逻辑和计算机的发展。现代电子系统从 1946 年的计算机诞生，到 20 世纪 70 年代初英特尔设计的第一个微处理器，到现在最新一代的超级计算机，数字系统正以惊人的速度发展。

由于数字电路具有高稳定性、高可靠性、可编程性、易于设计、经济性等众多优点，其应用越来越广泛。现代电子工程中愈来愈多的模拟信息已被数字信号所取代。例如，视频图

像，声音由原来的模拟磁带存储变成现在的光盘存储；交通灯控制器、汽车化油器控制装置由以前的机电控制变成了现在的微处理器控制。

数字电路具有广阔的发展前景。基于 PC 的开放性、低成本、高可靠性、软硬件资源丰富等特点，将有越来越多的厂家采用 PC 作为前端机，来处理人机界面、编程、联网通信等问题。PC 所具有的良好人机界面，将普及到所有的数控系统。像远程通信，远程诊断和维修将更加普及，并向高速化和高精度化发展。随着人工智能在计算机领域的不断渗透和发展，数控系统的智能化程度将不断提高。

12.1.2 数字信号

1．数字信号定义

所谓数字信号（Digital signal）是指幅度值随时间的变化是离散的，不连续的。一般情况下，数字信号把两种物理状态用 0 和 1 来表示，因此数字信号多用二进制码表示。

2．数字信号的特点

数字信号抗干扰能力强、无噪声积累、便于加密处理、便于存储、处理和交换、设备便于集成化、微型化、便于构成综合数字网和综合业务数字网，但占用信道频带较宽、技术要求复杂，模数转换时容易出现量化误差。

12.1.3 模拟信号与数字信号异同

自然界中存在着各种各样的物理量，从变化规律来看，可分为模拟量（温度，压力等）和数字量（开关状态变化），将这些量用信号表示，分为模拟信号和数字信号。模拟信号和数字信号都是信号数据，用来表示文字，符号，声音，图像等信息。二者最根本的区别在于幅度值的变化是否离散（连续）。

模拟信号（Analog signal）指幅度的取值是连续的（用连续变化的物理量来表示信息），像电视、传真信号、汽车上热敏电阻式冷却液温度传感器输出的信号随冷却温度的变化而连续变化等。最常见的模拟信号是正弦波信号。如图 12-1-1 所示是模拟信号。

数字信号（Digital signal）指幅度的取值是离散的（幅值表示被限制在有限个数值之内）。二进制码就是一种数字信号、汽车上光电式曲轴位置传感器的输出信号随遮光盘不断通过光耦合器的有无的规律变化的脉冲信号也是数字信号。最常见的数字信号是矩形脉冲波信号，如图 12-1-2 所示。

模拟信号在通信过程中与数字信号相比的优点是直观且容易实现，缺点是保密性差，抗干扰能力弱。

一般，模拟信号用模拟电路处理，数字信号用数字电路处理，二者相互转换需要通过模拟信号和数字信号转换电路完成（A/D 转换器）。

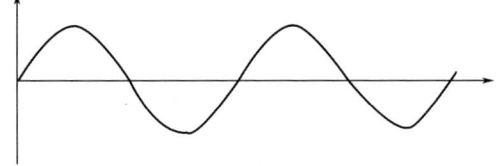

图 12-1-1　模拟信号

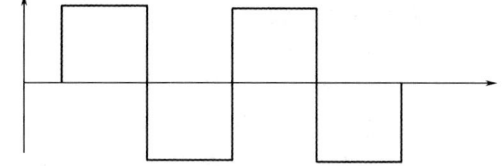

图 12-1-2　数字信号

12.1.4　数字信号的主要参数

在数字电路中，常见的数字信号通常用数字波形表示，具有间隔性特征且在整个周期内持续时间短暂，这样的数字信号即是脉冲信号。目前数字电路中最常见的数字信号是矩形脉冲波信号。数字信号分为周期性和非周期性两种。下面主要以周期性矩形脉冲波为例介绍数字信号的主要参数，如表 12-1-1 所示。

表 12-1-1　数字信号的主要参数

主要参数	字母表示	定义	说明
脉冲幅度	U_m 或 A	脉冲信号变化的最大值	
脉冲宽度	t_w	脉冲所能达到最大值的作用时间	
脉冲频率	f	单位时间内的脉冲数	$f = \dfrac{1}{T}$
脉冲周期	T	周期性脉冲信号前后两次出现的时间间隔	$T = \dfrac{1}{f}$
占空比	q	脉冲宽度占整个脉冲周期的百分数	$q(\%) = \dfrac{t_w}{T} \times 100\%$
上升时间	t_r	从脉冲幅值的10%上升到90%所经历的时间	由于非理想数字信号的波形在实际的
下降时间	t_f	从脉冲幅值的90%下降到10%所经历的时间	系统中不能立即上升和下降，要经历一段时间

12.1.5　数字电路的分类、特点和应用

数字电路是指能传输、处理加工数字信号的电路或者是只能处理逻辑电平信号的电路，因此数字电路又被称作数字逻辑电路。

1. 数字电路的分类

（1）按功能可分为：组合逻辑电路和时序逻辑电路；

（2）按电路有无集成元器件可分为：分立元件数字电路和集成数字电路；

（3）按集成度可分为：小规模集成电路（SSI）、中规模集成电路（MSI）、大规模集成电路（LSI）和超大规模集成电路（VLSI）；

（4）按构成电路的半导体器件可分为：双极型数字电路和单极型数字电路。

2．数字电路的特点

（1）抗干扰能力强，稳定性好；
（2）实现简单，系统可靠性高；
（3）具有算术运算和逻辑运算功能；
（4）可实现高度集成化，功能实现容易；
（5）可长期存储；
（6）能方便于计算机处理信息。

3．数字电路的应用

数字电路与数字电子技术目前广泛应用于科研仪器设备、数控机床、自动化设备和自动化生产线、汽车行业、计算机信息处理、电视、雷达、通信、航天、医疗、教育、日用生活家电等技术领域。

12.2　数制和编码

12.2.1　常用的数制及数的表示

数制是指计数的一种方法，确定了多位数码中每一位数码的构成方式或者相邻数码间的进位规则。

1．数制

常用的数制有人们生活习惯用的十进制，数字电路或计算机便于处理识别的二进制，八进制和十六进制，具体内容如表 12-2-1 所示。

表 12-2-1　常用的几种数制

数制	字母表示	计数基数(N)	数码 0···(N-1)	进位规则	按权展开式
十进制	D	10	0、1、2···9	逢十进一	$N_D = \sum\limits_{i=0}^{n-1} K_i \times 10^i$
二进制	B	2	0、1	逢二进一	$N_B = \sum\limits_{i=0}^{n-1} K_i \times 2^i$
八进制	O	8	0、1、2···7	逢八进一	$N_O = \sum\limits_{i=0}^{n-1} K_i \times 8^i$
十六进制	H	16	0、1、2···15	逢十六进一	$N_H = \sum\limits_{i=0}^{n-1} K_i \times 16^i$

注：权指的是每一位数码所在位置的权重，不同位置权不同，即同一数码在数的不同位置代表的权重值就不同。

2．数的表示方法

任何数制的数都可以表示成按该进制数的权展开的展开式。

（1）十进制数的表示

$$(N)_D = k_{n-1} \times 10^{n-1} + k_{n-2} \times 10^{n-2} + \cdots + K_1 \times 10^1 + K_0 \times 10^0 \tag{12-2-1}$$

式中，K_{n-1}，$K_{n-2}\cdots$均表示第 $n-1$、$n-2$ 位的系数；10^{n-1}、$10^{n-2}\cdots$均表示第 $n-1$、$n-2$ 位的权；n 表示十进制数原数的总位数。

例如，一个三位十进制数 625，可以表示成

$$(625)_D = 6 \times 10^2 + 2 \times 10^1 + 5 \times 10^0$$

（2）二进制数的表示

$$(N)_B = K_{n-1} \times 2^{n-1} + K_{n-2} \times 2^{n-2} + \cdots + K_1 \times 2^1 + K_0 \times 2^0 \tag{12-2-2}$$

例如，一个四位二进制数 1011，可以表示成

$$(1011)_B = 1 \times 2^3 + 0 \times 2^2 + 1 \times 2^1 + 1 \times 2^0$$

（3）八进制数的表示

$$(N)_O = K_{n-1} \times 8^{n-1} + K_{n-2} \times 8^{n-2} + \cdots + K_1 \times 8^1 + K_0 \times 8^0 \tag{12-2-3}$$

例如，一个三位八进制数 652，可以表示成

$$(652)_O = 6 \times 8^2 + 5 \times 8^1 + 2 \times 8^0$$

（4）十六进制数的表示：

$$(N)_H = K_{n-1} \times 16^{n-1} + K_{n-2} \times 16^{n-2} + \cdots + K_1 \times 16^1 + K_0 \times 16^0 \tag{12-2-4}$$

例如，一个三位十六进制数 4A8B，可以表示成

$$(4A8B)_H = 4 \times 16^3 + A \times 16^2 + 8 \times 16^1 + B \times 16^0$$

12.2.2　数制转换

1．二进制、八进制、十六进制数转换为十进制数

二进制、八进制、十六进制数转换为十进制数，只要写出该数制的数表示成按该进制数的权展开的展开式，再按十进制数的计数规律相加求累加和，就可得到所要转换的十进制数。

例 12.2.1　将二进制数 $(1101)_B$ 转换成十进制数。

解　　　　　$(1101)_B = 1 \times 2^3 + 1 \times 2^2 + 0 \times 2^1 + 1 \times 2^0 = (13)_D$

例 12.2.2　将八进制数 $(27)_O$ 转换成十进制数。

解　　　　　$(27)_O = 2 \times 8^1 + 7 \times 8^0 = (23)_D$

例 12.2.3　将十六进制数 $(3D5)_H$ 转换成十进制数。

解　　　　　$(3D5)_H = 3 \times 16^2 + 13 \times 16^1 + 5 \times 16^0 = (981)_D$

2．十进制数转换为二进制、八进制、十六进制数

（1）整数的转换

将十进制整数转换成二进制、八进制、十六进制数时，采用"除基取余法"，即分别采

用"除以 2 取余法"、"除以 8 取余法"、"除以 16 取余法",便可求得二进制、八进制、十六进制数的各位数码,再按从下往上排列数码就可以得到转换的二进制、八进制、十六进制数。

例 12.2.4 将十进制数 $(69)_D$ 转换为二进制数。

$$(69)_D = (1000101)_B$$

采用"除 2 取余法"步骤如下:

```
2 | 69
  2 | 34     … 余数1
    2 | 17   … 余数0
      2 | 8  … 余数1
        2 | 4 … 余数0
          2 | 2 … 余数0
            2 | 1 … 余数0
                0 … 余数1
```

(2)小数的转换

将十进制小数转换成二进制、八进制、十六进制数时,采用"乘基取整法",即分别采用小数部分"乘以 2 取整法"、"乘以 8 取整法"、"乘以 16 取整法",便可求得二进制、八进制、十六进制数的各位数码,再按从上至下排列数码就可以得到转换的二进制、八进制、十六进制数。

例 12.2.5 将十进制数 $(0.125)_D$ 转换为二进制数。

$$(0.125)_D = (001)_B$$

采用"乘 2 取整法"步骤如下:

$$
\begin{array}{r}
0.125 \\
\times \quad 2 \\
\hline
0.25
\end{array} \text{…整数 } 0
$$

$$
\begin{array}{r}
0.25 \\
\times \quad 2 \\
\hline
0.5
\end{array} \text{…整数 } 0
$$

$$
\begin{array}{r}
0.5 \\
\times \quad 2 \\
\hline
1
\end{array} \text{…整数 } 1
$$

注意: 如果被转换的十进制数整数和小数都有,则整数部分按整数的转换方法,小数部分按小数的转换方法,小数点位置不变。

3.二进制、八进制、十六进制数之间的的转换

因为二进制有 2 个数码,八进制有 8 个数码,十六进制有 16 个数码,所以要完成它们之间的转换必须找到替代关系,即 $2^3 = 8$,$2^4 = 16$。这样,每一位八进制数码就可由 3 位二进制数码组合得到,每一位十六进制数码由四位二进制数码组合得到,从而完成二进制数与八进制数,二进制数与十六进制数的转换。而八进制数和十六进制数又可以分别通过和二进制数的关系完成转换。具体如表 12-2-2 所示。

表 12-2-2　二进制、八进制、十六进制数码对应关系表

八进制数	二进制数	十六进制数	二进制数	十六进制数	二进制数
0	000	0	0000	8	1000
1	001	1	0001	9	1001
2	010	2	0010	10	1010
3	011	3	0011	11	1011
4	100	4	0100	12	1100
5	101	5	0101	13	1101
6	110	6	0110	14	1110
7	111	7	0111	15	1111

12.2.3　几中常用的编码

在数字系统或信息系统中，每一位数只有 0/1 两个数码，只能表达两个不同的信号。若要表示数字、文字符号、图像以及其他不同的事物，就需要若干位二进制数码组合成的代码来表示，并给每个代码赋予固定的含义，这个过程就称为编码。其中将具有特定含义的信号用二进制代码来表示的过程称为二进制编码。

1. 常见 BCD 编码

将十进制中（0～9）10 个数码中的某一位用四位二进制代码来表示的编码简称为二-十进制编码或 BCD 码。

十进制数有 0～9 共 10 个数码，所以表示 1 位十进制数，至少需要 4 位二进制数。但 4 位二进制数可以产生 2^4=16 种组合，故可以选择其中任意 10 个状态以代表十进制中的 10 个数码，其余六种组合是无效的，这样，按选取方式不同，十进制数的二进制编码可以有许多种。表 12-2-3 列举了目前常用的几种编码方式。

表 12-2-3　常用的几种编码方式

十进制数 \ 编码	8421 码	2421(A)码	2421(B)码	5421 码	余 3 码	格雷码
0	0000	0000	0000	0000	0011	0000
1	0001	0001	0001	0001	0100	0001
2	0010	0010	0010	0010	0101	0011
3	0011	0011	0011	0011	0110	0010
4	0100	0100	0100	0100	0111	0110
5	0101	0101	1011	1000	1000	0111
6	0110	0110	1100	1001	1001	0101
7	0111	0111	1101	1010	1010	0100
8	1000	1110	1110	1011	1011	1100
9	1001	1111	1111	1100	1100	1000

2. 8421BCD 码

8421BCD 码是最基本、最常用的一种编码方案。在这种编码方式中，每一个二进制代码都代表一个固定的十进制数值，每一个二进制代码由高位到低位的权依次是 8、4、2、1，所以把这种代码叫做 8421 码。在 8421 码这种有权码中，将每一个二进制代码中的二进制数码当做系数，分别乘以其对应的权后求累加和，得到的结果就是它所代表的十进制数码。

例如，$(1001)_{BCD} = 1 \times 8 + 0 \times 4 + 0 \times 2 + 1 \times 1 = (9)_D$。

8421BCD 码的特点：

（1）它是一种有权码。

（2）这种编码实际就是四位二进制数前 10 个代码按其自然顺序所对应的十进制数。

（3）8421 编码中不允许出现 1010～1111 这 6 种组合，被称禁止码。

小　　结

本章通过简单介绍数字电路及其相关知识，让大家初步了解自然界中存在着的物理量，从变化规律来看，可分为模拟量和数字量；用信号表示，分为模拟信号和数字信号，并且会从信号的产生、信号的参数分析二者的区别。根据数字电路的特点知道数字电路只识别二进制，这就要求我们在实际应用中必须编码或译码。

习　　题

12-1　什么是数字信号？有哪些特点？与模拟信号的区别？

12-2　常用的计数制有哪些？什么叫权？

12-3　将下列各数写成按权展开式。

（1）$(362.15)_D$　　　　　（2）$(11011.01)_B$　　　　（3）$(457.6)_8$　　　　（4）$(4B.C)_{16}$

12-4　完成下列二进制数与十进制数之间的转换。

（1）$(110001101)_B = ($　　　　　　$)_D$

（2）$(10011)_B = ($　　　　　　$)_D$

（3）$(100011101101)_B = ($　　　　　　$)_D$

（4）$(928)_D = ($　　　　　　$)_B$

（5）$(35)_D = ($　　　　　　$)_B$

（6）$(4162)_D = ($　　　　　　$)_B$

12-5　完成下列数制之间的转换。

（1）$(10011)_B = ($　　　　　　$)_O = ($　　　　　　$)_H$

（2）$(1001)_D = ($　　　　　　$)_B = ($　　　　　　$)_O = ($　　　　　　$)_H$

（3）$(3CE)_H = ($　　　　　　$)_B = ($　　　　　　$)_O$

12-6　完成下列十进制数和 8421BCD 码之间的转换。

（1）$(9.25)_D = ($　　　　　　$)_{BCD}$

（2）$(456)_D = ($　　　　　　$)_{BCD}$

（3）$(101010110001)_{BCD} = ($　　　　　　$)_D$

（4）$(10101100.01)_{BCD} = ($　　　　　　$)_D$

第 *13* 章

逻辑代数

知识目标

1. 了解逻辑代数的基本概念。

2. 掌握逻辑代数的三种基本运算的定义、逻辑表达式和逻辑符号，常见的复合运算，并能够将一些实例的逻辑关系恰当的分析描述出来。

3. 掌握逻辑代数的基本定律和基本规则。

4. 会用卡诺图化简，方便分析和设计电路。

逻辑代数也叫开关代数（switching algebra）、布尔代数（Boolean algebra），是英国数学家乔治·布尔（George Boole）于 1849 年首先创立的。逻辑代数是研究逻辑函数和逻辑变量之间关系的一门应用数学，是数字电路设计理论中分析和设计数字逻辑电路的数学工具，逻辑变量之间的因果关系以及依据这些关系进行的布尔逻辑的推理，可用代数运算表示出来。逻辑代数是由逻辑变量集、常量0、1 及 "与"、"或"、"非" 三种基本运算所构成的代数系统。

13.1 逻辑代数的基本概念

13.1.1 逻辑变量与逻辑函数

1. 逻辑变量

逻辑代数与普通代数一样有自变量和因变量，自变量通常用字母 A，B，C，…来表示，但是该变量只有 0 和 1 两种取值。这里的 0 和 1 不代表数量的大小，而是表示两种相对立的逻辑状态。例如，用 "1" 和 "0" 表示事物的 "真" 与 "假"，电位的 "高" 与 "低"，开关的 "闭合" 与 "断开"，脉冲的 "有" 与 "无" 等。这种仅有两个取值的自变量具有二值性，称逻辑变量。逻辑变量表示逻辑状态时有正、负逻辑规定：

正逻辑规定：高电平为逻辑 1，低电平为逻辑 0；

负逻辑规定：低电平为逻辑 1，高电平为逻辑 0。

一般情况下，无特殊说明，一律采用正逻辑。

2．逻辑常量

逻辑常量是指在逻辑关系中表示的逻辑状态值保持不变的数据，通常直接给其值 0 或 1。

3．逻辑函数及其表示方法

逻辑函数就是逻辑代数中随着自变量变化而变化的因变量，当逻辑变量 A，B，C，$\cdots$ 的取值确定后，逻辑函数 Y 的值也被唯一的确定了，那么，我们称 Y 是 A，B，C，$\cdots$ 的逻辑函数。即各种逻辑关系中，输入与输出之间的函数关系。写作

$$Y=F（A，B，C，\cdots）\tag{13-1-1}$$

逻辑函数常用的表示方法有五种：逻辑真值表，逻辑表达式，逻辑图，卡诺图和波形图。

所谓逻辑真值表，就是将逻辑变量各种可能取值的组合及其相应逻辑函数值列成的表格。逻辑表达式，逻辑图，卡诺图和波形图后面章节会分别讲到。

13.1.2　逻辑函数的相等

逻辑函数和普通代数中的函数一样存在相等的问题。设有两个相同变量的逻辑函数

$$Y_1=F_1（A，B，C，\cdots）\tag{13-1-2}$$
$$Y_2=F_2（A，B，C，\cdots）\tag{13-1-3}$$

若对应于逻辑变量 A、B、C 的任何一组取值，Y_1 和 Y_2 的值都相同，则称函数 Y_1 和 Y_2 相等。记作 $Y_1 = Y_2$。也可以用逻辑代数的公式、定理和规则进行证明相等。

例 13-1-1　证明　$Y_1 = \overline{A+B}$ 与 $Y_2 = \overline{A} \cdot \overline{B}$

证：因为要证明的两个函数中具有两个相同的输入变量 A、B，所以只要将 A、B 的所有不同取值分别代入两个逻辑函数中进行计算，求出各自相应的函数值（输出变量），若均相等，则证明两逻辑函数相等。结果由表 13-1-1 所示真值表可得。

表 13-1-1　真值表

A	B	$Y_1 = \overline{A+B}$	$Y_2 = \overline{A} \cdot \overline{B}$
0	0	1	1
0	1	0	0
1	0	0	0
1	1	0	0

13.1.3　基本逻辑运算

在数字电路中，利用输入信号反映"条件"，输出信号反映"结果"，则输入和输出间就有了因果关系，被称为逻辑关系。在逻辑代数中，基本的逻辑关系有与逻辑、或逻辑和非逻

辑三种，相应的基本逻辑运算有与运算、或运算和非运算。

1．与运算（逻辑乘）

当决定一件事情的所有条件都具备时，这件事情才能完成，这种因果关系称为与逻辑或与运算。

如图 13-1-1（a）所示，A、B 两个串联开关控制电灯 Y，开关 A、B 的状态组合有四种，只有当开关 A、B 同时闭合时，电灯 Y 才会点亮；否则处于熄灭的状态。显然，对于灯 Y 来说，开关 A 和 B 都闭合是"灯 Y 亮"的所有条件满足，这种因果关系称之为与逻辑关系。这种与逻辑关系可以写成如下的逻辑函数表达式

$$Y = A \cdot B \tag{13-1-4}$$

式中，A 与 B 为输入逻辑变量，即自变量；Y 为输出逻辑变量，即因变量。式中的与运算符号"·"在不至于混淆的情况下，一般可以省略。与运算的法则可总结为：只有当 A 和 B 都为 1 时，函数值 Y 才为 1。即全 1 是 1，有 0 是 0。如此很容易推广到三个（或三个以上）输入变量的情况。

（a）与逻辑电路   （b）与逻辑符号

图 13-1-1 与逻辑关系

2．或运算（逻辑加）

当决定一件事情的所有条件中只要有一个或以上条件具备时，这件事情就能完成，这种因果关系称为或逻辑，也叫或运算。

如图 13-1-2（a）所示，A、B 两个并联开关控制电灯 Y，开关 A、B 的状态组合有四种，只要有开关 A、B 中一个闭合，灯 Y 就会亮。显然，对于灯 Y 来说，开关 A 和 B 其中至少一个闭合是"灯 Y 亮"的满足条件，这种因果关系称之为或逻辑关系。这种或逻辑关系可以写成如下的逻辑函数表达式

$$Y = A + B \tag{13-1-5}$$

式中，A 与 B 为输入逻辑变量，即自变量；Y 为输出逻辑变量，即因变量。或运算的法则可总结为：只要 A 和 B 至少一个为 1 时，函数值 Y 就为 1。即有 1 是 1，全 0 是 0。

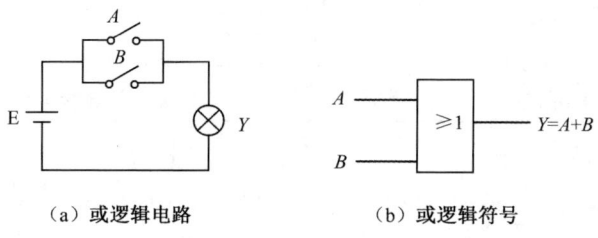

（a）或逻辑电路   （b）或逻辑符号

图 13-1-2 或逻辑关系

3．非运算（逻辑反）

条件的具备和事情的完成刚好相反，这种逻辑关系就是非逻辑，也叫非运算。

如图 13-1-3（a）所示，当开关 A 闭合时，灯 Y 就不会亮，当开关 A 断开时，灯 Y 就会亮，则 Y 与 A 的关系属于非逻辑。逻辑表达式为

$$Y = \overline{A} \tag{13-1-6}$$

式中，A 为输入逻辑变量，即自变量；Y 为输出逻辑变量，即因变量，A 上方的横线表示"非逻辑"，读作"非"。非运算的法则可总结为：只要 A 为 0 时，函数值 Y 就为 1，只要 A 为 1 时，函数值 Y 就为 0。即非就是反。

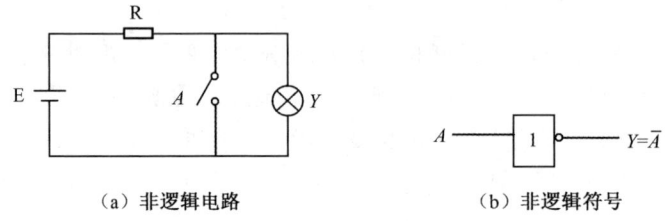

（a）非逻辑电路　　　　　　（b）非逻辑符号

图 13-1-3　非逻辑关系

13.1.4　复合逻辑运算

基本逻辑运算的简单组合就是复合逻辑运算，常用的复合逻辑运算如表 13-1-2 所示。

表 13-1-2　常用的复合逻辑运算

复合运算名	逻辑表达式	逻辑符号	运算法则
与非运算	$Y = \overline{A \cdot B \cdot C}$	$Y=\overline{A \cdot B \cdot C}$	先"与"再"非"
或非运算	$Y = \overline{A + B + C}$	$Y=\overline{A+B+C}$	先"或"再"非"
与或非	$Y = \overline{A \cdot B + C \cdot D}$	$Y=\overline{A \cdot B + C \cdot D}$	先"与"再"或"最后"非"
异或	$Y = A \oplus B$ $= A\overline{B} + \overline{A}B$	$Y=A \oplus B$	当两输入变量 A、B 取值不同时，输出变量 Y 为 1；否则为 0
同或	$Y = A \odot B$ $= AB + \overline{A}\,\overline{B}$	$Y=A \odot B$	当两输入变量 A、B 取值相同时，输出变量 Y 为 1；否则为 0

13.2　逻辑代数的基本定律和基本规则

13.2.1　逻辑代数的基本定律

逻辑代表的基本定律如表 13-2-1 所示。

表 13-1-3　逻辑代数的基本定律

定律名称	逻辑关系表达式				说明
0-1 律	$0 \cdot 0 = 0$	$0 \cdot 1 = 0$	$1 \cdot 0 = 0$	$1 \cdot 1 = 1$	逻辑代数中的常量关系
	$0 + 0 = 0$	$0 + 1 = 1$	$1 + 0 = 1$	$1 + 1 = 1$	
	$\overline{0} = 1$		$\overline{1} = 0$		
	$A \cdot 1 = A$	$A \cdot 0 = 0$	$A + 1 = 1$	$A + 0 = A$	逻辑代数中的常量与变量关系
互补律	$A \cdot \overline{A} = 0$		$A + \overline{A} = 1$		逻辑代数中的变量关系
交换律	$A \cdot B = B \cdot A$		$A + B = B + A$		
结合律	$A(BC) = (AB)C$		$A + (B + C) = (A + B) + C$		
分配律	$A(B + C) = AB + AC$		$A + BC = (A + B)(A + C)$		
重叠律（同一律）	$A \cdot A = A$		$A + A = A$		
还原律	$\overline{\overline{A}} = A$				
反演律（摩根定律）	$\overline{A \cdot B} = \overline{A} + \overline{B}$		$\overline{A + B} = \overline{A}\,\overline{B}$		
吸收律	$A(A + B) = A$		$A + AB = A$		
	$(A + B)(A + \overline{B}) = A$		$AB + A\overline{B} = A$		
	$A(\overline{A} + B) = AB$		$A + \overline{A}B = A + B$		
包含律（冗余律）	$(A + B)(\overline{A} + C)(B + C) = (A + B)(\overline{A} + C)$				
	$AB + \overline{A}C + BC = AB + \overline{A}C$				

13.2.2　逻辑代数的基本规则

逻辑代数中共有三个基本规则，分别是代入、对偶和反演。

1. 代入规则

在任何一个含有变量 X（任意假设）的等式中，如果将等式两边所有出现变量 X 的位置都代之以一个逻辑函数 Y，则此等式仍然成立，就是代入规则。利用代入规则可扩大公式的应用范围。

例，在 $A + BD = (A + B)(A + D)$ 中，用 $Y = B + C$ 来取代等式中的变量 A，

则有等式左边：$A + BD = (B + C) + BD = B + C$

等式右边：$(A+B)(A+D)=(B+C+B)(B+C+D)=(B+C)(B+C+D)=B+C$
可见等式仍然成立。

2. 对偶规则

若将任何一个逻辑函数 Y 中的 "·" 变 "+"、"+" 变 "·"，"0" 变 "1"、"1" 变 "0"，且所有的变量保持不变，这样所得到的新的函数式就是原逻辑函数式 Y 的对偶式，记作 Y'。

由原式求对偶式时，要注意原式中的运算顺序。

对偶规则：如果两个逻辑函数 Y 和 F 相等，那么它们的对偶式 Y' 和 F' 也一定相等。

例如，$Y = A\overline{B} + \overline{A}B$，则 $Y' = (A + \overline{B})(\overline{A} + B)$

3. 反演规则

对一个逻辑函数 Y 求其反函数的过程叫反演。

将一个逻辑函数 Y 中的运算符号 "·" 变 "+"、"+" 变 "·"，"0" 变 "1"、"1" 变 "0"，"原变量" 变 "反变量"、"反变量" 变 "原变量"，那么所得到的新函数即为原函数 Y 的反函数 $\overline{Y}$，这个规则就是反演规则。

利用反演规则，可以很容易地求出一个逻辑函数的反函数，但要注意：

① 变换过程中不能改变原式中的运算顺序；

② 不是单个变量上的 "非" 号应保持不变。

例如，$Y = (\overline{A} + C\overline{\overline{B}D})\overline{E} + 0$，根据反演准则可直接求出 $\overline{Y} = \left[A(\overline{C} + \overline{B + \overline{D}}) + E \right] \cdot 1$

13.3　逻辑函数的代数法化简

13.3.1　化简的重要性和最简的概念

1. 化简的重要性

对于同一个逻辑函数，如果表达式不同，则实现的逻辑元件和方法就不同。往往因为化简的存在，可以让原本复杂或逻辑电路难以实现的问题得以解决，也可以实现不同门电路间的替换，元件利用的灵活性大大提高，也能在某些电路中减少所用元件，引线减少，降低成本，让电路的可靠性随之提高。

例如，逻辑函数 $Y = A\overline{B} + A\overline{B}CD(E + F)$，其逻辑电路图为图 13-3-1（a）所示，而对 Y 进行化简得 $Y = A\overline{B}$，其逻辑电路图为图 13-3-1（b）所示。显然，化简之后简单了，元件少了。因此，逻辑函数的化简在逻辑电路设计中十分重要。

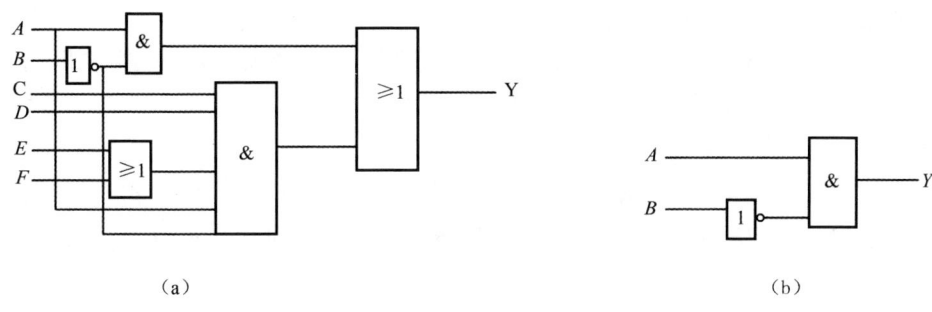

（a）　　　　　　　　　　　　　　（b）

图 13-3-1　逻辑电路图

2．最简的概念

一个给定的逻辑函数，其真值表是唯一的，但其表达式可以有许多不同的形式。例如，以下逻辑函数，就可以用如下五种基本形式表示：

$$Y = AB + \overline{A}C \qquad\qquad 与或表达式$$
$$= (A + C)(\overline{A} + B) \qquad\qquad 或与表达式$$
$$= \overline{\overline{AB} \cdot \overline{\overline{A}C}} \qquad\qquad 与非—与非式$$
$$= \overline{\overline{A + C} + \overline{\overline{A} + \overline{B}}} \qquad\qquad 或非—或非式$$
$$= \overline{\overline{AC} + \overline{A}\overline{B}} \qquad\qquad 与或非表达式$$

对于不同类型的表达式，最简的标准也不一样。最常见的表达式是"与或"式，由它可以比较容易地转换成其他类型的表达式，所以下面主要介绍"与或"式的化简。一个最简的与或表达式应满足下面两个条件：

① 表达式中所含与项的数目应该最少。

② 在满足上述条件的前提下，每一个与项中所含变量的数目应该最少。

因为乘积项的个数最少，对应的逻辑电路所用的与门个数就最少；乘积项中变量的个数最少，对应逻辑电路所用的与门输入端个数就最少。所以如果逻辑表达式是最简的，则实现它的逻辑电路也是最简的。

13.3.2　代数法化简

代数法化简也称公式法化简，就是利用逻辑代数的基本公式、定律和常用公式来简化逻辑函数。常用的方法有：并项法、吸收法、消去法及配项法（凑项法）。

（1）并项法

利用公式 $AB + A\overline{B} = A$ 将两项合并为一项，同时消去 B 和 $\overline{B}$ 这一对互补因子。其中 A 和 B 既可以是变量，也可以是复杂的逻辑函数式。

例如，$A(BC + \overline{BC}) + A(B\overline{C} + \overline{B}C) = A(B\overline{C} + \overline{B}C) + A(\overline{B\overline{C} + \overline{B}C}) = A$

（2）吸收法

常利用公式 $A+AB=A$ 及 $AB+\overline{A}C+BC=AB+\overline{A}C$ 消去多余项。其中 A 和 B 既可以是变量，也可以是复杂的逻辑函数式。例如 $A\overline{B}+A\overline{B}CD(E+\overline{F})=A\overline{B}$

（3）消去法

常利用公式 $A+\overline{A}B=A+B$ 消去多余因子 $\overline{A}$，其中 A 和 B 既可以是变量，也可以是复杂的逻辑函数式。例如， $AB+\overline{A}C+\overline{B}C=AB+(\overline{A}+\overline{B})C=AB+\overline{AB}C=AB+C$

（4）配项法

根据基本公式 $A+A=A$ 可以在逻辑函数表达式中重复写入某一项，或将某一乘积项乘以 $(A+\overline{A})$，从而将这一项展开为两项，再与其他的项重新进行合并，消去更多的项和变量，最终得到最简表达式。**例如，**

$$Y=ABC+AB\overline{C}+A\overline{B}C+\overline{A}BC$$
$$=(ABC+AB\overline{C})+(ABC+A\overline{B}C)+(ABC+\overline{A}BC)$$
$$=AB+AC+BC$$

逻辑函数化简的途径并不是惟一的，上述四种方法可以任意选用或综合运用。

利用代数法化简逻辑函数的优点是没有定性，但要熟练掌握公式及定律并能熟练运用，另外还需要通过大量习题总结一定的技巧，化简结果是否最简通常也难以判别。

13.4 逻辑函数的卡诺图法化简

卡诺图是一种变形的真值表，也是逻辑函数的一种表示方法，用 2^n 个小方格代表 n 个变量的全部最小项，然后再按逻辑相邻的最小项在几何位置也相邻的排列的规则画出方框图。卡诺图可以直观而方便地化简逻辑函数。

13.4.1 逻辑函数的最小项

1. 最小项的定义

在逻辑函数中，设有 n 个逻辑变量，由这 n 个逻辑变量所组合成的乘积项（与项）中的每个变量须以原变量或反变量的形式出现一次，且仅出现一次，那么就把这个乘积项称为 n 变量的一个最小项。

对于三个变量 A、B、C 来说，组合成的乘积项有 $2^3=8$ 个：$\overline{A}\,\overline{B}\,\overline{C}$、$\overline{A}\,\overline{B}C$、$\overline{A}B\overline{C}$、$\overline{A}BC$、$A\overline{B}\,\overline{C}$、$A\overline{B}C$、$AB\overline{C}$、$ABC$ 都符合最小项的定义，因此可以把这八个乘积项称为三变量 A、B、C 的最小项。除此之外如：$\overline{A}C$、$\overline{A}(B+C)$、$\overline{A}BBC$、$AB\overline{A}$ 等项就不是最小项。

n 变量的逻辑函数，有 2^n 个最小项。若 $n=2$，$2^2=4$，二变量的逻辑函数就有 4 个最小项，若 $n=4$，$2^4=16$，四变量的逻辑函数就有 16 个最小项……依此类推。

2．最小项的性质

最小项具有下列性质：
① 对于任意一个最小项，有且仅有一组变量的取值使它的值等于 1；
② 任意两个不同最小项的乘积恒为 0；
③ n 变量的所有最小项之和恒为 1。

3．最小项的编号

当逻辑函数中变量个数多时，为了方便，通常给每个最小项编号 i，用 " m_i " 表示最小项。如果最小项（即与项）中的原变量记为 1，反变量记为 0，且当变量顺序确定后，1 和 0 按顺序排列成一个二进制数，则与这二进制数相对应的十进制数就是每个最小项的编号 i。

例如，三变量 A、B、C 的一个最小项 $\overline{A}\overline{B}C$，按组成该最小项的每一个变量原变量记作 1，反变量记作 0，按照最小项的变量顺序可得二进制数 001，其对应的十进制数为 1，所以该最小项的编号为 1，该最小项可写为 " m_1 "。同理，$AB\overline{C}$ 的编号为 6，可写为 " m_6 "。

13.4.2　卡诺图

1．卡诺图组成及特点

卡诺图也是逻辑函数的一种表示方式，是一种变形的真值表，是根据真值表顺序按一定的规则画出来的一种方块图。用 2^n 个小方格代表 n 个变量的全部最小项，然后再按逻辑相邻的最小项在几何位置也相邻的排列的规则画出方框图。卡诺图可以直观而方便地化简逻辑函数。

所谓逻辑相邻，是指两个最小项中除了一个变量取值不同外，其余的都相同，那么这两个最小项具有逻辑上的相邻性。例如，$m_3 = \overline{A}BC$ 和 $m_7 = ABC$ 是逻辑相邻。

所谓几何相邻，是指在卡诺图中的几何排列位置相邻的那些最小项。即小方格几何位置的相邻，相重，相对。

要把逻辑相邻用几何相邻实现，在排列卡诺图上输入变量的取值顺序时，就不要按自然二进制顺序排列，而应对排列顺序进行适当调整。对行或列是两个变量的情况，自变量取值按 00，01，11，10 排列；对行或列是三个变量的情况，自变量取值按 000，001，011，010，110，111，101，100 排列。

n 个变量的逻辑函数，具有 2^n 个最小项，对应的卡诺图方块图也应有 2^n 个小方格。二变量的最小项有 $2^2 = 4$ 个，其对应的二变量卡诺图由 4 个小方格组成，每个小方格对应表示 1 个最小项，如图 13-4-1 所示。

三变量的最小项有 $2^3 = 8$ 个，对应的三变量卡诺图由 8 个小方格组成，并对应表示 8 个最小项，如图 13-4-2 所示。四变量最小项的个数为 $2^4 = 16$ 个，对应的四变量卡诺图由 16 个小方格组成，并对应表示 16 个最小项，如图 13-4-3 所示。

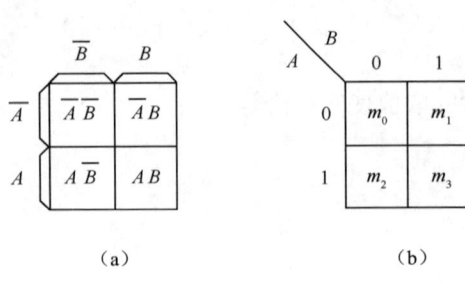

图 13-4-1　二变量卡诺图　　　　　　　　　　图 13-4-3　四变量卡诺图

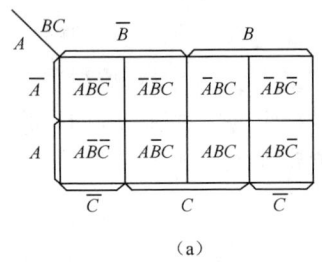

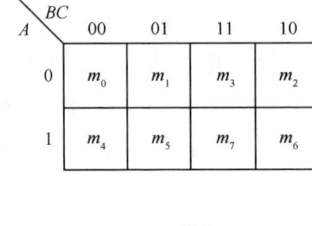

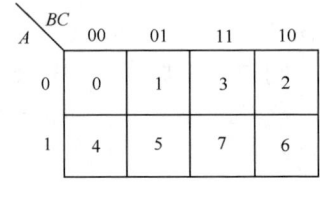

（a）　　　　　　　　　　　　（b）　　　　　　　　　　　　（c）

图 13-4-2　三变量卡诺图

由卡诺图的组成可知，卡诺图具有如下特点：

① n 变量的卡诺图具有 2^n 个小方格，分别表示 2^n 个最小项。

② 每个原变量和反变量总是各占整个卡诺图区域的一半。

③ 在卡诺图中，任意相邻小方格所表示的最小项都具有"相邻性"。

2．用卡诺图表示逻辑函数

用卡诺图表示逻辑函数的基本方法，根据给定逻辑函数的变量个数画出对应的卡诺图方框图，再找出组成逻辑函数的最小项编号在对应的方框图中方格的位置填写"1"，直到找完组成逻辑函数的所有项为止，其余方框图的方格均填写"0"，便得到相应逻辑函数的卡诺图。

若给出逻辑函数非标准最小项表达式画卡诺图时，通常应注意几点：

（1）给出的是逻辑函数的真值表应先画与给定逻辑函数变量数相同的卡诺图，然后根据真值表中函数值 Y 为 1 的对应变量取值组成的二进制数，找到其在方框图里的几何位置的方格填上"1"，同理，为 0 的填上"0"，就可以得到函数的卡诺图。

（2）给出的是一般逻辑函数表达式应先将一般逻辑函数表达式变换为与或表达式，然后再变换为最小项表达式，则可得到相应的卡诺图。

实际上，我们在根据一般逻辑表达式画卡诺图时，常常可以从一般与或式直接画卡诺图。即把每一个乘积项所包含的那些最小项所对应的小方格都填上"1"，其余的填"0"，就可以直接得到函数的卡诺图。

注意： 在画卡诺图时，方格中的 0 或 1 只能填写一个，且填入的 0 或 1 每个只被填写一次，不重复填写。

13.4.3　利用卡诺图化简逻辑函数

利用卡诺图化简逻辑函数的步骤如下：

第一步：将一般逻辑函数变换为最小项之和的标准最小项表达式；

第二步：画出表示给出逻辑函数最小项表达式的卡诺图；

第三步：依据逻辑相邻和几何相邻找出可以合并的最小项并画出合并圈，按合并最小项的规律化简；

第四步：将每个合并圈的化简结果相加，写出最简的与或表达式。

例如，用卡诺图化简逻辑函数 $Y(A,B,C,D) = \sum m(3,4,5,7,9,13,14,15)$。

首先根据给出函数变量个数画出 Y 对应的变量的卡诺图，再改写为函数卡诺图。如图 13-4-4 所示。

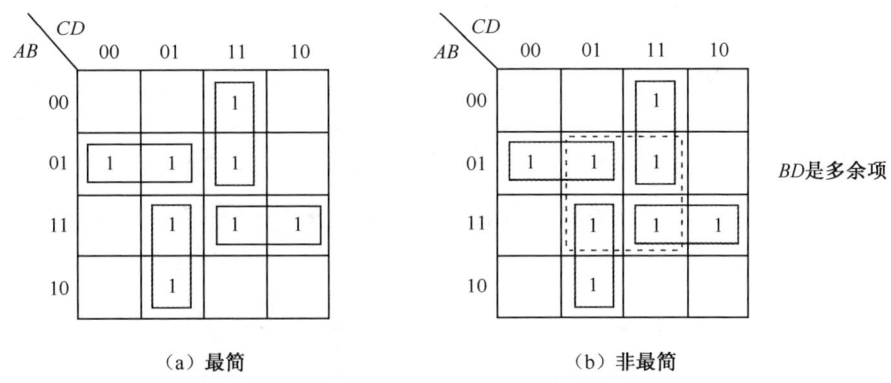

（a）最简　　　　　　　　　　（b）非最简

图 13-4-4　卡诺图

然后根据合并规律合并最小项并画出合并圈。图 13-4-4 是两种不同的圈法，其中图（a）是最简的；图（b）不是最简的，因为只注意对 1 画包围圈应尽可能大，但没注意复合圈的个数应尽可能少，实际上包含 4 个最小项的复合圈是多余的。

最后写出最简与或式。

从例题可知，利用卡诺图化简逻辑函数，对最小项画包围圈是比较重要的。圈的最小项越多，消去的变量就越多；圈的数量越少，化简后所得到的乘积项就越少。

卡诺图中合并最小项画出合并圈应遵循的原则如下：

① 画合并圈的对象是所要化简函数的所有项，如果采用正逻辑表示，一般指圈的对象是所有的标记为"1"的项；

② 合并圈的个数越少越好，使得函数化简后的乘积项最少；

③ 一般情况下，合并圈越大越好，则每个乘积项中变量的个数最少；

④ 每一个合并圈至少中要有一个新的最小项（尚未被圈过）；

⑤ 每个合并圈内项的个数必须满足 2^n 个，才能保证两项消去一个变量，四项消去两个变量。

13.4.4 具有无关项的逻辑函数的化简

在某些实际问题的逻辑关系中，变量和变量之间存在一定的制约关系，即 n 个输入变量的取值，不一定所有的变量取值组合都会出现，函数值仅与其中的一部分有关，而与另一部分无关，通常称那些与函数逻辑值无关的最小项称为无关项。

例如，用 8421BCD 码表示十进制数时，1010～1111 六组编码被称作禁止码或无效码，所以 1010～1111 六种状态所对应的最小项对于 8421BCD 即为无关项。 对于这个含有无关项的函数可写为：

$$Y(A,B,C,D) = \sum m(0,1,2,3,4,5,6,7,8,9) + \sum d(10,11,12,13,14,15) \qquad (13\text{-}4\text{-}1)$$

由于无关项对应的变量取值组合不允许出现，所以无关项的处理可以根据需要任意处理。即可是 0，也可是 1，具体取 0 还是 1 关键看其对需要是否有利。有利时是 1，反之是 0。

利用无关项化简时，若该无关项对化简有利，便于合并项，则认为是 1，否则是 0。通常在卡诺图化简中将无关项记作"×"或"∅"。

对于具有无关项的逻辑函数，可以利用无关项进行化简，使得表达式简化。

例 化简 $Y(A,B,C,D) = \sum m(0,2,5,9,15) + \sum d(6,7,8,10,12,13)$

这是一个具有无关项的逻辑函数表达式，其中 $\sum d(6,7,8,10,12,13)$ 表示所包含的无关项，在卡诺图中可用×表示，表示该逻辑函数表达式的卡诺图如下图 13-4-5（a）所示。

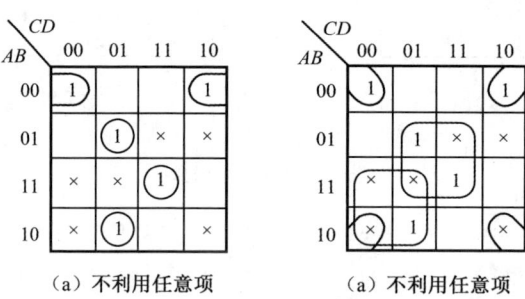

（a）不利用任意项　　　（a）不利用任意项

图 13-4-5 具有无关项的卡诺图化简

按照无关项的使用原则，其值为 1，还是为 0，应看是否有利于逻辑函数的化简。

如不使用这些无关项，将无关项作为 0 处理，所得化简结果为

$$Y = \overline{ABD} + \overline{AB}\overline{C}D + ABCD + A\overline{B}\overline{C}D$$

若合理使用这些无关项，将利于化简的无关项作为 1 处理，如无关项 $m_7, m_8, m_{10}, m_{12}, m_{13}$，可与逻辑相邻的 1 构成足够大的合并圈，而不利于化简的无关项如 m_6，作为 0 处理，如图 13-4-5（b）所示，可得化简结果为

$$Y = \overline{BD} + A\overline{C} + BD$$

由此可见，无关项的处理应以有利于化简为前提。

小　结

本章通过以逻辑变量，逻辑常量和逻辑函数的学习为基础，让学生进一步掌握逻辑函数的不同表示方法。能根据所学的逻辑代数的基本定律和基本规则，以及最小项定义和性质、卡诺图相关知识将逻辑函数用公式化简法或卡诺图化简方法化简，以达到保证电路的可行性、可靠性的前提下简化电路，降低成本的目的。

习　题

13-1　分析下列实际问题并列出真值表，写出逻辑函数表达式。

（1）有红、黄、绿 3 个灯的亮与灭，检测 3 台机器工作和发生故障的情况。如果 3 台机器都工作，红灯亮；如果 2 台机器工作，黄灯亮；如果只有一台机器工作，则绿灯亮。

（2）有 A、B、C 3 个输入信号，当 3 个输入信号出现奇数个 0 时，输出为 1，其余情况下，输出为 0。

13-2　用真值表证明下列等式。

（1）$A\overline{B} + \overline{A}B = (\overline{A} + \overline{B})(A + B)$

（2）$ABC + AB\overline{C} + \overline{A}BC = AB + AC$

13-3　写出下列函数的反函数表达式和对偶函数表达式。

（1）$Y = (\overline{A} + B)\overline{\overline{C} + D}$

（2）$Y = \overline{\overline{A} + B}\ (\overline{B} + C) + \overline{DE}$

（3）$Y = A\ \overline{(B + \overline{D})} + (AC + BD)E$

13-4　将下列函数化为最小项之和的形式。

（1）$Y(A,B,C,D) = B\overline{C}\ \overline{D} + \overline{A}B + AB\overline{C}D + BC$

（2）$Y(A,B,C,D) = \overline{\overline{A(B + \overline{C})}}$

（3）$Y(A,B,C,D) = \overline{\overline{A}\ \overline{B}} + ABD(B + CD)$

13-5　用代数法证明下列等式成立。

（1）$A\overline{B} + \overline{A}B = (\overline{A} + \overline{B})(A + B)$

（2）$ABC + AB\overline{C} + \overline{A}BC = AB + AC$

（3）$A + A\overline{B}C + \overline{A}CD + (\overline{C} + \overline{D})E = A + CD + E$

（4）$\overline{AC} + \overline{A}B + \overline{A}CD + BC = \overline{A} + BC$

13-6　用公式法化简下列函数。

（1）$Y = AB + AC + \overline{A}B + B\overline{C}$

（2）$Y = A\bar{B} + B\bar{C}D + \bar{C}D + AB\bar{C} + A\bar{C}D$

（3）$Y = A\bar{B} + \overline{\bar{A}C} + \bar{B}C$

13-7 用卡诺图法化简下列函数。

（1）$Y(A,B,C,D) = \sum m(0,1,3,5,7,9,10,13,14)$

（2）$Y(A,B,C,D) = \sum m(2,5,6,9,14,15)$

（3）$Y(A,B,C,D) = \sum m(0,4,5,6,8,9,12,13,15)$

（4）$Y(A,B,C,D) = \sum m(2,4,7,9,10,11,12,15)$

（5）$Y(A,B,C,D) = \sum m(0,1,2,7,8) + \sum d(3,4,6,9,15)$

第 *14* 章

基本逻辑门电路

知识目标

1. 掌握基本逻辑门电路的构成及其使用。
2. 掌握常用复合逻辑门电路。

可以实现基本的逻辑运算和常见的复合逻辑运算的单元电路，称为门电路。基本的逻辑运算，如与、或、非，对应的门电路为与门电路、或门电路、非门电路；同理，常见的复合逻辑门电路有与非门、或非门、异或门、同或门等。门电路是数字电路的基本逻辑单元电路，也是我们后面学习数字电路的基础。

14.1　基本逻辑门电路

1. 与门

与门电路主要有两个或两个以上的输入端，可以用二极管和电阻组成，如图 14-1-1（a）所示是有两个输入端的与门电路，其中 A 和 B 是输入变量，Y 是输出变量。

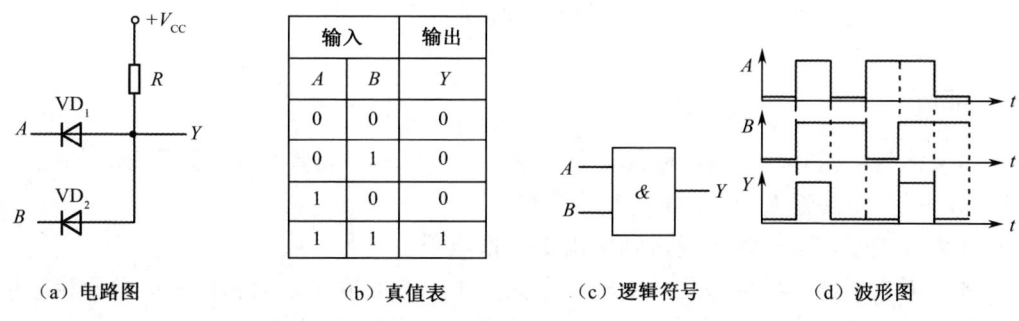

输入		输出
A	B	Y
0	0	0
0	1	0
1	0	0
1	1	1

（a）电路图　　　　　　（b）真值表　　　　　（c）逻辑符号　　　（d）波形图

图 14-1-1　与门

若 A、B 均为高电平输入时，两个二极管均截止，则 Y 为高电平输出；

若 A、B 中有一个为低电平输入时，对应的二极管导通，则 Y 被钳位在低电平，电路低电平输出；

若 A、B 均为低电平输入时，两二极管均导通，则 Y 被钳位在低电平，电路低电平输出。如图 14-1-1（b）是与门逻辑的真值表，图 14-1-1（c）为与门的逻辑符号。其布尔表达式为：

$$Y=A \cdot B \text{ 或 } Y=AB \tag{14-1-1}$$

若 0 为低电平，1 为高电平，则如图 14-1-1（d）为输入 A、B 所对应输出 Y 的电压波形图。

2. 或门

或门电路主要有两个或两个以上的输入端，也可以用二极管和电阻组成，如图 14-1-2（a）所示是有两个输入端的或门电路结构图。图中，A、B 是输入变量，Y 为输出变量。

若 A、B 均为高电平，二极管导通，Y 被钳位在高电平，输出为高电平；

若 A、B 中有一个为低电平，对应二极管截止，另一个二极管导通，Y 被钳位在高电平，则输出 Y 为高电平；

若 A、B 均为低电平，两二极管均截止，输出 Y 为低电平。如图 14-1-2（b）是或门真值表，图 14-1-2（c）为或门的逻辑符号。其布尔表达式为：

$$Y=A+B \tag{14-1-2}$$

若 0 为低电平，1 为高电平，则如图 14-1-2（d）为输入 A、B 所对应输出 Y 的电压波形图。

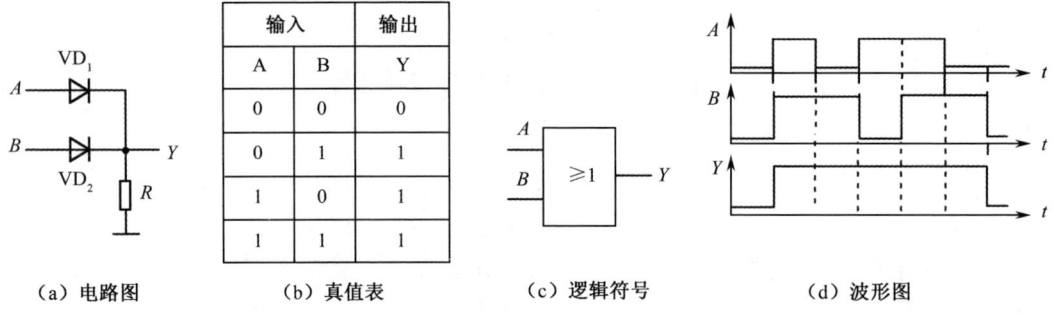

输入		输出
A	B	Y
0	0	0
0	1	1
1	0	1
1	1	1

（a）电路图　　（b）真值表　　（c）逻辑符号　　（d）波形图

图 14-1-2　或门

3. 非门

非门又称为反相器，非门电路只有一个输入端，主要由晶体管和电阻组成，如图 14-1-3（a）所示，图中 A 为输入变量，Y 为输出变量。

若 A 为高电平，三极管导通，则输出 Y 为低电平；

若 A 为低电平，三极管截止，则输出 Y 为高电平；即输出永远和输入信号的状态相反，因此称其为反相器，如图 14-1-3（b）是非门的真值表，非门逻辑符号如图 14-1-3（c）所示。其布尔表达式为：

$$Y=\overline{A} \tag{14-1-3}$$

若 0 为低电平，1 为高电平，则如图 14-1-3（d）为输入 A 所对应的输出 Y 的电压波形图。

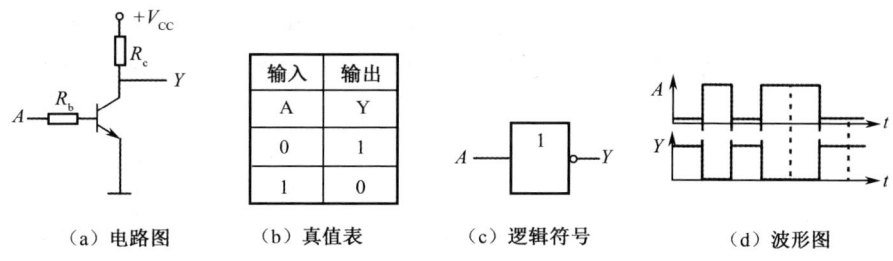

（a）电路图

输入	输出
A	Y
0	1
1	0

（b）真值表

（c）逻辑符号

（d）波形图

图 14-1-3　非门

例 14-1-1　如图 14-1-4 所示，请写出对应电路的逻辑函数表达式，并列写真值表。

图 14-1-4　例 14-1 图

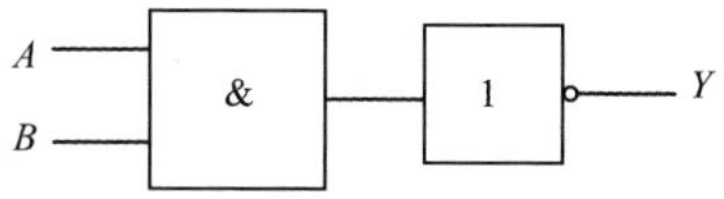

解：图中的逻辑电路由一个与门和一个非门组成，且两输入端 A、B 先经与门，再加至非门上，故非门的输入端信号即与门的输出端信号，因此逻辑函数表达式为：

$$Y=\overline{A\cdot B}=\overline{AB}$$

如表 14-1-1 为真值表。

表 14-1-1　真值表

输入		输出
A	B	Y
0	0	1
0	1	1
1	0	1
1	1	0

例 14-1-2　如图 14-1-5 所示，请写出逻辑函数表达式，若输入均为 1，则输出如何？

图 14-1-5　例 14-1-2 图

解：（1）此逻辑电路由一个非门和一个或门组成，且输入端 A 先经过非门再加至或门输入端，其逻辑函数表达式为：

$$Y=\overline{A}+B$$

（2）若输入均为 1，即 A=1，B=1，则输出 Y=1。

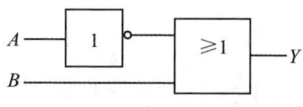

14.2 复合逻辑门电路

14.1 节主要讲述了基本的逻辑门电路，如与门、或门和非门；在实际应用中往往需要将这三种电路以不同的方式组合起来完成一定的逻辑功能，由此而组合起来的电路称为复合门电路，常见的复合逻辑电路有与非门、或非门、异或门、同或门和与或非门电路。

1. 与非门

与非门电路一般有两个或两个以上的输入端，其电路图主要由三极管、二极管和电阻组成。如图 14-2-1 所示是有两个输入端的与非门电路，其中 A、B 为输入端，Y 为输出端，只有当两输入端均为高电平时，输出才为低电平，其布尔表达式为：

$$Y = \overline{AB} \tag{14-2-1}$$

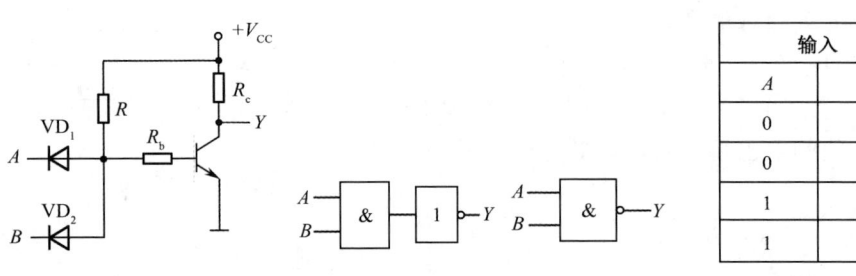

输入		输出
A	B	$Y=\overline{AB}$
0	0	1
0	1	1
1	0	1
1	1	0

（a）电路图　　（b）逻辑符号　　（c）真值表

表 14-2-2　与非门

2. 或非门

或非门电路一般有两个或两个以上的输入端，其电路图由三极管、二极管和电阻组成，如图 14-2-2 所示是有两个输入端的或非门电路图，其中，A、B 为两输入端，Y 为输出端。只有当两输入端信号均为低电平时，输出才为高电平，其布尔表达式为：

$$Y = \overline{A+B} \tag{14-2-2}$$

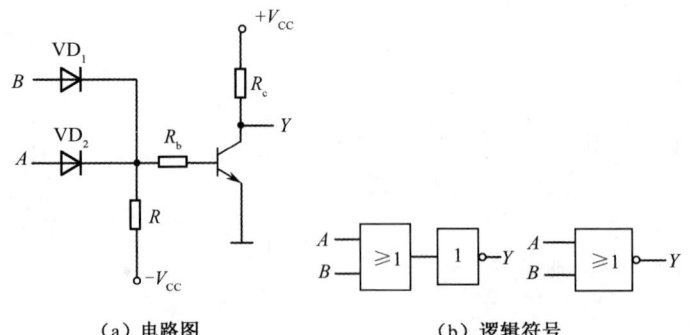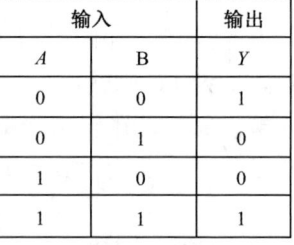

输入		输出
A	B	Y
0	0	1
0	1	0
1	0	0
1	1	1

（a）电路图　　（b）逻辑符号　　（c）真值表

图 14-2-2　或非门

3．异或门

异或门数字逻辑是实现逻辑异或的逻辑门，一般有两个输入端和 1 个输出端，如图 14-2-3 所示，A、B 为输入端，Y 为输出端，当两个输入端中有且只有一个高电平时，输出高电平，当两个输入电平相同时，输出为低电平。

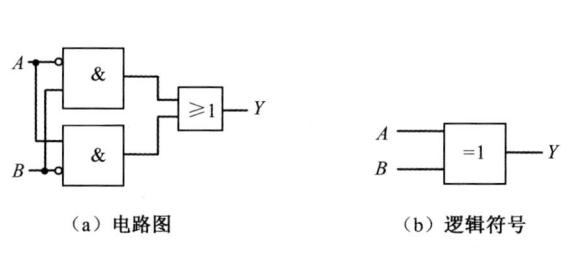

输入		输出
A	B	Y
0	0	0
0	1	1
1	0	1
1	1	0

（a）电路图　　　　（b）逻辑符号　　　　（c）真值表

图 14-2-3　异或门

由异或门真值表可得布尔表达式：

$$Y = A\overline{B} + \overline{A}B = A \oplus B$$

$$(14\text{-}2\text{-}3)$$

读作：Y 等于 A 异或 B，由布尔表达式可知，A 与 B 同为 1 或同为 0 时，输出 Y 为 0；只有当 A、B 中有且只有一个为 1 时，输出才为 1。在逻辑运算中，异或可写成以下几种形式：

$$Y = 0 \oplus 0 = 0$$
$$Y = 0 \oplus 1 = 1$$
$$Y = 1 \oplus 0 = 1$$
$$Y = 1 \oplus 1 = 0$$

4．同或门

同或门也称为异或非门，是数字逻辑电路中的基本单元，一般有两个输入端和一个输出端，如图 14-2-4 所示，A、B 为两输入端，Y 为输出端，当两个输入端中有且只有一个低电平时，输出为低电平；即当两个输入端同为低电平或同为高电平时，输出为高电平。

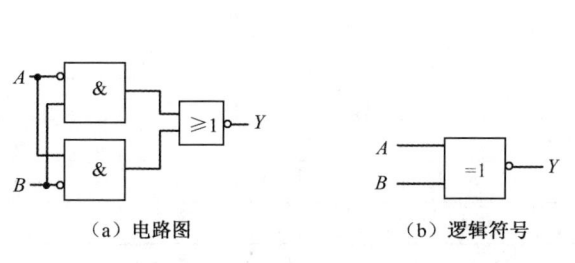

输入		输出
A	B	Y
0	0	1
0	1	0
1	0	0
1	1	1

（a）电路图　　　　（b）逻辑符号　　　　（c）真值表

图 14-2-4　同或门

由同或门真值表可得布尔表达式：

$$Y = \overline{AB} + AB = A \odot B \qquad (14\text{-}2\text{-}4)$$

读作：Y 等于 A 同或 B，由布尔表达式可知，只有 A、B 同为 1 或 0 时，输出 Y 才为 1，在逻辑运算中，同或可写成以下几种形式：

$$Y = 0 \odot 0 = 1$$
$$Y = 0 \odot 1 = 0$$
$$Y = 1 \odot 0 = 0$$
$$Y = 1 \odot 1 = 1$$

5. 与或非门

与或非门是由与门、或门和非门复合而成的电路，如图 14-2-5 所示。

与或非门的布尔表达式为：

$$Y = \overline{AB + CD} \qquad (14\text{-}2\text{-}5)$$

与或非真值表如表 14-2-1 所示。

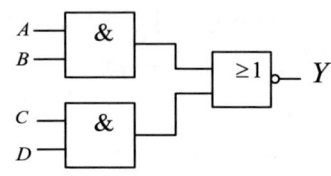

图 14-2-5　与或非门电路图

表 14-2-1　与或非真值表

输入				输出
A	B	C	D	Y
0	0	0	0	1
0	0	0	1	1
0	0	1	0	1
0	0	1	1	0
0	1	0	0	1
0	1	0	1	1
0	1	1	0	1
0	1	1	1	0
1	0	0	0	1
1	0	0	1	1
1	0	1	0	1
1	0	1	1	0
1	1	0	0	0
1	1	0	1	0
1	1	1	0	0
1	1	1	1	0

小　结

本章介绍了基本逻辑门电路和由基本逻辑门电路组成的复合逻辑电路的相关知识，包括与门、或门、非门和与非门、或非门、异或门、同或门及异或非门。

习　题

14-1　画出"与非门"的逻辑符号。

14-2　对应图 14-2（a）的波形图，画出 14-1（b）中各电路的输出波形。

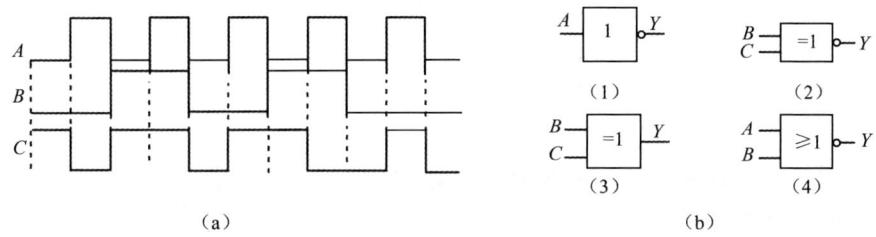

习题 14-2 图

14-3　试写出如习题 14-3 图所示电路图的逻辑表达式，并列出它们的真值表。

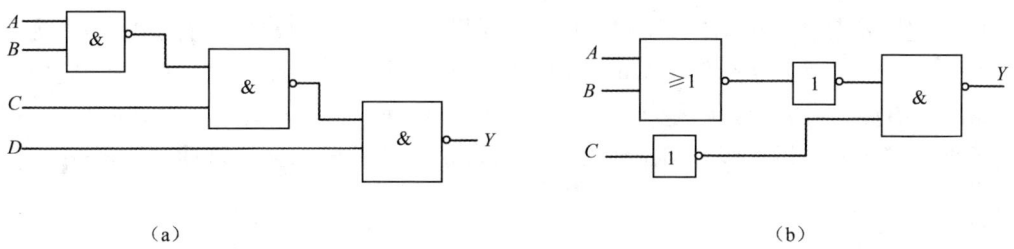

习题 14-3 图

14-4　试画出下列表达式对应的逻辑电路图。

（1）$Y = AB + AC$

（2）$Y = \overline{D(A + C)}$

（3）$Y = \overline{(A + B)(C + D)}$

（4）$Y = \overline{AB} + \overline{CD}$

第 *15* 章

集成逻辑门电路

知识目标

1. 掌握三极管、MOS 管的开关特性。
2. 熟悉 TTL、CMOS 门电路的结构，掌握各自工作原理、逻辑功能及主要参数。

集成电路是指把电路中的半导体器件、电阻、电容及导线制作在一块半导体芯片上，并封装在一个壳体内所构成的完整电路。

15.1 TTL 门电路

TTL 门电路是晶体管-晶体管逻辑门电路的简称，是双极型集成逻辑门电路中应用最广泛的门电路。早先采用分立元件焊接成的门电路，不仅体积大，而且焊点多，易出故障，降低了电路的可靠性。集成门电路是将所有电路元件制造在一个小硅片上，具有体积小、重量轻、功耗小、成本低、焊点少和可靠性高等特点，由此而发展起来的这种电路形式——TTL 门电路。

15.1.1 TTL 与非门

1. TTL 与非门电路内部结构

TTL 与非门电路主要用来实现逻辑与非功能，其电路内部结构如图 15-1-1 所示，电路主要由输入级、中间级和输出级组成。

（1）输入级由多发射极三极管 VT_1 和基极电阻 R_1 组成，它实现了输入变量 A、B 的与运算。多射极三极管的等效电路如图 15-1-2 所示，等效电路的逻辑功能见 14 章。

（2）中间级是放大级，由 T_2、R_2 和 R_3 组成，T_2 的集电极 c_2 和发射极 e_2 可以分别提供两个相位相反的电压信号，以满足输出级的需要，所以中间级也称为倒相级或反相级。

（3）输出级由 VT_3、VT_4、VD 和 R_4 组成，其中 VD 和 VT_4 作为由 VT_3 组成反相器的有源负载，VT_3 和 VT_4 组成推拉式输出结构，具有较强的带负载能力。

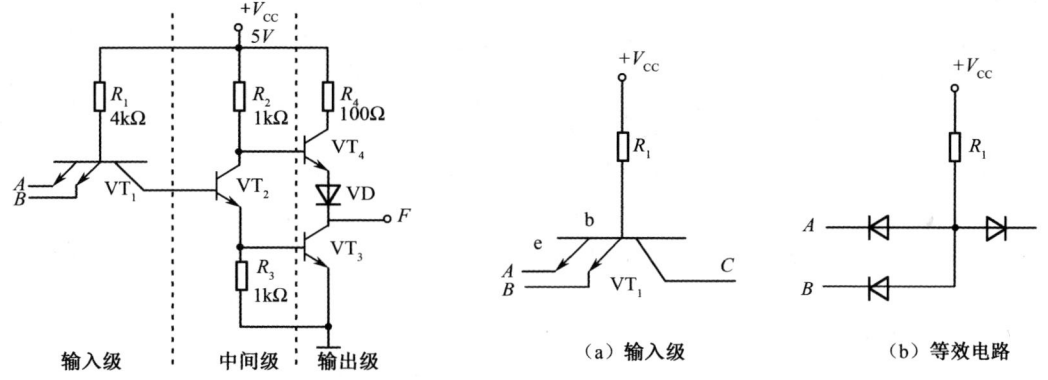

图 15-1-1　TTL 与非门电路内部结构　　　　图 15-1-2　输入级及等效电路

2．TTL 与非门的工作原理

（1）输入端至少有一个为低电平（$V_{IL}=0.3V$）

若 A、B 中至少有一个为低电平，则接低电平的发射结正向导通，即 VT_1 的发射结正向导通，则 $V_{B1}=U_{BE1}+V_{IL}=(0.7+0.3)V=1V$，为使 VT_1 的集电结及 VT_2、VT_3 的发射结同时导通，V_{B1} 至少应等于 $V_{B1}=U_{BC1}+U_{BE2}+U_{BE3}=2.1V$，所以 VT_2 和 VT_3 必然截止，有 $V_{C2}=V_{CC}-U_{R2}=5V$，该电压使 VT_4 和 VD 处于良好的导通状态，电路的输出电压 $U_F=U_{OH}=V_{C2}-U_{BE4}-V_D\approx(5-0.7-0.7)=3.6V$，等于高电平。

当 $U_F=U_{OH}$ 时，称与非门处于关闭状态。

（2）输入端全部接高电平（$V_{IH}=3.6V$）

若 A、B 输入端全为高电平时，VT_1 的集电极及 VT_2 和 VT_3 的发射结会同时导通，$V_{B1}=U_{BC1}+U_{BE2}+U_{BE3}=2.1V$，因此，$T_1$ 的所有发射结均截止，VT_2 和 VT_3 处于饱和状态，此时 VT_2 的集电极电位 $V_{C2}=U_{CES2}+U_{BE3}\approx(0.3+0.7)V=1V$，$VT_4$ 和 VD 截止，输出电压 $U_O=U_{OL}=U_{CES3}\approx0.3V$。

当 $U_F=U_{OL}$ 时，称与非门处于开门的状态。

综上所述，当输入端至少有一端接低电平（0.3V）时，输出为高电平（3.6V）。

当输入端全部接高电平（3.6V）时，输出为低电平（0.3V），由此可见，该电路的输出和输入之间满足"与非"逻辑关系：$F=\overline{AB}$

3．TTL 与非门的外特性及相关参数

（1）电压传输特性及相关参数

电压传输特性反映的是输出电压 U_O 随输入电压 U_I 变化的规律，如图 15-1-3 所示。

图中 Q_1 和 Q_2 点处的斜率 $\dfrac{du_o}{du_i}=-1$，是传输特性的转折点，以 Q_1 和 Q_2 两点为界，可将

此图分为三个区域：

区域 I（$U_I \leqslant 0.6V$）：U_O 基本不随 U_I 而变，输出高电平 U_{OH}；

区域 III（$U_I \geqslant 1.4V$）：输出 U_O 基本上与 U_I 无关，输出低电平 U_{OL}；

区域 II（$0.6 \leqslant U_I \leqslant 1.4V$）：$U_O$ 急剧地随 U_I 变化，区域 II 为过渡区。

几个重要参数：

① 关门电平 U_{off}（输入低电平最大值 U_{ILmax}）

当 $U_I < U_{off}$ 时，与非门电路的 VT_3 截止，相当于门关闭，输出高电平，U_{off} 一般取 0.8V，在使用时，输入低电平绝不能大于 U_{off}，否则将引起逻辑混乱。

② 开门电平 U_{on}（输入高电平最小值 U_{IHmin}）

当 $U_I > U_{on}$ 时，与非门的 VT_3 导通，输出为低电平，一般取 U_{on} 为 2V。

③ 输出高电平下限值 U_{OHmin}

U_{OHmin} 等于如图 15-1-3 中 Q_1 点在 U_o 轴上的投影值，一般取 2.4V。

④ 输出低电平上限值 U_{OLmax}

U_{OLmax} 等于图 15-1-3 中 Q_2 点在 U_o 轴上的投影值，一般取 0.4V。

⑤ 抗干扰度

抗干扰度也称为噪声容限，反映电路在多大的干扰电压 U_N 下仍能正常工作，集成门电路的噪声容限 U_N 分为高电平噪声容限 U_{NH} 和低电平噪声容限 U_{NL}。

$$U_{NH} = U_{OHmin} - U_{on} = U_{OHmin} - U_{IHmin}$$
$$U_{NL} = U_{off} - U_{OLmax} = U_{ILmax} - U_{OLmax}$$

U_{off} 与 U_{on} 越接近，即 U_{on} 越小，U_{off} 越大，则 U_{NH}、U_{NL} 越大，抗干扰能力就越强。

⑥ 阈值电压 U_{TH}

一定条件下，将与非门的电压传输特性理想化，即 $U_{off} = U_{on} = U_{TH}$，一般取 1.4V，如图 15-1-3 中 Q 点在 U_I 轴上的投影值。

（2）输入特性

输入特性反映的是输入电流 i_I 与输入电压 u_I 之间的关系，如图 15-1-4 所示是与非门输入特性曲线。

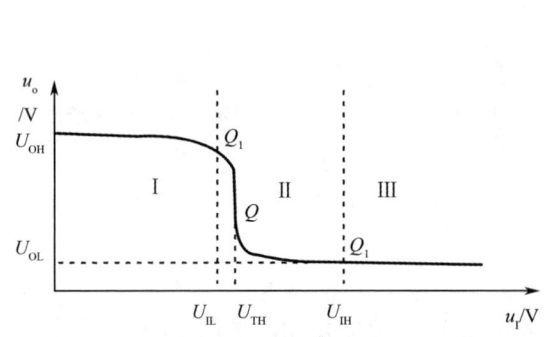

图 15-1-3　电压传输特性曲线

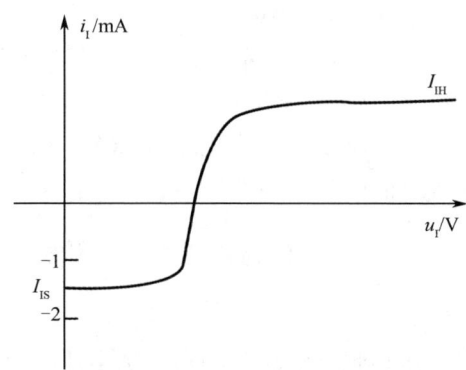

图 15-1-4　与非门输入特性曲线

当 $u_I<U_{TH}$ 时（忽略 VT_1 集电结的分流），$i_I=-(V_{cc}-U_{BE1}-U_I)/R_1$，输入电流 i_I 的绝对值将随输入电压 u_I 的增加而减小，i_I 流入信号源，对信号源形成灌电流负载。

当 $u_I=U_{TH}$ 时，VT_1 的发射结截止，输入电流当 i_I 急剧减小，并改变方向，i_I 流入 TTL 门，对信号源形成拉电流负载，正向电流 i_I 即是 VT_1 的漏电流。

当 $u_I>U_{TH}$ 时，VT_1 将工作在倒置状态，其输入电流 i_I 一般小于几十微安。

几个重要参数：

① 输入短路电流 I_{IS}

当 $u_I=0$ 时的输入电流即输入短路电流，一般取-1.5mA，可近似认为 $I_{IL}I_{IS}$，I_{IS} 反映了 TTL 与非门对前级驱动门灌电流的大小。

② 高电平输入电流 I_{IH}

当 $u_I>U_{TH}$ 时的输入电流称为高电平输入电流（也称为输入漏电流），一般为几十微安，反映了对驱动它的门拉电流的多少。

（3）输出特性

输出特性反映输出电压 u_o 随输出负载电流 i_L 变化的关系，输出端接负载 R_L。

① 输出高电平时，VT_3 截止，VT_4 和 VD 导通，i_L 为拉电流。

a. 若空载时（$i_L=0$），输出为高电平，$U_{OH}≈V_{cc}$；

b. 当负载电流比较小时，VT_4 处于放大状态，$U_{E4}≈U_{B4}$；因为 i_{B4} 较小，U_{B4} 变化很小，U_o 与空载时相比略有下降。

c. 当 i_L 足够大时，VT_4 管进入饱和状态，输出电压 $U_o=V_{cc}-U_{CES4}-U_D-i_{R4}R_4=V_{cc}-(U_{CES4}+U_D)-i_{R4}R_4$，$U_o$ 随 i_L 的增加而线性下降。

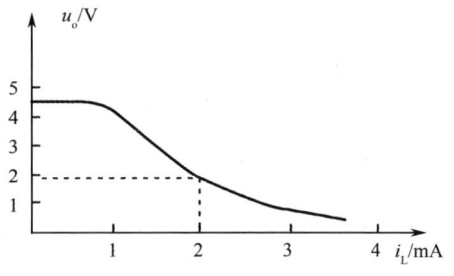

图 15-1-5　高电平输出特性

其高电平输出特性曲线如图 15-1-5 所示。

② 输出低电平时，电路图如图 15-1-6 所示。

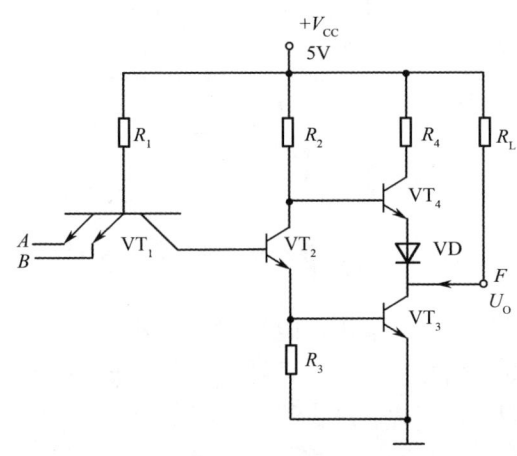

图 15-1-6　输出低电平电路图

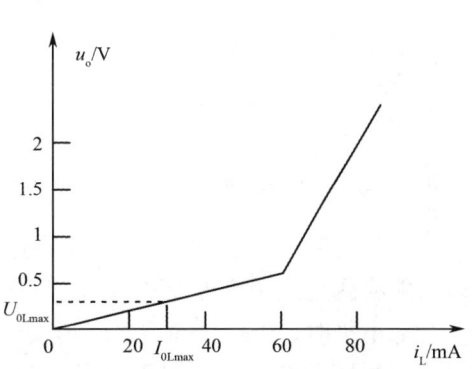

图 15-1-7　低电平输出特性曲线

VT$_3$ 饱和，输出电流 i_L 从负载流入 VT$_3$ 形成灌电流。

a. 当灌电流增加时，T_3 饱和程度减轻，u_o 随 i_L 增加而增加；

b. 当 i_L 足够大时，VT$_3$ 将退出饱和进入放大状态，u_o 随 i_L 的增加而很快上升，低电平输出特性曲线如图 15-1-7 所示。

③ 扇入系数和扇出系数

a. 扇入系数是指门的输入端数。

b. 扇出系数 N 是指一个门能驱动同类型门的个数，反映了与非门的带负载能力。

输出高电平时，$N_H = \left[\dfrac{I_{OH\,max}}{I_{IH}} \right]$，输出低电平时，$N_L = \left[\dfrac{I_{OL\,max}}{I_{IS}} \right]$。

TTL 与非门的总扇出系数，$N = \min\{N_L, N_H\} = N_L$，$N$ 越大，说明门电路的带负载能力越强。

15.1.2　TTL 门电路的其他类型

1. 集电极开路门（OC 门）

在实际使用中，可直接将几个逻辑门的输出端相连，这种输出直线相连实现输出与功能的方式称为线与。如图 15-1-8 所示为线与的电路，即 $Y = Y_1 Y_2$。

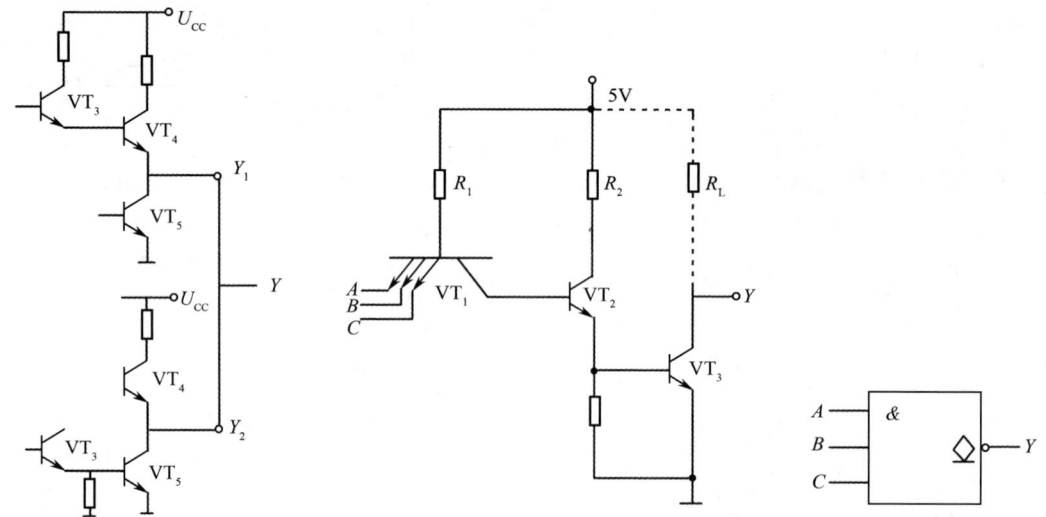

图 15-1-8　线与电路图　　　　　　　　图 15-1-9　OC 门

一般的 TTL 门电路输出不论是高电平还是低电平，输出电阻只有几欧姆至几十欧姆，所以不能将两个或两个以上的 TTL 门电路的输出端直接并联，否则当一个输出为高电平，一个为低电平时，在 $+U_{cc}$ 和地之间形成一个低阻串联通路，产生的大电流会导致门电路因功耗过大而损坏。

OC 门是允许输出端直接并接在一起的 TTL 门电路，其电路图及逻辑符号如图 15-1-9

所示。OC 门中 VT_3 的集电极是断开的，必须经过外接电阻 R_L 接通电源后，电路才能实现与逻辑即线与功能，如图 15-1-10 是实现线与逻辑的 OC 门，其逻辑表达式为：$Y=Y_1Y_2Y_3=\overline{AB}\cdot\overline{CD}\cdot\overline{EF}$ 。

2. 三态门（TS 门）

三态门也是允许输出端直接接在一起的 TTL 门电路，其中三态指的是门电路的输出有高电平、低电平和高阻状态（高阻状态指的是悬空、悬浮状态，又称为禁止状态），如图 15-1-11 是三态门的电路及符号。

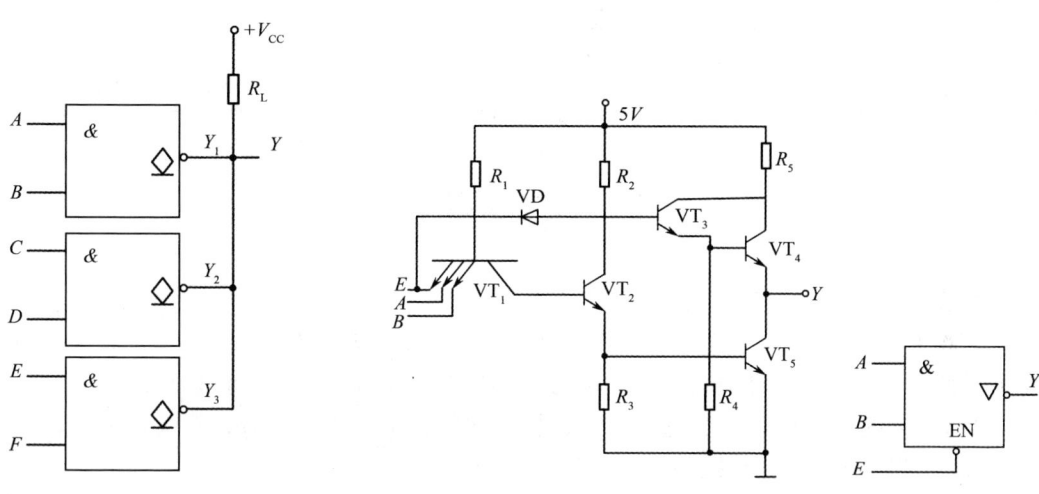

图 15-1-10　线与逻辑的 OC 门　　　　图 15-1-11　三态门电路图及逻辑符号

其中 E 为控制端或使能端。当 $E=1$ 时，二极管 VD 截止，TS 门与 TTL 门功能相同 $Y=\overline{AB}$ 。当 $E=0$ 时，VT_1 处于正向工作状态，使 VT_2、VT_5 截止，二极管 VD 导通使 VT_3 的基极钳位在 1V 左右，使 VT_4 也截止，VT_4、VT_5 都截止，输出呈高阻状态。

三态门可以实现多个数据或控制信号的总线传输，如图 15-1-12 所示。

15.1.3　TTL 集成逻辑门电路产品系列

根据工作温度和电源电压的工作范围的不同，TTL 集成电路分为 54 系列和 74 系列两大类。54 系列比较适合在温度条件恶劣，供电电源变化大的环境中工作，而 74 系列则适合在常规条件下工作。

54 系列和 74 系列又各自分为几个子系列，分别是 54/74 标准系列、54/74H 高速系列、54/74S 肖特基系列、54/74LS 低功耗肖特基系列、54/74AS 先进肖特基系列、54/74ALS 先进低功耗肖特基系列。几个子系列的区别主要是平均功耗和平均传输时延，其他电参数和引脚排列基本上是彼此相容的。肖特基系列指的是在集成电路中生成抗饱和二极管以避免晶体管进入饱和状态，使

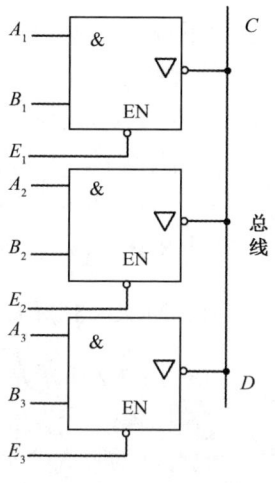

图 15-1-12　三态门的应用

传输时间大幅度减小，用来提高 54/74 系列门电路的速度，如表 15-1-1 是 74 子系列之间的主要区别。

表 15-1-1　74 子系列主要区别

产品型号	产品类型	传输时延/ns	功耗/mW
74	74 标准系列	10	10
74H	74 高速系列	6	20
74S	74 肖特基系列	3	19
74LS	74 低功耗肖特基系列	5	2
74AS	74 先进肖特基系列	1.5	20
74ALS	74 先进低功耗肖特基系列	4	1

15.2　CMOS 门电路

CMOS 逻辑门电路是继 TTL 之后开发的一种数字集成器件，主要采用 MOS 管作为开关元件，具有工艺简单、集成度高、抗干扰能力强、功耗低等优点。CMOS 是 MOS 门电路的一种类型，除此之外还有 PMOS 和 NMOS。CMOS 由 PMOS 和 NMOS 构成，又称为互补 MOS 电路，它的突出优点是静态功耗低、抗干扰能力强、稳定性好、开关速度高，是性能较好且应用较广泛的一种电路。

15.2.1　常见的 CMOS 门电路

1. CMOS 反相器

CMOS 反相器由两个增强型 MOS 场效应管组成，如图 15-2-1 所示。其中 T_1 为 NMOS 管，称为驱动管，T_2 为 PMOS 管，称为负载管。T_1 和 T_2 由同一信号控制，所以对于任意的高低电平输入，互补的两个管子必然一个导通，一个截止。

工作原理：

（1）当 u_i 为低电平输入时，T_1 管截止，T_2 管导通。T_1 管截止时，内阻很高（可达），T_2 管导通内阻很小，因此输出为高电平。

（2）当 u_i 为高电平时，T_1 管导通，T_2 管截止，输出为低电平。

综上所述，该电路实现了逻辑反相的功能，故称为反相器。

2. CMOS 与非门电路

如图 15-2-2 所示是有两个输入端的 CMOS 与非门电路图。

工作原理：

当 A、B 两个输入均为高电平时，T_1、T_2 导通，T_3、T_4 截止，输出为低电平。

当 A、B 两个输入端中只要有一个为低电平时，T_1、T_2 中定有一个截止，T_3、T_4 中定有一个导通，输出为高电平。

综上所述，该电路实现了逻辑与非功能，其逻辑表达式为 $Y = \overline{AB}$。

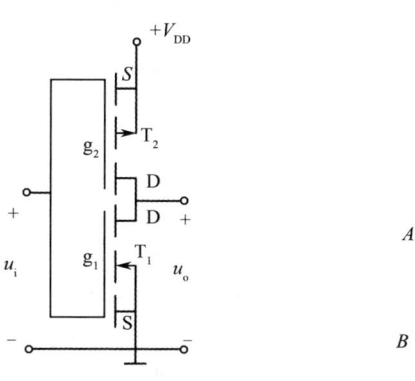

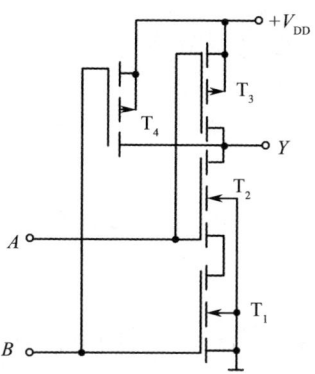

图 15-2-1　CMOS 反相器　　　　图 15-2-2　CMOS 与非门

15.2.2　CMOS 集成逻辑门电路产品系列

CMOS 逻辑门器件有三个系列：4000 系列、74C 系列和硅氧化铝系列。

1. 4000 系列

4000 系列是最基本的 CMOS 系列，工作电源电压范围为 318V，主要优点是功耗低、噪声容限大、扇出系数大等，平均传输时延为几十纳秒，最高工作频率小于 5MHz。

2. 74C 系列

74C 系列主要有普通 74C 系列、高速 MOS74HC 系列/HCT 系列和先进的 CMOS74AC 系列/ACT 系列。

高速 74HC/HCT 系列大大提高了工作速度，平均的传输时延小于 10ns，最高工作频率可达 50MHz。先进的 74AC/ACT 系列的工作频率得到了进一步的提高，同时保持了 CMOS 超低功耗的特点，其中 ACT 系列与 TTL 器件电压兼容，电源电压为 4.5～5.5V，AC 系列的电源电压范围为 1.5～5.5V。

15.2.3　多余输入端的处理

在使用安装门电路的过程中常受到很多干扰信号，即某些输入端是多余的，因此就要对这些多余的输入端进行处理。

1. TTL 门电路

TTL 门电路一般由三极管构成，对于多余端的处理应采用以下方法。

（1）TTL 与门和 TTL 非门

① 将多余输入端接高电平，即通过限流电阻与电源相连；

② 把多余输入端悬空，此时输入端相当于外接高电平；

③ 通过大电阻（大于 1kΩ）到地，也相当于输入端外接高电平；

④ 与使用的输入端并联使用。

（2）TTL 或门和 TTL 或非门

① 将多余端接低电平；

② 将多余端接地；

③ 接小于 1kΩ（500Ω）的电阻到地。

2. CMOS 门电路

CMOS 门电路一般由 MOS 管构成，对多余端使用以下处理方法：

（1）CMOS 与门和 CMOS 与非门，多余输入端采用高电平，即通过限流电阻（500Ω）接电源，切记不能将多余输入端悬空，因为 MOS 管是一压控元件，输入端信号易受外界干扰。

（2）CMOS 或门和 CMOS 或非门，应将多余输入端接低电平，即通过限流电阻（500Ω）接地。

小　结

集成电路是将电路中的各种元器件制作在一块芯片上，并封装在一个壳体内所构成的完整电路；集成门电路具有体积小、重量轻、功耗小、成本低、焊点少和可靠性高等优点；TTL 各种门电路：与非门、OC 门和三态门；CMOS 各种门电路：反相器、与非门。

习　题

15-1　填空题

（1）三态门有三种输出状态，分别是_____态、_____态和_____态。

（2）TTL 与非门多余输入端的处理方法是：_____、_____、_____、_____。

（3）在 TTL 门电路中，输出端能并联使用的电路有_____和_____。

（4）CMOS 与非门多余输入端的处理方法是_____。

（5）CMOS 电路主要由_____和_____组成。

15-2　对应习题 15-2 图（a）所示的波形，画出图（b）、（c）的输出波形。

15-3　在如习题 15-3 图所示的 TTL 门电路中，输入端 1、2、3 为多余输入端，试问哪些接法是正确的？

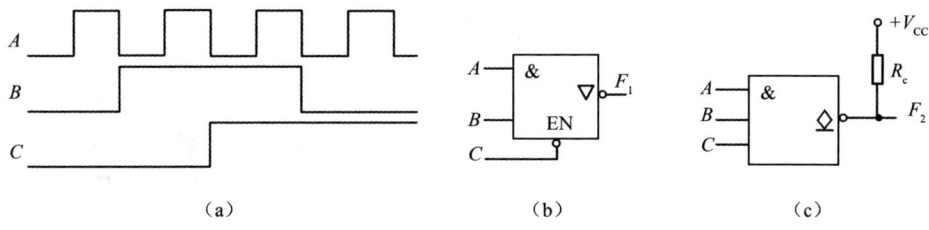

（a）　　　　　　　　　　　（b）　　　　　　　　　　　（c）

习题 15-2 图

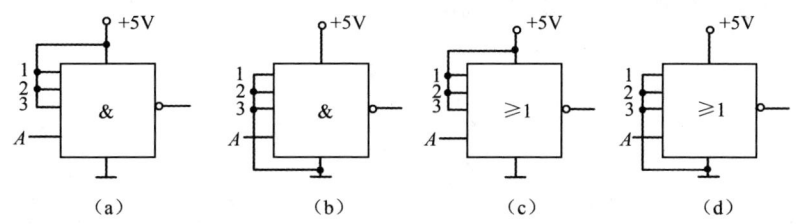

（a）　　　　　　　（b）　　　　　　　（c）　　　　　　　（d）

习题 15-3 图

第 *16* 章

组合逻辑电路

知识目标

1. 掌握组合逻辑电路的概念。
2. 掌握组合逻辑电路的分析和设计方法。
3. 熟悉几种常用的组合逻辑电路的工作原理和使用方法。

根据逻辑功能的不同特点，可以将数字电路分成两大类：一类是组合逻辑电路（简称组合电路）；另一类是时序逻辑电路（简称时序电路）。组合电路指的是电路中任意时刻的输出仅取决于该时刻的输入，而与电路原来的状态无关，即电路无记忆功能。组合电路在实际中得到了广泛的应用，它不仅能实现各种复杂的逻辑功能，而且是时序逻辑电路的重要组成部分。在数字系统中，常用的组合电路有加法器、编码器、译码器、数值比较器、算术运算电路等。

16.1　组合逻辑电路的分析和设计方法

16.1.1　逻辑功能

从理论上看，逻辑电路图本身就是逻辑功能的一种表现形式，但在某些时候，用逻辑电路图来表示逻辑功能还不够直观，而往往需要将逻辑电路图转换为逻辑函数或其真值表来表达。例如，将图 16-1-1 所示的逻辑功能用逻辑函数表达式表示，其逻辑函数表达式为：
$$M = \overline{AB}, \quad N = \overline{CD}, \quad Y = \overline{MN} = \overline{\overline{AB}\,\overline{CD}} = AB + CD$$

组合逻辑电路有 m 个输入端，n 个输出端，都可以用图 16-1-2 所示的方框图来表示，其中，X_1、X_2、$X_3 \cdots X_m$ 表示输入变量，Y_1、Y_2、$Y_3 \cdots Y_n$ 表示输出变量，且输入变量与输出变量可用下列一组逻辑函数来表示：

$$Y_1 = f_1(X_1, X_2, \cdots X_{m-1}, X_m)$$
$$Y_2 = f_2(X_1, X_2, \cdots X_{m-1}, X_m)$$
$$Y_3 = f_3(X_1, X_2, \cdots X_{m-1}, X_m)$$
$$\vdots$$
$$Y_n = f_n(X_1, X_2, \cdots X_{m-1}, X_m)$$

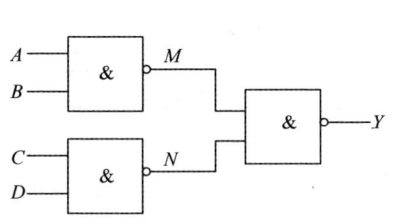

图 16-1-1　逻辑电路图

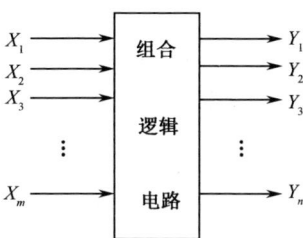

图 16-1-2　逻辑方框图

在数字系统中，由于输入只有两个状态："0" 和 "1"，因此 m 个输入变量有 2^m 个输入状态的组合，若对应输出状态表示出来，则得到组合逻辑电路的真值表。

从组合逻辑电路的逻辑功能特点不难看出，由于它的输出状态与电路的历史状态无关，那么电路中则不能包含存储单元，这是组合逻辑电路在电路结构上的共同特点。

16.1.2　组合逻辑电路的分析方法

分析组合逻辑电路就是根据逻辑电路图分析找出逻辑电路的逻辑功能，通常组合逻辑电路的分析过程是：

① 根据给出的逻辑电路图，从电路的输入到输出逐级写出逻辑函数表达式，从而得到输入与输出关系的逻辑函数表达式；

② 对得到的逻辑函数表达式进行化简或变换，得到最简函数式；

③ 列出真值表；

④ 由真值表得到逻辑电路的逻辑功能。

下面举例说明以上分析过程。

例 16-1-1　试分析图 16-1-3 所示电路的逻辑功能。

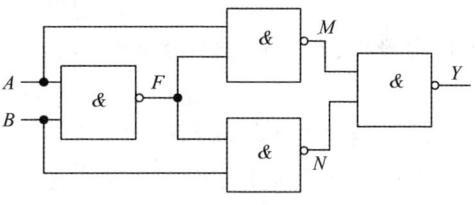

图 16-1-3　例 16-1-1 图

解：（1）列逻辑函数表达式：

$$F = \overline{AB}, \quad M = \overline{AF} = \overline{A\,\overline{AB}}, \quad N = \overline{BF} = \overline{B\,\overline{AB}},$$

$$Y = \overline{MN} = \overline{\overline{AF}\,\overline{BF}} = \overline{\overline{A\,\overline{AB}}\,\overline{B\,\overline{AB}}}$$

（2）化简逻辑表达式：

$$Y = \overline{\overline{\overline{A\overline{AB}}\cdot\overline{B\overline{AB}}}} = A\overline{AB} + B\overline{AB}$$
$$= (A + B)\overline{AB} = (A + B)(\overline{A} + \overline{B})$$
$$= A\overline{A} + A\overline{B} + \overline{A}B + B\overline{B} = A\overline{B} + \overline{A}B$$
$$= A \oplus B$$

（3）列真值表，如表 16-1-1 所示。

表 16-1-1　逻辑电路真值表

输入		输出
A	B	Y
0	0	0
0	1	1
1	0	1
1	1	0

（4）逻辑功能分析

由真值表可以看出，当输入 A、B 相同时，输出 Y 为 0；当输入 A、B 不同时，输出 Y 为 1，即该电路实现了异或功能。

对于某些电路，还可以采用波形图的方法进行分析。一般先画出输入波形，再逐级画出输出波形，最后由组合逻辑电路的输入、输出波形图来确定其逻辑功能。例如，例 16-1-1 的波形图可用图 16-1-4 表示。

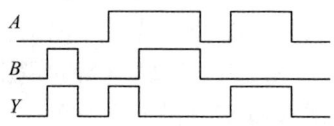

图 16-1-4　例 16-1-1 波形图

16.1.3　组合逻辑电路的设计方法

所谓组合逻辑电路的设计是指根据给出的实际逻辑问题，求出实现这一逻辑功能的最简逻辑电路。其设计过程与组合逻辑电路的分析过程恰好相反，其中"最简"指的是电路所用的器件数最少，且器件之间的连线也最少。组合逻辑电路的设计过程是：

（1）对实际问题进行逻辑抽象。

（2）由给定的逻辑问题，列出真值表。

（3）由真值表写出相应的逻辑表达式，并将该表达式化简或转换成适当形式。表达式的化简可采用之前讲过的公式法或卡诺图来实现，目的是为了得到最简表达式，从而使用最少的门电路来实现其逻辑功能。若给定某种器件(如与非门、或非门等)来设计电路，必须对逻辑表达式进行相应的转换或变形。如要用与非门来实现某电路的设计，则需将逻辑表达式变换成与非-与非的关系式。

（4）根据逻辑表达式，画出逻辑电路图。

至此。逻辑设计已完成。

（5）工艺设计。

为了将设计出来的逻辑电路实现为具体的电路装置，还需进行一定的工艺设计，比如印制电路板、电源、显示电路、控制开关等，还要完成电路的组装和调试，还可能进行相应的

封装工作，这部分内容请读者自行学习。

下面举例说明以上设计过程。

例 16-1-2　请设计一个监视交通信号灯工作状态的逻辑电路。要求每一组信号灯由红、黄、绿三盏灯组成，正常情况时，有且只有一盏灯亮；当出现其他情况时，则说明信号灯电路出现故障，要求发出故障信号提醒维护人员进行检修。

解：（1）逻辑抽象。确定红、黄、绿三盏信号灯的状态为输入变量，分别用 A、B、C 进行表示，规定灯亮为 1，灯灭为 0。故障信号为输出变量，用 Y 来表示，规定正常工作为 0，发生故障为 1。

（2）列真值表，如表 16-1-2 所示。

表 16-1-2　信号灯输入、输出状态真值表

输入			输出
A	B	C	Y
0	0	0	1
0	0	1	0
0	1	0	0
0	1	1	1
1	0	0	0
1	0	1	1
1	1	0	1
1	1	1	1

（3）写逻辑表达式：

$$Y = \overline{A}\,\overline{B}\,\overline{C} + \overline{A}BC + A\overline{B}C + AB\overline{C} + ABC$$

若要用与非门和反相器来实现该逻辑功能，则应将逻辑表达式进行相应的转换或变形。

$$Y = \overline{A}\,\overline{B}\,\overline{C} + \overline{A}BC + A\overline{B}C + AB\overline{C} + ABC$$
$$= \overline{A}\,\overline{B}\,\overline{C} + \overline{A}BC + ABC + A\overline{B}C + ABC + AB\overline{C} + ABC$$
$$= \overline{A}\,\overline{B}\,\overline{C} + BC + AC + AB$$
$$= \overline{\overline{A}\,\overline{B}\,\overline{C} \cdot \overline{BC} \cdot \overline{AC} \cdot \overline{AB}}$$

（4）画逻辑电路图。如图 16-1-5 所示。

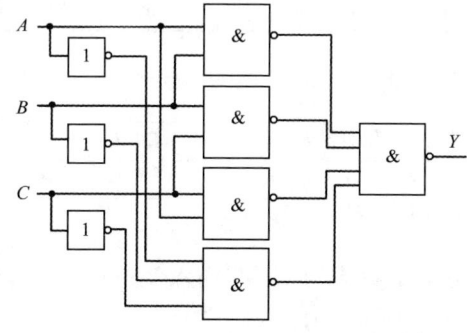

图 16-1-5　例 16-1 逻辑电路图

16.2 常用组合逻辑电路举例

16.2.1 编码器和译码器

在数字电路中，由于某种需要经常需将某种特定含义的信号转换成一组二进制代码，把这个过程称为编码。相反，把一组二进制代码的特定含义译出来的的过程，称为译码。

1. 编码器

目前常用的编码器有普通编码器和优先编码器。

（1）普通编码器

普通编码器在任何时刻只允许输入一个编码信号，否则输出将发生混乱。如图 16-2-1 所示是输入为 8 位二进制代码、输出为 3 位二进制代码 $Y_2Y_1Y_0$，因此将该编码器称为 8 线-3 线编码器，其输入与输出的对应关系真值表如表 16-2-1 所示。

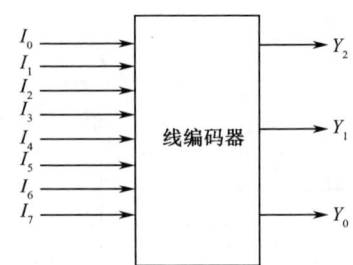

图 16-2-1 编码器方框图

表 16-2-1 8 线-3 线编码器的真值表

输入								输出		
I_0	I_1	I_2	I_3	I_4	I_5	I_6	I_7	Y_2	Y_1	Y_0
1	0	0	0	0	0	0	0	0	0	0
0	1	0	0	0	0	0	0	0	0	1
0	0	1	0	0	0	0	0	0	1	0
0	0	0	1	0	0	0	0	0	1	1
0	0	0	0	1	0	0	0	1	0	0
0	0	0	0	0	1	0	0	1	0	1
0	0	0	0	0	0	1	0	1	1	0
0	0	0	0	0	0	0	1	1	1	1

将表 16-2-1 所示真值表用逻辑表达式描述为：

$$Y_2 = \overline{I_0}\overline{I_1}\overline{I_2}\overline{I_3}I_4\overline{I_5}\overline{I_6}\overline{I_7} + \overline{I_0}\overline{I_1}\overline{I_2}\overline{I_3}\overline{I_4}I_5\overline{I_6}\overline{I_7} + \overline{I_0}\overline{I_1}\overline{I_2}\overline{I_3}\overline{I_4}\overline{I_5}I_6\overline{I_7} + \overline{I_0}\overline{I_1}\overline{I_2}\overline{I_3}\overline{I_4}\overline{I_5}\overline{I_6}I_7$$
$$Y_1 = \overline{I_0}\overline{I_1}I_2\overline{I_3}\overline{I_4}\overline{I_5}\overline{I_6}\overline{I_7} + \overline{I_0}\overline{I_1}\overline{I_2}I_3\overline{I_4}\overline{I_5}\overline{I_6}\overline{I_7} + \overline{I_0}\overline{I_1}\overline{I_2}\overline{I_3}\overline{I_4}\overline{I_5}I_6\overline{I_7} + \overline{I_0}\overline{I_1}\overline{I_2}\overline{I_3}\overline{I_4}\overline{I_5}\overline{I_6}I_7$$
$$Y_0 = \overline{I_0}I_1\overline{I_2}\overline{I_3}\overline{I_4}\overline{I_5}\overline{I_6}\overline{I_7} + \overline{I_0}\overline{I_1}\overline{I_2}I_3\overline{I_4}\overline{I_5}\overline{I_6}\overline{I_7} + \overline{I_0}\overline{I_1}\overline{I_2}\overline{I_3}\overline{I_4}I_5\overline{I_6}\overline{I_7} + \overline{I_0}\overline{I_1}\overline{I_2}\overline{I_3}\overline{I_4}\overline{I_5}\overline{I_6}I_7$$

（16-2-1）

若任意时刻 $I_0 \sim I_7$ 中仅有一个取值为 1，即输入变量仅有表 16-2-1 中的八种组合状态，则将上式可化简为：

$$Y_2 = I_4 + I_5 + I_6 + I_7$$
$$Y_1 = I_2 + I_3 + I_6 + I_7 \qquad (16\text{-}2\text{-}2)$$
$$Y_0 = I_1 + I_3 + I_5 + I_7$$

若用与非门实现上述逻辑关系，则上式可转换为：

$$Y_2 = \overline{\overline{I_4 I_5 I_6 I_7}}$$
$$Y_1 = \overline{\overline{I_2 I_3 I_6 I_7}} \qquad (16\text{-}2\text{-}3)$$
$$Y_0 = \overline{\overline{I_1 I_3 I_5 I_7}}$$

如图 16-2-2 所示是根据式（16-2-2）得出的编码器电路，该电路由三个或门组成。图 16-2-3 所示是根据式（16-2-3）得出的编码器电路，该电路由与非门和反相器组成。

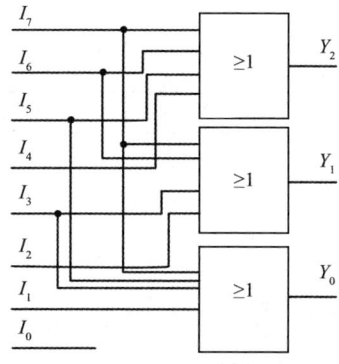

图 16-2-2 或门实现的编码器电路图

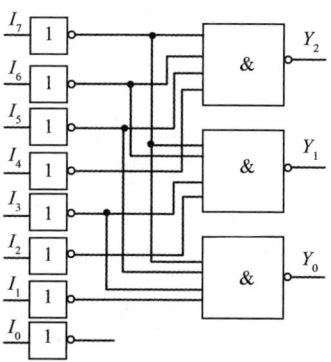

图 16-2-3 与门实现的编码器电路图

（2）优先编码器

优先编码器电路中，允许输入端同时输入两个以上的编码信号，不过有两个输入端同时有信号时，编码器电路仅对优先级别最高的一个进行编码，由此可以看出，优先编码器与普通编码器的主要区别在于：一是允许有多个输入信号；二是对多输入信号进行优先级的排序。

74LS148 是 8 线-3 线优先编码器，如图 16-2-4 所示，其中 $\overline{I_0} \sim \overline{I_7}$ 为输入端信号，$\overline{S}$ 是使能输入端，$\overline{Y_0} \sim \overline{Y_2}$ 是三个输出端，$\overline{Y_S}$ 和 $\overline{Y_{ES}}$ 是用于扩展功能的输出端。

$\overline{I_0} \sim \overline{I_7}$ 是编码器输入端，且低电平有效，其中 $\overline{I_7}$ 到 $\overline{I_0}$ 优先级别依次降低，即若 $\overline{I_7} = 0$ 时，不管 $\overline{I_0} \sim \overline{I_6}$ 处于任何状态，输出 $\overline{Y_2} \sim \overline{Y_0}$ 均为 0；$\overline{S}$ 是使能输入端，当 $\overline{S} = 0$ 时允许编码，当 $\overline{S} = 1$ 时，所有输出门均被封锁，禁止编码。利用 $\overline{S}$ 还可以进行扩展编码功能，$\overline{Y_S}$ 通常接至低位芯片的 $\overline{S}$ 端以实现扩展功能。如表 16-2-2 为 74LS148 的真值表。

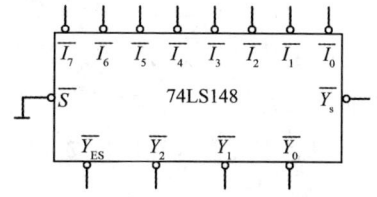

图 16-2-4 74LS148 引脚图

表 16-2-2　优先编码器真值表

输入									输出				
$\overline{S}$	$\overline{I_0}$	$\overline{I_1}$	$\overline{I_2}$	$\overline{I_3}$	$\overline{I_4}$	$\overline{I_5}$	$\overline{I_6}$	$\overline{I_7}$	$\overline{Y_2}$	$\overline{Y_1}$	$\overline{Y_0}$	$\overline{Y_{ES}}$	$\overline{Y_S}$
1	×	×	×	×	×	×	×	×	1	1	1	1	1
0	1	1	1	1	1	1	1	1	1	1	1	1	0
0	×	×	×	×	×	×	×	0	0	0	0	0	1
0	×	×	×	×	×	×	0	1	0	0	1	0	1
0	×	×	×	×	×	0	1	1	0	1	0	0	1
0	×	×	×	×	0	1	1	1	0	1	1	0	1
0	×	×	×	0	1	1	1	1	1	0	0	0	1
0	×	×	0	1	1	1	1	1	1	0	1	0	1
0	×	0	1	1	1	1	1	1	1	1	0	0	1
0	0	1	1	1	1	1	1	1	1	1	1	0	1

图 16-2-5 所示是用两片 74LS148 编码器实现的 16 线-4 线有先编码器。

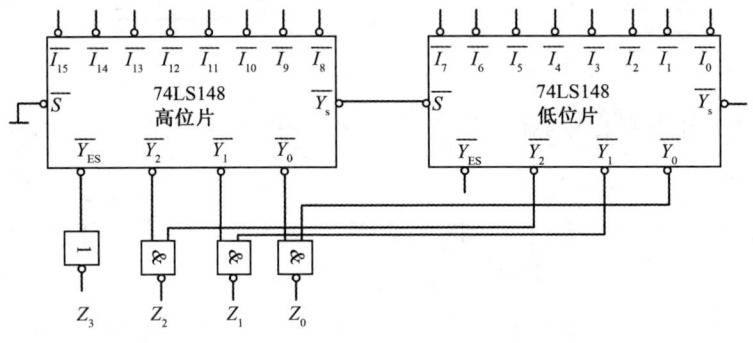

图 16-2-5　16 线-4 线优先编码器

图中将高位片 $\overline{Y_S}$ 接至低位片的 $\overline{S}$，当高位片的 $\overline{I_8} \sim \overline{I_{15}}$ 中有一个输入为 0 时，则 $\overline{Y_S}$ =1，低位片的 $\overline{S}$ =1，当 $\overline{S}$ =1 时，低位片被封锁，输出 $\overline{Y_2 Y_1 Y_0}$ =111，此时编码器输出 $Z_3 Z_2 Z_1 Z_0$ 取决于高位片 $\overline{Y_2 Y_1 Y_0}$ 的输出；当高位片 $\overline{I_8} \sim \overline{I_{15}}$ 全部输入为 1 时，则 $\overline{Y_S}$ =0，$\overline{Y_{ES}}$ =1，所以低位片的 $\overline{S}$ =0，低位片正常工作。高位片有编码输入时，高位片 $\overline{Y_{ES}}$ =0，反之 $\overline{Y_{ES}}$ =1，因此 $\overline{Y_{ES}}$ 通过反相器正好作为输出位 Z_3，编码器输出的低三位应为两片输出 $\overline{Y_2}$、$\overline{Y_1}$、$\overline{Y_0}$ 的逻辑与非。

2．译码器

常见的译码器电路有二进制译码器、二-十进制译码器和显示译码器三类。

（1）二进制译码器

二进制译码器的输入是一组二进制代码，输出是一组与输入代码一一对应的高低电平信号。若二进制译码器是 n 位二进制代码，对应有 2^n 种代码组合，每组输入代码对应一个输出端，所以 n 位二进制译码器有 2^n 个输出端。如电路有两个输入、四个输出，称为 2 线-4 线译码器；若电路有 3 个输入，8 个输出，则称为 3 线-8 线译码器。如表 16-2-3 是 2 线-4 线译码器的功能表，输入为 A、B，输出是 Y_3、Y_2、Y_1、Y_0。

由功能表得出其逻辑表达式为：$\overline{Y_0} = \overline{\overline{A}\,\overline{B}}$，$\overline{Y_1} = \overline{\overline{A}B}$，$\overline{Y_2} = \overline{A\overline{B}}$，$\overline{Y_3} = \overline{AB}$。其逻辑电路图如图 16-2-6 所示。

表 16-2-3　2 线-4 线译码器功能表

输入		输出			
A	B	Y_3	Y_2	Y_1	Y_0
0	0	0	0	0	1
0	1	0	0	1	0
1	0	0	1	0	0
1	1	1	0	0	0

（2）二-十进制译码器

二-十进制译码器的逻辑功能是将输入 BCD 码的 10 个二进制代码译成 10 个高低电平的输出信号，该译码器有 $A_0 \sim A_3$ 四个输入端，$\overline{Y_0}$ 共 10 个输出端，简称 4 线-10 线译码器，也是一种常用的集成译码器，其常用型号为 74LS42，引脚图如图 16-2-7 所示。表 16-2-4 是 74LS42 的逻辑功能表。

由表可知，$\overline{Y_0} = \overline{\overline{A_3}\,\overline{A_2}\,\overline{A_1}\,\overline{A_0}}$，当 $A_3 A_2 A_1 A_0 = 0000$ 时，输出 $\overline{Y_0} = 0$，对应十进制数 0，其余依次类推。

（3）显示译码器

在数字系统中，常常需要将运算结果用人们习惯的十进制数显示出来，这就要用到显示译码器，它通常由译码器、驱动器和显示器等部分构成。

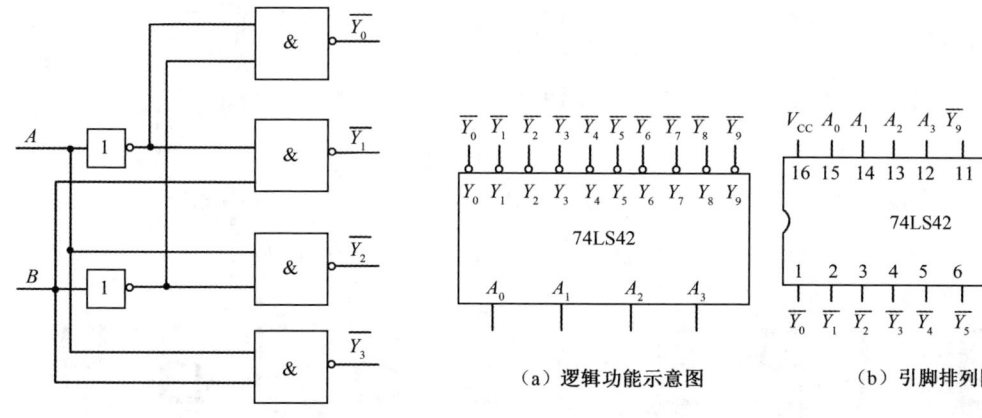

图 16-2-6　2 线-4 线译码器逻辑电路图　　　图 16-2-7　74LS42 二-十进制译码器

（a）逻辑功能示意图　　（b）引脚排列图

表 16-2-4　74LS42 二-十进制译码器功能表

输入				输出										
A_3	A_2	A_1	A_0	$\overline{Y_9}$	$\overline{Y_8}$	$\overline{Y_7}$	$\overline{Y_6}$	$\overline{Y_5}$	$\overline{Y_4}$	$\overline{Y_3}$	$\overline{Y_2}$	$\overline{Y_1}$	$\overline{Y_0}$	十进制数
0	0	0	0	1	1	1	1	1	1	1	1	1	0	0
0	0	0	1	1	1	1	1	1	1	1	1	0	1	1
0	0	1	0	1	1	1	1	1	1	1	0	1	1	2
0	0	1	1	1	1	1	1	1	1	0	1	1	1	3
0	1	0	0	1	1	1	1	1	0	1	1	1	1	4
0	1	0	1	1	1	1	1	0	1	1	1	1	1	5
0	1	1	0	1	1	1	0	1	1	1	1	1	1	6
0	1	1	1	1	1	0	1	1	1	1	1	1	1	7
1	0	0	0	1	0	1	1	1	1	1	1	1	1	8
1	0	0	1	0	1	1	1	1	1	1	1	1	1	9

① 显示器件

常用的显示器件有液晶显示器、辉光数码管、荧光数码管和半导体数码管等，目前广泛采用的是七段字符显示器或称七段数码管，它主要是由七段可发光的线段拼合而成，每个线段都是一个发光二极管，如图 16-2-8（a）所示，它有共阴极和共阳极两种接法。图 16-2-8（b）所示为共阴极接法，对应接高电平时亮；图 16-2-8（c）所示为共阳极接法，对应接低电平时亮。利用不同二极管发光线段组合，能显示 0～9 共十个数字，如图 16-2-9 所示。

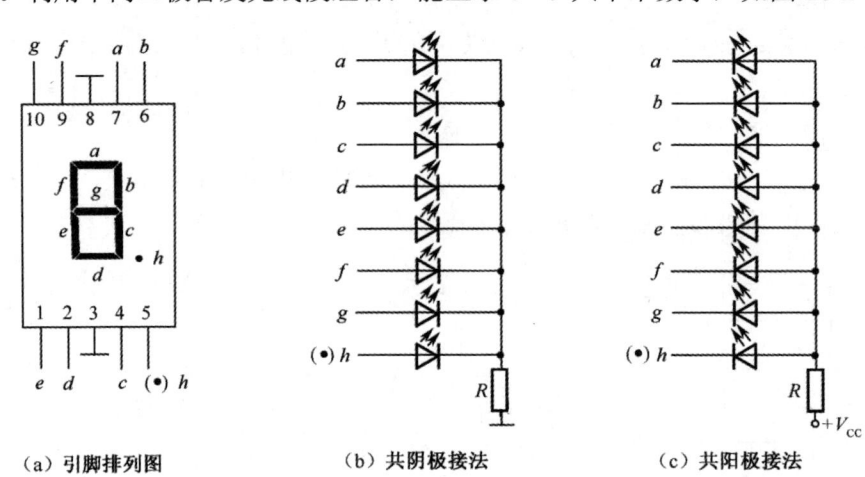

（a）引脚排列图　　　（b）共阴极接法　　　（c）共阳极接法

图 16-2-8　半导体显示器件

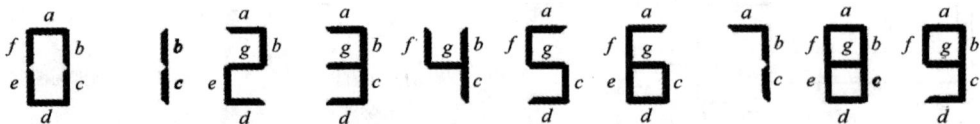

图 16-2-9　七段数码管发光段组合

② 显示译码器集成器件

七段数码管显示译码器一般有 A_0、A_1、A_2、A_3 四个输入，$Y_a \sim Y_g$ 7 个输出，再通过七段数码管显示出相应的十进制数来，如图 16-2-10 所示。译码器常用 74LS48，如图 16-2-11 所示为 74LS48 的符号图与引脚图，表 16-2-5 为 74LS48 的逻辑功能表，它有三个控制端：$\overline{LT}$、$\overline{I_B}/\overline{Y_{BR}}$、$\overline{I_{BR}}$。

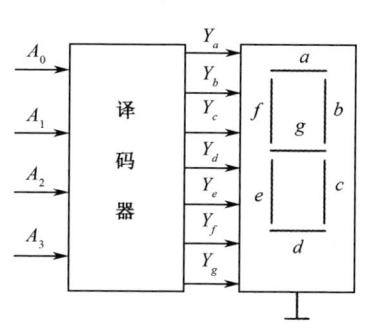

图 16-2-10　显示译码器框图

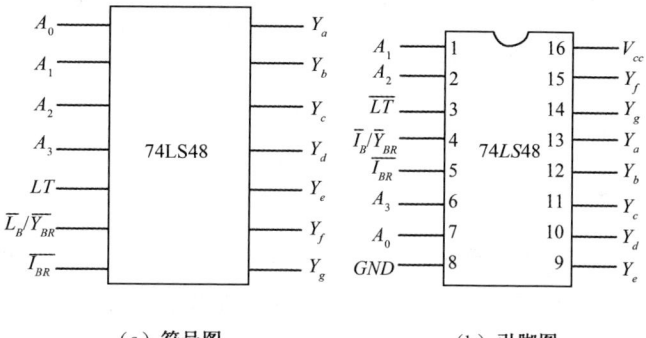

（a）符号图　　　　（b）引脚图

图 16-2-11　74LS48 符号图与引脚图

表 16-2-5　74LS48 逻辑功能表

输入						输出								显示
$\overline{LT}$	$\overline{I_{BR}}$	A_3	A_2	A_1	A_0	$\overline{I_B}/\overline{Y_{BR}}$	Y_a	Y_b	Y_c	Y_d	Y_e	Y_f	Y_g	
0	×	×	×	×	×	1	1	1	1	1	1	1	1	试灯
1	1	0	0	0	0	1	1	1	1	1	1	1	0	0
1	×	0	0	0	1	1	0	1	1	0	0	0	0	1
1	×	0	0	1	0	1	1	1	0	1	1	0	1	2
1	×	0	0	1	1	1	1	1	1	1	0	0	1	3
1	×	0	1	0	0	1	0	1	1	0	0	1	1	4
1	×	0	1	0	1	1	1	0	1	1	0	1	1	5
1	×	0	1	1	0	1	1	0	1	1	1	1	1	6
1	×	0	1	1	1	1	1	1	1	0	0	0	0	7
1	×	1	0	0	0	1	1	1	1	1	1	1	1	8
1	×	1	0	0	1	1	1	1	1	1	0	1	1	9
1	×	1	0	1	0	1	0	0	0	1	1	0	1	
1	×	1	0	1	1	1	0	0	1	1	0	0	1	
1	×	1	1	0	0	1	0	1	0	0	0	1	1	无效
1	×	1	1	0	1	1	1	0	0	1	0	1	1	显示
1	×	1	1	1	0	1	0	0	0	1	1	1	1	
1	×	1	1	1	1	1	0	0	0	0	0	0	0	
×	×	×	×	×	×	0	0	0	0	0	0	0	0	全暗
1	0	0	0	0	0	0	0	0	0	0	0	0	0	全暗

$\overline{LT}$：测试输入端。当 $\overline{LT}$ =1 时，七段数码管正常显示；当 $\overline{LT}$ =0 时，译码器输出全为 1，不论输入 $A_3 \sim A_0$ 状态，七段均发亮，显示数码"8"，它主要用来检测数码管是否损坏。

$\overline{I_{BR}}$：灭零输入端，当 $\overline{LT}$ =1，且 $\overline{I_{BR}}$ =0，输入 $A_3A_2A_1A_0$ =0000，则输出全为低电平，七段数码管均灭。

$\overline{I_B}/\overline{Y_{BR}}$：灭灯输入/灭零输出端，当 $\overline{I_B}/\overline{Y_{BR}}$ 作为输入端使用时，称灭灯输入控制端，当 $\overline{I_B}$ =0 时，无论 $A_3A_2A_1A_0$ 状态如何，七段数码管均灭；当 $\overline{I_B}/\overline{Y_{BR}}$ 作为输出端使用时，称为灭零输出端，且只有 $A_3A_2A_1A_0$ =0000，$\overline{I_{BR}}$ =0 时，$\overline{Y_{BR}}$ =0，表示译码器已将本来应显示的零熄灭了。

将灭零输入端与灭零输出端配合使用，即可实现多位数码显示系统的灭零控制。

16.2.2 数值比较器

在一些数字系统，如数字计算机中，经常涉及两个数 A 和 B 比较大小，为此设计的逻辑电路系统即为数值比较器。常见的数值比较器有一位数值比较器和多位数值比较器。

1. 一位数值比较器

设 A、B 是两个输入变量，要比较 A、B 两数的大小，输出有三种情况 $A>B$、$A<B$ 和 $A=B$，所以输出变量有三个，分别是 $Y_{A>B}$、$Y_{A<B}$ 和 $Y_{A=B}$，其功能表如表 16-2-6 所示。

表 16-2-6   一位数值比较器功能表

输入		输出		
A	B	$Y_{A>B}$	$Y_{A<B}$	$Y_{A=B}$
0	0	0	0	1
0	1	0	1	0
1	0	1	0	0
1	1	0	0	1

由功能表可知，$Y_{A>B} = A\overline{B}$，$Y_{A<B} = \overline{A}B$，$Y_{A=B} = AB + \overline{A}\overline{B}$

由逻辑表达式画出逻辑图如图 16-2-12 所示。

2. 多位数值比较器

在进行两个多位数的大小比较时，必须自高而低地逐位进行比较，当高位相等时，才进行低位数的比较。例如 A、B 是两个 4 位二进制数 $A_3A_2A_1A_0$ 和 $B_3B_2B_1B_0$，在进行比较时，先比较 A_3 和 B_3，若 $A_3>B_3$，则不论 $A_2A_1A_0$ 和 $B_2B_1B_0$ 状态如何，结果均为 $A>B$；若 $A_3<B_3$，则不论 $A_2A_1A_0$ 和 $B_2B_1B_0$ 状态如何，结果均为 $A<B$，只有 $A_3=B_3$ 时，才进行 A_2 和 B_2 的比较，依次类推，便能比较出结果。

常用的四位数值比较器型号为 74LS85，如图 16-2-13 所示为其引脚图，其中，A_3、A_2、A_1、A_0 和 B_3、B_2、B_1、B_0 为数值输入端；$I_{A>B}$、$I_{A=B}$、$I_{A<B}$ 为级联输入端，$Y_{A>B}$、$Y_{A<B}$ 和 $Y_{A=B}$ 为比较器输出端。74LS85 逻辑功能表如表 16-2-7 所示。

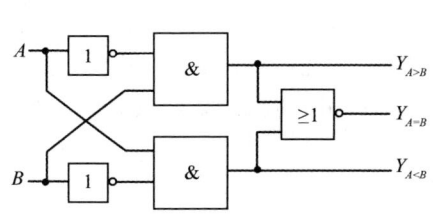

图 16-2-12 一位数值比较器

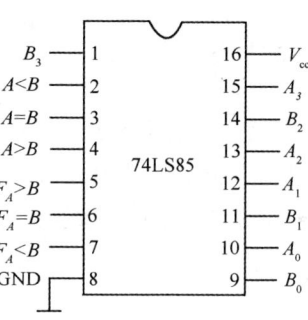

图 16-2-13 74LS85 引脚图

表 16-2-7 74LS85 逻辑功能表

输入							输出		
A_3 B_3	A_2 B_2	A_1 B_1	A_0 B_0	$I_{A>B}$	$I_{A=B}$	$I_{A<B}$	$Y_{A>B}$	$Y_{A=B}$	$Y_{A<B}$
$A_3>B_3$	×	×	×	×	×	×	1	0	0
$A_3<B_3$	×	×	×	×	×	×	0	0	1
$A_3=B_3$	$A_2>B_2$	×	×	×	×	×	1	0	0
$A_3=B_3$	$A_2<B_2$	×	×	×	×	×	0	0	1
$A_3=B_3$	$A_2=B_2$	$A_1>B_1$	×	×	×	×	1	0	0
$A_3=B_3$	$A_2=B_2$	$A_1<B_1$	×	×	×	×	0	0	1
$A_3=B_3$	$A_2=B_2$	$A_1=B_1$	$A_0>B_0$	×	×	×	1	0	0
$A_3=B_3$	$A_2=B_2$	$A_1=B_1$	$A_0<B_0$	×	×	×	0	0	1
$A_3=B_3$	$A_2=B_2$	$A_1=B_1$	$A_0=B_0$	1	0	0	1	0	0
$A_3=B_3$	$A_2=B_2$	$A_1=B_1$	$A_0=B_0$	0	1	0	0	1	0
$A_3=B_3$	$A_2=B_2$	$A_1=B_1$	$A_0=B_0$	0	0	1	0	0	1

若要进行两个 8 位数比较，则可使用两片 74LS85 级联，如图 16-2-14 所示。

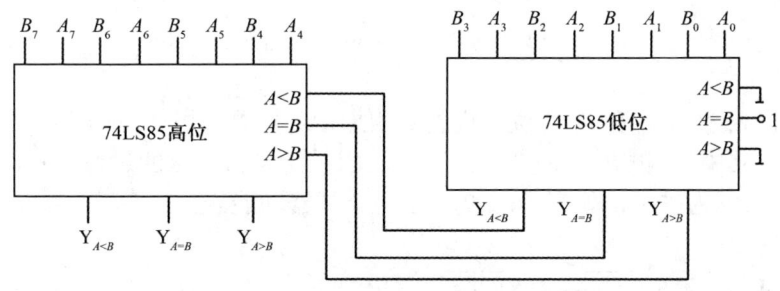

图 16-2-14 8 位二进制数比较大小电路连接图

16.2.3 加法器

在数字系统中，两个二进制数的加、减、乘、除运算，在计算机中都化为若干步加法运算进行，因此，加法器是构成算术运算的基本单元。加法器按所加二进制数位数分为：一位加法器和多位加法器，其中一位加法器又分为半加器和全加器，下面仅介绍半加器和全加器。

1. 半加器

半加器仅考虑两个一位二进制数相加，不考虑低位的进位。例如设计一个一位二进制半加器，其中 A 和 B 为输入变量，即为两加数，Y 和 CO 为输出变量，其中 Y 为和数，CO 为进位。如表 16-2-8 为半加器功能表。

表 16-2-8　半加器功能表

输入		输出	
A	B	Y	CO
0	0	0	0
0	1	1	0
1	0	1	0
1	1	0	1

由功能表得：$Y = \overline{A}B + A\overline{B} = A \oplus B$，$CO = AB$，半加器的逻辑电路如图 16-2-15 所示。

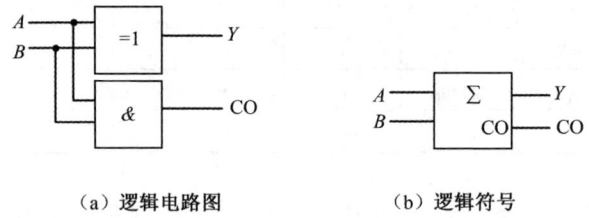

（a）逻辑电路图　　　　　（b）逻辑符号

图 16-2-15　半加器逻辑图

2. 全加器

全加器不仅要考虑 A_n 和 B_n 两位二进制数相加，还需要考虑低位的进位 CI_{n-1}。例如，设计一个全加器，其中 A_n 和 B_n 为两个输入变量，CI_{n-1} 为来自低位的进位，Y 和 CO 为输出变量，Y 为和数，CO 为进位，如表 16-2-9 所示为全加器功能表。

由功能表得：

$$Y = \overline{A_n}\,\overline{B_n}CI_{n-1} + \overline{A_n}B_n\overline{CI_{n-1}} + A_n\overline{B_n}\,\overline{CI_{n-1}} + A_nB_nCI_{n-1}$$

$$= (\overline{A_n}\,\overline{B_n} + A_nB_n)CI_{n-1} + (\overline{A_n}B_n + A_n\overline{B_n})\overline{CI_{n-1}}$$

$$= (\overline{A_n \oplus B_n})CI_{n-1} + (A_n \oplus B_n)\overline{CI_{n-1}}$$

$$= A_n \oplus B_n \oplus CI_{n-1}$$
$$CO = \overline{A_n}B_nCI_{n-1} + A_n\overline{B_n}CI_{n-1} + A_nB_n\overline{CI_{n-1}} + A_nB_nCI_{n-1}$$
$$= (A_n \oplus B_n)CI_{n-1} + A_nB_n$$

表 16-2-9　全加器功能表

输入			输出	
A_n	B_n	CI_{n-1}	Y	CO
0	0	0	0	0
0	0	1	1	0
0	1	0	1	0
0	1	1	0	1
1	0	0	1	0
1	0	1	0	1
1	1	0	0	1
1	1	1	1	1

全加器的逻辑电路图如图 16-2-16 所示。

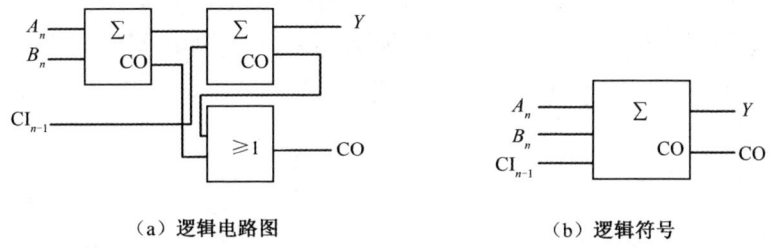

（a）逻辑电路图　　　　　　　　（b）逻辑符号

图 16-2-16　全加器的逻辑电路图

16.2.4　数据选择器和数据分配器

1. 数据选择器

在多数数据传输过程中，经常要将其中一路信号挑选出来进行传输，这就需要用到数据选择器。在数据选择器中，常常使用地址输入信号来完成挑选数据的任务，如一个四选一的数据选择器，应有两个地址输入端，共有 4 不同组合，每一种组合可选择对应的一路输入数据输出。同理，八选一数据选择器则应用了 3 个地址输入端，以此类推。如图 16-2-17 所示是四选一数据选择器符号图。

其中，E 为使能端或选通端，低电平有效，$E=1$ 时，选择器不工作，数据禁止输入；$E=0$ 时，选择器正常工作。A_0、A_1 为控制数据传送的地址输入信号，D_0D_3 为供选择的电路并行输入信号。如表 16-2-10 为四选一数据选择器功能表。

汽车电工电子技术基础

表 16-2-10　四选一数据选择器功能表

输入			输出
E	A_1	A_0	Y
1	×	×	0
0	0	0	D_0
0	0	1	D_1
0	1	0	D_2
0	1	1	D_3

由数据选择器功能表可得出逻辑表达式：

$$Y = D_0 \overline{A_1}\,\overline{A_0} + D_1 \overline{A_1} A_0 + D_2 A_1 \overline{A_0} + D_3 A_1 A_0$$

2．数据分配器

数据分配器正好与数据选择器相反，它是根据输入地址码的不同，将一路数据分配到相应的一个输出端上输出。其功能相当于一个受控波段开关。根据数据分配器输出个数的不同，可将数据分配器分为 4 路数据分配器、8 路数据分配器等。例如，74LS138 译码器作为数据分配器原理图如图 16-2-18 所示。

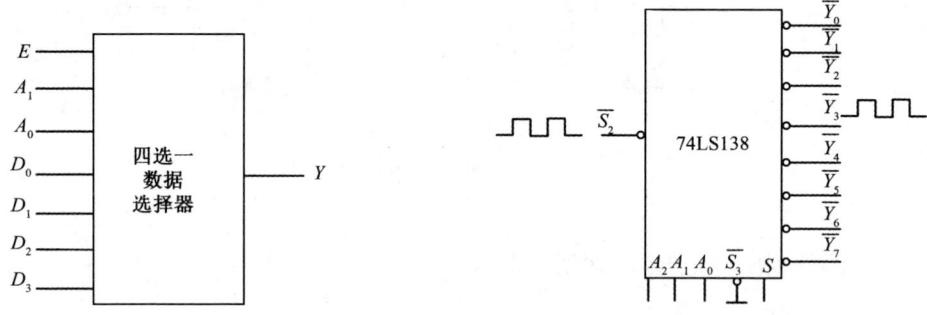

图 16-2-17　四选一数据选择器符号图　　　图 16-2-18　用 74LS138 作为数据分配器

图中，A_2、A_1、A_0：地址输入端；$\overline{Y_0} \sim \overline{Y_7}$：数据输出端；$\overline{S_2}$：数据串行输入端；$S_1$：使能端。如表 16-2-11 为 74LS138 译码器作为数据分配器的功能表。

以上仅介绍了几种简单的组合逻辑电路的应用，除了上面介绍的之外，还有很多类似应用，如数据减法器、组合逻辑电路中的竞争-冒险现象、函数发生器、奇偶校验器等，这里不再赘述，请读者自行查阅资料学习。

表 16-2-11　74LS138 译码器作为数据分配去的功能表

输入						输出							
S_1	$\overline{S_2}$	$\overline{S_3}$	A_2	A_1	A_0	$\overline{Y_0}$	$\overline{Y_1}$	$\overline{Y_2}$	$\overline{Y_3}$	$\overline{Y_4}$	$\overline{Y_5}$	$\overline{Y_6}$	$\overline{Y_7}$
0	×	0	×	×	×	1	1	1	1	1	1	1	1
1	D	0	0	0	0	D	1	1	1	1	1	1	1
1	D	0	0	0	1	1	D	1	1	1	1	1	1
1	D	0	0	1	0	1	1	D	1	1	1	1	1
1	D	0	0	1	1	1	1	1	D	1	1	1	1
1	D	0	1	0	0	1	1	1	1	D	1	1	1
1	D	0	1	0	1	1	1	1	1	1	D	1	1
1	D	0	1	1	0	1	1	1	1	1	1	D	1
1	D	0	1	1	1	1	1	1	1	1	1	1	D

小　　结

组合逻辑电路的概念、特点：某一时刻的输出只取决于该时刻的输入，与电路的历史状态无关；组合逻辑电路的分析方法：写逻辑表达式化简或转换表达式列真值表确定逻辑功能；组合逻辑电路的设计方法：逻辑抽象列真值表写逻辑表达式化简或转换表达式画出逻辑电路图选择元器件连接测试；几种组合逻辑电路的应用举例，如编码器、译码器、数值比较器、加法器、数据选择器和数据分配器等。

习　　题

16-1　分析习题 16-1 图两组合逻辑电路的逻辑功能。

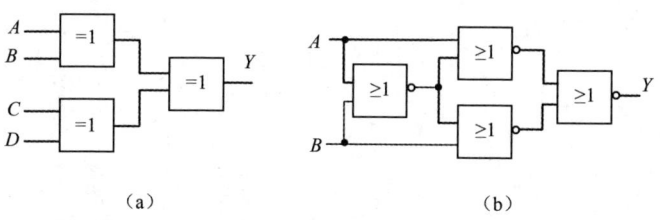

（a）　　　　　　　　　　　　　　　　（b）

习题 16-1 图

16-2　分析习题 16-2 图所示组合逻辑电路。

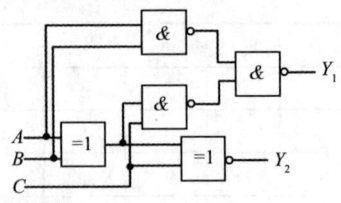

习题 16-2 图

16-3　请设计一个三人表决器，其中 A 有否决权，即只要 A 否决，则不论 B、C 同意与否，均不通过。

16-4　有一车间，有红、黄两个故障灯，用来表示三台设备的工作情况，当有一台设备出现故障时，黄灯亮；当有两台设备出现故障时，红灯亮；若三台设备都出现故障，红灯、黄灯都亮。试用与非门设计一个控制灯亮的逻辑电路。

第 *17* 章

触发器

知识目标

1. 了解触发器的概念及基本特性。
2. 掌握基本触发器、同步触发器、主从触发器、边沿触发器等的电路结构和工作特点。
3. 掌握触发器的各种触发方式：电平触发、脉冲触发和边沿触发。
4. 掌握触发器的逻辑功能及其描述方法。

触发器也叫双稳态门，又称双稳态触发器。是一种可以在两种状态下运行的数字逻辑电路。触发器一直保持它们的状态，直到它们收到输入脉冲，又称为触发。当收到输入脉冲时，触发器输出就会根据规则改变状态，然后保持这种状态直到收到另一个触发。触发器也称为能够存储 1 位二值信号的基本单元电路，它具备以下两个基本特性：

（1）触发器是构成时序逻辑电路的基本逻辑部件，触发器有两个稳定的工作状态：

一个为 1，即输出端 $Q=1$，$\overline{Q}=0$；

另一个为 0，即输出端 $Q=0$，$\overline{Q}=1$。

在无外界信号作用时，触发器维持原来的稳定状态。

（2）在一定的外界信号作用时，触发器从一个稳定的工作状态翻转到另一个稳定状态。

17.1　基本 RS 触发器

触发器的电路图由逻辑门电路组成，基本 RS 触发器是一种最简单的触发器，是构成各种类型触发器的基础。

17.1.1　电路结构与工作原理

1. 电路结构

前面讲过的各种门电路虽然都有两种不同的输出状态(0 或 1)，但均不能自行保持，因此，

不具备记忆功能。但如果将两个与非门的输出各自接入其输入端，即给门电路加上反馈，如图 17-1-1 所示，便得到基本 RS 触发器。

2．工作原理

由与非门组成的基本 RS 触发器电路图可知：

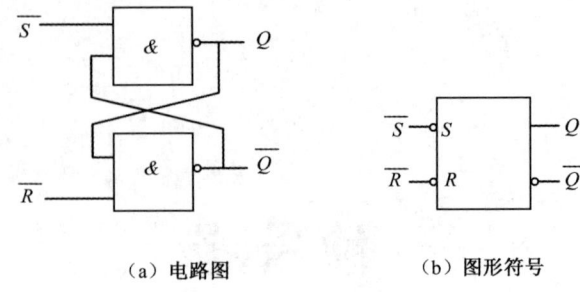

（1）$\bar{S}=\bar{R}=1$，设触发器的初始状态为"1"态，即 $Q=1$、$\bar{Q}=0$。则触发器的"1"状态可以自动保持，形成稳态；同理若触发器的初始状态为"0"态，即 $Q=0$、$\bar{Q}=1$，锁存器也可自动保持"0"态。可见，触发器具有保持原状态不变的功能。

（a）电路图　　　　（b）图形符号

图 17-1-1　基本 RS 触发器

（2）$\bar{S}=1$，$\bar{R}=0$，此时，$Q=0$、$\bar{Q}=1$，即无论触发器的初态为何态，触发器均置为"0"态。当脉冲消失后，触发器保持"0"态不变。

（3）$\bar{S}=0$，$\bar{R}=1$，此时，$Q=1$、$\bar{Q}=0$，即无论触发器的初态为何态，触发器均置为"1"态。当脉冲消失后，触发器保持"1"态不变。

（4）$\bar{S}=0$，$\bar{R}=0$，当 $\bar{R}$ 端和 $\bar{S}$ 端同时加低电平或负脉冲时，两个与非门输出都为 1，这不符合 Q 与 $\bar{Q}$ 状态相反的逻辑要求，且当负脉冲消失后，触发器将由各种偶然因素决定其最终状态。因此这是不允许出现的状态，使用时应禁止出现。

17.1.2　真值表

用与非门组成的基本 RS 触发器真值表如表 17-1-1 所示。

表 17-1-1　用与非门组成的基本 RS 触发器的真值表

$\bar{S}$	$\bar{R}$	Q_n	Q_{n+1}	功能
0	0	0	×	不稳定状态
0	0	1	×	
0	1	0	1	置1（置位）
0	1	1	1	
1	0	0	0	置0（复位）
1	0	1	0	
1	1	0	0	状态保持
1	1	1	1	

例 17-1-1　在如图 17-1-1 所示的基本 RS 电路中，已知 $\bar{S}$ 和 $\bar{R}$ 的电压波形如图 17-1-3 所示，试画出 Q 和 $\bar{Q}$ 端对应的电压波形。

解：本题实质上是已知 $\bar{S}$ 和 $\bar{R}$ 的状态确定 Q 和 $\bar{Q}$ 状态的问题，可由表 17-1-1 查得 Q 和 $\bar{Q}$ 的状态，电压波形如图 17-1-2 所示。

17.1.3　动作特点

由上述分析可知，在基本 RS 触发器中，输入信号直接加在输入门上，在输入信号全部作用时间内，都能直接改变输出端的状态，故将 $\overline{S}$ 称为直接置位端，$\overline{R}$ 称为直接复位端。

17.1.4　特性方程

根据表 17-1-1 可得基本 RS 触发器的特性方程，其中 Q_n、Q_{n+1} 分别为触发器的现态和次态。

$$Q_{n+1} = S + \overline{R}Q_n$$

约束条件为：$\overline{R} + \overline{S} = 1$

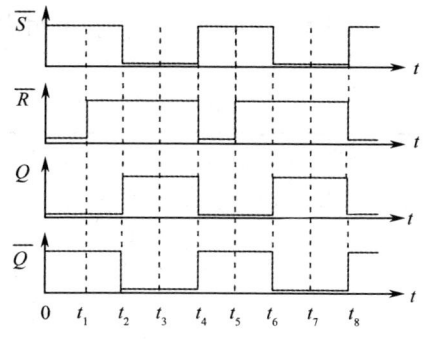

图 17-1-2　例 17-1-1 电压波形图

17.2　同步触发器

在数字系统中，为协调各部分的动作，常常要求某些触发器在同一时刻动作，这就要求有一个同步信号来控制，这个控制信号叫作时钟信号，简称时钟，用 CP 来表示，具有时钟脉冲控制的触发器称为时钟触发器，又称钟触发器。若触发器的输出在 CP 信号有效时才根据输入信号改变状态，则称其为同步触发器。

17.2.1　同步 RS 触发器

1. 电路的结构

同步 RS 触发器由时钟信号 CP 来控制，其电路结构如图 17-2-1 所示，当 CP=0 时，G_3、G_4 被封锁，输入信号 S、R 又不起作用，SR 触发器的输入均为 1，触发器的状态保持不变。只有 CP=1 时，S、R 才能起作用。

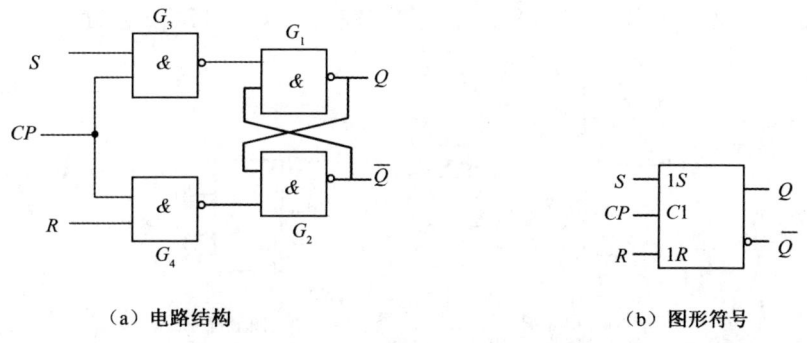

（a）电路结构　　　　　　　　　　（b）图形符号

图 17-2-1　电平触发的 RS 触发器

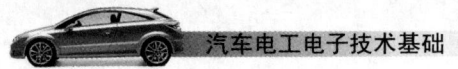

2．真值表

由同步 RS 触发器的工作原理得表 17-2-1 所示真值表。

表 17-2-1　同步 RS 触发器真值表

CP	S	R	Q_n	Q_{n+1}
0	×	×	0	0
0	×	×	1	1
1	0	0	0	0
1	0	0	1	1
1	0	1	0	0
1	0	1	1	0
1	1	0	0	1
1	1	0	1	1
1	1	1	0	不定
1	1	1	1	

例 17-2-1　如图 17-2-2（a）、（b）所示，试对应输入波形画出图中 Q 端波形，假设触发器的初态为"0"。

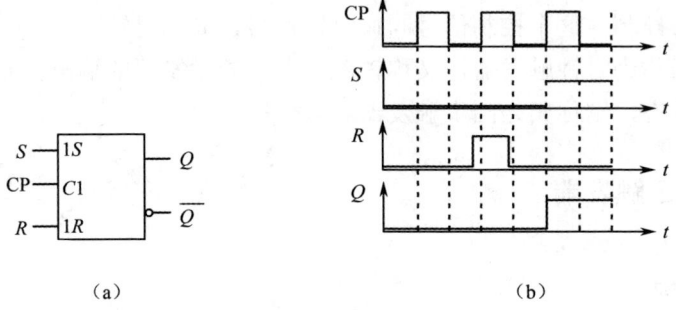

（a）　　　　　　　　　　　　（b）

图 17-2-2　例 17-2-1 图

解： CP=0 时，触发器状态不变，CP=1 时，触发器根据 S、R 取值翻转。

在某些情况下，有时需在时钟 CP 到来之前，先将触发器预置成指定的状态，因此在同步的 SR 触发器上设置了异步置位端 $\overline{S}$ 和异步复位端 $\overline{R}$，如图 17-2-3 所示。

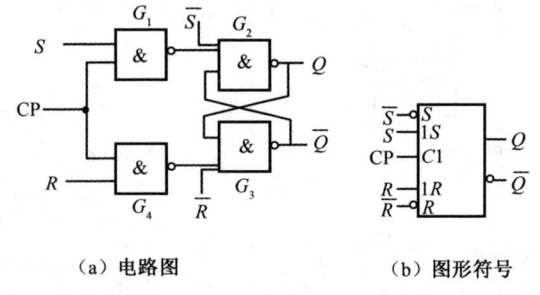

（a）电路图　　　　　　（b）图形符号

图 17-2-3　带异步置位、复位端的电平触发 SR 触发器

3．特性方程

触发器的次态 Q_{n+1} 和输入状态 R、S 及现态 Q_n 之间的逻辑关系式称为触发器的特性方程。由表 17-2-1 得同步 RS 触发器的特性方程为：

$$Q_{n+1} = S + \overline{R}Q_n$$

$$R \cdot S = 0\,(\text{约束条件})$$

17.2.2　同步 D 触发器

1．电路的组成及工作原理

在某些时候，触发器仅有一个输入信号，因此在一些电路中把图 17-2-1 所示的电路改为图 17-2-4 所示的形式，即为同步 D 触发器。

当 $D=1$，CP 变为高电平时，触发器被置"1"，即 $Q=1$，$\overline{Q}=0$，CP 回到低电平时，触发器保持状态"1"不变；当 $D=0$，CP 变为高电平时，触发器被置"0"，即 $Q=0$，$\overline{Q}=1$，CP 回到低电平时，触发器保持状态不变。

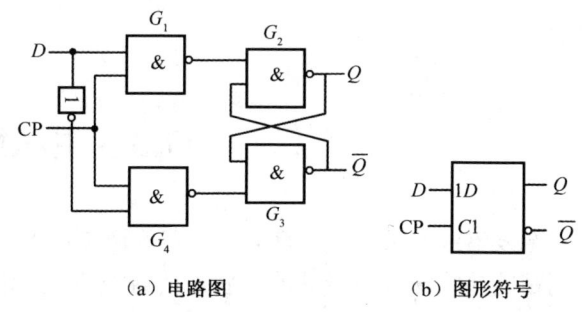

（a）电路图　　　　　（b）图形符号

图 17-2-4　同步 D 触发器

2．真值表

由同步 D 触发器工作原理的其真值表见表 17-2-2 所示。

表 17-2-2　同步 D 触发器真值表

CP	D	Q_n	Q_{n+1}
0	×	0	0
0	×	1	1
1	0	0	0
1	0	1	0
1	1	0	1
1	1	1	1

3．特性方程

由真值表可得同步 D 触发器的特性方程：

$$Q_{n+1} = D,\qquad CP = 1 \text{ 期间有效}$$

例 17-2-2　如图 17-2-5 所示，试对应输入波形画出图 17-2-5 中 Q 端波形（设触发器初

始状态为 0)。

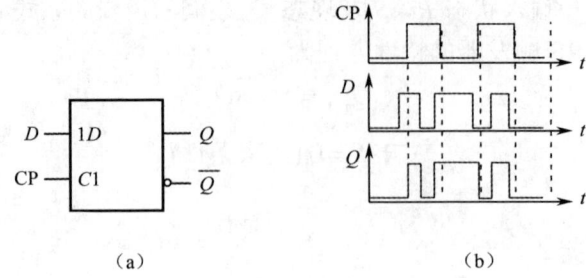

图 17-2-5　例 17-2-2 图

解：CP=0 时，触发器保持原状态不变，CP=1 时，触发器次态跟随输入 D 信号而发生改变。

17.3　主从触发器

触发器经常会遇到翻转现象，有效翻转是指在一个时钟周期的整个高电平或整个低电平期间都能接收输入信号并改变状态的触发方式。触发器在一个时钟脉冲周期中，触发器多次发生翻转，这种现象叫做空翻。空翻是一种有害现象，它使得时序电路不能按时钟频率工作，从而造成系统的误操作。为了避免空翻现象，使触发器在每个 CP 期间输出状态仅改变一次，则引入脉冲触发的触发器，常见的有主从 SR 触发器和主从 JK 触发器。

17.3.1　主从 SR 触发器

1．电路结构及工作原理

主从 SR 触发器由两个同样的电平触发 SR 触发器组成，如图 17-3-1 所示，主触发器和从触发器的结构相同，只是主触发器由时钟 CP 控制，从触发器由 $\overline{CP}$ 控制。

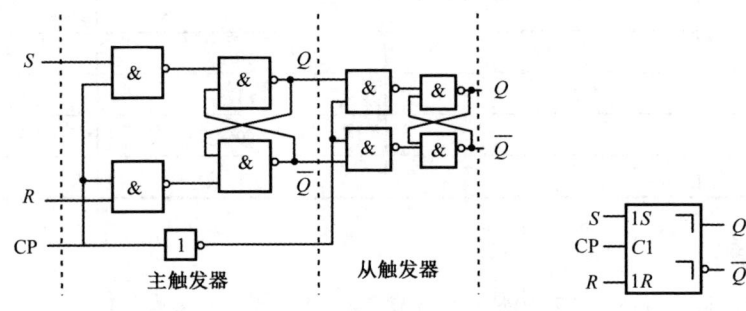

图 17-3-1　主从 SR 触发器

当 CP=1 时，主触发器接收输入信号 S 和 R，从触发器被封锁，使主从 SR 触发器状态保持不变。

当 CP 由高电平返回低电平以后，CP=0，$\overline{CP}$ =1，主触发器被封锁，并保留前一状态不变，这时从触发器工作翻转到与主触发器相同的状态。

在图形符号中"⌐"表示下降沿触发，即电路的输出状态的变化发生在 CP 信号的下降沿。CP=0 后，主触发器被封锁，其状态不再受输入 R、S 的影响，故主从触发器对输入信号的敏感时间大大缩短，只在 CP 下降沿触发翻转，因此不会出现空翻现象。

2. 真值表

由主从 SR 触发器的工作原理得出如表 17-3-1 所示的真值表，其中"⎍"表示 CP 高电平有效的脉冲触发特性，即状态变化发生在下降沿。

表 17-3-1　主从 SR 触发器真值表

CP	S	R	Q_n	Q_{n+1}
×	×	×	×	Q_n
⎍	0	0	0	0
⎍	0	0	1	1
⎍	0	1	0	0
⎍	0	1	1	0
⎍	1	0	0	1
⎍	1	0	1	1
⎍	1	1	0	
⎍	1	1	1	

例 17-3-1　如图 17-3-2 所示，试对应输入波形画出 Q 端波形(设触发器初始状态为 0)。

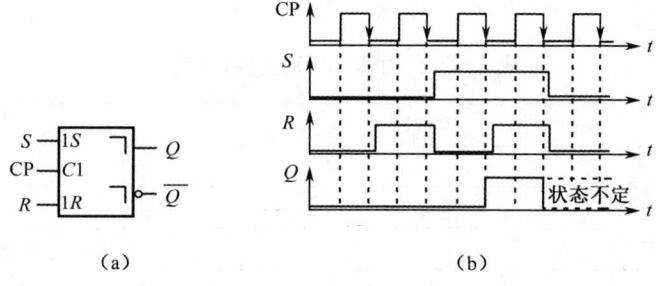

（a）　　　　　　　　　　　　（b）

图 17-3-2　例 17-3-1 图

17.3.2　主从 JK 触发器

主从 SR 触发器克服了同步 SR 触发器的空翻现象，但在 CP=1 期间，主触发器的输出

仍会随输入的变化而变化，当 $S=R=1$ 时，仍存在不定状态。因此为了使主从 SR 触发器在 $S=R=1$ 时也有确定的状态，将输出 Q 和 $\overline{Q}$ 反馈到输入端，这种触发器称为主从 JK 触发器。

1．电路结构即工作原理

主从 JK 触发器如图 17-3-3 所示，在主从 SR 触发器的基础上增加两根反馈线，一根从 Q 端引入 G_8 门的输入端，一根从 $\overline{Q}$ 端引入 G_7 门的输入端，并将原 S 端改为 J 端，R 端改为 K 端，相当于原主从 SR 触发器中：$S=J\overline{Q}$，$R=KQ$。

当 $J=1$，$K=0$，CP=1 时，主触发器置 1，待 CP=0 以后从触发器随之置 1；

当 $J=0$，$K=1$，CP=1 时，主触发器置 0，待 CP=0 以后从触发器随之置 0；

当 $J=K=0$ 时，主触发器被封锁，从触发器保持原来的状态不变；

当 $J=K=1$ 时，若 $Q_n=0$，主触发器 G_8 门被封锁，CP=1 时仅 G_7 输出低电平信号，故主触发器置 1，CP=0 以后从触发器随之置 1；若 $Q_n=1$，主触发器 G_7 门被封锁，CP=1 时，仅 G_8 门输出低电平信号，故主触发器置 0，CP=0 以后从触发器随之置 0。

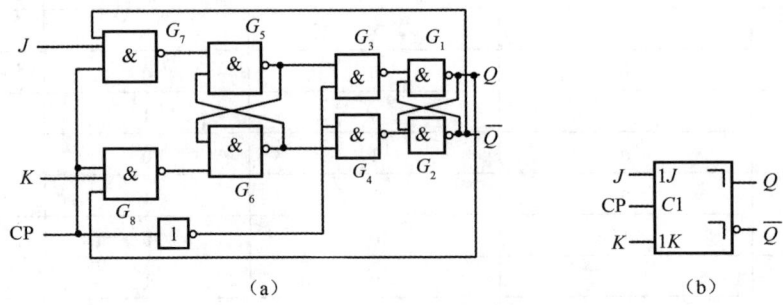

图 17-3-3　主从 JK 触发器

2．真值表

由主从 JK 触发器工作原理的表 17-3-2 所示真值表。

表 17-3-2　主从 JK 触发器真值表

CP	J	K	Q_n	Q_{n+1}
×	×	×	×	Q_n
⊓	0	0	0	0
⊓	0	0	1	1
⊓	0	1	0	0
⊓	0	1	1	0
⊓	1	0	0	1
⊓	1	0	1	1
⊓	1	1	0	1
⊓	1	1	1	0

3．特性方程

根据表 17-5 可得主从 JK 触发器的特性方程：$Q_{n+1} = J\overline{Q_n} + \overline{K}Q_n$

例 17-3-2　如图 17-3-4 所示，试对应输入波形画出 Q 端波形（设触发器的初始状态为 0）。

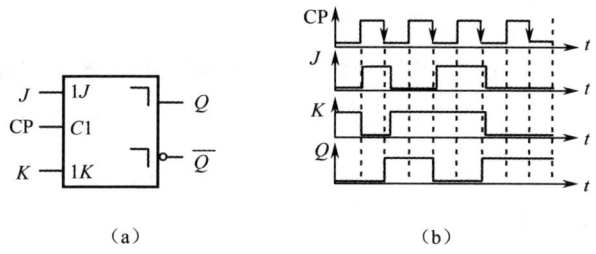

（a）　　　　　　　　　　　　　　（b）

图 17-3-4　例 17-3-2 图

解： CP=1 时，触发器状态不变，CP 下降沿到来时，触发器根据 J、K 的取值翻转。

17.3.3　主从 T 触发器

将 JK 触发器的输入端 J 和 K 相连作为输入端，就构成了主从 T 触发器。

1．电路结构

T 触发器的电路结构如图 17-3-5 所示。

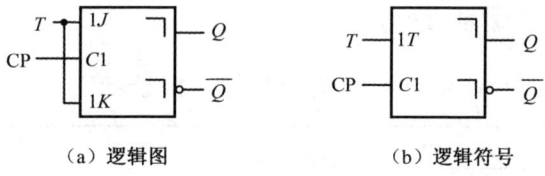

（a）逻辑图　　　　　　　　　　　（b）逻辑符号

图 17-3-5　JK 触发器构成的 T 触发器

2．真值表

T 触发器的真值表如表 17-3-3 所示。

表 17-3-3　主从 T 触发器的真值表

T	Q_n	Q_{n+1}	功能说明
0	0	0	保持原来状态
0	1	1	
1	0	1	每输入一个脉冲
1	1	0	输出状态改变一次

3. 特性方程

在 JK 触发器的基础上得出 T 触发器的特性方程：$Q_{n+1} = J\overline{Q_n} + \overline{K}Q_n = T\overline{Q_n} + \overline{T}Q_n$

17.4 边沿触发器

为了提高触发器的抗干扰能力，增强电路的可靠性，希望触发器的次态仅取决于 CP 的上升沿（或下降沿）到达时输入信号的状态，与 CP 的其它时刻的信号无关，边沿触发器则解决了这一问题。

1. 边沿触发器电路结构

如图 17-4-1 所示使用两个 D 触发器组成的边沿触发器，当 CP $=0$ 时，$\overline{CP}$ $=CP_1=1$，Q_1 输出状态由 D 决定，$Q_1=D$。此时，第二个 D 触发器的时钟信号 $CP_2=0$，Q_2 即 Q 保持原来的状态。

当 CP 由低变高时，CP_1 则由高变低，此时 Q_1 保持 CP 上升沿到来前输入端的状态，不再随 D 变化。同时，CP_2 由低变为高电平，使 Q_2 与它的输入状态相同，即 $Q=Q_2=Q_1$。

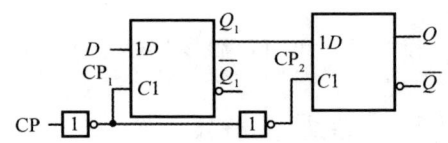

图 17-4-1 边沿触发器

2. 真值表

如表 17-4-1 是边沿触发器的真值表。

表 17-4-1 边沿触发器的真值表

CP	D	Q_n	Q_{n+1}
×	×	×	Q_n
↑	0	0	0
↑	0	1	0
↑	1	0	1
↑	1	1	1

例 17-4-1 如图 17-4-2 所示，设触发器的初态为 0，对应输入波形实话出 Q 的波形。
解：在画波形图时，应注意以下两点：
（1）触发器的触发翻转发生在 CP 的上升沿；
（2）判断触发器次态的依据是 CP 上升沿到达前一瞬间输入端的状态。

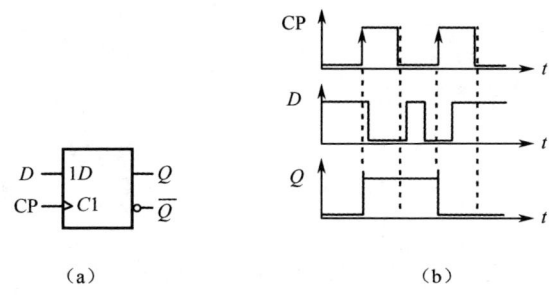

（a） （b）

图 17-4-2 例 17-4-1 图

小　结

构成复杂数字系统的基本单元——触发器。触发器可以保存一位二值信息。触发器按触发方式的不同分为：电平触发的触发器、脉冲触发的触发器和边沿触发的触发器三种。触发器按逻辑功能分为：SR 触发器、JK 触发器、D 触发器和 T 触发器等。

习　题

17-1　若主从结构的 SR 触发器各输入端的电压波形如习题 17-1 图所示，试画出 Q 和 $\overline{Q}$ 端的电压波形，设触发器的初始状态为：$Q=0$。

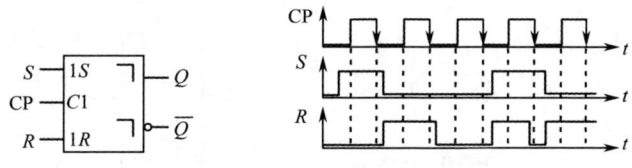

习题 17-1 图

17-2　在脉冲触发的 T 触发器中，如习题 17-2 图所示试对应输入波形画出输出 Q 的波形图，设触发器的初始状态为 0。

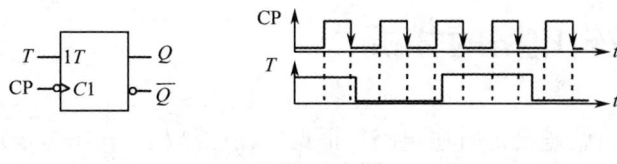

习题 17-2 图

17-3　试画出用或非门组成的基本 RS 触发器，并列出状态真值表，求出特征方程。

第 *18* 章

时序逻辑电路

知识目标

1. 掌握时序逻辑电路的工作原理、分析和设计方法。
2. 掌握寄存器、计数器等各类时序逻辑电路的工作原理及使用方法。
3. 了解 555 定时器的电路组成和工作原理。

数字电路根据逻辑功能的不同，分为组合逻辑电路和时序逻辑电路，组合逻辑电路已在第 16 章做过介绍，其主要特点是：输入的变化直接反映输出的变化，即某一时刻的输出状态仅取决于该时刻的输入，与电路的原始状态无关；而时序逻辑电路中，电路某一时刻的输出状态不仅取决于该时刻电路的输入，还与电路的原始状态有关，相当于在组合逻辑电路的输入端和输出端之间加了一个反馈网络，称其为存储电路。

时序逻辑电路的特点是：①含有记忆元件（常用的是触发器）；②具有反馈通道。时序逻辑电路的结构图如图 18-1 所示。

时序逻辑电路可以用三个方程组来描述：

（1）输出方程，即 $Y=F(X, Q)$；

（2）驱动方程，即 $Z=G(X, Q)$

（3）状态方程，即 $Q^{n+1}=H(X, Z)$

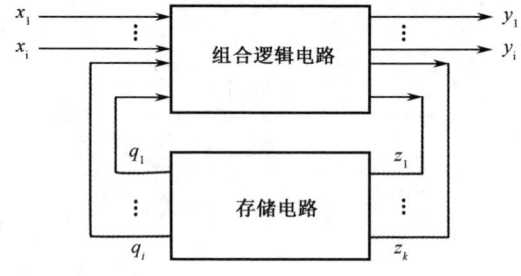

图 18-1　时序逻辑电路的结构图

18.1　时序逻辑电路的分析

分析时序逻辑电路就是给定时序电路，根据电路的结构，找出该电路的逻辑功能，即找出输入和时钟信号 CP 的作用下，电路的次态和输出。时序逻辑电路的分析一般采用存储电路的状态转移方程、输出逻辑表达式、状态转移表或电压波形图（也称为时序图）等方法。

时序逻辑电路中的存储电路常用的是触发器，根据触发器的动作特点，可将时序逻辑电

路分为：同步时序逻辑电路和异步时序逻辑电路。其中，同步时序逻辑电路是指存储电路中的所有触发器的时钟使用统一的 CP，状态变化发生在同一时刻，即触发器在时钟的作用下同时翻转；而异步时序逻辑电路指的是触发器的翻转不是同时的，没有统一的 CP，触发器的状态变化有先有后。

18.1.1 同步时序逻辑电路的分析方法及举例

1. 同步时序逻辑电路的分析方法

同步时序逻辑电路的分析方法分为以下 5 个步骤：

（1）由给定的逻辑电路图写出每个触发器的驱动方程，驱动方程指的是存储电路中每个触发器输入信号的逻辑表达式。

（2）把得到的驱动方程带入相应触发器的特性方程中，就得到每个触发器的状态方程，由这些状态方程得到整个时序逻辑电路的方程组。

（3）根据逻辑图写出电路的输出方程。

（4）写出整个电路的状态转换表、状态转换图和时序图。

（5）由状态转换表或状态转换图得出电路的逻辑功能。

2. 同步时序逻辑电路的分析举例

例 18-1-1 时序逻辑电路图如图 18-1-1 所示，试分析该电路的逻辑功能。

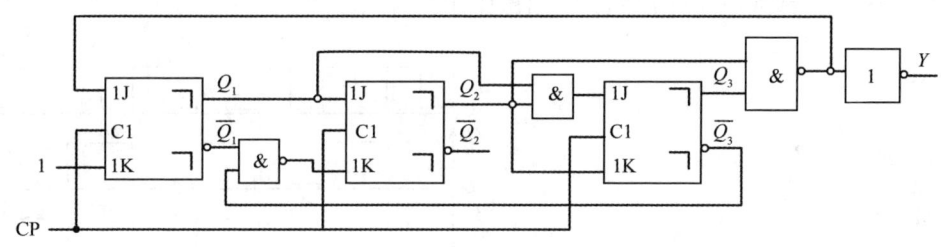

图 18-1-1 例 18-1-1 图

解：由图 18-1-1 可见，逻辑电路图由 3 个 JK 触发器、两个与非门、一个与门和一个非门电路组成，且 3 个 JK 触发器受同一个时钟信号 CP 控制，具体分析步骤为：

（1）驱动方程：

$$J_1 = \overline{Q_2^n Q_3^n}, \quad K_1 = 1$$
$$J_2 = Q_1^n, \qquad K_2 = \overline{\overline{Q_1^n Q_3^n}}$$
$$J_3 = Q_1^n Q_2^n, \quad K_3 = Q_2^n$$

（2）JK 触发器的特性方程：$Q^{n+1} = J\overline{Q^n} + \overline{K}Q^n$

将驱动方程代入特性方程中，得到电路的状态方程：

$$Q_1^{n+1} = \overline{Q_2^n Q_3^n Q_1^n}$$

$$Q_2^{n+1} = Q_1^n \overline{Q_2^n} + \overline{Q_1^n} \overline{Q_3^n} Q_2^n$$

$$Q_3^{n+1} = Q_1^n Q_2^n \overline{Q_3^n} + \overline{Q_2^n} Q_3^n$$

（3）输出方程：$Y = Q_2^n Q_3^n$

（4）①状态转换表，设初始状态 $Q_3 Q_2 Q_1 = 000$，可得相应的次态，如表 18-1-1 所示。

表 18-1-1 状态转换真值表

CP	Q_3^n	Q_2^n	Q_1^n	Q_3^{n+1}	Q_2^{n+1}	Q_1^{n+1}	Y
0	0	0	0	0	0	1	0
1	0	0	1	0	1	0	0
2	0	1	0	0	1	1	0
3	0	1	1	1	0	0	0
4	1	0	0	1	0	1	0
5	1	0	1	1	1	0	0
6	1	1	0	0	0	0	1
0	1	1	1	0	0	0	1

由状态转换真值表可以看出，该时序逻辑电路实现了七进制加法计数器，Y 为进位脉冲的输出端。

② 状态转换图：将状态转换表以图形的方式直观地表现出来，如图 18-1-2 所示。

③ 时序图（也称为电压波形图），如图 18-1-3 所示。

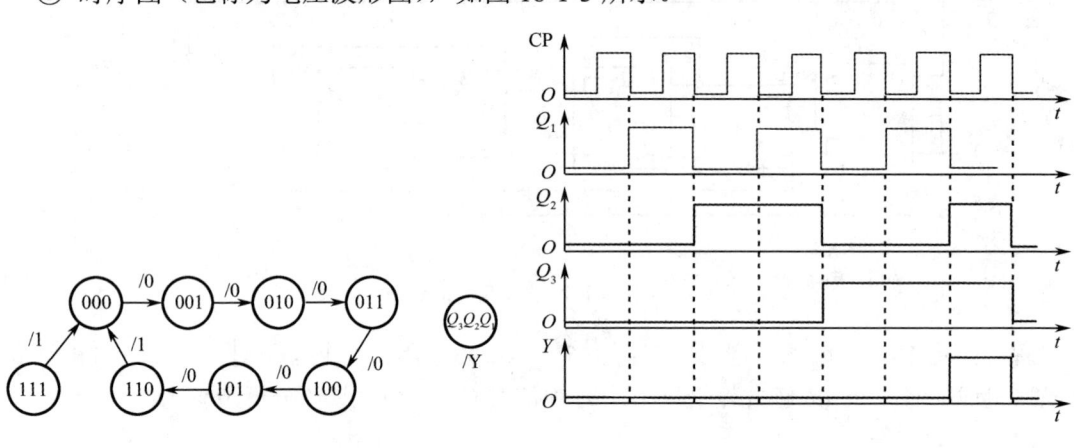

图 18-1-2 状态转换图   图 18-1-3 时序图

18.1.2 异步时序逻辑电路的分析方法及举例

1. 异步时序逻辑电路的分析方法

异步时序逻辑电路的分析方法有别于同步时序逻辑电路，在异步时序逻辑电路中，触发

器的动作不是同时的，因此分析时除了写出驱动方程、状态方程和输出方程外，还需写出各个触发器的时钟信号，因此异步时序逻辑电路的分析要比同步时序逻辑电路的分析复杂。

2．异步时序逻辑电路分析举例

例 18-1-2　异步时序电路如图 18-1-4 所示，分析其功能。

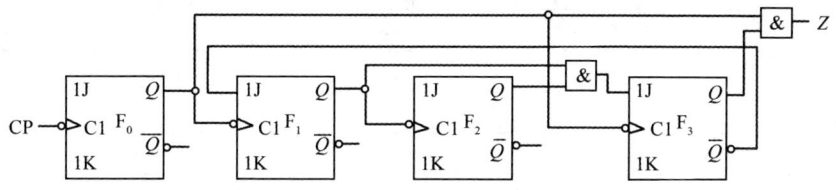

图 18-1-4　例 18-2 电路图

解：由图可见，图 18-1-4 所示电路由四个 JK 触发器和两个与门构成。

（1）时钟方程：

$$CP_0 = CP$$
$$CP_1 = CP_3 = Q_0$$
$$CP_2 = Q_1$$

（2）驱动方程：

$$J_0 = K_0 = 1$$
$$J_1 = \overline{Q_3^n}, \quad K_1 = 1$$
$$J_2 = K_2 = 1$$
$$J_3 = Q_2^n Q_1^n, \quad K_3 = 1$$

（3）输出方程：$Z = Q_3^n Q_0^n$

（4）状态方程组 JK 触发器的特性方程为：$Q^{n+1} = J\overline{Q^n} + \overline{K}Q^n$

将 J，K 代入 JK 触发器特性方程可得：

$$Q_0^{n+1} = J_0 \overline{Q_0^n} + \overline{K_0}Q_0^n = \overline{Q_0^n} \qquad \text{CP 下降沿有效}$$
$$Q_1^{n+1} = J_1 \overline{Q_1^n} + \overline{K_1}Q_1^n = \overline{Q_3^n}\,\overline{Q_1^n} \qquad Q_0 \text{ 下降沿有效}$$
$$Q_2^{n+1} = J_2 \overline{Q_2^n} + \overline{K_2}Q_2^n = \overline{Q_2^n} \qquad Q_1 \text{ 下降沿有效}$$
$$Q_3^{n+1} = J_3 \overline{Q_3^n} + \overline{K_3}Q_3^n = Q_2^n Q_1^n \overline{Q_3^n} \qquad Q_0 \text{ 下降沿有效}$$

（5）①状态转换表

设 $Q_3^n Q_2^n Q_1^n Q_0^n = 0000$，依次代入状态方程和输出方程，注意状态方程中有效时钟条件（见表 18-1-2）。

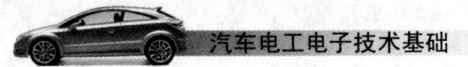

表 18-1-2　例 18-1-2 电路状态转移真值表

输入 CP 脉冲个数	计数状态		时钟脉冲	输出 Z
	$Q_3^n Q_2^n Q_1^n Q_0^n$	$Q_3^{n+1} Q_2^{n+1} Q_1^{n+1} Q_0^{n+1}$	$CP_3 CP_2 CP_1 CP_0$	
0	0 0 0 0	0 0 0 1	0 0 0 0	0
1	0 0 0 1	0 0 1 0	0 0 0 1	0
2	0 0 1 0	0 0 1 1	1 0 1 1	0
3	0 0 1 1	0 1 0 0	0 0 0 1	0
4	0 1 0 0	0 1 0 1	1 1 1 1	0
5	0 1 0 1	0 1 1 0	0 0 0 1	0
6	0 1 1 0	0 1 1 1	1 0 1 1	0
7	0 1 1 1	1 0 0 0	0 0 0 1	0
8	1 0 0 0	1 0 0 1	1 1 1 1	0
9	1 0 0 1	0 0 0 0	0 0 0 1	1

② 状态图如图 18-1-5 所示。

③ 时序图如图 18-1-6 所示。

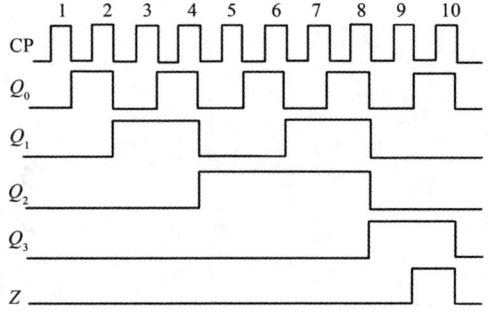

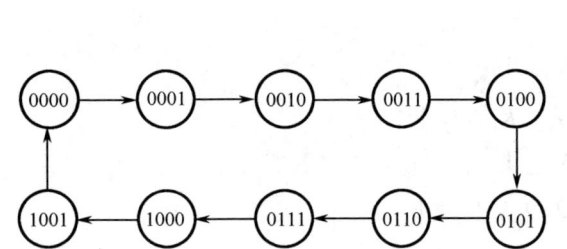

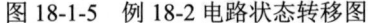

图 18-1-5　例 18-2 电路状态转移图　　　　图 18-1-6　例 18-2 电路的波形图

由以上分析可看出该电路是异步十进制加法计数器，计数范围从 0000 到 1001。

18.2　计数器

　　计数器是数字系统中应用最广泛的基本部件之一，计数器不仅可以对时钟脉冲进行计数，还可以用于定时、分频、产生节拍脉冲和脉冲序列等等，并且可以进行数字运算等。可以说，几乎所有的数字系统都用到了计数器。

　　计数器的种类多种多样，按照时钟脉冲的输入方式主要分为：同步计数器和异步计数器；按照计数过程中数字的增减主要分为：加法计数器、减法计数器和可逆计数器；按计数器中数字编码主要分为：二进制计数器、二-十进制计数器和循环码计数器等；按计数容量主要分为：十进制计数器、六十进制计数器等等。本节主要介绍同步计数器和异步计数器。

18.2.1　同步二进制计数器

所谓同步计数器指的是计数器中各触发器受同一时钟脉冲控制,其状态的改变发生在同一时刻。根据二进制加法运算规则可知:在多位二进制数末位加1,若第 i 位以下皆为 1 时,则第 i 位应翻转。

1．电路组成

同步计数器通常由 T 触发器构成,如图 18-2-1 所示是四位二进制同步加法计数器的结构图。图中的 T 触发器是由四个 JK 触发器构成的,四个触发器受同一时钟脉冲信号的控制。

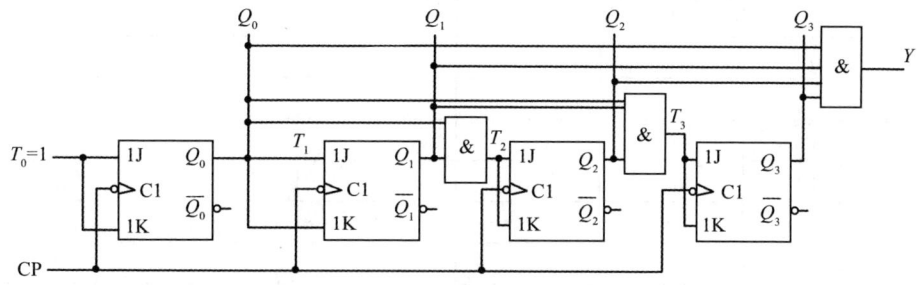

图 18-2-1　同步二进制加法计数器

由图可知,第 i 个触发器的输入端的逻辑表达为: $T_i = Q_{i-1} \cdot Q_{i-2} \cdots Q_1 \cdot Q_0$

2．工作原理

四位同步二进制加法计数器电路中四个触发器的驱动方程分别为:

$$T_0 = 1$$
$$T_1 = Q_0^n$$
$$T_2 = Q_1^n Q_0^n$$
$$T_3 = Q_2^n Q_1^n Q_0^n$$

T 触发器的特性方程: $Q^{n+1} = T \oplus Q^n = T\overline{Q^n} + \overline{T}Q^n$

计数器的状态方程为:

$$Q_0^{n+1} = T_0 \oplus Q_0^n = \overline{Q_0^n}$$
$$Q_1^{n+1} = T_1 \oplus Q_1^n = Q_0^n \overline{Q_1^n} + \overline{Q_0^n}Q_1^n$$
$$Q_2^{n+1} = T_2 \oplus Q_2^n = Q_1^n Q_0^n \overline{Q_2^n} + \overline{Q_1^n Q_0^n}Q_2^n$$
$$Q_3^{n+1} = T_3 \oplus Q_3^n = Q_2^n Q_1^n Q_0^n \overline{Q_3^n} + \overline{Q_2^n Q_1^n Q_0^n}Q_3^n$$

电路的输出方程为: $Y = Q_3 Q_2 Q_1 Q_0$

3．状态转换表

四位二进制同步加法计数器的状态转换表如表 18-2-1 所示。

表 18-2-1　四位二进制同步加法计数器的状态转换表

输入脉冲 CP 个数	计数器状态				等效十进制数	进位 Y
	Q_0^n	Q_3^n	Q_2^n	Q_1^n		
0	0	0	0	0	0	0
1	0	0	0	1	1	0
2	0	0	1	0	2	0
3	0	0	1	1	3	0
4	0	1	0	0	4	0
5	0	1	0	1	5	0
6	0	1	1	0	6	0
7	0	1	1	1	7	0
8	1	0	0	0	8	0
9	1	0	0	1	9	0
10	1	0	1	0	10	0
11	1	0	1	1	11	0
12	1	1	0	0	12	0
13	1	1	0	1	13	0
14	1	1	1	0	14	0
15	1	1	1	1	15	1
16	0	0	0	0	0	0

4．状态转换图和时序图

状态转换图和时序图如图 18-2-2 所示。

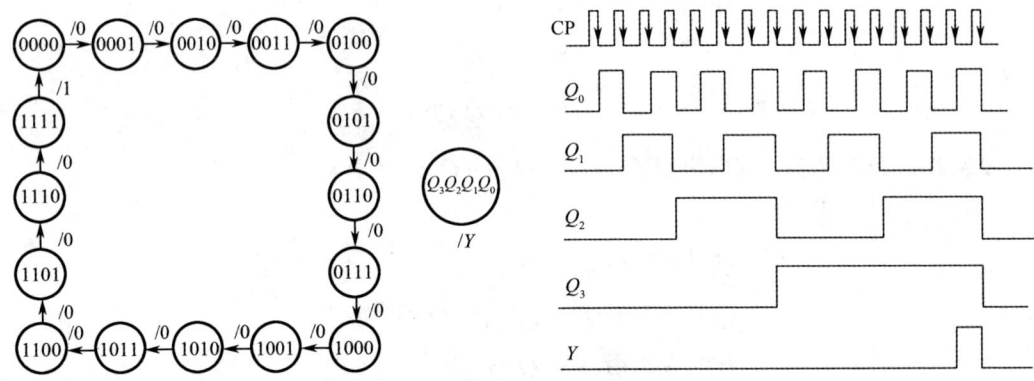

图 18-2-2（a）状态转换图　　　　　　图 18-2-2（b）时序图

可见，每输入 16 个脉冲信号，计数器工作一个循环，并产生一个进位输出信号，所以又将四位二进制同步计数器称为十六进制计数器。计数器能计到的最大数称为计数器的容量，它也等于计数器所有位全为 1 时的数值。n 位二进制计数器的容量为 $2^n - 1$。

18.2.1　异步二进制计数器

异步计数器在进行计数加 1 时是从低位到高位逐位进行进位，所以组成电路的各个触发器的翻转不是同时进行的。

1．电路组成

如图 18-2-3 所示是由 T 触发器组成的 3 位异步二进制加法计数器电路图，图中的 T 触发器也是由 JK 触发器而来，令 $J=K=1$。图中三个触发器都是在时钟信号的下降沿到来时动作，所以进位信号应从低位的 Q 端引出，最低位的时钟信号 CP 就是要进行记录的计数输入脉冲。

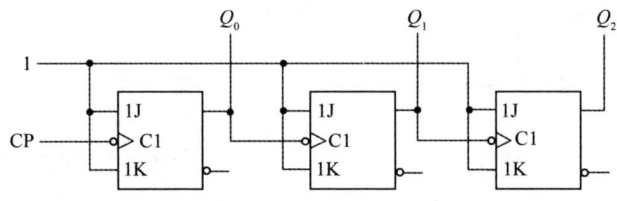

图 18-2-3　3 位异步二进制加法计数器

2．工作原理

时钟方程：$CP_0 = CP$，$CP_1 = Q_0$，$CP_2 = Q_1$

三个触发器的驱动方程：$T_0 = T_1 = T_2 = 1$

T 触发器的特性方程：$Q^{n+1} = T \oplus Q^n = T\overline{Q^n} + \overline{T}Q^n$

状态方程：$Q_0^{n+1} = \overline{Q_0^n}$，$Q_1^{n+1} = \overline{Q_1^n}$，$Q_2^{n+1} = \overline{Q_2^n}$

3．状态转换表

三位异步二进制加法计数器的状态转换表如表 18-2-2 所示。

表 18-2-2　三位异步二进制加法计数器的状态转换表

输入 CP 脉冲个数	Q_2^n	Q_1^n	Q_0^n	Q_2^{n+1}	Q_1^{n+1}	Q_0^{n+1}
1	0	0	0	0	0	1
2	0	0	1	0	1	0
3	0	1	0	0	1	1
4	0	1	1	1	0	0
5	1	0	0	1	0	1
6	1	0	1	1	1	0
7	1	1	0	1	1	1
8	1	1	1	0	0	0

4．状态转换图和时序图

状态转换图和时序图如图 18-2-4 所示。

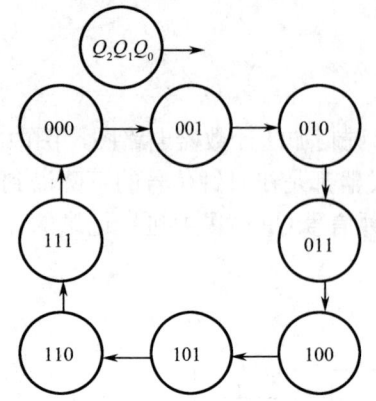

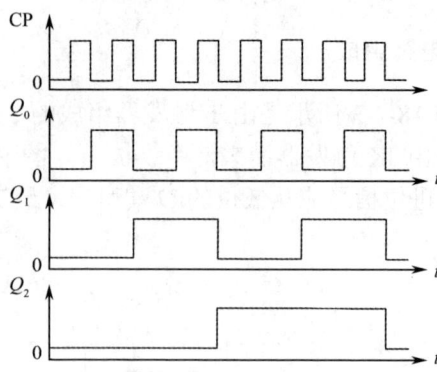

图 18-2-4（a）状态转换图   图 18-2-4（b）时序图

如果将 T 触发器之间按照二进制减法计数器的规则连接，就得到二进制减法计数器。按照二进制减法计数器的计数规则，若低位触发器状态为 0，则在输入一个减法计数脉冲后，状态应翻转为 1，同时向高位发出借位信号，使高位翻转。如图 18-2-5 就是按照上述规则接成的 3 位二进制减法计数器，具体请读者自行分析。

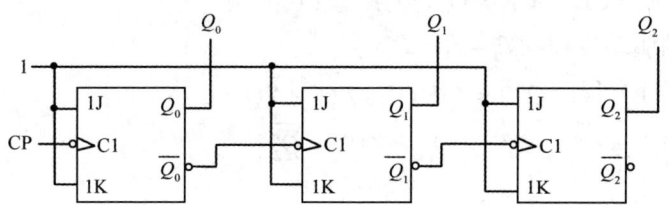

图 18-2-5　3 位异步二进制减法器

18.3　寄存器

寄存器主要是用来寄存一组二进制代码，广泛应用于各类数字系统和计算机中。寄存器按照功能可分为数据寄存器和移位寄存器两种。

18.3.1　数据寄存器

数据寄存器又称为数据缓存器或数据锁存器，主要是用来进行数据的接收、存储和输出的，一般由触发器和控制门电路组成。一个触发器可以存储一位二进制数，n 个触发器可以存储 n 位二进制数据。寄存器中的触发器只需要有置 0、置 1 的功能即可，寄存器实际上就

是若干触发器的集合。

如图 18-3-1 是一个由电平触发的同步 SR 触发器组成的 4 位寄存器的逻辑电路图。由电平触发的特点可知，在时钟脉冲 CP 的高电平期间 Q 端的状态随着 D 端的状态而改变，在 CP 变成低电平以后，Q 端将保持 CP 变为低电平时刻 D 端的状态。

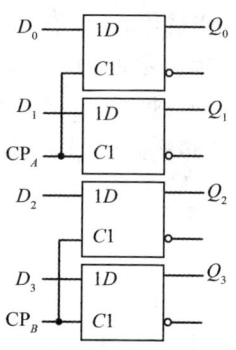

18.3.2 移位寄存器

移位寄存器除了接收、存储和输出数据以外，还具有移位的功能。移位寄存器分为单向移位和双向移位两种，其中单向移位又分为左移位和右移位。下面简单介绍单向移位中的右移位寄存器的工作原理。

图 18-3-1　4 位数据寄存器

如图 18-3-2 所示是用 D 触发器构成的 4 位右移位寄存器的结构图，其中第一个 D 触发器的输入端用来接收输入信号，其余的触发器的输入端均与前一个触发器的输出 Q 端相连。

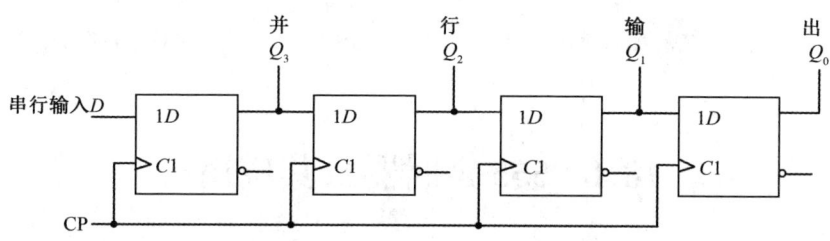

图 18-3-2　4 位移位寄存器

时钟方程：$CP_3 = CP_2 = CP_1 = CP_0 = CP \uparrow$

驱动方程：$D_0 = Q_1^n$，$D_1 = Q_2^n$，$D_2 = Q_3^n$，$D_3 = D$

D 触发器的特性方程：$Q^{n+1} = D(CP \uparrow)$

所以，寄存器并行输出方程为：

$$Q_0^{n+1} = Q_1^n(CP \uparrow)，\quad Q_1^{n+1} = Q_2^n(CP \uparrow)，\quad Q_2^{n+1} = Q_3^n(CP \uparrow)，\quad Q_3^{n+1} = D(CP \uparrow)$$

假定寄存器的初态为 0000，在触发器的时钟脉冲的作用下，移位寄存器的代码输出情况如表 18-3-1 所示。

表 18-3-1　移位寄存器中代码的输出情况

CP	输入数据 D	移位寄存器并行输出数据			
		Q_3	Q_2	Q_1	Q_0
0	0	0	0	0	0
1	1	1	0	0	0
2	0	0	1	0	0
3	1	1	0	1	0
4	1	1	1	0	1

根据表 18-3-1 可画出时序图如图 18-3-3 所示。

由图可知，在右移位寄存器电路中，随着 CP 脉冲的递增，触发器输入端依次输入数据 D，即串行数据输入，每输入一个时钟脉冲，数据向右移动一位。数据在输出的时候有两种方式：一种是从 Q_0 依次输出，称为串行输出；另一种是由 $Q_3Q_2Q_1Q_0$ 输出，称为并行输出。

左移位寄存器电路如图 18-3-4 所示，具体请读者自行分析。

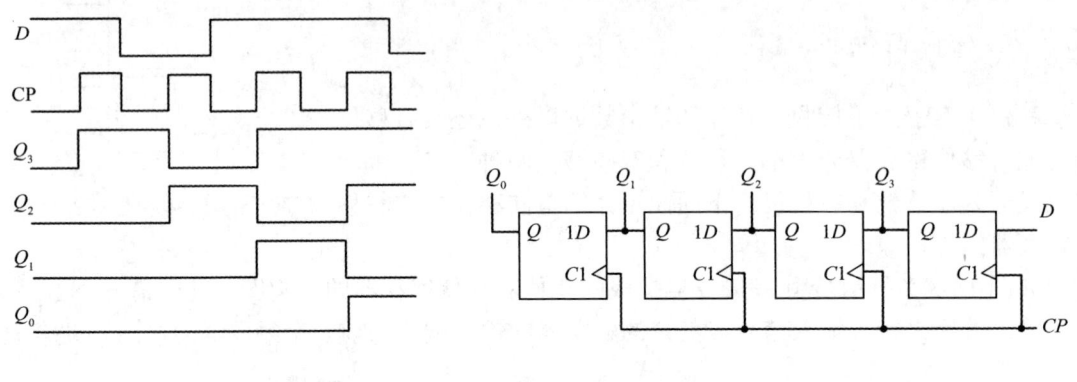

图 18-3-3　4 位右移位寄存器时序图　　　图 18-3-4　4 位左移位寄存器

18.4　555 定时器及其应用

555 定时器是一种多用途的数字-模拟混合集成电路，利用 555 定时器可以构成单稳态触发器、施密特触发器和多谐振荡器。555 定时器的应用十分广泛，目前，555 定时器产品型号繁多，但所有双极型产品型号最后 3 位数都是 555，所有 CMOS 产品型号最后 4 位数码都是 7555，而且两种类型产品的功能和外部引脚排列完全相同。

18.4.1　555 定时器

1. 555 定时器的内部电路结构

如图 18-4-1 是国产的双极型定时器 CB555 的电路结构图，主要由 3 个 5kΩ电阻组成的分压器、两个高精度电压比较器 C_1 和 C_2、一个基本 RS 触发器、一个作为放电通路的管子 VT 及输出驱动电路组成。其中，端口 6 为比较器 C_1 的输入端 u_{i1}，用 TH 标注；端口 2 为比较器 C_2 的输入端 u_{i2}，用 $\overline{TR}$ 标注。

（1）电压比较器：C_1 和 C_2 为两个电压比较器。每个电压比较器有两个输入端，标有+号的称为同相输入端；标有-号的称为反相输入端。当同相输入端电压 V_+ 大于反相输入端电压 V_-，即 $V_+ > V_-$ 时，则电压比较器输出为高电平（对应逻辑值"1"），反之电压比较器输出为低电平（对应逻辑值"0"）。电压比较器的两个输入端基本上不向外电路索取电流，即输入电阻趋于无穷大。

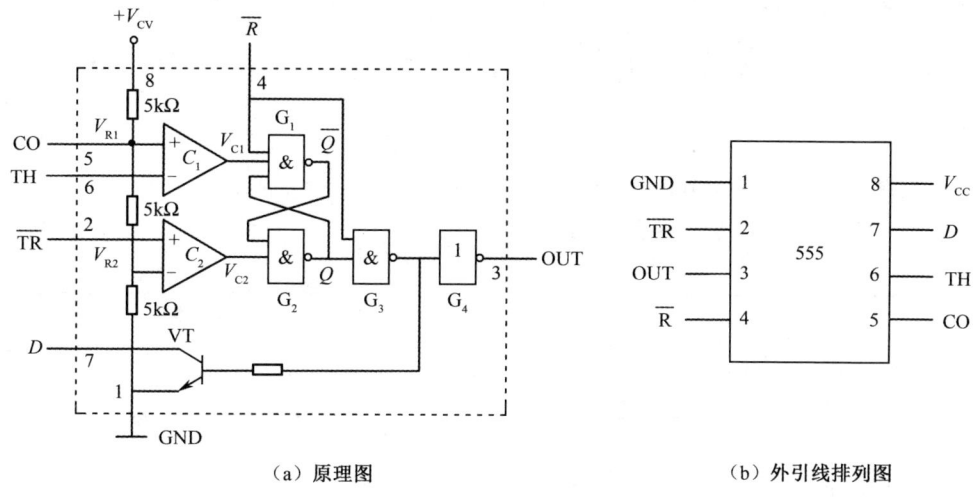

（a）原理图　　　　　　　　　　　　　　　（b）外引线排列图

图 18-4-1　CB555 定时器

（2）分压电阻：三个阻值为 5KΩ 的串联电阻构成分压装置。在控制电压输入端 V_{CO} 悬空时，$V_{R1} = \dfrac{2}{3} V_{CC}$，$V_{R2} = \dfrac{1}{3} V_{CC}$，分别为电压比较器 C_1 和 C_2 的参考电压，如果 V_{CO} 外接固定电压，则 $V_{R1} = V_{CO}$，$V_{R2} = \dfrac{1}{2} V_{CO}$。若不使用 CO 端，应用时一般通过一个 0.01μF 的电容接地，以旁路高频干扰。

（3）基本 RS 触发器：由 G_1 和 G_2 两个与非门构成基本 RS 触发器，两个电压比较器 C_1 和 C_2 的输出决定基本 RS 触发器 Q 端的状态。$\overline{R}$ 端为基本 RS 触发器的复位端，当 $\overline{R} = 0$ 时，$Q = 0$，$\overline{Q} = 1$。

（4）放电晶体管 VT：放电晶体管受 $\overline{Q}$ 的控制，当 $\overline{Q} = 0$ 时，三极管 VT 截止，当 $\overline{Q} = 1$ 时，三极管 VT 导通，555 定时器的 7 脚与地相通形成放电通道。

（5）输出缓冲器 G_4：其作用是提高 555 定时器的带负载能力和隔离负载对 555 定时器的影响。

2．555 定时器的工作原理

由图 18-4-1 可知，只要在 $\overline{R}$ 端加上低电平，RS 触发器 $Q = 0$，$\overline{Q} = 1$，输出端 u_0 为低电平，放电管 VT 饱和导通。

（1）当 $u_{i1} > V_{R1}$，$u_{i2} > V_{R2}$ 时，电压比较器 C_1 输出低电平即 $V_{c1} = 0$，电压比较器 C_2 输出高电平即 $V_{c2} = 1$，基本 RS 触发器被置 0，输出端 u_0 为低电平，放电管 VT 导通。

（2）当 $u_{i1} < V_{R1}$，$u_{i2} > V_{R2}$ 时，$V_{c1} = 1$，$V_{c2} = 1$，RS 触发器的状态保持不变，输出 u_0 和放电管 VT 的状态也保持不变。

（3）当 $u_{i1} < V_{R1}$，$u_{i2} < V_{R2}$ 时，$V_{c1} = 1$，$V_{c2} = 0$，RS 触发器被置 1，即输出电压 u_0 为高

电平，此时放电管 VT 截止。

（4）当 $u_{i1} > V_{R1}$，$u_{i2} < V_{R2}$ 时，$V_{c1} = 0$，$V_{c2} = 0$，RS 触发器的 $\overline{Q} = Q = 1$，输出电压 u_0 为高电平，放电管 VT 截止。

在 CO 端悬空或通过一个 $0.01\mu F$ 的电容接地时，555 定时器的功能如表 18-4-1 所示。

表 18-4-1　555 定时器功能表

输入			输出	
复位 $\overline{R}$	阈值输入 u_{i1}	触发输入 u_{i2}	输出 u_O	放电管 VT
0	×	×	0	导通
1	$> \dfrac{2}{3}V_{CC}$	$> \dfrac{1}{3}V_{CC}$	0	导通
1	$< \dfrac{2}{3}V_{CC}$	$> \dfrac{1}{3}V_{CC}$	不变	不变
1	$< \dfrac{2}{3}V_{CC}$	$< \dfrac{1}{3}V_{CC}$	1	截止
1	$> \dfrac{2}{3}V_{CC}$	$< \dfrac{1}{3}V_{CC}$	1	截止

555 定时器的电源 V_{CC} 的电压取值范围较大，双极型 555 定时器的 V_{CC} 取值范围为 4.5～16V，输出高电平不低于电源电压的 90%，最大负载电流可达 200mA；CMOS 型 7555 定时器电源电压取值范围为 3～18V，输出高电平不低于电源电压的 95%，最大负载电流在 4mA 以下。

18.4.2　555 定时器的应用举例

1. 用 555 定时器接成施密特触发器

将 555 定时器的 u_{i1} 和 u_{i2} 两个输入端连接在一起作为信号输入端，如图 18-4-2 所示，即可得到施密特门。为便于分析，画出其原理图，如图 18-4-2（a）所示，图 18-4-2（b）是施密特门逻辑工作波形图。

当 u_i 从 0 开始增加，只要 $u_i < \dfrac{1}{3}V_{cc}$，触发输入端和阈值输入端均为低电平，RS 触发器被置 1，放电晶体管截止，电路输出高电平；当 u_i 增加至 $\dfrac{1}{3}V_{cc} < u_i < \dfrac{2}{3}V_{cc}$ 时，电路保持状态不变；当 u_i 继续增加，触发输入端和阈值输入端均为高电平时，RS 触发器被置 0，放电晶体管导通，电路输出低电平。

由于比较器 C_1 和 C_2 的参考电压不同，因而基本 RS 触发器的置 0 信号和置 1 信号必然发生在输入信号 u_i 的不同电平。因此，输出电压 u_o 由高电平变为低电平和由低电平变为高电平所对应的 u_i 值也不相同，这样就形成了施密特触发特性。为提高比较器参考电压的稳定性，通常在 u_{ic} 端接有 $0.01\mu F$ 的滤波电容。

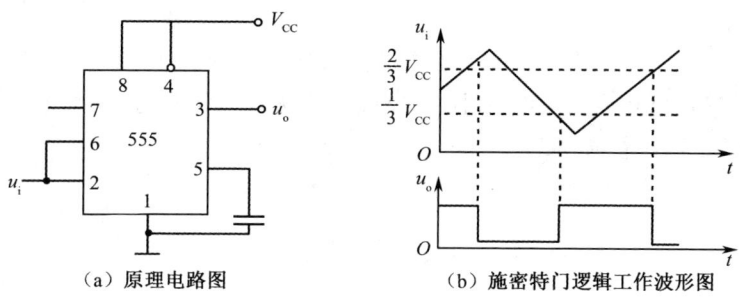

（a）原理电路图　　　（b）施密特门逻辑工作波形图

图 18-4-2　555 定时器构成的施密特门

2．在汽车上的应用

图 18-4-3 是汽车音响中扬声器保护电路。主要由重点电位检测电路、延时电路和继电器等组成。其工作过程如下：

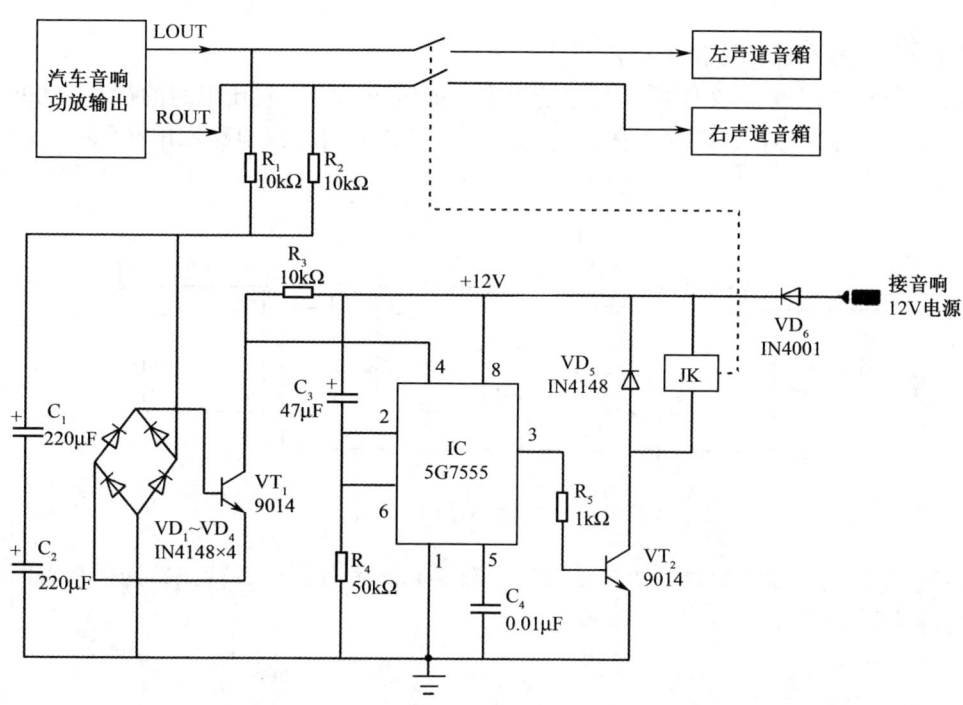

图 18-4-3　扬声器保护电路

（1）接通电源瞬间，C_3 两端电压不能突变，可视为短路，则此时基电路 5G7555 处于复位状态，3 脚输出低电平，VT_2 截止，继电器 JK 常开触点不动作。同时 12V 电源向 C_3 充电，延时约 5S 后，5G7555 被触发置位，3 脚变为高电平，VT_2 导通，继电器 JK 得电，常闭触点

闭合，从而实现延迟一段时间将扬声器接入功放，消除开机时大电流对扬声器的冲击。

（2）关闭音响时，12V 电源很快消失，但功放输出信号没有立刻消失，同样避免了关机过程产生的冲击噪声。

（3）当功放异常或意外损坏导致中点电位过高时，经滤波和整流，VT_1 导通，5G7555 被直接复位，3 脚输出低电平，VT_2 截止，继电器 JK 失电，常开触点跳开，将扬声器与功放断开，有效保护扬声器不被损坏。

小　结

时序逻辑电路的特点是在任何时刻的输出不仅与输入有关，而且还取决于电路原来的状态。时序逻辑电路分为同步和异步两类，注意区别。具体的应用部件有：寄存器、计数器等，应注意有关概念特点的不同。

习　题

18-1　数码寄存器和移位寄存器有什么区别？

18-2　分析如习题 18-2 图所示时序逻辑电路的逻辑功能，假设电路的初态为 000，如果在 CP 的前 6 个脉冲内，D 端输入依次为 1，0，1，0，0，1，则电路输出在此 6 个脉冲内是如何变化的？

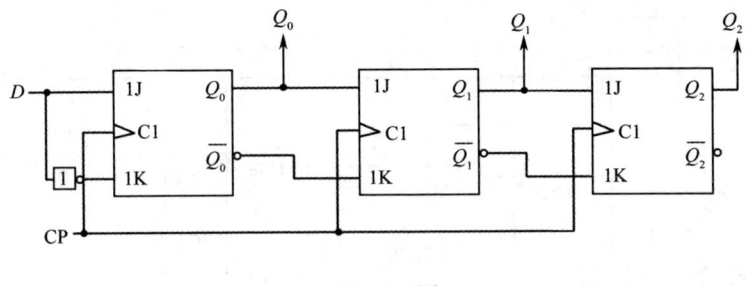

习题 18-2 图

18-3　什么是异步计数器，什么是同步计数器？两者各有什么特点？为什么说同步计数器可以提高工作速度？

附录 A

....

电阻器的基本知识

1. 电阻元件的识别

在电子设备电路中，为了控制电路的电压和电流，或者使放大了的电压或电流实现它的工作效果，需要一种具有一定电阻数值的元件，这种元件称作电阻器，通常简称为"电阻"，在电路中常用字母"R"表示。

电阻器按照材料不同，常用的有：碳膜电阻器，金属膜电阻器，金属氧化膜电阻器，合成碳膜电阻器，线绕电阻器，玻璃釉电阻器，片状电阻器等。按其结构分为固定式电阻器、半可调式电阻器（微调电阻器）和可调式电阻器（电位器）三大类。常用电阻元件的外形、特点与应用如表 A-1 所示。

表 A-1　常用电阻元件的外形、特点与应用

名称及实物图	特点与应用
碳膜电阻	碳膜电阻稳定性较高，噪声也比较低。一般在无线电通讯设备和仪表中做限流、阻尼、分流、分压、降压、负载和匹配等用途
金属膜电阻	金属膜和金属氧化膜电阻具有噪声低、耐高温、体积小、稳定性和精密度高等特点
实心碳质电阻	实心碳质电阻具有成本低、阻值范围广、容易制作等特点，但阻值稳定性差，噪声和温度系数大
绕线电阻	绕线电阻有固定和可调式两种。特点是稳定、耐热性能好，噪声小、误差范围小。一般在功率和电流较大的低频交流和直流电路中做降压、分压、负载等用途。额定功率大都在 1W 以上
电位器	绕线电位器阻值变化范围小，功率较大；碳膜电位器稳定性较高，噪声较小；推拉式带开关碳膜电位器使用寿命长，调节方便；直滑式碳膜电位器节省安装位置，调节方便

电阻器的图形符号如图 A-1 所示。

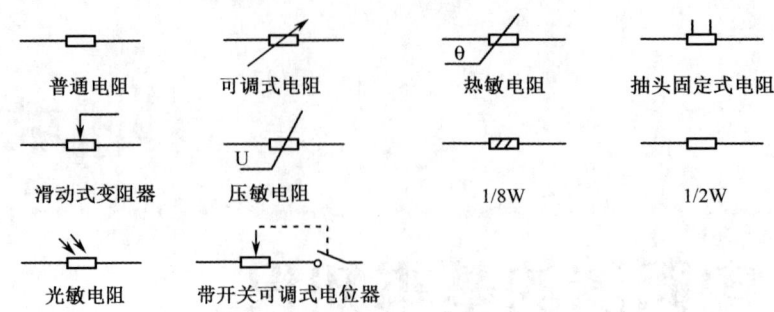

图 A-1　电阻器的图形符号

当电流通过电阻时，电阻因消耗功率而发热。如果电阻发热的功率大于它所能承受的功率，电阻就会烧坏。所以电阻发热而消耗的功率不得超过某一特定数值。这个不致于将电阻烧坏的最大功率值就称为电阻的额定功率。与电阻元件的标称阻值一样，电阻的额定功率也有标称值，通常有如 1/8W，1/4W，1/2W，1W，2W，3W，5W，10W 等。功率大于 10W 和小于 1/8W 的电阻器可以用数字及单位直接标志在电阻器上。

图 A-2 所示的电路图形符号为表明具有一定功率大小的电阻器的图形符号。

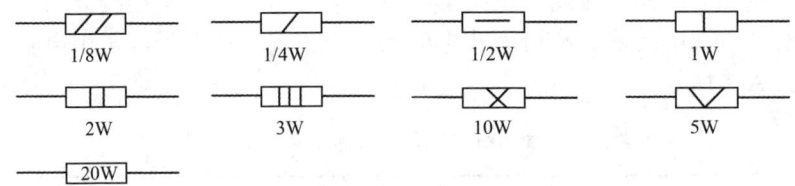

图 A-2　电阻器的功率图形符号

2. 电阻器的作用

电阻器在电路中用作负载电阻、分流器、分压器、限流器，它与电容器配合作滤波器；电阻器在电源电路中作去耦电阻，稳压电源中的取样电阻及确定晶体管工作点的偏置电阻，等等。

电阻器的基本单位是欧姆（简称欧），用符号"Ω"表示。在电路中用"R"表示，单位有欧（Ω）、千欧（KΩ）、兆欧（MΩ）。

$$1T\Omega=10^3G\Omega=10^6M\Omega=10^9k\Omega=10^{12}\Omega$$

3. 电阻器的型号命名方法

根据我国国家标准规定，电阻器型号命名由以下四部分组成：

（1）第一部分，用字母"R"表示电阻器的主称。

（2）第二部分，用字母表示电阻器的导电材料，如表 A-2 所示。

（3）第三部分，一般用数字表示分类，个别类型用字母表示，如表 A-3 所示。

（4）第四部分，用数字表示序号，以区别外形尺寸和性能指标。

例：RT11 型为普通碳膜电阻器，RJ71 型为精密金属膜电阻器。

表 A-2 电阻器型号中主称、材料部分符号及意义

主称		电阻器导电材料	
符号	意义	符号	意义
R	电阻器	H	合成碳膜
		I	玻璃釉膜
		J	金属膜
		N	无机实芯
		G	沉积膜
		S	有机实芯
		T	碳膜
		X	线绕
		Y	氧化膜
		F	复合膜

表 A-3 电阻器型号中分类部分的数字和字母的含义

数字（字母）	电阻器类别	数字（字母）	电阻器类别
1	普通	7	精密
2	普通	8	高压
3	超高频	9	特殊
4	高阻	G	高功率
5	高温	T	可调

4．电阻器的规格标志方法

电阻器常用的规格标志方法有两种：直标法和色标法。

（1）电阻器的直标法

直标法是将电阻器的类别、标称电阻值及允许偏差、额定功率以及其他主要参数的数值等直接标志在电阻器外表面上，如图 A-3 所示。

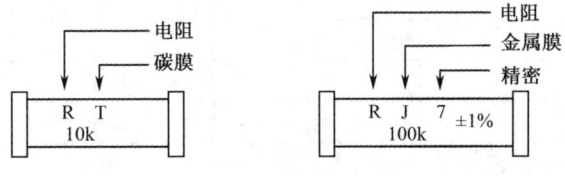

图 A-3 电阻器规格直标法实例

电阻器的直标法实际上有三种标志形式：

a．用数字和单位符号直接把标称电阻值和允许偏差标在电阻器的表面上，如图 A-3 所示。

b．用文字、数字符号两者有规律地组合起来标志电阻器的标称阻值，如表 A-4 所示。

表 A-4　用文字符号标志电阻器标称阻值实例

标称阻值	文字符号	标称阻值	文字符号
0.1Ω	R10	1MΩ	1M0
1Ω	1R0	3.32MΩ	3M32
3.32Ω	3R32	10MΩ	10M
1kΩ	1k0	1GΩ	1G0
3.32kΩ	3k32	33.2GΩ	33G2
10kΩ	10k	1TΩ	1T0

c．用三位数字标志电阻器的标称阻值（多用于片状电阻），如图 A-4 所示。

该方法的前两位数字表示电阻值的有效数字，第三位数字表示有效数字后面零的个数，或者说是 10 的幂数。少数片状电阻器有用 4 位数字标志阻值的，有效数字比 3 位数阻值标志多了 1 位，第四位表示零的个数。

100	221	512	473	564
10Ω	220Ω	5.1kΩ	47kΩ	560kΩ

225	3R3	R62	392	6801
2.2MΩ	3.3Ω	0.62Ω	3.9kΩ	6.8kΩ

图 A-4　片状电阻器标称阻值标志法

（2）电阻器的色标法

色标法指的是将电阻器的参数用不同颜色的色带或色点标志在电阻体的表面上的标志方法。其各种颜色代表的意义如表 A-5 所示。

表 A-5　色标法各种颜色所表示的意义

色　别	第一色环 第一位数	第二色环 第二位数	第三色环 应乘位数	第四色环 允许误差
棕色	1	1	10^1	—
红色	2	2	10^2	—
橙色	3	3	10^3	—
黄色	4	4	10^4	—
绿色	5	5	10^5	—
兰色	6	6	10^6	—
紫色	7	7	10^7	—

色　别	第一色环 第一位数	第二色环 第二位数	第三色环 应乘位数	第四色环 允许误差
灰色	8	8	10^8	—
白色	9	9	10^9	—
黑色	0	0	10^0	—
金色	—	—	10^{-1}	±5%
银色	—	—	10^{-2}	±10%
无色	—	—	—	±20%

首先判断出电阻器的误差环，即最后一环，然后从第一环开始读数，若为四环电阻，前两环为有效数字，第三环为倍乘数，即 10 的幂次方，也即有效数字后零的个数，第四环为允许误差；若为五环电阻，则第三环也为有效数字，读法与四环电阻相同；若为三环电阻，前两位为有效数字，第三环为倍乘数，误差无色，值为±20%。五环电阻一般都是精密电阻，其误差多为±1%，所以该电阻误差环多为棕色。

误差环的确定：哪个最边上的色环离相邻的那个环距离最远时该色环是误差环；电阻体两边的两个色环与其他色环比较粗细，误差环比其他环更粗或更细。

举例如图 A-5 所示。

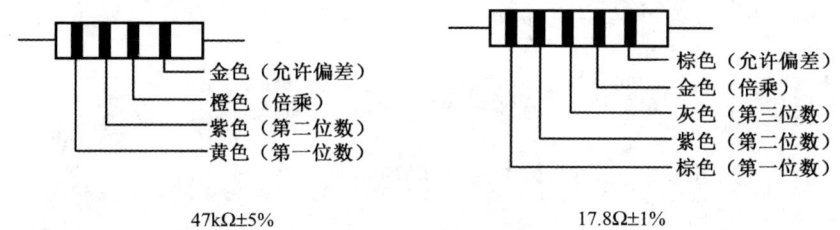

图 A-5　色环电阻的读数

常用允许误差有两种表示形式：

J— ±5%　　　 K— ±10%　　　 M— ±20%

00— ±1%　　 0— ±2%　　　 Ⅰ— ±5%　　　　 Ⅱ— ±10%

色环认识小窍门：从上表可知，金色，银色和本色只能是乘数和允许误差，一定放在右边。表示允许误差的色环比别的色环稍宽或更窄，离别的色环稍远。我们常用的电阻大都是精密电阻，允许误差是 0.01，用棕色环表示，因此棕色一般都在最右边。

5. 敏感电阻器

敏感电阻器是指一些对温度、对光、对电压、对外力、对气体浓度等反应敏感的电阻元件。它主要用于温度补偿、温度控制、过载保护、自动检测、自动控制等方面。

常用的敏感电阻器有：光敏、热敏、磁敏、湿敏、气敏、压敏和力敏电阻器等。如图 A-6 所示，为常用热敏电阻实物图。楼道的声光控灯里用到了光敏电阻器。汽车进气歧管压力传感器用到了力敏电阻，其功用是通过检测节气门至进气歧管之间的进气压力来检测发动机的负荷状态，并将压力信号转变为电信号输入发动机 ECU，以供 ECU 计算确定喷油时间和点火时间。工作原理是在应力作用下，半导体力敏电阻的电阻率就会发生变化而引起阻值变化，以此测量进气歧管的进气压力。热敏电阻器是利用陶瓷半导体材料的电阻值随温度变化而变化的特性制成，在汽车上主要用来测量温度，如车外温度传感器、冷却液温度传感器、空调系统温度传感器、进气温度传感器等。有三种类型，负温度系数（NTC）热敏电阻（其阻值随着温度升高而降低），正温度系数（PTC）热敏电阻（其阻值随着温度升高而升高）和临界温度热敏电阻（CTR）。如图 A-7 所示，为大众 POLO 轿车的车外温度传感器和蒸发器出风口温度传感器。

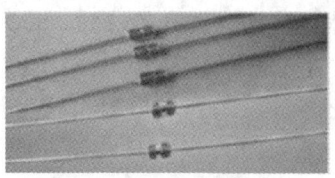
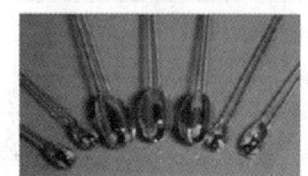
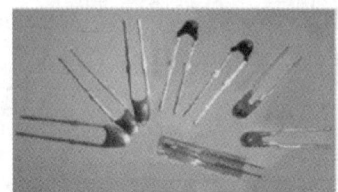

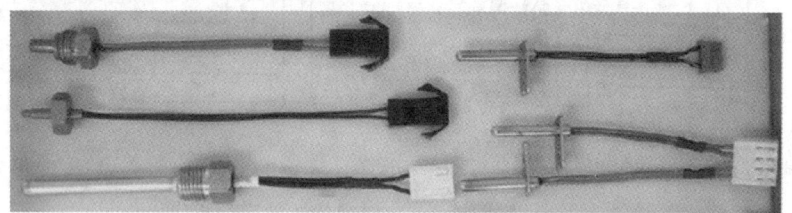

图 A-6　常用热敏电阻实物图

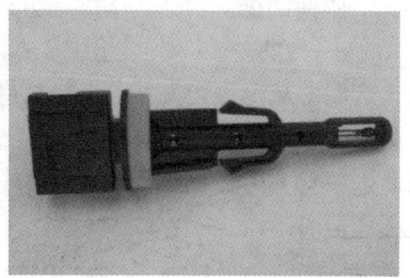

图 A-7　大众 POLO 轿车的车外温度传感器和蒸发器出风口温度传感器

敏感电阻器型号命名由下面四部分组成：

第一部分：主称（用字母表示）；

第二部分：类别（用字母表示）；

第三部分：用途或特征（用字母或数字表示）；

第四部分：序号（用数字表示）。

（1）光敏电阻器

光敏电阻器大多数是由半导体材料制成的。它是利用半导体的光导电特性，使电阻器的电阻值随入射光线的强弱发生变化，当入射光线增强时，它的阻值会明显减小；当入射光线减弱时，它的阻值会显著增大。

（2）热敏电阻器

热敏电阻器大多由单晶、多晶半导体材料制成的。正温度系数热敏电阻的阻值随温度增加而增加；负温度系数热敏电阻的阻值随温度减小而增加。负温度系数热敏电阻用的较多。

（3）气敏电阻器

气敏电阻器是一种新型半导体元件，它是利用金属氧化物半导体表面吸收某种气体分子时，会发生氧化反应或还原反应而使电阻值改变的特性而制成的电阻器，它可分为 N 型、P 型和结合型气敏电阻器。

（4）湿敏电阻器

湿敏电阻器是其阻值随环境相对湿度变化而变化的敏感元件。常用的有硅湿敏电阻器、陶瓷湿敏电阻器、氯化锂湿敏电阻器、高分子聚合物湿敏电阻器等。

6．贴片电阻

贴片电阻的特性：体积小，重量轻；适用于再流焊与波峰焊；电性能稳定，可靠性高；装配成本低，并与自动装贴设备匹配；机械强度高、高频特性优越。贴片电阻的实物如图 A-8 所示。

图 A-8　贴片电阻实物图

贴片电阻阻值误差精度有±1%，±2%，±5%，±10%，常规用的最多的是±1%和±5%，±5%精度的电阻常规是用三位数来表示。例如 512，前面两位是有效数字，第三位数 2 表示倍率，即 51 后有多少个零，基本单位是 Ω,该电阻是 5100Ω。为了区分±5%和±1%精度的电阻,±1%的电阻常用 4 位数来表示，这样前三位是表示有效数字，第四位表示倍率。例如 4531 就是 4530Ω，即 4.53KΩ。D1B,47R,24R, 30C 等不是常规的标注，必须找生产厂家的规格书。贴片电阻有功率的大小，如 0805、1206 等。

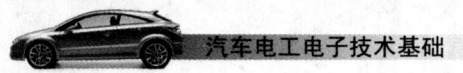
阻值的识别，贴片电阻的阻值打在表面上，举例如下：

$$103=10\times10^3=10K\Omega$$

$$223=22\times10^3=22K\Omega$$

$$122=12\times10^2=1.2K\Omega$$

$$301=30\times10^1=300\Omega$$

$$850=85\times10^0=85\Omega$$

$$1R0=1.0\Omega$$

精度高的就有四位数字了，表示方式相同。举例如下：

$$1003=100K\Omega$$

$$1702=17K\Omega$$

$$1501=1.5K\Omega$$

$$3481=3.48K\omega$$

$$R100=0.1\Omega$$

7．电位器的基本知识

（1）电位器简介

电位器是一个电阻体和一个转动或滑动系统组成的。电位器的作用是用来分压、分流和用来作为变阻器。在收音机、CD 机等电器中常用电位器阻值的变化来控制音量的大小，有时也兼开关。电位器在电路中用字母"RP"表示。

（2）常用电位器的电路图形符号如图 A-9 所示。

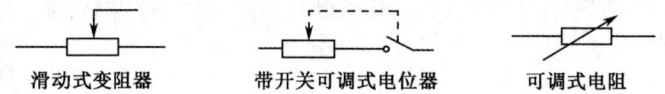

滑动式变阻器　　　　带开关可调式电位器　　　　可调式电阻

图 A-9　常用电位器的电路图形符号

（3）电位器的型号命名法

电位器产品型号一般由下列四部分组成：

a．第一部分：用字母"W"表示电位器的代号。

b．第二部分：用字母表示材料代号，如表 A-6 所示。

c．第三部分：用字母表示类别，如表 A-7 所示。

d．第四部分：用数字表示序号。

表 A-6　电位器材料代号

代　号	H	S	N	I	X
材　料	合成碳膜	有机实芯	无机实芯	玻璃釉膜	线绕
代　号	J	Y	D	F	——
材　料	金属膜	氧化膜	导电塑料	复合膜	——

表 A-7　电位器类别代号

代　号	类　别	代　号	类　别	代　号	类　别
G	高压类	Y	旋转预调类	X	旋转低功率类
H	组合类	J	单圈旋转精密类	Z	直滑式低功率类
B	片式类	D	多圈旋转精密类	P	旋转功率类
W	螺杆驱动预调类	M	直滑式精密类	T	特殊类

（4）电位器的检测

a. 固定电阻器的检测

首先从外观鉴别其质量，看其电极是否完整，标志是否完整清楚，保护层是否完好无损。用万用表测量电阻值，与标称值对比相差值是否在允许误差之内。

b. 不带开关的电位器的检测

先测量电位器的两个固定端间的电阻值，再测固定端与活动端间的电阻值，缓慢旋转电位器的转轴，万用表指针应该平稳移动，若出现突然变化或不动的现象，说明电位器触点接触不良或已经损坏。

c. 带开关的电位器的检测

应先检测电位器的开关开断是否良好，通过观察万用表的指针，打开开关，指针指在零刻度，关闭开关，指针不动，说明电阻为无穷大，若不符合上述测量结果，则该电位器开关已坏，阻值测量和不带开关电位器测量方法相同。

（5）电位器的主要参数

a. 电位器的标称阻值和额定功率（同普通电阻）

b. 电位器的阻值变化规律

电位器的阻值变化规律是指其阻值随滑动接触点旋转角度或滑动行程之间的变化关系。常用的有直线式、对数式和反转对数式，分别用 A、B、C 表示。

c. 电位器的分辨率

分辨率也称分辨力，对线绕电位器来讲，当动触点每移动一圈时，输出电压不连续地发生变化，这个变化量与输出电压的比值为分辨率。直线式（A）线绕电位器的理论分辨率为线组总匝数 N 的倒数，并以百分数表示。其电位器的总匝数越多，分辨率越高。

d. 电位器的动噪声

当电位器在外加电压作用下，其动触点在电阻体上滑动时，产生的电噪声成为电位器的动噪声。

e. 电位器的最大工作电压（同普通电阻）

8. 电阻元件的检测

电阻器的主要故障是：过流烧毁，变值，断裂，引脚脱焊等。电位器经常发生滑动触头与电阻片接触不良等情况。

（1）外观检查：对于电阻器，通过目测可以看出引线是否松动、折断或电阻体烧坏等外观故障。对于电位器，应检查引出端子是否松动，接触是否良好，转动转轴时应感觉平滑，不应有过松过紧等情况。

（2）阻值测量：通常可用万用表欧姆档对电阻器进行测量，需要精确测量阻值可以通过电桥进行。值得注意的是，测量时不能用双手同时捏住电阻或测试笔，否则，人体电阻与被测电阻器并联，影响测量精度。电位器也可先用万用表欧姆档测量总阻值，然后将表笔接于活动端子和引出端子，反复慢慢旋转电位器转轴，看万用表指针是否连续均匀变化，如指针平稳移动而无跳跃、抖动现象，则说明电位器正常。

9. 常用电阻器的检测方法

（1）固定电阻器的检测

将万用表两表笔（不分正负）分别与电阻的两端引脚相接即可测出实际电阻值。为了提高测量精度，应根据被测电阻标称值的大小来选择量程。由于欧姆挡刻度的非线性关系，它的中间一段分度较为精细，因此应使指针指示值尽可能落到刻度盘的中段位置，即全刻度起始的 20%～80%弧度范围内，以使测量更准确。根据电阻误差 等级不同。读数与标称阻值之间分别允许有±5%、±10%或±20%的误差。如不相符， 超出误差范围，则说明该电阻值变值了。

注意：测试时，特别是在测几十 kΩ 以上阻值的电阻时，手不要触及表笔和电阻 的导电部分；被检测的电阻从电路中焊下来，至少要焊开一个头，以免电路中的其他 元件对测试产生影响，造成测量误差；色环电阻的阻值虽然能以色环标志来确定，但 在使用时最好还是用万用表测试一下其实际阻值。

（2）水泥电阻的检测

检测水泥电阻的方法及注意事项与检测普通固定电阻完全相同。

（3）熔断电阻器的检测

在电路中，当熔断电阻器熔断开路后，可根据经验作出判断：若其表面发黑或烧焦，可断定是其负荷过重，通过它的电流超过额定值很多倍所致。如果其表面无任何痕迹而开路，则表明流过的电流刚好等于或稍大于其额定熔断值，将熔断电阻器一端从电路上焊下，用万用表 R×1 挡来测量阻值，若为无穷大，则说明已经失效开路，若测得的阻值与标称值相差较大，表明电阻变值，不宜再使用。

（4）电位器的检测

检查电位器时，首先要转动旋柄，看看旋柄转动是否平滑，开关是否灵活，开关通、断时"喀哒"声是否清脆，并听一听电位器内部接触点和电阻体摩擦的声音，如有"沙沙"声，说明质量不好。

a. 用万用表的欧姆挡测两固定端，其读数应为电位器的标称阻值，如阻值相差很多，则表明该电位器已损坏。

b. 检测电位器的活动臂与电阻片的接触是否良好。用万用表的欧姆档测一个固定端和滑动端的阻值，连续调节电位器的转轴，万用表上显示的阻值应该连续变化。如万用表的指针在电位器的轴柄转动过程中有跳动现象，说明活动触点有接触不良的故障。

c. 带开关的电位器还应该检测开关的好坏。

（5）正温度系数热敏电阻(PTC)的检测

检测时，用万用表 R×1 挡，具体可分两步操作：

a. 常温检测(室内温度接近 25℃)：将两表笔接触 PTC 热敏电阻的两引脚测出其实 际阻值，并与标称阻值相对比，二者相差在±2Ω内即为正常。实际阻值若与标称阻值 相差过大，则说明其性能不良或已损坏。

b. 加温检测：在常温测试正常的基础上，将一 热源(例如电烙铁)靠近 PTC 热敏电阻对其加热，同时用万用表监测其电阻值是否随温 度的升高而增大，若阻值无变化，不能 继续使用。注意不要使热源与 PTC 热敏电阻靠得过近或直接接触热敏电阻，以防止将其烫坏。

（6）负温度系数热敏电阻（NTC）的检测

测量方法与测量正温度系数热敏电阻的方法基本相同。

（7）光敏电阻的检测

a. 用一黑纸片将光敏电阻的透光窗口遮住，此时万用表的指针基本保持不动，阻 值接近无穷大。此值越大说明光敏电阻性能越好。若此值很小或接近为零，说明光敏不能继续使用。

b. 将一光源对准光敏电阻的透光窗口，万用表的指针应有较大幅度的摆动，阻值明显减小。此值越小说明光敏电阻性能越好。若此值很大，不能继续使用。

c. 将光敏电阻透光窗口对准入射光线，用小黑纸片在光敏电阻的遮光窗上部晃 动，使其间断受光，此时万用表指针应随黑纸片的晃动而左右摆动。如果万用表指针不摆动，说明光敏电阻已经损坏。

电容器的基本知识

1. 电容元件的构成及图形符号

两个相互靠近的导体，中间夹一层不导电的绝缘介质就构成电容器。在电容器两个极板间加上电压时，电容器储存电荷，因此电容器是充放电荷的电子元件。电容量在数值上等于一个导电极板上的电荷量与两个极板间的电压之比值。平板电容器的容量与电容器极板的面积、绝缘介质的介电常数成正比，与两个极板之间的距离成反比。

电容器电容量的基本单位是法拉，用字母"F"表示，实际应用时常用微法（μF）作为单位，有时也用皮法(pF)以及纳法(nF)和毫法（mF），其换算关系如下：

1 法拉=10^3 毫法=10^6 微法

1 微法=10^3 纳法=10^6 皮法

常用电容器的电路符号和实物图如图 B-1 和图 B-2 所示。

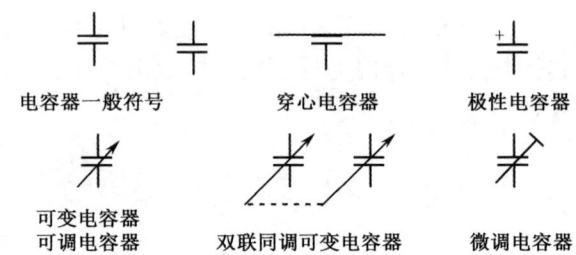

电容器一般符号　　穿心电容器　　极性电容器

可变电容器
可调电容器　　双联同调可变电容器　　微调电容器

图 B-1　电容器的电路图形符号

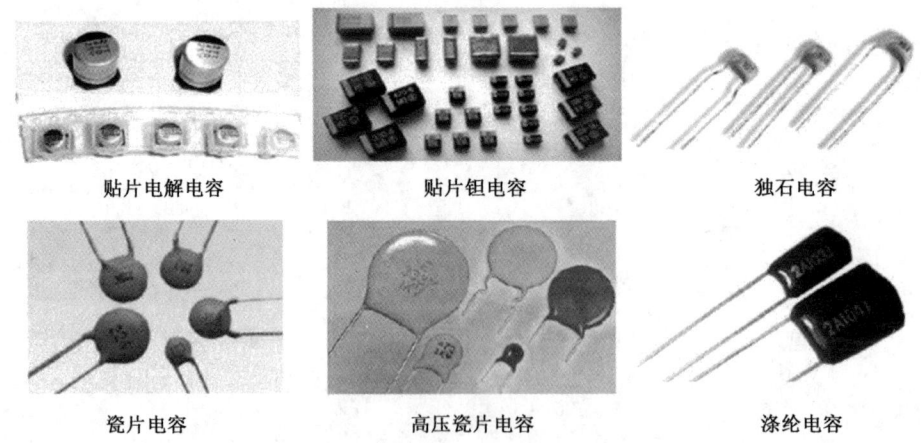

贴片电解电容　　　　贴片钽电容　　　　独石电容

瓷片电容　　　　高压瓷片电容　　　　涤纶电容

图 B-2　电容器实物图

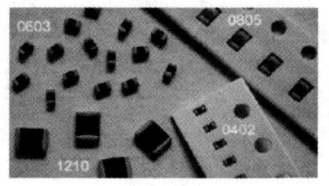
贴片电容

电解电容

可调电容

图 B-2　电容器实物图（续）

2．电容器的分类和作用

按照电容器的结构分类：固定电容器、可变电容器和微调电容器三种。

按照电容器的介质分类：陶瓷电容器、云母电容器、电解电容器、纸介电容器、薄膜电容器、钽电容器、铌电容器等。

电容器在电子电路中，可用于调谐，如收音机、CD 唱机、录音机的调谐电路，都用到电容器。电容器可以隔直流、交流旁路，三极管放大电路中用到了电容器的这两个作用；可以滤波，整流稳压电路中必不可少；还用于去耦电路，旁路高频干扰。

3．电容器的型号命名方法

电容器的型号命名一般由四部分组成：

第一部分：用字母 C 表示主称代号。

第二部分：用字母表示电容器的介质材料代号，如表 B-1 所示。

第三部分：用数字表示分类，个别类型用字母表示，如表 B-2 所示。

第四部分：用数字表示序号。

例如：CB11 型为聚苯乙烯薄膜电容器；CBB11 型为非密封型聚丙烯电容器。

表 B-1　电容器型号中材料部分字母所代表的意义

字母代号	电容器介质材料	字母代号	电容器介质材料
A	钽电解	L	聚酯等极性有机薄膜
B	聚苯乙烯等非极性有机薄膜	N	铌电解
C	高频陶瓷	O	玻璃膜
D	铝电解	Q	漆膜
E	其他材料电解	T	低频陶瓷
G	合金电解	V	云母纸
H	纸膜复合	Y	云母
I	玻璃釉	Z	纸介
J	金属化纸介		

注：用 B 表示除聚苯乙烯外其他非极性有机薄膜时，在 B 后再加上一字母区分具体材料。聚四氟乙烯用"BF"表示，聚丙烯用"BB"表示等。用 L 表示除聚酯外其他极性有机薄膜材料时，在 L 后再加一个字母区分具体材料。聚碳酸酯用"LS"表示。

表 B-2　电容器型号中分类部分所代表的意义

数字代号	磁介	云母	有机	电解	字母	意义
1	圆形	非密封	非密封	箔式	G	高功率管
2	管形	非密封	非密封	箔式	J	金属化型
3	叠片	密封	密封	烧结粉非固体	Y	高压型
4	独石	密封	密封	烧结粉　固体	W	微调型
5	穿心		穿心			
6	支柱等					
7				无极性		
8	高压	高压	高压			
9			特殊	特殊		

4．电容器的标注方法

电容器常用的规格标志方法有直标法和色标法。

（1）直标法

电容器的直标法与电阻器的直标法一样，在电容器外壳上直接标出标称容量和允许偏差。还有不标单位的情况，当用整数表示时，单位为 pF；用小数表示时，单位为 μF 。

a．直接用数字和字母相结合标志。如 100nF 用 100n 表示，332μF 用 332μ 表示等。如图 B-3 所示为电容器参数的直标图。

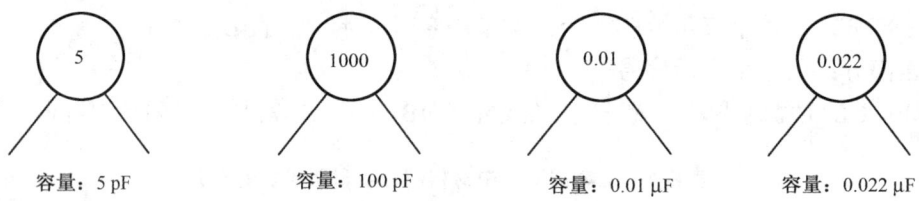

容量：5 pF　　　容量：100 pF　　　容量：0.01 μF　　　容量：0.022 μF

图 B-3　电容器参数的直标法

b．用文字、数字符号两者有规律组合来标志。3.32pF 用 3p32 表示，3.3μF 用 3μ3 表示等。也有用三位数字直接标志，第一、二位为容量的有效数字，第三位为倍数，表示有效数字后零的个数，单位为 pF，多标志于片状电容器。

c．有时用小于四位数表示标称容量，如 22 为 22pF

文字符号标志电容量的允许偏差如表 B-3 所示。

（2）色标法

电容的色标法和电阻的色标法相似，可参阅电阻器色标法，其单位为皮法（pF）。还有用色点表示电容器的主要参数，顺时针排列，第一个色点表示特性，第二个、第三个色点表示电容的有效数字，第四个色点为倍乘率，即有效数字后零的个数，常用黑、棕、红、橙分别表示×1、×10、×100、×1000pF，第五个色点表示误差，常用黑、蓝，分别表示误差为±20%、

±10%，第六个色点表示工作电压，常用红、绿，分别表示耐压为 250V、500V，第七个色点表示电容等级，等级表示适用的温度范围，X 为-55℃～+85℃，Y 和 Z 为-30℃～+85℃。

表 B-3 文字符号标志电容量的允许偏差

字 母	允许偏差（%）	字 母	允许偏差（%）	字 母	允许偏差（%）
Y	±0.001	C	±0.25	N	±30
X	±0.002	D	±0.5	H	+100　　-0
E	±0.005	F	±1	R	+100　　-10
L	±0.01	G	±2	T	+50　　-10
P	±0.02	J*	±5	Q	+30　　-10
W	±0.05	K*	±10	S	+50　　-20
B	±0.1	M*	±20	Z	+80　　-20

注：上标为"*"的误差等级为常见等级。

（3）文字符号法：用单位作为开头字母（p、n、 μ、m、F）来表示单位量，允许偏差和电阻的表示方法相同。小于 10 pF 的电容，其允许偏差用字母代替：

B——±0.1%pF，C——±0.2%pF， D——±0.5%pF， F——±1%pF。

电容器文字符号法示例如表 B-4 所示。

表 B-4 电容器文字符号法示例

电容量	标注方法	电容量	标注方法
0.1pF	P1	1μF	1μ
0.59pF	P59	5.9μF	5 μ9
1pF	1p	33μF	33 μ
5.9pF	5p9	590μF	590 μ
100pF	100p	1000μF	1m
1000pF	1n	5900μF	5m9
3300pF	3n3	$33×10^3μF$	33m
5900pF	5n9	$590×10^3μF$	590m
59000pF	59n	1F	1F
330000pF	330n	3.3F	3F3
590000pF	590n	5.9F	5F9

（4）数码法：是用三位数来表示标称容量，再用一个字母表示允许偏差，如 104k、512M 等。

前两位数是表示有效值，第三位数为倍乘，即 10 的多少次方。对于非电解电容器，其单位为 pF，而对电解电容器而言单位为 μF。图 B-4 为电容器参数的数码标注法。

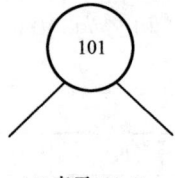
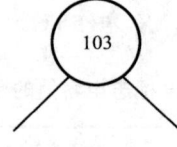
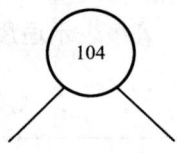

101表示100pF   103表示10 000 pF   104表示100 000 pF
                      即0.01 μF   即0.1 μF

图 B-4　电容器参数的数码标注法

电容器数码标注法举例：

标称 100 的电容容量为：$10 \times 10^0 = 10$ pF。

标称 223 的电容容量为：$22 \times 10^3 = 22000$ pF = 0.022 μF 。

电解电容 100 的容量为：$10 \times 10^0 = 10$ μF 。

电解电容 010 的容量为：$01 \times 10^0 = 1 \times 10^0 = 1$ μF 。

标称 229 的电容容量为：$22 \times 10^{-1} = 2.2$ pF。

5．电容器的检测

用万用表测量电容器的电容值，方法是：转动旋转开关至交流 10V 位置，被测电容串接于任一测试棒，而后跨接于 10V 交流电压电路中进行测量。

（1）对于无极性电容，0.1μF 以上可以用万用表的欧姆挡（R×1k）测量电容器的两极，表针向右摆动到某一位置后迅速摆到"∞"，说明电容器是好的，若出现以下问题，说明电容器损坏。

a．万用表摆到零刻度不动，说明电容器被击穿短路；

b．万用表向右摆到一定位置后不动，该电容漏电，电阻越小，漏电越大，其质量越差。

c．万用表指针不动，电容器内部断路。

（2）0.1μF 以下的无极性电容用欧姆挡（R×10k）来测量，质量好坏判断方法同上。

（3）检测电解电容器时，用万用表的欧姆挡（R×1k），红表笔接电容器负极，黑表笔接正极，观察指针偏转，向右偏到一定位置后向左回偏，回偏到某一数值上。指针稳定后的阻值应该是几百千欧以上，电容器是好的。

测量时若出现以下情况，说明电容器质量有问题。

a．万用表指针不偏转，电容器电解液已干涸不能使用；

b．万用表向右偏到很小数值，甚至为零且不向左回偏，说明电容器被击穿造成短路；

c．测量时的指针回偏时阻值稳定在几百千欧以下，说明电容器漏电，一般不能使用。

6．电容器的主要参数

（1）标称容量

标称容量是指电容两端加上电压后它能储存电荷的能力。储存电荷越多，电容量越大；反之，电容量越小。标志在电容器上的电容量称作标称量程。

（2）额定耐压值

额定工作电压是表示电容接入电路后，不被击穿时能连续可靠地工作所能承受的最大直流电压。使用时绝对不允许超过这个电压值，否则电容就要损坏或被击穿。一般选择电容额定电压应高于实际工作电压的 10%～20% 。

（3）允许误差

电容的容量误差一般分为三级，即：

±5%、±10%、±20%，或写成 I 级、II 级、III 级。有的电解电容的容量误差可能大于 20% 。

（4）电容器的温度系数

温度系数是指在一定温度范围内，温度每变化 1 摄氏度电容量的相对变化值。温度系数越大，电容量随温度的变化也越大，为了使电子电路稳定工作，一般情况下，我们应选用温度系数小的电容器。

（5）电容器的漏电流

电容器的介质并不是绝对绝缘的，总会有些漏电，产生漏电流。一般电解电容器的漏电流比较大，其他电容器的漏电流很小。漏电流越大，其绝缘电阻越小。当漏电流较大时，电容器发热，严重时会损坏。

（6）电容器的绝缘电阻

电容器的绝缘电阻的值等于加在电容器两端的电压与通过电容器的漏电流的比值，对于同一种介质的电容器，电容量越大，绝缘电阻越小，高质量的电容器绝缘电阻很高。

附录 C

电感器的基本知识

常见的高频阻流圈、振荡线圈、天线线圈、天线阻抗变换器、电源变压器、输出变压器等，都属于电感器件。电感线圈与电阻器、电容器及三极管等元件恰当组合后，能构成滤波器、放大器、振荡器等电子电路。

1. 电感线圈及其图形符号

电感线圈就是用漆包线或纱包线一圈靠一圈地绕在绝缘管架、磁芯或铁芯上的一种元件。电感线圈也可简称为线圈，通常在电路图中用字母"L"表示，常用的图形符号和实物图如图 C-1 和图 C-2 所示。

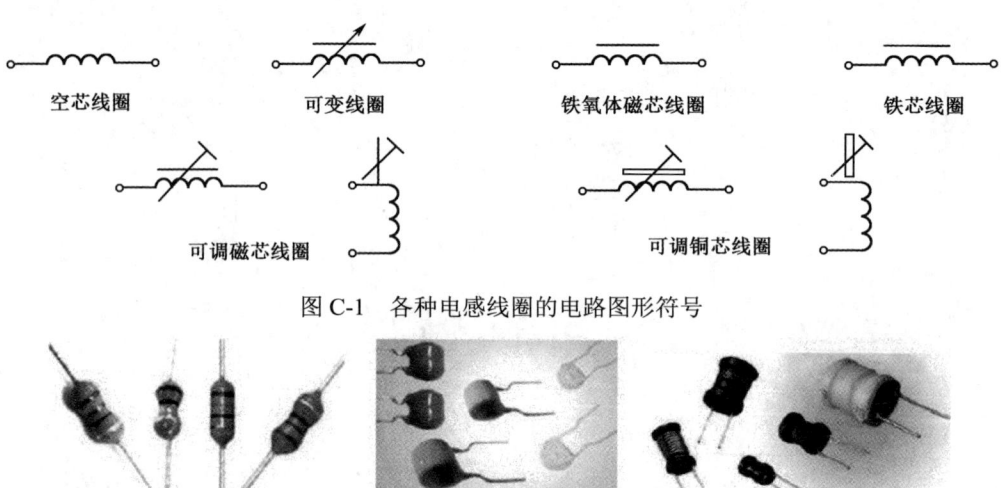

空芯线圈	可变线圈	铁氧体磁芯线圈	铁芯线圈
	可调磁芯线圈		可调铜芯线圈

图 C-1　各种电感线圈的电路图形符号

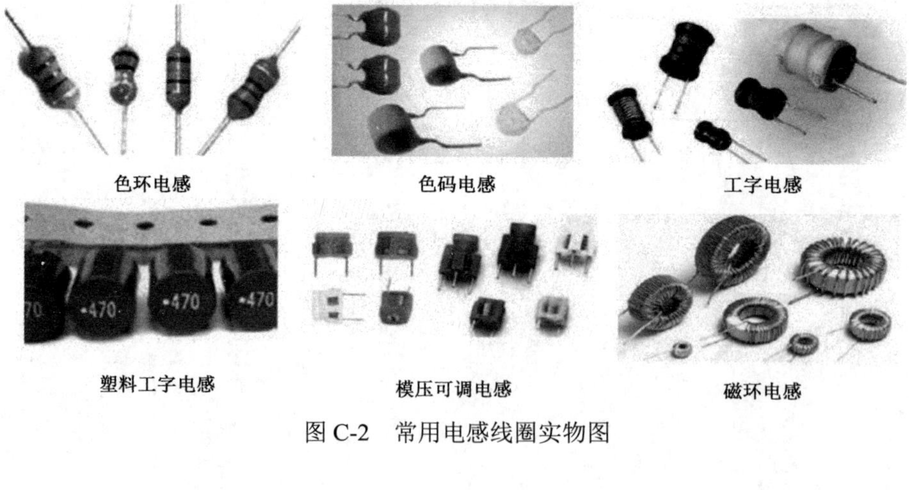

色环电感	色码电感	工字电感
塑料工字电感	模压可调电感	磁环电感

图 C-2　常用电感线圈实物图

贴片绕线电感

空心电感线圈

磁环

图 C-2 常用电感线圈实物图（续）

2．电感线圈的种类和型号命名方法

由于工作频率、绕组匝数、骨架材料等因素不同，线圈种类繁多，主要有振荡线圈、阻流线圈、电视偏转线圈和校正线圈、固定电感线圈等。

按磁体性质又分为：空芯线圈和磁芯线圈。

按线圈形式又分为：固定线圈和可变线圈。

电感线圈的型号命名一般由四部分组成：

第一部分：用字母表示主称，其中 L 代表线圈，ZL 代表阻流圈；

第二部分：用字母表示特征，其中 G 代表高频；

第三部分：用字母表示型号，其中 X 代表小型；

第四部分：用字母表示区别代号。

3．电感线圈的标志方法

常将小型固定电感线圈的主要参数采用直标法和色标法标志在其外壳上。

（1）直标法

在外壳上直接用文字标出电感线圈的电感量、偏差和最大直流工作电流等主要参数，其中最大工作电流常用字母 A、B、C、D、E 等标志，其对应关系如表 C-1 所示，误差等级和电阻器的误差等级相同。

表 C-1 小型固定电感线圈的工作电流与字母相应关系

字母	A	B	C	D	E
最大工作电流（mA）	50	150	300	700	1600

（2）色标法

电感的色标法和电阻的色标法相似，可参阅电阻器色标法，其单位为微亨（μH）。

例如，某电感线圈的色环标志依次为：橙、橙、红、银，则表明其电感量为 $33×10^2 μH$（微亨），允许偏差为±10%。

4．电感线圈的测量

要精确测量电感线圈需要用专用电子仪表，用万用表测量电感线圈的阻值来判断其质量好坏，一般的电感阻值很小，若阻值近乎无穷大，则电感内部已断开或引出线断开。用万用表测量电感线圈电感量的方法是：转动旋转开关至交流 10V 位置，将被测电感串接于任一测试棒，而后跨接于 10V 交流电压电路中进行测量。使用时切勿随意改变电感线圈的形状、大小和线圈的疏密程度，否则会影响电感量。

5. 变压器的基本知识

（1）变压器及其电路图形符号

利用两个线圈的互感作用，把初级线圈上的电能传递到次级线圈上去，利用这个原理所制作的起交连、变压作用的部件称作变压器。变压器可以用来升、降交流电压和电流，变换交流阻抗等。常用变压器的电路符号如图 C-3 所示。

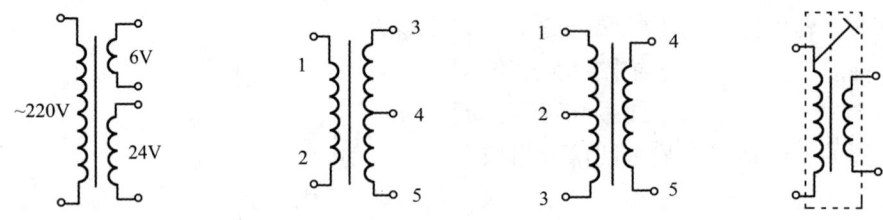

图 C-3　变压器电路符号

（2）变压器的损耗

变压器的损耗由铁损和铜损两部分构成，铜损指变压器绕组中通电后由其线圈损耗的电能，铁损指变压器铁芯损耗的电能，又分为涡流损耗和磁滞损耗。

（3）变压器的种类和型号命名识别

变压器按工作频率分类：低频变压器（电源变压器，输入变压器，输出变压器，耦合变压器等），中频变压器（收音机中频变压器，电视机中频变压器等），高频变压器（收音机中应用的天线线圈，电视机中应用的天线阻抗变换器等）。

变压器的型号命名识别：

a．低频变压器的型号命名识别

低频变压器的型号命名由三部分组成：

第一部分：用字母表示主称，如表 C-2 所示；

表 C-2　电源变压器型号的主称代号及意义

字　母	意　　义	字　母	意　　义
DB	电源变压器	HB	灯丝变压器
CB	音频输出变压器	SB 或 ZB	音频（定阻式）输送变压器
RB	音频输入变压器	SB 或 EB	音频（定压式或自耦式）输送变压器
GB	高压变压器		

第二部分：用字母表示功率，单位是 W；

第三部分：用字母表示序号。

b．调幅收音机中频变压器的型号命名识别

调幅收音机中频变压器的型号命名也由三部分组成：

第一部分：主称，用几个字母组合表示名称、特征及用途，如表 C-3 所示；

第二部分：用数字表示外形尺寸，如表 C-3 所示；

第三部分：用数字表示序号，1 表示第一级中频变压器，2 表示第二级中频变压器，3 表示第三级中频变压器。

表 C-3 调幅收音机内中频变压器的主称代号及尺寸

主　　　称		尺　　　寸	
字母	名称、特征、用途	数字	外形尺寸（mm×mm×mm）
T	中频变压器	1	7×7×12
L	线圈或振荡线圈	2	10×10×14
T	磁性瓷芯式	3	12×12×14
F	调幅收音机用	4	20×25×36
S	短波段		

c．电视机中频变压器的型号命名识别

电视机中频变压器的型号命名由四部分组成：

第一部分：用数字表示底座尺寸，如 10 表示 10×10（mm）；

第二部分：用字母表示名称和用途；

第三部分：用数字表示结构，2 为调磁帽式，3 为调螺杆式；

第四部分：用数字表示生产序号。

（4）变压器的检测

选择万用表的 R×10Ω 挡，分别测两级线圈的阻值，正常情况下阻值在几欧至几百欧之间，若测出阻值为无穷大，则变压器该级内部断路。使用变压器应测出初、次级绕组，音频变压器应分清同名端，注意变压器的散热和对其他元件构成的磁场影响。

（5）变压器的特性及其主要参数

a．变压器的变压比（圈数比）

N_1、N_2 分别为变压器的初、次级线圈的圈数，初级线圈接入交流电压 V_1，次级线圈感应出感应电动势 V_2，若 $N_1 > N_2$，则 $V_1 > V_2$，这种变压器叫做升压变压器；反之为降压变压器。若忽略磁芯、线圈等的损耗，则

$$\frac{V_1}{V_2} = \frac{N_1}{N_2} = n$$

这个比值 n 叫做变压器的变压比，也叫圈数比。

b．变压器电流与电压的关系

若不考虑电能损耗，输出功率和输入功率相等。$P_1 = V_1 I_1$，$P_2 = V_2 I_2$，所以 $V_1 I_1 = V_2 I_2$，则

$$\frac{V_1}{V_2} = \frac{I_2}{I_1} = \frac{1}{n}$$

变压器初、次级电压之比等于次级电流与初级电流之比。

c. 变压器的阻抗变换作用

当变压器的次级负载阻抗 Z_2 发生变化时，初级阻抗 Z_1 会立即受到次级的反射而变化，这种变化关系叫做反射阻抗。

在忽略损耗的前提下，变压器的初、次级阻抗比等于圈数比的平方，即

$$\frac{Z_1}{Z_2} = (\frac{N_1}{N_2})^2 = n^2$$

式中，Z_1 是变压器初级输入阻抗，Z_2 是次级负载阻抗，n 是变压器的变压比，即初、次级的圈数比。

d. 变压器的效率

$$输入功率 = 输出功率 + 损耗功率$$

$$\eta = \frac{P_出}{P_入} \times 100\% = \frac{P_出}{P_出 + P_损} \times 100\%$$

e. 变压器具有隔直流的作用

若变压器接在直流电源上，初级将通过直流电流，产生的是强度不变的磁场，次级就得不到感应电压，这样变压器的初级和次级就能隔断直流电流。因此变压器是不能变换直流电的电压或电流的。

f. 额定电压和变压比

额定电压是指变压器工作时，初级线圈上允许施加的最大电压。

电源变压器初级电压与次级电压的比值称为电压比。

g. 额定功率和额定频率

电源变压器的额定功率是指在规定的频率和电压下，变压器长期工作而不超过限定温升时的输出功率。变压器铁芯的磁通密度与频率密度相关，设计时必须确定其使用频率，这个频率称为额定频率。

h. 电源变压器的电压调整率

电压调整率是表示变压器负载电压与空载电压差别的参数，即

$$电压调整率 = \frac{空载电压 - 负载电压}{空载电压} \times 100\%$$

电压调整率数值越小，表明变压器线圈电阻越小，电压稳定性能就越好。

参考文献

[1] 《汽车电工技术》，李鹏伟，电子工业出版社， 2012 年 8 月

[2] 《汽车电子技术》，李鹏伟，电子工业出版社，2013 年 8 月

[3] 《汽车电工电子技术》，贾宝会，机械工业出版社， 2011 年 8 月

[4] 《电工技术》，常晓玲，西安电子科技大学出版社， 2010 年 5 月

[5] 《实用电工电子技术基础》，杨文革，中国铁道出版社，2010 年 8 月

[6] 《汽车电工电子基础》，张军，中国铁道出版社，2011 年 1 月

[7] 《汽车电工电子技术》，刘晓岩，化学工业出版社，2008 年 7 月

[8] 《电工电子技术基础》，李若英，重庆大学出版社，2008 年 3 月

[9] 《电工电子学基础》，黄杭美，浙江大学出版社，2004 年 12 月

[10] 《电工电子技术》，张卫，程勇，国防科技大学出版社，2011 年 1 月

[11] 《三菱电机株式会社第五代 IGBT 模块和 ITM 模块应用手册》

[12] 《汽车电器设备与维修》，毛峰，机械工业出版社，2005 年 5 月

[13] 《汽车电控系统结构与维修》，舒华，姚国平，北京理工大学出版社，2009 年 1 月

[14] 《汽车典型电控系统的结构与维修》，廖发良，电子工业出版社，2007 年 1 月

反侵权盗版声明

电子工业出版社依法对本作品享有专有出版权。任何未经权利人书面许可，复制、销售或通过信息网络传播本作品的行为；歪曲、篡改、剽窃本作品的行为，均违反《中华人民共和国著作权法》，其行为人应承担相应的民事责任和行政责任，构成犯罪的，将被依法追究刑事责任。

为了维护市场秩序，保护权利人的合法权益，我社将依法查处和打击侵权盗版的单位和个人。欢迎社会各界人士积极举报侵权盗版行为，本社将奖励举报有功人员，并保证举报人的信息不被泄露。

举报电话：（010）88254396；（010）88258888

传　　真：（010）88254397

E-mail：　dbqq@phei.com.cn

通信地址：北京市万寿路 173 信箱

　　　　　电子工业出版社总编办公室

邮　　编：100036